| 台湾研究系列 |

本书为国家社会科学基金重大项目（批准号：13& ZD053）
"海峡两岸经济一体化研究"结项成果之一

海峡两岸经济一体化研究

曹小衡　等著

九 州 出 版 社 | 全国百佳图书出版单位
JIUZHOUPRESS

图书在版编目（CIP）数据

海峡两岸经济一体化研究 / 曹小衡等著. -- 北京：
九州出版社，2021.7
ISBN 978-7-5225-0335-6

Ⅰ．①海… Ⅱ．①曹… Ⅲ．①海峡两岸－经济一体化
－研究 Ⅳ．①F127

中国版本图书馆CIP数据核字(2021)第149769号

海峡两岸经济一体化研究

作　　者	曹小衡　等著
责任编辑	郝军启
出版发行	九州出版社
地　　址	北京市西城区阜外大街甲 35 号 (100037)
发行电话	(010)68992190/3/5/6
网　　址	www.jiuzhoupress.com
印　　刷	北京九州迅驰传媒文化有限公司
开　　本	720 毫米 ×1020 毫米　16 开
印　　张	20.25
字　　数	382 千字
版　　次	2021 年 8 月第 1 版
印　　次	2021 年 8 月第 1 次印刷
书　　号	ISBN 978-7-5225-0335-6
定　　价	56.00 元

读《海峡两岸经济一体化研究》有感

代序言

前些日子，南开大学台湾经济研究所教授曹小衡先生请我为他和南开台研所教师撰写的《海峡两岸经济一体化研究》写篇序言。读了这部专著后深深感到，我原先对两岸经济一体化问题的了解是粗浅的，反而是这部专著给了我很大帮助，使我对两岸经济一体化问题有了较之以往更深入的了解。曹小衡教授和南开台研所教师们对这个问题的研究比我全面得多、深入得多、思考得多，我实在不敢为这部专著写序，只能写一些读后感。

《海峡两岸经济一体化研究》是国家社科基金重大项目的研究成果，是研究两岸经济一体化问题的最新专著，也是深入研究两岸经济关系的力作，体现了这些年研究两岸经济关系的新水平。

这部专著的逻辑出发点是研究两岸经济一体化进程的原动力，逻辑终点是提出两岸经济一体化的路线图。研究首先从国情世情的角度分析两岸经济一体化的背景和环境，揭示两岸经济一体化的内外原因，然后从两岸经济一体化的动力、指标测度和福利效应三个方面展开论述，进而描绘两岸经济一体化的路线图，并且在此基础上搭建了两岸经济一体化理论和政策研究的思考框架，提出了推动两岸经济一体化的宏观政策思考。研究成果对于准确把握两岸经济一体化的内涵，科学评价两岸经济一体化的水平，具有重要价值。

我个人认为，这部专著对于促进两岸经济一体化研究做出了如下贡献：

第一，明确了两岸经济一体化研究对象的范围，对于研究两岸经济合作、两岸经济融合有实际意义。一般来说，两岸经济合作，不论是贸易和投资规模扩大、层次提高，还是经济联系趋于密切，都不能简单称之为经济一体化。经济一体化是指在市场机制推动下，通过制度建设逐渐降低不同关税主体间商品、服务和要素流动的障碍，实现区域内经济互利互惠和资源优化配置的过程。从这一角度看，2010 年 6 月签署的《海峡两岸经济合作框架协议》，正式启动了两岸经济一体化进程，2008—2015 年海协会与台湾海基会签署的 23 项协议则搭建了两岸经济一体化的制度框架。同时，作者的研究也显示，经济融合作为经济一体化渐次深化的结果，其内涵即包括经济一体化，但又比经济一体化宽泛得多。有了上述界定，就使对两岸经济合作、经济一体化、经济融合的研究，既可相互交叉，又有所区分，在概念上也有了可比性。

第二，研究两岸经济一体化，有助于丰富"和平统一、一国两制"的理论和实践。两岸经济一体化是走向建立密切的两岸经济联系，形成经济上"你中有我、我中有你"的局面，这个方向是与走向和平统一相一致的，是有利于和平统一的。同时，由于两岸经济一体化是在一国范围内两个关税区之间的经济关系，这又涉及大陆和台湾两种经济制度之间的关系问题。基于此，作者又将推进两岸经济一体化研究时需要考虑的相关理论、经济变量，以及各种研究方法做了一个逻辑串联，从两岸经济一体化定位、衡量指标建设、福利效应体现、动力机制作用、路径选择的角度切入，尝试建立了推动两岸经济一体化的理论和政策的思考框架，对丰富"和平统一、一国两制"理论有所贡献。

第三，界定两岸经济一体化的政治诉求，保证两岸经济一体化朝着正确方向前进。研究认为两岸经济一体化有鲜明的政治诉求，即它是与国家战略层面的"和平统一、一国两制"、宪法层面的"台湾是中华人民共和国的神圣领土的一部分"、法律层面的《反分裂国家法》一致的；两岸经济一体化是在实现国家统一进程中，两岸同胞避免利益损害、获益最大的制度性安排。界定这样的政治诉求，在研究国家尚未统一特殊情况下推动一国之内两个关税区经济一体化时，是重要的，也是必要的。有了这样的界定，可以保证两岸经济一体化沿着正确方向前进。

第四，明确两岸经济一体化的定位，有助于拓展区域经济一体化理论研究的视角和领域。大陆与台湾同属一个中国，同时又是 WTO 框架下两个关税区，两岸经济一体化是一国范围内两个关税区之间的经济事务。明确这样的定位，既坚持了一个中国原则，又体现了两岸经济一体化的特殊性。研究在一个主权国家内实现两个关税区之间的经济一体化，提供现有区域经济一体化理论没有的内容，可以丰富经济一体化理论所涉及的主体内涵。

第五，在建立两岸经济一体化的指标与测度体系方面，做了开创性的尝试。

研究以贸易理论、一体化理论、一价定律等主流经济理论为基础，从贸易一体化、投资一体化、金融一体化、人口流动一体化、发展差异性、宏观制度联动性和制度一体化等七个方面，建立了两岸经济一体化的指标体系，并进行了测算，尝试从历史、现实和国际层面，科学、专业地测度、比较和评价两岸经济一体化的发展水平，为深化相关理论研究和政策制定提供了量化研究和数据支撑。研究结果认为，当前两岸经济一体化总体水平有了较大幅度提高，在宏观经济联动性、发展差异性、制度一体化等方面进展显著，但在贸易、投资、金融、人口流动等一体化方面尚有较大的努力空间。这样量化的研究，使两岸经济一体化具有可测度或可度量性，提高了研究的质量尤其是可信度。

第六，首次系统研究两岸经济一体化的福利效应，有助于客观地、有力地证明两岸经济合作造福两岸同胞。研究建立了兼顾两岸经济一体化特色的福利效应理论研究框架，从贸易效应、投资效应、增长效应规模、经济效应等方面，对净福利所得和净福利损失及其分配情况进行初步的实证研究，论证两岸经济一体化对推动两岸经济发展、增进两岸同胞福祉的作用，也论证了其福利效应对两岸贸易、直接投资、产业合作、人民福祉的提升产生重要的推动作用。总体而言，两岸经济一体化带来了动态的、长期的净福利所得。

第七，构建多学科理论融合的经济一体化动力机制理论框架，提供了两岸经济一体化动力机制研究的理论支撑。研究以动力要素为起点，以市场和制度为切入点，通过与外部环境的相互作用，从动力激发、引导、激励、约束等环节，探讨动力机制的运行和演进、演绎和突破及其作用效果等。研究显示，两岸经济一体化具有其自身的特殊性，其动力机制一方面沿袭区域经济一体化动力机制发展的一般规律，即市场起主导作用、制度起保障作用、体现市场与制度互动；另一方面也具有两岸特色。认为由于两岸关系的特点，两岸经济一体化动力机制是市场主导型，两岸各自的制度都发挥了重要作用，其中大陆方面积极促进两岸经济合作、大陆经济崛起和市场不断发育，是两岸经济一体化的最大动力。

第八，描绘推动两岸经济一体化发展路线图，激发各方面讨论予以完善。研究遵循区域经济一体化发展的一般规律，以市场为导向、以制度为保障，通过市场与制度间协调促进，考证两岸经济一体化进程。同时，兼顾两岸经济一体化进程的特殊性，力求找出其主流、主要矛盾、主导力量，吸收和应用新的国际经济合作规则，从市场和制度两方面，分阶段、分步骤地逐渐克服阻力，在此基础上描绘推动两岸经济一体化从低级到高级发展的路线图。研究认为两岸经济一体化路径可以有三种选择，一是两岸双方为主导方，二是两岸市场和民间共同推动，三是以大陆为主导实现两岸经济一体化。

这部专著还提出了若干政策思考，也是值得关注的：一是坚持以宪法为依归的两岸经济一体化，服务于国家统一大业。二是坚持以大陆为主体的两岸经济一体化，进而实现台湾经济融入以大陆为主体的中华民族经济。三是强化补短板，解决两岸贸易、投资、金融、人口流动一体化方面的单向障碍，实现两岸经济一体化均衡发展。四是发挥两岸经济一体化动力机制的作用，立足两岸市场，共同开拓国际市场，逐步形成覆盖全产业类型的合作模式。五是不断扩大两岸经济一体化的福利共享，使两岸同胞共享净福利所得。六是适时搭建推动两岸经济一体化进程的操作平台，从更高层次推动经济一体化进程的安排与制度建设。这些思考和建议同样也是值得关注，值得进行再思考的。

以上研究思路和方法、看法和建议，都可以也应该进行讨论，以利于继续补充、订正、修改、完善，但是它们反映了曹小衡教授和南开台研所教师们很大的努力、很认真的努力，为促进两岸经济一体化研究做出了宝贵贡献，这是值得肯定和称道的。

两岸经济一体化，是已经发生的实践，是两岸经济关系的组成部分，是有利于国家和平统一的。同时，它一直受到"台独"分裂势力的阻挠，特别是2016年以来，民进党当局坚持"台独"分裂立场、不接受一个中国原则和"九二共识"，破坏了两岸关系和平发展包括两岸协商的政治基础，导致无法进行两岸经济一体化新的制度安排，影响了两岸经济一体化的进程。但是，两岸经济合作不可阻挡，两岸经济一体化还将继续进行。研究工作要做基础性研究、战略性研究、动态性研究、前瞻性研究，所以两岸经济一体化研究还是应当继续进行下去，取得新的成果，在促进两岸经济关系研究中做出贡献，在推动两岸关系和平发展与国家统一中做出贡献。

孙亚夫

2021 年 9 月 7 日

前　言

　　大陆经济崛起和包括两岸暨港澳在内的中国经济区的快速融合是 30 余年来东亚区域和世界经济发展的大事。

　　中共十九大报告将国家统一纳入中华民族伟大复兴的中国梦这一整体论述之中。2019 年 1 月 2 日习近平总书记在《告台湾同胞书》发表 40 周年纪念会上的讲话中指出，"台湾前途在于国家统一，台湾同胞福祉系于民族复兴"，提出要"深化两岸融合发展，夯实和平统一基础"，共同"壮大中华民族经济"。

　　我们认为，推动实现海峡两岸经济一体化是两岸共同应对世界经济竞争和为两岸同胞谋求福祉的需要，也是海峡两岸在经济上实现融合发展，夯实和平统一基础，在民族复兴伟大进程中达成双赢的最优制度性安排。

　　从理论上溯源，经济一体化理论始于一战结束后。1919 年凯恩斯在其成名作《和约的经济后果》中首次提出欧洲大陆唯有作为一个互补的经济整体才有希望，否则欧洲"肯定会得到报复"。但凯恩斯的这一思想直到二战后才为人们所重视。自二战结束后 70 余年以来，由于战后世界经济、科技、金融等的推动，区域经济的一体化和全球经济的一体化的实践有了突破性的发展，也使经济一体化理论更为引人瞩目、发展迅速，取得了世界范围的影响。尽管学界对经济一体化的研究有不同侧重，但对其基本内涵是有明确共识的，它包括两点：第一，区域内各成员之间各种贸易、非贸易壁垒和歧视性政策应逐渐削弱与消除；第二，为此各成员需要进行合作与政策协调。换言之，经济一体化离不开市场与制度的共同驱动。

　　台湾经济因殖民占领、融入西方资本主义经济体系以及两岸政治对立而与大陆经济长期隔绝。1978 年中共十一届三中全会以来，大陆经济快速崛起，带动了包括两岸暨港澳在内的中国经济区的快速融合，使两岸经济一体化无论在理论或实践上均有突破与进展，但这一进程刚刚启动，尚需深化研究与实践。

我们给本课题定出的逻辑出发点是深入研究推进两岸经济一体化进程的原动力，逻辑终点是提出明确的两岸经济一体化的路线图。为此，我们先从国情世情变化的角度分析两岸经济一体化的背景，回答两岸经济一体化的内外原因；然后从两岸经济一体化的动力、指标测度和福利效应三个方面展开深入论述，进而描绘出两岸经济一体化的路线图，并在此基础上搭建了一个海峡两岸经济一体化理论和政策研究的思考框架，提出了推动两岸经济一体化相关的宏观政策思考。

由于众所周知的原因，两岸经济一体化的内涵有其特殊性，包含了以下三层意思：首先，"一国两制"是两岸经济一体化的前提。两岸经济一体化是在"一国两制"的基础上，国内两个不同体制的经济体、两个关税区之间推动经济一体化的过程；其次，以单向消除要素流动障碍来推动双向制度性消除要素流动障碍。这是由两岸关系的特殊性决定的，2008 年以前两岸经济一体化是以大陆单方面借助市场的驱动力，2008—2016 年随着两岸关系的重大变化，两岸首度开始共同构建制度框架保证两岸货物、服务和要素流动的无障碍状态；再次，大陆经济的崛起是两岸经济一体化的原动力。30 余年的改革开放彻底改变了大陆经济发展的轨迹，同时也推动了台湾经济重回两岸经济共同发展的轨道。

本课题以海峡两岸经济一体化进程与目标为中心展开讨论，借鉴全球范围内经济一体化的经验与教训，结合两岸 30 多年以来经贸交流与经济合作的演进历程和我们过往累积的相关研究成果，首次围绕以下几个方面展开了较为深入的探讨并得出相关结论：

第一，两岸经济一体化有鲜明的政治诉求。两岸经济一体化与欧盟经济一体化一样，也有鲜明的政治诉求，但与欧盟仅诉诸"安全"和实现"一个互补的整体"所不同的是，两岸经济一体化是与作为国家战略层面的"和平统一，一国两制"，作为宪法层面的"台湾是中华人民共和国的神圣领土的一部分"和作为法律层面的《反分裂国家法》一致，是在国家统一进程中的一种从"帕累托改进"到"帕累托最优"的经济制度安排，是在实现国家统一进程中海峡两岸，特别是台湾人民在避免利益损害、更多获益的最优的制度性安排。

第二，当前海峡两岸经济一体化程度有了较大幅度的提升，但还有尚待补齐的短板。我们在研究中建立了一套较为完善的测算两岸经济一体化程度、可量化的指标体系，我们从贸易一体化、投资一体化、人口流动一体化、金融一体化、发展差异性、宏观经济联动性、制度一体化七大方面测算了两岸经济一体化水平，并采用两阶段主成分分析法得到两岸经济一体化综合指标。在这套指标的基础上，通过比较，我们发现从纵向看，当前两岸经济一体化已有较大进展，但从横向看，与实现了经济一体化的欧盟比较，在两岸一体化指标中，除了宏观经济联动性、发展差异性和制度一体化等差距较小外，其余无论在贸易一体化、投资一体化、人口流动一体化、金融一体化方面均有较大的差距，是尚待补齐的短板。

第三，海峡两岸经济一体化进程为两岸带来动态、长期性的净福利所得。福利效应涵盖贸易效应、经济增长效应、投资效应、技术效应和环境效应，涉及面广，无论是构建研究模型还是导入数据进行计量分析，都是较为复杂的过程。我们在研究中尝试搭建了一个兼顾两岸经济一体化特色的福利效应研究理论框架，对两岸经济一体化带来净福利所得还是净福利损失及其分配情况进行初步的实证探讨，并为两岸经济一体化福利效应研究的后续进展提供了理论支撑和实证研究范例。研究显示，海峡两岸经济一体化带来的动态福利效应多为正面评价，从总体而言，两岸经济一体化已为两岸带来了动态、长期性的净福利所得。

第四，两岸经济一体化的动力机制仍是市场主导型模式。我们在研究中探索并构建了基于多学科理论思想相融合的经济一体化动力机制理论分析框架。这一理论框架结合了经济学、管理学和系统科学的相关理论的主要思想，为两岸经济一体化动力机制研究提供较为科学的理论支撑。我们以动力要素为起点、以市场与制度为切入点，通过与外界环境的相互作用，从动力激发、动力引导、激励约束三个环节探讨国际经济一体化动力机制的一般规律、两岸经济一体化动力机制的运行与演进、演绎和突破以及作用效果等。研究显示，由于两岸关系的特点，两岸经济一体化的动力机制仍是市场主导型模式，两岸分别单独制定的相关制度在动力机制中发挥了重要的制度作用，这是经济一体化的特例，也是一定时期两岸经济一体化特色的体现。

第五，两岸经济一体化的三条路径。根据研究我们认为，到目前为止，两岸经济一体化路径可以有以下三种选择：路径一：两岸官方作为主导方，协调推动力量，统一合作理念，采取循序渐进的形式，从低级到高级推动两岸经济一体化的层次不断提升；路径二：两岸市场与民间共同主导推动，官方事后认可；路径三：以大陆为主导实现两岸经济一体化。无论如何，海峡两岸经济一体化是两岸走向和平统一的战略基石和最优经济制度的安排，探索推动两岸人民多获利少损耗之路是两岸产官学各界共同的责任。

两岸经济合作持续深化的进程，就是深化两岸经济一体化、共同打造命运共同体、走向两岸融合发展的过程。当前大陆经济进入高质量发展的新时期，这是两岸经济一体化进程中的重大机遇，只有从"实现民族复兴，再创中华盛世荣景"①的大势出发，两岸经济一体化才能更上一层楼。根据我们的研究，有以下几点政策思考：

首先，坚持宪法为依归的两岸经济一体化。海峡两岸经济一体化最重要的特点就是其鲜明的政治诉求及法制体系规范，包括作为国家战略层面的"和平统一、一国两制"基础，作为宪法层面的"台湾是中华人民共和国的神圣领土的一部分"和作为法律层面的《反分裂国家法》。习近平总书记在2018年博鳌论坛明确提出"岛内工商界朋友要旗帜鲜明地坚持'九二共识'、反对'台独'，坚定推动两岸关系和平发展"，这是国家领导人首次对台湾工商界提出的反"独"诉求，表明了两岸经济一体化是服务于国家统一。

其次，坚持以大陆为主体的两岸经济一体化。两岸经济一体化能否沿着助力国家和平统一的道路向前，大陆能否成为这一进程的核心力量至关重要。在大陆经济进入高质量发展的新阶段，大陆作为主导方有必要引导两岸的经济合作方式做出调整，特别在高端制造业、生产性服务业、人才创新创业、更高层次的产业链合作等方面强化两岸的合作，只有使两岸在资本、人才、技术等要素层面深度融合，达成"你中有我、我中有你"的合作局面，才能最终实现两岸产业合作的高质量发展，进而实现台湾经济融入以大陆为主体的中华民族经济、实现两岸经济一体化。

第三，强化补短板实现两岸经济一体化的均衡发展。我们的研究显示，尽管当前两岸经济一体化取得了重大进展，但尚处在起步阶段。尤其在两岸贸易、投资、金融、人口流动一体化方面，水平较低不尽人意，最主要原因是单向障碍过大，即大陆方面进入台湾的货品、资金、人员不能走台湾向海外开放之门，只能通过专门为大陆辟出的小门进入，明显拉低了两岸经济一体化的水平。如何补齐这些短板是今后我们的工作重点。在当前，我们认为除了可借助已有的交流平台和市场的力量来补齐短板外，也可考虑借助台湾业界对大陆新的发展阶段和新一轮区域经济一体化所创造机遇的期待，着力做好其工作，借力推动

① 习近平：新华社北京电，2016.11.1

两岸经济一体化。

第四，充分发挥两岸经济一体化动力机制的作用。海峡两岸经济一体化是一种特殊类型的经济一体化，其动力机制更多沿袭世界区域经济一体化动力机制发展中的一般规律，即市场起着主导作用、制度起着保障作用、体现市场与制度的互动。当前，大陆一方可强化市场导向，以政策为抓手，为两岸资金、人才、信息、货品的流动提供更为便利的条件，发挥动力引导作用，主动引导各方的企业与个人等微观经济主体避开政治障碍，立足两岸市场，共同开拓国际市场，逐步形成一个覆盖全产业类型的合作模式，从而推进两岸经济一体化。

第五，不断扩大两岸经济一体化福利的共享。我们的研究显示，两岸福利效应要通过动态的福利效应、静态的福利效应即贸易效应、投资效应、经济增长效应以及规模经济效应来综合实现。分析结果支持海峡两岸经济一体化带来的福利效应日渐提升。当然，这种净福利溢出与两岸内部的分配制度密切相关，但无论如何，两岸人民或多或少、或直接或间接均能从中受益，其中台湾人均获利相对更多。如何使台湾市场对大陆更为开放，使大陆企业在岛内享有相关岛外企业在岛内经营时的同等待遇，构建更为均衡的两岸经贸关系，实现经济福利最大值，也使两岸人民共享两岸经济一体化带来的净福利所得是未来两岸相关方面又一重要工作内容。

第六，适时搭建推动两岸经济一体化进程的操作平台。根据两岸经济和社会发展的现状及所面临的内外部条件，借鉴其他区域经济一体化组织的成功案例，大陆方面可考虑以己为主启动实现两岸经济一体化的新平台建设。搭建新型推动两岸经济一体化平台可从以下四方面展开：其一，明确提出两岸经济一体化的目标和行动纲领；其二，明确提出两岸经济一体化的路线图，包括市场开放、产业合作等；其三，成立相应的机构。这一机构或平台易以大陆方面牵头，产官学合作、民间为主、两岸结合、兼容海外侨胞，先务虚、后务实，一旦条件成熟，可从更高的层次推动落实经济一体化的进程安排及制度建设；其四，两岸各界贤达人士合作共同建立两岸经济合作建言与争端调解机制，为决策部门提供具体的咨询意见。

总之，我们在课题研究中尝试将涉台经济政策研究时需要考虑的相关经济理论、经济变量以及各种研究方法做一个逻辑串联，通过准确定位两岸经济一体化性质、科学测度其发展程度和福利效应、深入研究其动力机制以及预测其可能的路径选择等问题的系统研究，搭建一个推进海峡两岸经济融合的理论和政策研究框架或模拟平台。

　　我们也深知，"理论是灰色的，而生活之树是常青的"，由于经济理论本身的局限及影响海峡两岸经济一体化的变数过多，主要矛盾和次要矛盾也非一成不变，我们这一理论和政策研究框架必须也必然是开放的，但无论如何，我们这一工作是迈向研究推动海峡两岸经济一体化"可测度或可度量"新的研究框架的第一步。

曹小衡　于南开大学百年华诞

2019.9.17

本书作者简介及研究分工

曹小衡：国家社会科学基金重大项目"海峡两岸经济一体化研究"首席专家。南开大学经济学博士，南开大学经济学院教授，博士生导师，南开大学台湾经济研究所所长；中共中央台湾工作办公室海峡两岸关系研究中心特邀研究员；商务部海峡两岸贸易协会理事；全国台湾研究会理事；天津市台湾研究会副会长。

李月：南开大学经济学博士，南开大学台湾经济研究所副教授，国家商务部台港澳司副调研员（挂职）。

柳晓明　淮北师范大学　　　　南开大学经济学博士　副教授

徐永慧　山东财经大学　　　　南开大学经济学博士　助理研究员

邵　帅　山东省社会科学院　　南开大学经济学博士　助理研究员

第一章　曹小衡

第二章　曹小衡

第三章　曹小衡　李　月　徐永慧

第四章　邵　帅　曹小衡

第五章　徐永慧　曹小衡

第六章　柳晓明　曹小衡

第七章　曹小衡

统稿：曹小衡　柳晓明

校对：丛钰涵　聂莹　严晓玲　陈锦涵

目　录

第一章 背景、现状与方法

第一节 背景与意义

一、选题背景

长期以来，台湾地区经济因殖民占领、融入西方资本主义经济体系以及两岸政治对立而与大陆经济长期隔绝。改革开放为我国经济的重振带来了希望，也为彻底改变我国经济发展的内外轨迹和重新搭建海峡两岸经济合作框架、共建新的中国经济区提供了历史性机遇。

20 世纪 50 年代以来，随着科技水平的不断发展以及交通工具、通信设备的日益更新，各国和地区之间的经济往来更为便捷，不同经济体之间经贸关系日益紧密，经济全球化已经成为各国和地区经济增长的新动力。20 世纪 80 年代以来，特别是多哈回合谈判未能取得实质性进展之后，为了应对激烈的竞争，区域经济一体化逐渐成为继经济全球化之后的新态势，世界范围内越来越多的国家和地区对待区域经济一体化的态度由犹豫、观望转变为积极参与，在多次协商后通过签订经济合作条约组建各种类型的区域经济一体化组织，或加入现有的经济一体化组织当中，并将其作为从外部获得利益并增强自身实力的有效途径。因此，20 世纪 90 年代初期以来，以双边合作、多边合作为载体的区域经济一体化组织建立和发展的速度加快，遍布欧、美、亚、非等各大洲。数据显示，截至 2018 年底，已有 682 个区域自由贸易协议（RTA）在世界贸易组织备案，其中 468 个已经付诸实施。从 2016 年 6 月起，所有 WTO 成员都签订有正在实施中的区域自由贸易协议（RTA）[①]。

在此背景下，由于市场需求及大陆单方向台湾地区开放市场等因素的推动，

[①] WTO 网站，https://www.wto.org/english/tratop_e/region_e/region_e.htm.

两岸之间的经贸往来和经济合作从无到有，规模不断扩大，经济合作的层次和水平随着时间的推移不断提升。

1987 年 11 月，台湾地区开放岛内民众赴大陆探亲访问，两岸之间的民间交流正式启动，海峡两岸的经济合作也由此拉开序幕。从合作方式看，在较长的一段时间内，由于台湾地区在政策上的诸多限制和制约，两岸经贸往来只能通过民间渠道，呈现出一种"单向、间接"的态势，但就效果而言，推动了海峡两岸经济合作从分散化到密切化、从零星到规模不断变大，这也使得台湾当局不得不正视两岸经贸交流的现实，承认两岸经贸合作对台湾地区经济的正面效应，从而放宽和解除一些不利于两岸交流的限制性规定和法律障碍。

2008 年以来，以两岸双向、直接、全面"三通"（通商、通航、通邮）的实现，《海峡两岸经济合作框架协议》（ECFA）等一系列合作协议的签署为标志，两岸经贸合作实现了历史性突破，经贸交流规模持续增加。其中，ECFA 的签署和实施，不仅奠定了海峡两岸经济合作交流格局从"民间、单向、间接"向"直接、双向、制度化"转变的基础，也开启了两岸推动制度性一体化进程。

经过 30 多年的发展，海峡两岸经济往来在贸易、投资、产业合作等层面，均已形成较为紧密的联系。贸易方面，从 2000 年开始，中国大陆就已取代美国成为台湾地区最大的贸易伙伴、最大的出口目的地以及对外贸易顺差的最大来源地。据大陆海关统计，2018 年两岸贸易额为 2262.4 亿美元，同比上升 13.2%，占当年大陆外贸总值的 4.9%。台湾地区是大陆的第五大贸易伙伴，其中大陆对台贸易逆差 1289.51 亿美元，两岸经贸关系日益密切。直接投资方面，截至 2018 年 12 月，大陆实际使用台资 678.1 亿美元，累计批准台资项目 10.7190 万个。[①]。

在产业分工方面，两岸已经基本形成水平分工与垂直分工并存的态势。作为海峡两岸经济合作与一体化的重要基础，要素禀赋的差异性以及经济结构的互补性，构成了两岸之间通过经济合作和产业转移促进经济结构升级与持续增长的有利条件。在区域内生产网络已经形成并不断发展的情况下，进一步完善两岸之间的分工与产业互动关系，进而建构制度性一体化成为客观要求。就发展态势来看，现阶段两岸以产业合作为主要平台的经济合作态势基本形成，产业合作在经济一体化进程中的作用也愈发重要。

---

① 商务部网站，www.mofcom.gov.cn.

随着两岸产业层次的提升和产业结构的优化，海峡两岸经济均面临转型升级的压力，这既给海峡两岸经济一体化带来了新机遇，也是一种挑战。就大陆而言，经过改革开放40年来的经济高速增长之后，大陆的产业结构和要素投入结构发生变化，经济发展逐渐步入"新常态"，结构性减速与经济结构优化并行，经济发展已进入一个新的发展和上升通道。从台湾地区来看，尽管近年来台湾地区GDP和人均GDP增长率也有所提高，但作为典型的外向型经济体，国际金融危机的冲击尚未完全消失，经济增速放缓的趋势没有得到根本性改变，昔日"亚洲四小龙"榜首的地位已被韩国所取代。为此，台湾地区提出重振经济及吸引台资返回岛内投资等一系列措施，力图扭转当前失业率居高不下、经济增长放缓的不利局面，但效果如何仍有待观察。

2010年6月，海峡两岸关系协会与台湾海基会正式签署《海峡两岸经济合作框架协议》（ECFA），并于同年9月12日生效，标志着两岸经贸合作进入制度化轨道。2012年4月，时任国务院台湾事务办公室主任王毅在《求是》杂志上发表专文指出，这一举措启动了海峡两岸经济一体化进程，影响重大而深远①。

当前，两岸关系蕴含着新的发展动力，运用好这些积极因素，充分抓住这些变化给两岸关系带来的新机遇，可以为海峡两岸经济一体化进程注入新的动力。习近平同志在中共十九大报告中明确提出，愿意率先同台湾地区同胞分享大陆发展的机遇，扩大两岸经济文化交流合作，实现互利互惠。

两岸经贸交流与经济合作的实践所取得的成效表明，海峡两岸经济一体化进程顺应经济全球化和区域经济一体化的趋势，是大势所趋。但不可忽视的是，由于政治原因，海峡两岸经济合作与一体化的推进仍有许多障碍，制约了海峡两岸经济合作与一体化进程。此外，尽管ECFA早期收获清单已经付诸实施，但投资协议、货贸协议、争端解决机制等ECFA的后续谈判由于民进党上台已戛然而止。

二、研究意义

大陆经济崛起和包括两岸既暨港澳在内的中国经济区的快速融合无疑是30余年来东亚区域以及世界经济发展的大事，海峡两岸经济一体化在这一大潮中

---

① 王毅. 巩固深化两岸关系 开创和平发展新局面 [J]. 求是，2012(8).

无论在理论上或实践上均有突破与进展，从理论上看，这一进程刚刚启动，需要不断追踪研究；从实践上看，海峡两岸经济一体化是推动两岸和平统一的基石，准确把握海峡两岸经济一体化的内涵，科学评价海峡两岸经济一体化程度，具有重要意义。

第一，本课题的研究，有助于丰富"一国两制"理论与实践。本课题从国际比较、进程测度、路径研究等方面寻找两岸经济一体化的操作方式。从经济研究层面丰富"和平统一、一国两制"理论体系，为推动两岸经济一体化提供理论支撑。我们从海峡两岸经济一体化的定位、两岸经济一体化衡量指标的建设、福利效应的体现、动力机制作用、经济一体化路径的选择等方面构建了两岸经济一体化的基本框架，并由此出发研究了两岸经济一体化的核心内容，在此基础上提出了推动两岸经济一体化的政策思考框架或范式，对丰富"和平统一、一国两制"理论有所贡献。

第二，有助于拓展区域经济一体化理论研究视角和领域。我们在现有经济一体化理论的基础上，将研究对象置于国际及两岸经济变局的背景中，研究在一个主权国家内部实现两个独立关税区之间的经济一体化，相信这将有助于深化对两岸经济一体化动态的把握，拓展现有经济一体化理论研究范围。我们认为，大陆与台湾地区既是同属于 WTO 框架的两个独立关税区，但同时两岸之间经贸交往是属于同一个主权国家内部展开的经济关系，是属于同一个主权国家下两个相对独立的关税区之间的经济关系。对此问题的深入研究，可以进一步丰富经济一体化理论中所涉及的主体内涵，使之更加适应当今区域经济一体化发展趋势及海峡两岸经济关系发展的现状。

第三，我们尝试着建立两岸经济一体化的指标与测度体系。经济一体化是从低级水平向高级水平推进的动态过程。采用量化的方法测度两岸经济一体化所达到的水平，并按时间序列考察一体化水平的发展动态，是本课题的研究重点。课题将从两岸贸易往来、投资联系、金融合作、要素流动、制度协调等方面构建两岸经济一体化的指标体系，综合运用主成分分析法和聚类分析法评估各指标的权重系数，测算各时点两岸经济一体化水平指数，从而对两岸经济一体化现状及发展轨迹进行测度和连续追踪，为有关部门研判两岸经济一体化所达到的水平、历史走势和未来趋势，并制定连续性的政策提供依据。

第四，本课题首次对两岸经济一体化的福利效应进行了系统的研究，这有助于了解两岸经济一体化对两岸人民福祉影响的程度。我们从区域经济一体化的贸易效应、投资效应、增长效应、规模经济效应等方面论证两岸经济一体化对推动两岸经济发展、两岸人民福利获得的作用，量化分析两岸和平发展的经济成果和政治溢出效应，从而深化我们对两岸经济一体化进程对两岸关系和平发展重要性的认识。我们的研究显示，过去几十年间海峡两岸经济一体化的福利效应对两岸贸易、直接投资、产业合作、两岸分工和两岸人民福祉的提升产生了重要的推动作用。

第五，构建了多学科理论相融合的经济一体化动力机制理论分析框架，有助于理解两岸经济一体化动力机制的特色。我们在研究中运用经济学、管理学和系统科学等相关理论，勾勒出海峡两岸经济一体化动力机制与运行模式，为海峡两岸经济一体化动力机制研究提供了科学的理论支撑。研究显示，海峡两岸经济一体化是一种特殊类型的经济一体化，其动力机制一方面沿袭国际区域经济一体化动力机制发展中的一般规律，即市场起着主导作用、制度起着保障作用、体现市场与制度的互动；另一方面，海峡两岸经济一体化动力机制也带有符合两岸特色，具有突破传统模式的非典型性。

第六，通过对两岸经济一体化内外障碍与约束的研究，寻找可行的两岸经济一体化路径。研究问题是为了寻求解决问题的路径。我们对当前两岸经济发展面临的国内外形势进行深入分析，在将时代背景融入一体化进程的前提下，根据研究结果，提出新形势下海峡两岸经济一体化的路径图。基于海峡两岸一个国家，两个单独关税区之间的经济一体化路径，有理论思路可考，无具体先例可循的特殊现实，我们着力在研究中找出海峡两岸经济一体化的主流、主要矛盾、主导力量，提出在新时代背景下应同时从市场层面和制度层面分阶段、有步骤地逐渐克服阻力，在此基础上，提出面对纷繁复杂的形势推动海峡两岸经济一体化从低级形态到高级形态的最佳发展路径图和其他路径选择。

经济基础决定上层建筑，把握海峡两岸经济一体化进程这一大趋势，有利于进一步增强人们对于实现海峡两岸经济完全一体化前景的认识，在此基础上探求促进两岸经济关系发展的具体路径，也有助于更深入地把握未来两岸关系和平发展的大方向，这是我们研究这一问题的初衷。

第二节　国内外研究现状

一、经济一体化理论启示

对经济一体化的讨论在时间上可追溯到一战结束后。从理论上溯源，经济一体化理论最早源于凯恩斯的成名之作《和约的经济后果》，凯恩斯作为凡尔赛和平进程的参与者①，首次提出一战后欧洲各国共处的经济思路，认为欧洲大陆唯有作为一个互补的经济整体才有希望，否则欧洲"肯定会得到报复"。但凯恩斯的这一思想直到二战后才为人们所重视。

70多年来，从政治层面讨论一体化理论是一个持续的话题，但战后在世界经济、科技、金融等推动下，区域经济一体化和全球经济一体化的实践有了突破性的发展，使经济一体化理论更为引人瞩目、发展迅速，取得了世界范围的影响。

尽管学界从各个角度对经济一体化进行了不同的研究，但他们对经济一体化理论的基本内涵是有明确共识的，主要包括两点：第一，区域内各成员之间各种贸易、非贸易壁垒和歧视性政策逐渐削弱与消除；第二，为此各成员需要进行合作与政策协调。换言之，经济一体化离不开市场与制度的共同驱动。市场的国际化推动各成员产生了货物、服务和要素流动的需求，而制度保证了其流动的无障碍或顺畅状态。

毫无疑问，欧盟开启和引领了世界区域经济一体化的浪潮，是当今世界各种区域经济一体化组织中最成功的案例，也是当今世界上一体化程度最高的区域政治、经济集团组织。对于欧洲经验的思考和借鉴无疑会有助于我们更理性地认识经济一体化的现状和未来，但对欧洲一体化历程的经验总结绝非易事，也不是简单的几点就可以明了，总会有局限性。但无论如何，从不同角度审视一下欧洲一体化的经验总是有助于我们深化对经济一体化的认识，我们围绕本书论题对欧盟的一体化实践有如下的几点思考。

第一，参与区域一体化首先应具有共同经济基础与利益。二战后，发达工业国家在科技革命的推动之下，生产力迅速发展，贸易、金融等经济领域日益国际化，跨国公司蓬勃兴起，产业分工由一国境内快速向全球扩展，而这些经济变化要求突破国界的限制以便于在更广阔的区域内重新调整生产关系。在这

---

① John Maynard Keynes, *The Economic Consequences of the Peace*, U.S.A.: Harcout Braceand Howe, Inc,1920. Simplified Chinese translation Copyright© 2008 by Huaxia Publishing House.

一国际分工的大趋势下，各国通过优化组合而形成生产要素的重新配置，为企业发展提供了更好的生产与经营环境。欧洲国家尤其是西欧国家在长期的资本主义生产关系发展中形成的经济联系尤为密切，加之地理位置毗邻、市场制度相同、经济结构类似、生活水平接近、又同为大陆法系国家，特别是紧密交织的贸易网络使整个欧洲大陆地区的国家之间存在着一体化的潜能，而在世界其他地区，从未出现过这么多的主权国家如此高度的相互联系或依赖。正是欧洲国家间的这种经济类似性和密切相关性构成了欧洲经济一体化的坚实基础，同时，也正是这种特征使经济一体化在欧洲国家间带来的经济利益比世界其他地区更为明显。

第二，适时利用经济一体化的溢出或自动扩展效应，推动政治一体化。从欧盟一体化实践进程看，政治一体化和经济一体化是相互联系并互相促进的，政治一体化以经济一体化的成就为其基础和动力。20 世纪 40 年代末，以法国为首的西欧各国希望推进政治一体化，解决欧洲长久和平问题，推动欧洲的统一，但这种尝试不久便遭遇失败。1957 年 3 月，西欧六国①在建立欧洲经济共同体和欧洲原子能共同体的《罗马条约》上签字，《罗马条约》规定②，欧洲经济共同体的目标有两个：一是建立关税同盟；二是在 1969 年以前建立人员、服务和资本自由流动的共同市场，《罗马条约》的签订与实施标志着欧洲经济一体化迈出决定性的一步。1965 年 4 月六国签署《合并条约》③，将欧洲煤钢共同体④、欧洲经济共同体和欧洲原子能共同体三个共同体的机构合并在一起，称为欧洲共同体（简称欧共体）。新功能主义将其描述为，一旦经济领域的新结构得以确立，一体化的进程将会"溢出"⑤到更广泛的领域，并最终"溢出"到政治领域。正如汉斯（Ernst B.Haas）所指出的，"通过经济一体化来建立欧洲的国

---

① 西欧六国：指法国、联邦德国、意大利、比利时、荷兰及卢森堡，为欧盟创始国。

② 1991 年 12 月第 46 届欧洲共同体首脑会议上签署《欧洲联盟条约（Treaty of Maastricht）》，这是对《罗马条约（Treaty of Rome）》的修订，它为欧共体建立政治联盟和经济与货币联盟确立了目标与步骤，是欧洲联盟成立的基础。

③ 《合并条约》也称布鲁塞尔条约。

④ 欧洲煤钢共同体由西欧六国于 1951 年 4 月成立，1952 年 7 月生效。

⑤ 外溢（spillover）是新功能主义理论的核心概念，是实现一体化的重要途径。它是对功能主义强调的情感与忠诚的"扩展性"转移思想的进一步发展。新功能主义的"溢出"包含两方面的内容：功能性溢出（functional spillover）和政治性溢出（political spillover）。

际和平"①。当然，实践也表明，即便如此，欧洲政治一体化进程的发展与成就仍在相当程度上取决于经济一体化的发展与成就。

第三，一体化理论在政治上的局限性和经济上的普遍性相当明显。欧洲经济一体化的理论与实践对研究两岸经济一体化理论与实践均有重要启示，但正如哈斯所言："我会毫不犹豫地将一体化理论的方法与分析运用在诸如北大西洋公约组织（NATO），北欧的斯堪的那维亚半岛，或是美国与加拿大的关系上面。但是要我把一体化理论运用在研究拉丁美洲，中东或是东南亚区域一体化上，以证实一体化理论的适用性，我可是会犹豫的"。②一体化理论具有鲜明的欧洲经验色彩，其政治上的局限性和经济上的普遍性都很明显，即使在欧洲一体化进程中也是如此，政治因素是促成欧洲联合或欧洲一体化的初始动因，而真正推动欧洲一体化进程的是经济因素。从欧洲一体化的实际进程来看，欧洲煤钢共同体成立之后，成立防务共同体、政治共同体的计划相继失败，而以关税同盟为起点的经济共同体却得以成立并顺利发展，这从实践的角度说明了在欧洲一体化进程中（包括经济一体化和政治一体化）经济因素的重要作用超过了政治因素。

二、经济一体化水平测度研究

区域经济一体化的测度是经济一体化领域的重要研究课题之一，国内外文献探讨区域经济一体化的测度主要针对以下几个方面：贸易一体化、投资一体化、人口流动一体化、金融一体化、制度一体化以及综合一体化的测度等。同时，从测度方法上又可将上述一体化测度归纳为四个方面：定量测度、定价测度、制度性测度以及多指标综合测度。其中，Akiko(2011)、Asian Development Bank(2012, 2013)、Arribas(2009)、Tony Cavoli(2012)、Christopher Sands(2002)、Brunt 和 Cannon (2014)、Capannelli et al.(2010)、Harald Badinger(2005)、Chen 和 Woo(2010) 在上述相关领域提出了经济一体化的测算方法并进行了实证研究。

第一，区域经济一体化的定量测度，其原理是通过考察经济体之间的流量来判断其经济往来的密切程度。该方法适用范围较广，众多学者运用该理论对

---

① Ernst Haas. *The Uniting of Europe: Political, Social and Economic Forces 1950- 1957*, Stanford: Stanford Univ. Press，1958; Ernst Haas. *Beyond the Nation State: Functionism and International Organization*, Stanford: Stanford Univ. Press, 1964.

② Ernst Haas.*The Uniting of Europe*, Stanford: Stanford Univ. Press，1958, p.36.

经济体之间的贸易、跨境资产、金融、人员流动等进行了测算，作为衡量区域经济一体化的重要指标。以贸易为例，具体测算方法主要有份额指标、强度指标以及加权份额指标三大类。其中，贸易份额指标用区域内贸易流量占区域贸易总额的比重计算。Akiko(2011) 用一国对某经济体的进出口总额占该国进出口总额的比重来测度贸易一体化程度。Asian Development Bank(2012, 2013) 将贸易份额指标作为测度亚洲经济一体化的主要指标。徐春祥（2009）也用区域内贸易份额来反映东亚贸易一体化程度。还有部分机构与学者提出贸易强度指标，即区域内贸易比除以区域与世界的贸易比。强度指标测度了区域内贸易与预期相比较是大还是小，预期是区域在全球贸易中的重要性；指数 >1，表明区域内的贸易流量大于预期。与上述观点不同，有学者认为传统的区域贸易份额指标过度依赖于区域内大的经济体，进行区域经济一体化截面比较会导致偏误。就此，Iapadre(2006) 提出地理中性标准（Geographic Neutrality Criterion）；Arribas(2009) 在此基础上进行了拓展，提出加权的贸易联系指标，研究并评价非加权与加权指标不同的动态变化，并以此作为衡量区域经济一体化的标准。此外，开放度指标也属于定量测度这一范畴，但主要用来测算经济体参与全球经济一体化的程度（M. Ayhan Kose et al., 2006a; Arribas et al., 2014）。

基于跨境资产流量和存量、人口流动变量进行定量测度的实证文献也很多。Asian Development Bank (2012, 2013) 报告中采用了 FDI 份额指标作为亚洲投资一体化的测度指标，FDI 份额指标的计算类似贸易份额指标的计算，即一国对某经济体的 FDI 流量或存量占该国 FDI 总流量或存量的比重。Tony Cavoli (2012) 分别基于 FDI 与证券组合投资流量数据，用两国相互之间的跨境资产总流量占两国跨境资产总流量的份额作为测度金融一体化的两个指标。基于人口流动的定量测度指标主要是份额指标，如 Christopher Sands(2002) 在提出著名的 IREINA 指数时，将劳动力流动作为衡量北美经济一体化的四大部分之一，虽然当时没有给出具体的测算方法，但其明确加强一体化需尽可能地增加区域内旅游、留学等非就业目的的人口流动。Asian Development Bank (2012, 2013) 则通过测度区域间跨境旅游、劳动力流动、跨境汇款的份额指标，来测度亚洲人口流动一体化程度。

第二，区域经济一体化的定价测度方法是基于一价定律（the law of one price）对不同经济体之间的价格收敛进行测度。该方法的理论基础可追溯至 Cournot(1838) 提出的市场一体化的两个条件：其一是，价格的均衡水平必须相等，即满足一价定律；其二是，受到冲击后价格必须迅速回到这个均衡水平，即市场是有效率的。目前几乎所有对经济一体化的定价测度都是从检验这两个条件出发。具体的价格测度方法有相关系数、协整检验和偏离程度分析。其中，相关系数一体化指标构建的基本假设是在高度一体化的市场中，价格波动将取决于相同的冲击，其变动是高度相关的。T.Jappelliand 和 M.Pagano(2008) 用股市收益率的相关系数来测度欧元区股市一体化。张茜、杨攻研、刘洪钟（2012）用股票市场回报率和债券利率的相关系数来衡量东亚金融一体化水平。Tony Cavoli(2012) 用两个经济体的月度股指观测值计算出一个年度相关系数值，作为金融一体化的测度指标之一，并对一经济体与 ASEAN5、ASEAN5+3 等东亚区域内所有其他经济体的金融一体化指标取均值，作为该经济体与东亚区域的金融一体化指标。同时，此原理还可以拓展到价格指数（CPI），甚至宏观经济领域。Asian Development Bank(2012) 则通过测算亚洲各经济体两两之间的 CPI 相关系数，观测区域内部不同经济体之间价格指数变动的相关性，据此判断区域经济一体化的程度；亚洲开发银行（2013）更是通过测算产出增长、私人消费增长的区域内相关性，作为评判区域经济一体化的一个侧面。然而，现实经济中即使完全一体化的市场也可能表现出弱相关，因此目前很多研究认为用相关性指标来测度经济一体化是欠妥的（K.Pukthuanthong, R.Roll, 2009; Carrieri et al., 2007）。

协整检验的理论基础是若不同市场的价格序列间存在协整关系，说明长期中一价定律成立，市场一体化是存在的。S.Kleimeier 与 H.Sander(2006) 用协整方法测度了欧元区零售银行市场的一体化，并与基于利率的价格收敛测度结果进行比较。L. Brunt 与 E. Cannon(2014) 用向量误差修正模型（VECM）测度了 1770—1820 年间英国小麦市场的一体化，其中 VECM 中的短期调整速度测度了当价格偏离一价定律时，市场间套利行为使得价格恢复长期均衡的速度。M.Ejrns 与 K.G.Persson(2000) 以 1825—1903 年间的法国小麦市场一体化为研究对象，将成本因素考虑进一价定律，用一个均衡区间代替传统 ECM 中的均衡点，建立门槛误差修正模型，以此来测算法国小麦市场的一体化。然而，价格序列间可能存在虚假协整关系（Federico, 2012）。另外，协整检验更适用于定性分析，不适用于一体化指标的构建，目前学界尚没有出现利用协整检验构建一体化指标的研究。

偏离程度分析测度的理论基础是在高度一体化的市场中，相关要素的价格受本地冲击的影响较小，受整个区域冲击的影响较大。主要包括两类方法：一是直接利用不同经济体之间价格序列的离散程度来测度一体化。T.Jappelliand 和 M.Pagano(2008) 以德国为基准，用欧元区各国债券市场和信贷市场的利率差来测度欧元区金融一体化。Perea 和 Van Nieuwenhuyze(2014) 用欧元区各国隔夜拆借利率等资产收益率的标准离差和变异系数作为金融一体化指标；Asian Development Bank (2012, 2013) 用标准差和变异系数测度亚洲各国债券、股票价格等指标的离散程度。二是基于方差、标准差等离散程度指标构建一体化指标，如 Weir(1989) 构建的 R 指数。鉴于价格数据的易得性和指标构建方法的简洁性，这类测度方法被广泛运用，主要集中于发达国家的金融一体化领域以及个别宏观领域。然而，对于新兴市场和发展中国家，金融市场尚不成熟，金融工具的收益率或价格可能包含了较多的风险和流动性溢价，这类测度方法的适用性受到部分研究者的质疑，如 Kose et al.(2006b)。

第三，如果说上述定量与价格测度更偏重于基于现实情况对功能性一体化现况的考察，那么，制度测度则更加偏重基于法律、法规等进行的对制度一体化的定量评价。其理论基础是一国（地区）官方允许的对外经济开放度越高，实际经济一体化程度就越高。基于这一原理，指标大多被设定为二元变量的形式，如果存在相关限制性取消法案，则指标计为 1，否则计为 0。该方法在贸易（Sachs 和 Warner, 1995；Wacziarg 和 Welch, 2003）、金融（Mody 和 Murshid, 2005；王伟，杨娇辉，孙大超，2013；Chinn 和 Ito, 2002, 2008；Quinn, 1997, 2003）领域被采用，并做了大量的实证研究。

然而，由于上述限制性法案的取消大多为全球性的限制性政策，例如资本账户开放度，经常账户开放度，对出口所得缴税和资本账户交易存在多重汇率等（IMF, 2012），因此，这些指标测算的结果大多被用于衡量经济体参与全球经济一体化的程度。用该手段测算区域经济一体化的案例较为鲜见，代表性研究有以下两个。Capannelli et al.(2010) 运用上述方法，以两个经济体是否签订自由贸易协定（FTA）为标准，构建二元变量，并基于此提出区域一体化的制度指标 T_G：

$$T_G = \sum_i \sum_j n_{ij} / N(N-1) \quad\text{.............................} \quad (1.1)$$

$$i, j \in G$$

其中，T_G 是区域 G 的贸易协议指数（Trade Agreement Index）。n_{ij} 为二元变

量，当经济体 i 和经济体 j 签署了 FTA 时，n_{ij} 取值 1，否则取值 0。N 是区域 G 中经济体的个数。当指标 T_G 达到 100% 时，表明区域 G 中经济体之间均存在双边协议，区域经济达到制度层面的完全一体化。据 Capannelli et al.(2010) 测算，欧盟（EU15）在 1986 年达 100%，北美自由贸易区（NAFTA）于 1993 年达 100%。然而，该指标的应用通常需要测算区域内包含多个经济体，不适合单独测算双边关系。

同样基于此原理，Harald Badinger(2005) 进行了开创性的拓展，运用经济体之间的关税削减替代 FTA 等取消限制性政策协议的签署。Harald Badinger(2005) 以欧盟为研究对象，首先构建基于关税削减和交易成本的一国（地区）贸易保护程度指标（PROT）：

$$PROT_{it} = T_{it} + TC_{it} = \sum_{j=1}^{J} w_{ijt}(t_{ijt} + tc_{ijt}) \quad\cdots\cdots\cdots\cdots\cdots\cdots\cdots\cdots (1.2)$$

其中，t_{ij} 是经济体 i 和经济体 j 之间的关税，权重 w_{ij} 为经济体 i 对经济体 j 的进出口贸易额占经济体 i 进出口贸易总额的比重。tc_{ij} 特指欧洲统一市场带来的贸易成本的下降，约等价于 2.5% 的关税降低。在此基础上作者设定 T 为基期年份，对贸易保护程度指标（PROT）进行标准化处理，最终计算出欧盟 15 国各国的一体化指标，并将其加权平均值作为欧盟整体的一体化指标（INT），权重是各国的进出口额占欧盟总的进出口额的比重。随着一体化程度加深，关税逐渐降低，INT 逐渐趋于 1。该方法的拓展提升了制度一体化指标的适用范围，并降低了主观影响。

第四，单一指标的测算方法很难满足范围广泛的区域经济一体化的测算与评价，因此，学界展开了对综合性区域经济一体化指标的设计与测算。其主旨思想是将区域的贸易一体化、金融一体化、投资一体化、人口流动一体化等多个角度综合成一个指标，衡量区域一体化发展的整体水平，弥补了单一指标测度的局限性（Tony Cavoli, 2012；Chen 和 Woo, 2010）。因此，该方法也是前面三种方法的整合与延伸。

该测度方法面临的主要问题是采用何种加权方式将多个指标综合成单个一体化指标。根据权重的确定方式可分为非参方法和参数方法。非参方法即主观加权法，研究者将根据自身经验，对单指标相对重要性进行主观评判并赋予权重。Mody 与 Murshid (2005) 将此方法用于整合金融全球化指数，此外，联合国对人类发展指数（HDI）的综合构建也源于主观判断。显而易见，研究者的主观判断将在此起到决定性作用，相对缺乏科学严谨性。这是该方法的一大缺陷。

与此相对，通过参数方法确定权重的方法较为科学与客观。其主旨思想是认为多个指标的变异存在一个潜在的结构，这些指标的权重就可通过度量指标在每个结构维度上的协方差来客观地决定。其中，可细分为共同因子分析（common factor analysis, CFA）和主成分分析（PCA）。CFA 通过假设一组变量中存在着潜在的共同变量来简化初始的多元关系，也即通过一组无法观察到的共同因子来解释初始的单个变量。初始变量在每个共同因子上的载荷反映了他们在这个共同因子上的相对重要性。Andersen 和 Herbertsson(2003) 利用共同因子分析法将经济一体化和跨国交易的多个指标合成一个综合指标来测度全球化。Cheung et al.(2008) 运用共同因子分析法测算亚洲各国之间的共同因子（common factor）以及子区域的因子（ASEAN 5 factor, Chinese culture factor, etc.）作为评判亚洲经济一体化的标准。主成分分析（PCA）最初由 Pearson(1901) 提出，并经 Hotelling(1933) 进一步将原始变量转换为相互正交的多个主成分，使得每个主成分都是原始指标的线性组合。

如此，第一个主成分能解释总方差最大的份额，以此类推。每个主成分的标准化载荷即为相应初始指标的权重。Chen 和 Woo(2010) 用两阶段主成分分析法，将 8 个单一指标构建成一个综合指数来测度亚太经济一体化；特别地，为保证信息不被遗漏，该文章将所有主成分都进行加权[①]。Tony Cavoli (2012) 采用主成分分析方法，将东亚各国实体经济和金融领域的 7 个单一指标合成一个综合的一体化指标。CFA 和 PCA 均是在保留大部分原始信息的前提下用较少的指标来代替多个指标。但在实证研究中主成分分析 PCA 更常用，因为 PCA 比 CFA 更易实施和解释，比如 CFA 以潜在共同因子的存在为假设，PCA 则不存在此限制。

三、经济一体化动力机制研究

根据现有文献，区域经济一体化动力机制相关研究主要包括动力因素研究和动力机制研究两部分。其中，动力因素研究是动力机制研究的基础和重要组成。国外在这方面的研究主要集中在经济一体化的动力因素上，但并未形成单独的研究领域，研究成果通常作为经济自由化理论或经济一体化相关理论的副

---

① 若对所有主成分进行加权，则不损失原始信息（Chen 和 Woo，2010）。

产品而出现。

早在 18 世纪，经济一体化出现之前，古典经济学家亚当·斯密（Adam Smith）所提出的绝对优势理论在推动自由贸易发展的同时也成为促进经济一体化特别是贸易一体化产生与发展的第一股动力。该理论以经济自由主义思想为基础，认为在某产品的生产上拥有绝对成本优势的一国可以举国资源专注生产该产品，然后通过与其他国家进行自由贸易的方式满足本国对产品多样性的需求并从中获利。19 世纪初，大卫·李嘉图（David Ricardo）修正了斯密的绝对优势论并发展出了比较优势论，他认为，一国在某项商品的生产上只要相对其贸易对手国具有相对优势，贸易就会实现双赢。该理论相比绝对优势论更符合现实，因此，对贸易一体化产生了更为深远的影响。此后，沿着经济自由化理论的发展脉络，又涌现出了一些经济一体化动力因素相关的研究结论。

赫克歇尔（Eli Heckscher, 1919）和俄林（Bertil Ohlin, 1933）的要素禀赋理论改变了生产函数中只包含劳动一种投入要素的假设，将资本与劳动一同列入其中，通过建模发现，要素禀赋不同的国家可以通过出口密集使用其丰富要素的产品，进口密集使用其稀缺要素的产品来获取贸易利益和增加社会福利。20 世纪 70 年代，规模经济理论从规模经济的角度解释了贸易一体化的动因，研究认为，规模经济能够降低厂商的平均成本，即使在不存在比较优势的情况下厂商也会专注于一部分产品的生产，在获得规模经济利益的同时通过国际贸易满足市场的多样性需求，弥补了要素禀赋理论对于产业内贸易无力解释的不足。

随着经济社会的发展，国际上，经济交往的形式开始变得多元化，特别是跨国公司对外直接投资的兴起和繁盛，使得经济一体化的内容由原来单一的贸易一体化扩展为包含贸易、投资等的综合性经济一体化。在投资一体化动因的探索中，始于经济学家科斯（Ronald Coase, 1937）的交易成本论的研究成果比较具有一般性，能够解释大部分对外直接投资的动因。该理论的核心思想是，企业为了追求整体利润最大化，降低交易成本，就会选择在全球范围内组织生产，将中间产品的生产环节"内部化"从而产生了对外直接投资行为。

此外，以美国经济学家保罗·克鲁格曼（Paul Krugman, 1990）为代表的新经济地理学从产业集聚的角度揭示了经济一体化的动因，认为经济系统的内生力量也会促使经济空间发生演化分异，在具备某种生产优势的地区形成中心，周边地区的产业向其聚集，甚至形成核心—边缘结构。因此，创造生产优势，追求产业集聚中心地位成为推动区域经济一体化的一股力量。

20世纪50年代，随着国际区域经济一体化第一次浪潮的掀起，以制度性经济一体化为研究对象的国际经济一体化理论逐渐产生并发展起来。尽管该理论体系主要是对经济一体化福利效应的考察，但研究成果中依然蕴含着对经济一体化动因的各种启发。

关税同盟理论的问世是经济一体化理论成形的重要标志，其中，关税同盟是制度性经济一体化的一种形式，即成员国之间通过正式制度安排组建的对内开放商品市场对外实行统一关税的经济组织。该理论由美国经济学家雅各布·维纳（Jacob Viner, 1950）提出，核心结论是，经济一体化的经济效应取决于贸易转移和贸易创造之和，当贸易创造带来的收益大于贸易转移造成的福利损失时，贸易能够使得同盟内的交易双方获利。这一结论从侧面反映出，获取经济利益是各成员经济体组建关税同盟的主要动因。

随后，米德（Mead, 1955）在关税同盟理论的基础上，以自由贸易区作为研究对象，提出经济一体化的自由贸易区理论。自由贸易区是制度性经济一体化最基本的形式，相比关税同盟，其要求区内经济体成员国对内开放商品市场，对外却不实行统一的关税。自由贸易区同样存在贸易创造和贸易转移效应，尽管两种效应在实际表现上与关税同盟存在差异，但基于贸易创造和贸易转移效应的福利分析依然是判断经济一体化动因的重要依据。随后，经济学家们围绕不同形式经济一体化组织的福利效应和经济增长等问题发展出了共同市场理论、经济同盟理论、完全的经济一体化理论。虽然这些理论的研究对象不同、研究方法各异，但结论中均蕴含着一种思想，追求福利水平的提高、经济增长的加快是经济一体化产生和发展的主要驱动力。

除了上述基于经济学视角对经济一体化动力因素所做的探索外，跨学科的研究中对其也有所涉猎。其中，国际关系领域中的欧洲一体化理论比较具有代表性，该理论体系在思考欧洲一体化路径之余，也发觉了一体化，特别是经济一体化的动因所在。

欧洲一体化理论流派众多，新功能主义、自由政府间主义是其中最具影响力的两大理论流派。产生于20世纪50年代的新功能主义在一体化的管理形式上主张建立超国家机构并以此为主导，在实现路径上则继承与发展了功能主义的主要思想，认为一体化应避开敏感复杂的"高级政治"领域，从福利和经贸这样"低级政治"的功能领域展开，"自下而上"地铺设一体化道路，通过"溢出"效应，一个部门的一体化带动相关部门的一体化，经济和社会领域的一体化驱使政治一体化的发生，最终在"功能外溢""政治外溢""地理外溢"的作用下实现完全的一体化。所谓的功能领域的一体化主要就是指以追求经济利益为动力而进行的经济一体化。

20世纪80年代后兴起的自由政府间主义在一体化的管理形式上与新功能主义相对立，将主权国家视为一体化的领导核心而弱化了超国家机构的功能。该理论分三个阶段探讨了一体化的实现过程，分别是国家偏好形成阶段、国家间谈判阶段和一体化的制度选择阶段。其中，在国家偏好形成阶段，经济利益是推动一体化发展的主要动力。国内各种利益集团，特别是商界不同力量相互较量的结果是国家偏好形成的重要影响因素，这一思想与新功能主义提倡的"功能领域先行"的一体化路径主张具有异曲同工之妙。由此可见，新功能主义和自由政府间主义均将经济利益视为一体化形成与发展的主要动力。

相比国外的研究成果，国内的相关研究起步较晚。陈廷根（2006）通过梳理国内外研究现状分析了区域经济一体化的动因，认为利益追求、政府主导和制度保障是实现区域经济一体化的基本动因。王珺（2009）将政府视为经济一体化的谈判者，认为政府推动国际经济一体化的主要动因来自企业流动与居民消费的市场压力。佟家栋和王芳（2000）以欧盟为研究对象，探讨了国际经济一体化的主要动因，认为经济一体化的产生和发展是成员经济体降低交易成本的过程和加深相互间经济依赖程度的客观要求，而科技创新与政治形势分别是推动经济一体化的两大力量。赵媛和诸嘉（2007）研究了区域经济一体化的动力机制及组织类型，在动力机制的构建上和思想上与佟家栋和王芳的研究有诸多相似之处。

研究表明，推动区域经济一体化发展的动力机制为："推、拉、压、支"四力驱动和"传统经济利益、非传统利益、政治利益"三大取向。其中，增强国力、抵御外来压力是区域经济一体化产生与发展的外部压力，各种经济利益是内在拉力，科学技术和社会生产力的高速发展是支撑力，有效的组织机制是推动力；基于国际经济一体化理论的福利效应为传统经济利益，影响国际经济规则、追求区域中心国地位为主要的非传统利益，维护地区安全、深化政治联系则是出于对政治利益的考量。孟庆民（2001）则另辟蹊径，基于经济利益的视角从区域经济一体化的互补性与竞争性、区域经济一体化的规模经济、区域经济一体化交易成本机制三个方面探讨了区域经济一体化的动力机制。他认为，区域经济一体化是市场经济发展到一定阶段的结果，获取经济利益是经济一体化产生和发展最主要的动因，交通、通信技术的发达以及全球范围内的国家经济开放与体制调整作为催化剂加快了经济一体化的进程。

王子龙和谭清美等（2005）基于系统科学中的自组织理论探究了区域经济系统的演化，将区域经济一体化视为一个由若干子系统组成的区域经济系统，该系统由无序走向有序的过程属于自组织过程。研究发现，各个子系统及其与环境之间的非线性协同竞争是区域经济系统自组织演化的内在动力和源泉。徐林清和陈碧莲（2005）则认为区域经济一体化过程既有来自市场的驱动力也有来自政府的驱动力，前者表现为区域经济系统由无序向有序演进的自组织过程。谷国锋（2008）同样认为区域经济的形成和发展是自组织与他组织两种力量共同作用的结果。他以系统科学思想为主线，综合运用了经济学、管理学、社会科学等多学科的理论与方法，从市场、技术创新、制度创新和文化四个方面构建了区域经济发展的动力系统。

经济一体化以及海峡两岸经济一体化动力机制的相关研究在不断地得到丰富和完善，就前述国内外研究现状而言，仍然存在如下几点不足：

第一，相关理论基础不完整或存在欠缺。总结现有研究不难发现，当前有关经济一体化（包括海峡两岸经济一体化）动力因素或动力机制的研究成果大多以现实为依据，发掘经济一体化实践过程中的主要推动力量并基于此构建经济一体化动力机制，鲜有针对现象背后的理论基础进行的深挖与关注，少有的理论探索也过于片面，难以反映经济一体化动力机制动态运行与演进的过程。尽管源于现实的研究结论经得起检验与推敲，却由于缺乏必要的理论支撑而使其科学性与一般适用性大打折扣。

第二，缺乏对基础概念的说明和界定。现有文献中虽然不乏对动力机制构建的各种探索和尝试，但总体而言，在机制构建之前，大多缺乏对"经济一体化动力机制"这一基础概念，特别是"动力机制"的说明和界定。由于学术界对于"经济一体化""海峡两岸经济一体化""动力机制"等相关概念的界定至今未达成共识，因此，对基础概念界定的模糊不但影响研究过程的科学性，而且很大程度上造成了研究成果间的不可比性，从而弱化了各研究间的联系，增加了该领域站在前人的研究基础上取得突破性成果的难度。

综上所述，随着区域经济一体化的发展，经济一体化动力机制研究逐渐得到学术界的重视，在研究特点日渐明朗的同时，存在的不足也逐渐暴露。需要通过构建多学科理论思想相融合的经济一体化动力机制理论分析框架，系统地、动态地分析经济一体化动力机制运行及演进过程。

四、经济一体化福利效应研究

目前国内大多数文献都从这一视角进行区域经济一体化的投资效应研究。实证研究方面，包括赵滨元（2012）、赵青松和李钦（2014）、赵玉焕和王帅（2011a）、于丹（2011）、汪占熬和陈小倩（2013）、张宏和蔡彤娟（2007）等。例如，杜群阳和宋玉华（2004）通过对2001年后东盟、中国的直接投资现状和趋势进行分析，得出投资创造和区外对区内的投资转移为中国—东盟自由贸易区投资效应的主体。陈霜华和查贵勇（2008）研究了中国—东盟自由贸易区的投资效应，发现CAFTA带来了区内对区内的投资创造效应、区外对区内的投资创造效应、区内对区内的投资转移效应，但不存在区外对区内的投资转移效应。邵秀燕（2009）研究了1996—2007年间东盟区域经济一体化的投资效应以及投资效应的影响因素，发现区域经济一体化对成员国获得FDI有显著正效应。鲁晓东和李荣林（2009）对标准自由资本模型加以拓展，分析了不同类型区域一体化组织对国际直接投资的规模、流动方向等的影响，发现区域经济一体化会促使国际资本内流，即带来投资创造效应，但也会带来短期、长期投资转移效应，而且不同类型的区域一体化协议（RIAs）带来的投资转移效应并不相同。理论研究方面包括陈德泉（1996），张彬、王胜、余震（2009），于峰（2009），赵玉焕和王帅（2011b）等。

邱立成、马如静、唐雪松（2009）从跨国企业的投资动机出发，借助FDI区位决定分析框架研究了欧盟在1996—2006年间的投资效应及其影响因素，发现欧盟经济一体化对FDI流入有显著正效应（包括投资创造和投资转移效应），并且从投资动机来看，经济体的初始禀赋条件对投资效应有显著影响。

但国内学者从投资方视角下研究区域经济一体化如何影响跨国企业投资行为的相对较少，且现有研究大多通过研究跨国公司和区域经济一体化之间的相互关系间接给出区域经济一体化对跨国公司投资行为的影响，如章徐俊（1998）、万建强（2001）、盛志鹏（2008）等。

现有的对区域经济一体化增长效应的研究涵盖内容主要包括对不同成员国带来的增长效应是否相同（张彬、朱润东，2009）、增长效应在短长期是否有差异、增长效应的传导路径或产生机制如何、区域一体化的不同组织形式或成员构成是否影响增长效应的大小（王微微，2007；唐宜红、王微微，2007）、区域一体化对区域内经济增长收敛性的影响（陈雷、李坤望，2005；尹华、吴彬，2008）等问题。从研究模型来看，目前国际上主要是基于线性经济增长模型对经济一体化所带来的增长效应进行直接研究。如陈秀珍（2005）基于 C-D 生产函数设定线性计量模型，纳入香港和内地经济一体化指数，发现 1986—2003 年间的香港和内地经济一体化促进了两地的经济增长。

唐宜红和王微微（2007）以国民收入恒等式为基础构建线性经济增长模型，对 1990—2005 年间 41 个国家的相关数据进行实证研究，发现伙伴国的经济发展水平越高，区域经济一体化给本国带来的经济增长效应越大；而且以北美自贸区、欧盟代表的南北型、北北型两种区域经济一体化模式能促进经济增长，而以东盟自贸区代表的南南型带来的经济增长效应尚不确定。张彬和朱润东（2009）基于 Cobb-Douglas 生产函数推导出局部调整模型，研究了不同质的美国和墨西哥之间的经济一体化对两国带来的经济增长效应，发现 1986—2007年间美墨经济一体化给两国带来的经济增长效应表现出不同的特点，包括对发展中经济体墨西哥带来的增长效应更大、美墨的增长效应传导路径有所不同等。

杨勇和张彬（2011）基于 Cobb-Douglas 生产函数将经济增长分解为技术拉动型和投资推动型，通过在增长模型中纳入不同形式的经济一体化指标，作者研究了南南型一体化组织的增长效应，发现 1985—2007 年间的区域经济一体化并没有推动非洲国家的经济增长。

还有些学者在线性增长模型的基础上纳入一体化指标的二次项、一体化指标与其他变量的交互项或者采用门槛面板设定，构建非线性经济增长模型来研究经济一体化的增长效应是否依赖于其他条件。Hali et al.(2002) 基于 57 个国家在 1980—2000 年间相关数据，在线性增长模型中纳入国际金融一体化指标以及与其他指标的交互项，研究了国际金融一体化与经济增长之间的关系以及这种关系是否依赖其他要素，结果发现国际金融一体化并没有促进经济增长，即使是在不同的经济发展水平、机构质量等条件下。

俞颖（2010）基于东亚 9 个经济体在 1970—2007 年间的面板数据，在线性增长模型中纳入基于跨境资本流动的东亚金融一体化指标及其与其他变量的交互项，研究了东亚金融一体化的增长效应及其影响因素，发现东亚金融一体化并未有效促进经济增长，而收入水平和金融发展水平对于东亚金融一体化与经济增长之间的关系有一定影响。Merale et al.(2015) 分析了 1996—2012 年间10 个东南欧国家（South East European, SEE）的贸易开放度对经济增长带来的效应，他们通过在线性增长模型中纳入贸易开放度和初始收入水平、FDI、固定资本形成的交互项，发现贸易开放度对经济增长的正效应是以初始收入水平和其他变量为条件的。Jinzhao Chen 和 Thérèse Quang(2014) 基于 80 个国家在 1984—2007 年间的面板数据，采用动态门槛面板技术研究了从国际金融一体化获得的正向增长效应是否依赖于一国的经济发展阶段、金融发展水平、宏观经济政策等条件，发现在一定的门槛条件下国际金融一体化的确促进了经济增长。

五、海峡两岸经济合作与一体化研究

海峡两岸经济一体化课题一直是华人及国际学术界关注的课题。进入 20 世纪 90 年代以来，两岸暨香港及海外华人学者提出各种建立中华经济区的构想、概念或新名词，有数十种之多[①]。

1993 年世界银行发表的题为《全球经济展望和发展中国家》的年度报告，第一次将大陆（内地）、香港和台湾作为一个分析单元，称之为"中华经济区"（Chinese Economic Area），并认为其正在成为世界经济的第四个增长极[②]。1994 年 7 月，世界银行发表题为《东亚贸易与投资》的研究报告称，大陆（内地）、香港、台湾的经贸一体化，已使这一地区的经济成长超越全球各主要经济体。

20 世纪 90 年代，美国学者发布研究成果《中国圈》（*The China Circle*）[③]，认为由两岸暨香港组成的一个经济区域的出现在某些方面是"经济对政治的胜利"。中华圈的所有经济区域的公司都深深卷入了跨边界的网络。许多公司很清楚在对方管辖区的可能的伙伴和地点。在某种程度上，中华圈的公司都位于一个共同的经济区域，这个经济区域被政治边界分割开来。随着经济的发展和政治的消退，这个休眠状态的经济区域的潜在意义大大提高了。一旦限制被取消，它的各个组成部分的相互作用便会爆炸性地增长。

如何推进海峡两岸经济一体化，华人学者早在 20 世纪 80 年代就开始着手研究。1980 年香港黄技连教授首次提出"中国人共同体"概念，并引起华人学者关注，陈坤耀（1987）则提出了"中国圈"，随后，"大中华共同市场"（郑竹园，1988）、"中国经济圈"（陈亿村，1988）、"亚洲华人共同市场"（高希均，

---

① 曹小衡.东亚经济格局变动与两岸经济一体化研究 [M].北京：中国对外经济贸易出版社，2001.

② 世界银行系列年度报告之：《全球经济展望和发展中国家》[M].北京：中国财政经济出版社，1993.

③ 巴里·诺顿.经济圈——中国大陆、香港、台湾的经济和科技 [M].北京：新华出版社，1999.

1988）等观点相继出现。大陆学者中，金泓凡（1989）较早提出构建"海峡两岸经济圈"的设想，翁成受（1990）则主张建立"南中国经济圈"。同期，一些台湾学者也分别提出了各种关于"中国经济圈"的设想。吕士开（1988）提出，将两岸暨港澳联合起来，组建"大中华共同市场"。他认为，要实现两岸之间的统一，必须要从一个较大的环境中求得"松弛"，经济是最好的切入点。林充邦则提出实现中国统一的方案及时间表，具体是从经济层面入手，然后分四个阶段逐一完成。一些台湾学者则提出海峡两岸经济一体化的制约因素，其中，关中先生对两岸经济一体化的制约因素进行了分析，认为一体化的最大困境在于海峡两岸政治意识的对立。这一时期，台湾地区部分政治人士对海峡两岸经济一体化表现出较为积极的态度。李焕（1990，时任台湾地区行政机构负责人）认为，无论是中华经济共同市场还是其他形式，均应该根植于双方共同的利益和理想之中。萧万长（1991，时任台湾地区经济机构负责人）则建议由大陆（内地）和港台地区共同组成中国共同市场，郝柏村（1992，时任台湾地区行政机构负责人）十分赞同"建立中华经济圈"这个设想。马英九（1992，时任台湾地区陆委会副主委）也公开对建立"大中华经济共同体"持乐观态度。2001年，萧万长推动成立"两岸共同市场基金"，并着手将两岸共同市场的设想付诸实践。

学者们关于海峡两岸经济一体化的研究大多将海峡两岸经济一体化视为实现两岸和平统一的必经阶段，在为两岸统一提供理论借鉴的同时也蕴含着对海峡两岸经济一体化动力因素最初的探索，尤其突出了经济利益在推动海峡两岸经济一体化中所发挥的重要作用。

香港学者陈其南（1988）提出借鉴欧洲一体化的发展经验，将经济利益视为海峡两岸经济一体化的主要推动力，主张通过经济合作逐渐实现两岸统一。香港学者张五常（1988）的"海峡两岸经济大循环"理论也强调了经济利益对推动海峡两岸经济一体化的重要性。该理论认为，两岸关系直接实现政治统一很难，可以采取"海峡两岸经济大循环"模式，通过经济合作，相互得益，减少敌视，逐步走向统一。台湾学者侯家驹（1990）的"经济统一论"主张中国的和平统一应借助于经济方法，通过加强两岸经贸往来，鼓励台商赴大陆投资，适当引进大陆劳工等经济行为促使大陆由经济自由化走向政治民主化，最终实现两岸和平统一。大陆学者曹小衡（2001）较为深入地探讨和分析了两岸之间经济一体化的性质、定位和路径选择问题。他认为，基于目前海峡两岸经济发展现状及政治现实情况，两岸应首先从功能性一体化入手，逐步过渡到制度性一体化。

台湾学术界同样重视经济利益对海峡两岸经济一体化乃至和平统一的推动作用。由台湾学者高朗（1999）提出的"渐进式统一论"主要借鉴了新功能主义的"功能外溢"思想，提倡两岸实行"自下而上，先和后统"的渐进式整合模式，选择"低政治"的经济领域作为两岸一体化的先行军。台湾学者张亚中（2000）的"两岸统合论"同样闪烁着新功能主义思想的智慧。他主张两岸一体化应当从不敏感的"低政治"领域展开，逐渐向"高政治"领域"溢出"。萧万长（2000）的"两岸共同市场"理论则是直接针对海峡两岸经济一体化的理论设计。该理论指出，通过经济整合，大陆和台湾地区将逐渐走向政治整合并最终形成"大中华区"。

此后，随着大陆有关构建"海峡两岸经济合作机制"以及具有制度性经济合作意义的ECFA的签订，有关海峡两岸经济一体化的研究热度再度攀升。李非和林坚等（2008）分析了推动海峡两岸经济合作的软因素及其影响机理，研究表明，市场化促动海峡两岸经济体制的市场化，确立了两岸共同的价格机制，奠定了海峡两岸经济合作的体制基础；经济全球化促使海峡两岸经济在国际化进程中走向合作；经济区域化促使两岸加强在本区域的经济合作；民族化为海峡两岸经济合作提供精神支持与文化动力。任蓉等（2010）对海峡两岸经济发展与整合的动力因素进行了研究，提出经济全球化、两岸关系政策、合作共赢是海峡两岸经济整合的竞争压力驱动、政策驱动和内在利益驱动。张立畅（2011）认为，海峡两岸经济的互补性是海峡两岸经济一体化发展的基础和动力。苏美祥（2011）在探讨了ECFA时代两岸经贸关系发展的内生动力后，认为，海峡两岸经济整合的内生动力源自两岸相互拥有的比较优势，全面建构和落实两岸经贸合作机制是进一步释放两岸经贸合作的内生动力的必然选择。刘李鹏（2012）基于自组织理论，以动态、系统的视角深入分析了海峡两岸经济系统的自组织发展。研究发现，海峡两岸经济系统的有序化程度正在不断增加，序参量因素是海峡两岸经济系统自组织发展动力的主导因素。

对应采取何种形式的一体化安排，两岸学者提出诸多观点。大陆方面，迟福林（2002）认为自由贸易区是比较现实的选择，一些学者则主张采取共同市场模式（李非，2005；庄宗明和张启宇，2005；黄绍臻，2005；黄梅波和郑莹，2005）。关于海峡两岸经济一体化的实现方式和具体的路径安排，唐永红（2006，

2007, 2010）认为，可以先行在两岸次区域层面建立两岸自由贸易区，然后再逐渐扩展到两岸全面性经济合作与一体化。张冠华（2008）提出，应从功能面和制度面两个角度建构海峡两岸经济合作分析框架，其中功能面应涵盖服务业、制造业的合作以及推动台资企业的产业升级，在制度层面上则不仅要包括两岸协商机制设计、经贸往来正常化，还要致力于推动两岸一体化的制度建构。华晓红（2012）认为，中华自由贸易区具有实现从假设到实践跨越的潜力。刘雪琴（2014）就上海自贸区与台湾地区自由经济示范区之间的合作进行分析，并提出具体的政策建议。

此外，2010 年两岸 ECFA 协议签署后，有不少学者对 ECFA 所带来的贸易效应进行研究。王静（2011）采用 Baldwin 和 Murray(1977) 等人的贸易创造和贸易转移模型表达式以及传统的引力模型，结合早期收获计划下的两岸降税安排，估算了 ECFA 对大陆、台湾地区带来的贸易创造、贸易转移效应以及贸易扩大效应[①]。发现 ECFA 对台湾地区带来的贸易创造效应大于贸易转移效应，获得福利增加，但对大陆带来的福利变化并不确定，同时作者认为贸易转移效应的存在使得对大陆进行出口贸易的其他经济体的福利受损。顾国达，陈丽静（2011）基于联立方程组模型的模拟分析显示，ECFA 早收清单的实施对两岸贸易有显著的增长效应。张光南、陈坤铭、杨书菲（2012）基于全球贸易分析模型 GTAP 研究了 ECFA 对两岸的经贸影响，发现 ECFA 带来的贸易效应使得两岸区域内贸易增加，且台湾地区方面的增加幅度要大于大陆。

蒋含明和李非（2012）基于 GTAP 预测了 ECFA 对两岸贸易、就业等方面带来的效应。模拟结果显示，ECFA 的签署推动了两岸贸易成长，短期中带来了贸易创造效应，长期中拉动了大陆和台湾地区的实际 GDP、就业、福利的增长，对两岸是双赢的。李九领（2014）运用巴拉萨模型来研究 2010 年两岸签署的 ECFA 所带来的贸易创造和贸易转移效应，通过考察 2000—2012 年间的进口需求收入弹性，该文发现 ECFA 带来了净贸易创造效应，不存在净贸易转移效应。但是，针对 ECFA 效应的研究难以测度出 2010 年之前海峡两岸经济一体化所带来的贸易效应，借助传统的贸易政策虚拟变量工具和贸易引力模型来研究海峡两岸经济一体化视角下的贸易效应具有一定的困难。

我们认为，海峡两岸经济一体化是大陆与台湾地区之间的经济融合，既不

---

① 这里的"贸易扩大效应"指的是 ECFA 下的降税安排对台湾对大陆出口贸易的促进作用。

属于国际区域经济一体化也不完全等同于一国内部各区域间的经济一体化，而是一国之内两个单独关税区之间的第三种经济一体化形式，带有鲜明的两岸特色。以往对海峡两岸经济一体化的相关研究，以借鉴其他经济体一体化尤其是欧盟的发展经验为主，忽视了对海峡两岸经济一体化过程中两岸特色的关注。虽然"他山之石，可以攻玉"，成功的国际经验能够为海峡两岸经济一体化的发展提供参考，但却不能小觑两岸实际情况。重视两岸特色是海峡两岸经济一体化研究的必要条件。

第三节　思路与方法

一、研究思路

（一）基本思路

基础研究和应用研究不是单向的因果关系，而是相互推动的辩证关系。两岸经济一体化研究从研究对象而言更多靠向应用研究，需要基本理论研究的支撑，但由于其特殊的内外部原因，又面临理论的突破和创新。我们的研究思路也是研究初心首先是尝试将涉台经济政策研究时需要考虑的主要理论、经济变量以及各种研究方法做一个逻辑串联；其次，在这一基础上加入特定的两岸因素进行深入的探讨；第三，在前述研究的基础上试着将这个研究框架搭建成一个初步的涉台经济政策研究的理论参考、评价框架或模拟平台，为决策部门的相关决策研究提供参考。具体而言有以下6个方面：

1.两岸经济一体化的背景与动力研究。两岸经济一体化是在两岸均面临世情和国情发生重大变化的背景下提出的重要课题。从20世纪后期以来，经济全球化和区域经济一体化呈不可逆转之势，尤其是亚太地区的经济整合进程不断加快；从国情看，大陆经济迅速崛起，成为世界经济增长的重要引擎。此外，自2008年两岸关系出现重大积极变化以来，两岸经济合作不断深化，ECFA的签订实施为两岸带来实质性利好。尽管2016年民进党执政后拒绝承认体现一个中国原则的"九二共识"，导致两岸关系出现僵局，两岸经济合作面临冲击。但与此同时，多年的磨合使两岸经济合作已具备了其自身特有的运行规律、积蓄了抵御风险的能量，市场和民间力量成为推动两岸经济深化合作的主导力量。我们从国际及亚太地区的经济格局变化、两岸经济发展特点、两岸加入WTO以及利益动力、源头等方面分析两岸经济一体化的内、外背景和动力。

2. 两岸经济一体化的运行模式。运行模式合理与否是一体化进程顺利推进的关键所在。我们就 WTO、FTA 等各种区域和次区域合作方式的运行模式进行分析，同时兼顾欧盟、北美自由贸易区、东盟、中国（含港澳）在 CEPA 框架下的经济合作等全球范围内一体化模式的典型案例，从跨国、跨境角度分析一体化的边界与范围，寻找一体化进程的一般性运行模式及基本规律。结合两岸特殊的政治经济关系、一体化的性质定位，在借鉴其他一体化模式的基础上，再结合两岸经济合作现状及 ECFA 实施以来两岸经济关系的变迁，分析适合两岸经济一体化进程应遵循的基本原则、目标模式及实践中的具体选择。

3. 两岸经济一体化的指标与测度体系。这是海内外研究者尚未触及的一个重要问题。我们认为，经济一体化是从低级水平向高级水平推进的动态过程。采用量化的方法测度两岸经济一体化所达到的水平，并按时间序列考察一体化水平的发展动态，是我们的研究重点。我们将从两岸贸易往来、投资联系、金融合作、要素流动、制度协调等方面构建两岸经济一体化的指标体系，综合运用主成分分析法和聚类分析法评估各指标的权重系数，测算各时点两岸经济一体化水平指数，对两岸经济一体化现状及发展轨迹进行测度和连续追踪，并以欧盟为参照系比较两岸经济一体化程度，为有关部门研判两岸经济一体化所达到的水平、历史走势和未来趋势，并相应制定连续性的政策提供依据。

4. 两岸经济一体化的福利效应。两岸经济一体化的福利效应是两岸人民和相关研究者非常关注的话题，我们首次尝试着以现代经济学理论和算法破解这一疑惑。经济一体化福利效应理论一般分为静态福利效应理论和动态福利效应理论，其中静态福利效应理论以关税同盟理论为基础，主要用于分析贸易效应；动态效应理论则是从规模经济、投资效应、竞争效应和增长效应等多方面考察经济一体化产生的长期福利效应情况。遵循经济一体化福利效应研究领域已经达成共识的研究范式。首先应用关税同盟理论、引力模型理论和中心—外围理论分析海峡两岸经济一体化福利效应的规模；其次分别根据静态福利效应理论和动态福利效应理论，逐一分析贸易效应、规模效应、投资效应、竞争效应和增长效应。根据实证分析结果，分析海峡两岸经济一体化福利效应呈现的特点，研究影响海峡两岸经济一体化福利效应的因素。

5. 两岸经济一体化的路径。在同一国家两个单独关税区之间的经济一体化路径，有理论思路可考，无具体先例可循。为搭建理论和现实的桥梁，我们的研究遵循国际经济一体化发展的一般规律，由于两岸在经济发展水平、经济体制、法律体系等方面存在差异，且两岸在政治上存在隔阂，因此两岸在推进经济一体化过程中必然会面临着较大的障碍。我们结合当前两岸正常经济交流的各种阻力，研究两岸经济一体化进程中可能出现的障碍和制约因素，从区域层面、进程层面和制度层面综合提出两岸实现经济一体化的路线图，并分别从近期、中期、长期提出两岸经济一体化的具体路径。

6.两岸经济一体化的制度安排与发展前景。经济一体化虽是市场性的经济行为，但基于两岸关系的特殊性以及大陆方面以经济一体化促进国家统一的战略考虑，我们认为大陆方面仍有必要积极主动地采取应对措施。我们以中共中央对台工作大政方针为指导原则，以前述内容的研究成果为依据，结合当前和今后形势发展的需要以及两岸人民的福祉，就深化两岸经济合作、推动两岸经济一体化应采取的政策措施进行深入探讨，在此基础上就未来一段时间两岸经济一体化进程的前景进行前瞻，梳理出从短中长期整体推动两岸经济一体化的路线图、运行模式和运行机制，测算两岸经济一体化的福利效应、水平指数。

我们研究的逻辑出发点是推进海峡两岸经济一体化进程的背景与动力，逻辑终点是海峡两岸经济一体化的路线图。为此，我们首先从世情国情变化的角度分析海峡两岸经济一体化的背景，探讨海峡两岸经济一体化的内外原因；然后从海峡两岸经济一体化的动力、指标测度和路径三个方面展开深入论述，重点探讨海峡两岸经济一体化的福利效应、一体化水平指标体系构建与测算以及海峡两岸经济一体化的路线图。总之，我们在本课题搭建的研究两岸经济一体化理论框架的基础上研究了推动海峡两岸经济一体化的相关问题并提出了相应的政策建议。

（二）研究路径

以世情国情分析为起点，收集整理国际经济与海峡两岸经济的相关资料与数据，以2008年以来国际金融危机的影响以及两岸关系的转折为侧重点，对当前世情与国情变化进行分析判断，准确把握海峡两岸经济一体化背景。在此基础上，分别论证海峡两岸经济一体化的动力来源与指标测度。在动力来源方面，分析周边的区域经济一体化及其对两岸的示范效应，以计量模型为工具，探究海峡两岸经济的互补性和一体化的福利效应；在指标测度方面，以两岸贸易往来、投资联系、金融合作、要素流动、制度协调等为指标构建完整的指标体系，测算各时点海峡两岸经济一体化的水平指数。此外，我们进一步分析海峡两岸经济一体化进程中可能出现的障碍和制约因素，提出了海峡两岸经济一体化的路线图，并给出相应的政策思考。具体研究路径如图 1-1 所示。

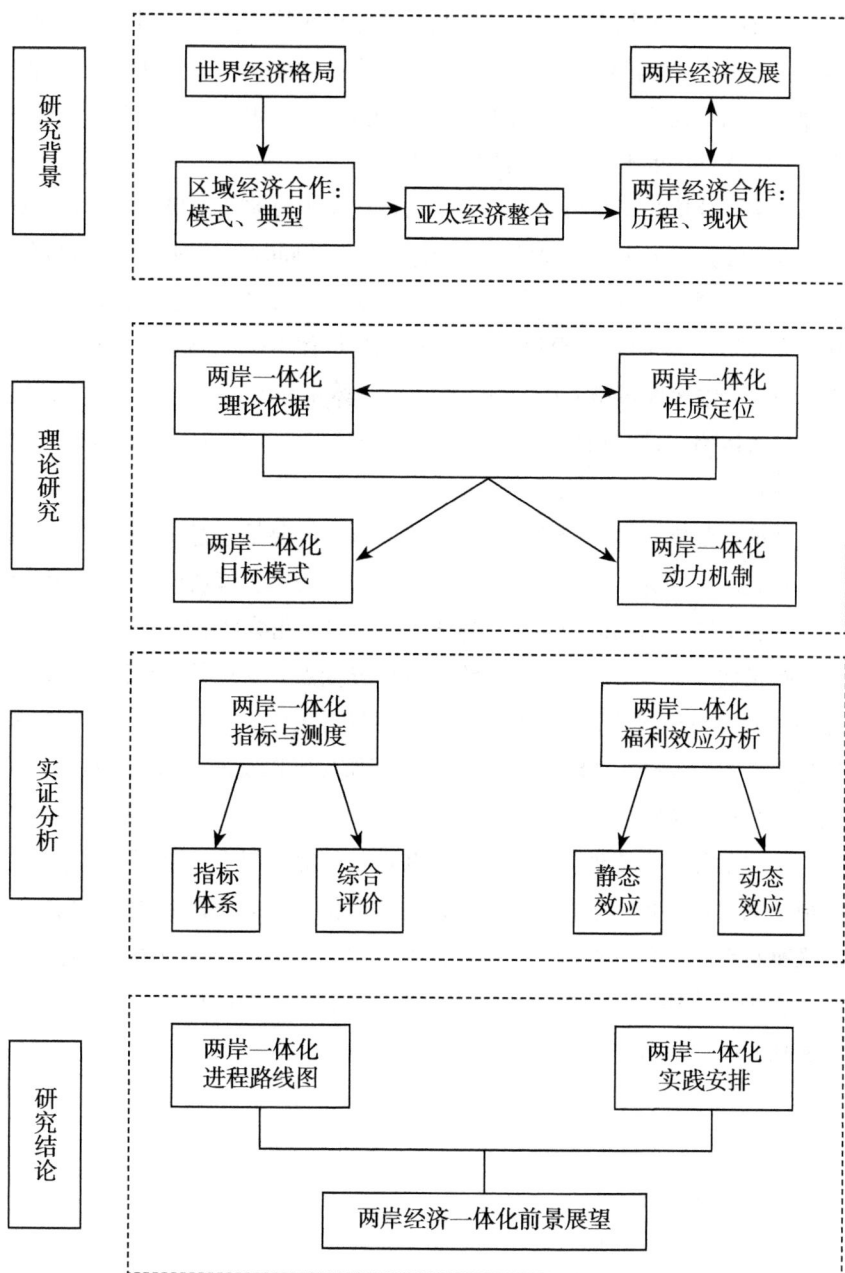

图 1.1　课题组研究框架图

二、研究方法

本课题在研究过程中将规范分析与实证分析相统一，运用相关模型对海峡两岸经济一体化的福利效应进行测算，构建综合指标体系，运用层次分析法、主成分分析法等建立计量模型对海峡两岸经济一体化水平进行测度。此外，在研究过程中，还注重不同分析方法的有机结合。

一是定性分析与定量分析相结合。在以往关于海峡两岸经济一体化的研究中，多以定性分析为主。本课题在保持定性分析的同时，合理地引入定量分析，主要体现在：通过统计数据分析国际及海峡两岸经济形势，通过计量模型测算海峡两岸经济一体化的福利效应，以一体化指标体系估计海峡两岸经济一体化水平，通过有限博弈模型分析经济主体参与一体化过程背后的微观动机，等等。定量分析可以为定性分析提供准确的实证依据，也为制定相关政策提供有益参考。

二是横向分析与纵向分析相结合。横向分析主要是通过对比研究，了解不同研究对象之间的异同点。我们对海峡两岸经济关系、海峡两岸经济一体化与其他国家和地区之间的区域经济一体化（如欧盟、北美自由贸易区、东盟10+3等）进行横向的比较分析，找出它们之间的异同点，并从其他的区域经济一体化之中吸取经验和教训。纵向分析主要是通过对历史的考察，了解研究对象的发展过程。我们分析了30多年来海峡两岸经济发展以及海峡两岸经济合作水平的变化，并对未来发展趋势做出评估。

三是文献分析与实地调研相结合。我们在研究过程中注重历史文献和相关学术成果的收集整理，去粗取精，提炼有学术价值的成分作为本课题研究的参考，文献材料主要包括两岸关系史、海峡两岸经济史、经济一体化理论研究论文与著作等。此外，课题组还通过访谈、研讨会、问卷调查、专题座谈等方式进行实地调研，获取了第一手研究资料。

第二章　经济一体化理论与实践

一体化理论源于战后欧美一些理论家避免重开战端、稳定欧洲政治以及促使各参与方互利的思考，政治意图明显大于经济意图，其理论论述也是政治优先、经济开道。二战后，在世界经济、科技、金融等的推动下，区域经济一体化和全球经济一体化的实践有了突破性的发展，也推动了经济一体化理论的发展。

第一节　一体化理论演进

一、一体化理论产生背景

（一）西方国家寻求双（多）赢、和平获取经济利益的道路

第一次世界大战之后，随着经济的发展，各大资本主义国家对世界市场争夺激烈，并且贸易保护主义盛行，资本主义世界的关税战、贸易战绵延不断并愈演愈烈。

从关税方面看，1930 年美国国会通过的"霍莱－斯姆特法令"，提高了 890 种商品的进口税率，也使所有进口商品的平均税率比 1914 年提高了 41.5%。引发 45 个国家进行报复，挑起了世界范围内的关税战。

从非关税壁垒方面看，各国普遍设置非关税壁垒，提高市场的准入门槛。1929—1933 年危机爆发后，各国纷纷实行进口配额制。二战前，进口中受配额限制的产品所占比重，以在法国、比利时、荷兰及瑞士为例，分别达到 58%、24%、26% 及 52%，而德国与意大利，更是几乎一切进口均受到数量限制。

此外，这一时期各国政府还纷纷采取多种措施推动本国的出口。如利用本国货币贬值以暂时提高其商品在国外市场上的竞争力，即所谓外汇倾销。日本是当时实行外汇倾销最突出的国家，政府全力支持日货对外倾销，使出口迅速

扩大，如在世界棉织品出口中，1927 年日本出口仅为英国的 1/3，到 1935 年竟上升为英国的 1.4 倍，跃居世界第一位。

列强在这一时期还通过签订贸易协定或者组建贸易集团的形式，加紧划分势力范围争夺市场。如，在 20 世纪 30 年代，德国加强贸易扩张，先后同东南欧的保加利亚、匈牙利、罗马尼亚、希腊等国签订"双边贸易协定"，既扩大了德国对这些国家的商品输出，又从东南欧国家获取了大量战略原料（石油、有色金属、铝土、木材等）及农产品。当时的世界经济呈现美、英、苏、德、法、日六大国并立和相互对抗的多极态势，矛盾甚为复杂，既有资本主义国家的相互矛盾，又有它们与社会主义国家苏联之间的矛盾。各大国间经济政治发展不平衡及经济实力均衡化的形成，使得它们之间的各种矛盾特别是争夺世界政治经济霸权的矛盾加速激化，这种矛盾的极度尖锐、极端化的后果就是导致了再一次世界大战的爆发。

值得关注的是，协约国和同盟国 1918 年 11 月 11 日宣布停火，经过巴黎和会长达 6 个月的谈判后，于 1919 年 6 月 28 日在巴黎的凡尔赛宫签署《凡尔赛条约》（*Treaty of Versailles*，又称：《凡尔赛和约》），全称《协约国和参战各国对德和约》，标志着第一次世界大战正式结束。在协约签署过程中，法国主张严惩并尽可能地削弱德国；英国出于传统的政策考虑希望能保持一个相对强大并在经济上能够自立的德国以保持欧陆均势；美国则希望尽快建立一个能保证长久和平的体系并从该体系中获益，同时主张德国进行战争赔偿。三国都做出了让步，最终达成了一致，但结果是各方都做出了妥协，但却没有任何一方完全达到了自己的目的。而德国没有被彻底削弱也没有得到安抚，这个结果预示着，无论是对战胜国还是战败国，以至于整个欧洲甚至全世界都是个不安定的因素。

英国经济学家凯恩斯作为英国财政部的谈判代表参加巴黎和会，主张对德宽容，试图减少协约国对德国的巨额赔款要求，但因言不见用愤而辞职。辞职后撰写《和约的经济后果》，此书一经出版即引起各界，尤其是理论界的关注，奠定了凯恩斯世界著名经济学家的声誉。凯恩斯把凡尔赛会议上缔造的和平称为"迦太基式的和平"[①]，该书的核心思想就是凯恩斯首次提出了一战后欧洲各国共处的经济思路，认为欧洲大陆唯有作为一个互补的经济整体才有希望，否则欧洲"肯定会得到报复"。这是经济一体化理论的渊源，是欧盟大厦建立的第

---

① 迦太基式的和平就是指强者强加在弱者身上的短暂的、不平等的和平。

一根桩基，但凯恩斯的这一思想直到二战后才为人们所重视。

二战后，西方开始反思两次世界大战，试图寻求和平获取经济利益的道路，放弃"零和"思路，寻找双（多）赢方法。这时凯恩斯的"欧洲大陆唯有作为一个互补的经济整体才有希望"的思想开始为西方世界政治精英所接受。1946年9月，温斯顿·丘吉尔做了题为"欧洲的悲剧"著名演说，其中提出了建立欧洲合众国的设想。此后，美国实施所谓"马歇尔计划"的"欧洲复兴项目"。1948年4月，成立几乎包括所有西欧国家在内的欧洲经济合作组织。此后，1948年5月，在荷兰海牙召开了包括西欧16国在内的"欧洲大会"，从此，欧洲的一体化开始实质性推动。

虽然西欧各国对欧洲联合已取得共识，但在联合的目标和建立何种一体化组织方面却存在着分歧。在海牙召开的"欧洲大会"上，这种分歧就已经很明显。"联盟主义者"（Unionist）倾向于建立主权国家合作的邦联性质的联盟，"联邦主义者"（Federalist）则主张建立超出传统的政府间合作方式的超国家权力机构，形成一个欧洲联邦。

对西欧一体化的理论与政策主张的不同，使西欧国家在进入20世纪50年代后开始分化为两个集团。一个集团是位于西欧中心的法国、德国、荷兰、比利时、卢森堡、意大利等国家，主张建立以政治一体化为最终目标、拥有超国家权力机构的共同体，并先后组建了欧洲煤钢共同体、欧洲经济共同体、欧洲原子能共同体，后统称为欧洲共同体。另一个集团是处于西欧外围的英国、北欧和中欧等国家，主张建立仅限于经济一体化、政府间合作性质的联盟，并于20世纪60年代初成立了欧洲自由贸易联盟。

应该说，西欧一体化组织建立的政治意图大于经济目标。以欧洲煤钢共同体为例，其基本思想是通过控制煤铁生产、实现法德和解从而消除西欧国家之间的战争根源。另一个更为重要的政治动因是，战后雅尔塔体系的形成，使欧洲被人为地分裂为东西两个部分，面对美苏争霸的冷战局势，任何一个西欧国家都无力与美苏抗衡，为了维护民族独立和国家主权，恢复和提高西欧国家在国际舞台上的地位，只有联合以求生存和发展。

虽然政治因素是促成西欧联合的初始动因，但真正推动西欧一体化进程逐步发展的应该说是经济因素。战后，发达工业国家在科技革命的推动之下，生产力迅速发展，贸易、金融等经济领域日益国际化，跨国公司蓬勃兴起，所有这些经济变化要求突破国界的限制在更广阔的区域内重新调整生产关系。区域一体化的经济动因是在国际分工的大背景下，各国通过优化组合而形成生产要素的重新配置，从而为企业发展提供更好的生产与销售环境。随着生产日益国际化趋势的发展，经济一体化必然是动态的、开放性的。西欧国家在长期的资本主义生产关系发展中形成的经济联系尤为密切。地理位置的毗邻、市场制度的相同、经济结构的类似、生活水平的接近，尤其是紧密交织的贸易网络使整个西欧地区的国家之间存在着一体化的潜能，而在世界其他地区，从未出现过这么多的主权国家在经济上类似高度的相互联系或依赖。正是西欧国家间的这种经济类似性和密切相关性构成了西欧一体化的坚实基础，同时，也正是这种特征使一体化在西欧国家间带来的经济利益比世界其他地区更为明显。从西欧一体化的实际进程来看，欧洲煤钢共同体成立之后，成立防务共同体、政治共同体的计划相继失败，而以关税同盟为起点的经济共同体却得以成立并顺利发展，从实证的角度说明在西欧一体化进程中经济因素的重要作用远远超过了政治因素。

此时，西方学术界也开始深入地研究两次世界大战起因，并面对现实，系统、持续研究一体化（Integration）理论。特别是美国系统性社会科学研究的兴起以及 50 年代西欧各国为应对第二次世界大战后政治经济发展的需要，成立了欧洲经济共同体（European Economic Community, EEC）等区域一体化组织，为系统、深入、持续研究一体化理论，提供了"实验田"。

（二）一体化理论基本流派

按汉斯（Ernst B.Haas）的分类，一体化理论可分为三大流派：联邦主义学派（Federalism）、交流学派（Communications）和新功能主义学派（Neo-Functionalism）。

联邦主义学派认为，一体化是基于各国的共同目的与需要，在认同基本政治条件的基础上，某些特定机构的运作可以从国内行动的层次，转移提升到区域性国际合作的水平上。该学派比较倾向于研究如何在主权国家之上建构国际机构，如联合国等。

交流学派则在同型性（Isomorphisms, 或同晶型性）的逻辑基础上研究各国一体化的情况。该学派利用电脑作为分析工具，通过各国间的交流量作为研究一体化的指标。所有一体化过程均通过电脑模拟分析而来的法则来认定，如卡尔·杜伊奇（Karl W.Deutsch）、科布（Robert W.Cobb）等。美国耶鲁大学的卡尔·杜伊奇在其著作《国际关系分析》中，倾向于运用欧洲国家间的交往流量作为一组变数，来评估欧洲间及欧洲各国的一体化程度。他搜集了大量具有一体化指标的数据资料，包括各国间经贸数据、通邮件数、旅游人数、电报电话次数等数据，作为衡量和比较一体化过程的基础。交流学派认为，各国之间如果交流量愈密集就越可能使各国的一体化接近所谓"社区"（Community）的程度。

新功能主义学派则采取类推法（Analogy）来诠释一体化现象。新功能主义学派通过研究参与一体化者的认知与行为模式，推算解释参与一体化者的性格。该学派大量依赖个案研究，特别通过西欧国家一体化的经验，来诠释参与国在某一项一体化议题上所表现出来的行为，并以此推断其在其他议题上可能的行为。新功能主义学派强调参与一体化者的利益动机，特别重视精英分子在一体化过程中角色扮演的可塑性，认为参与一体化者的自利想法是理所当然的，并以此来推断参与者的认知。汉斯（*Ernst B.Haas*）在《联合中的欧洲》（*The Uniting of Europe*）一书中认为，一体化工程之所以能进行，完全是各国有关精英分子或利益集团基于自利而非利他的务实动机，当他们认为一体化会为彼此带来好处时，他们才可能联手推动一体化的工作。他认为，人员往来的多少、电话电报的数量以及经贸额等并不足以说明或证明正在进行的一体化工程，国际一体化能否成功在于各国主要政治领袖的支持程度。

另外，各学派对一体化的定义也有所区别。交流学派的杜伊奇等认为，一体化是研究邻近地域内的人们如何获得一种共同的"社区意识"（Sense of Community），并通过各种政府机构的长时期的努力运作，将两个或两个以上的国家通过和平的方式合并为一个新的大国。这一过程包括了参与国的领土、政府、政治、经济以及文化等各层面的一体化。汉斯（新功能主义学派）也强调一体化是指一个过程，是一种参与者将他们对自己国家的政治忠诚、政治期待以及政治活动，转移至新的权力中心的过程，一体化理论试图研究的就是各主权国家如何以及为何要放弃行使它们的主权，而同意与其邻国合一，来解决彼此之间的矛盾和冲突。林伯格（Leon N.Lindberg 新功能主义学派）在其《欧洲社区》（*European Community*）一书中指出，一体化的定义主要包含以下两点意思：1.研究不同国家如何放弃行使制定外交内政政策的愿望及能力，而将其转移给一个新的权力中心的过程；2.研究各国的政治行为者如何在被说服之后，自愿将各自的政治期待及政治活动转移给新权力中心的过程。

概括而言，虽各流派强调的重点不同，研究方法有所区别，但有一些基本的共同点，即他们都认为：

1. 政治一体化是一个的漫长的过程（Process），而非一种最终的状态（Condition）；

2. 一体化的工作必须由简而繁推动，使之产生所谓扩散效应（Spill-over）与分支效应（Ramification），即从简单问题着手再延伸至复杂事务上；

3. 强调精英分子是推动实现一体化的主角；

4. 认为参与一体化的各方应成立相关的机构处理一体化过程中日渐增加的交易量以及所衍生的事务性与功能性问题。

（三）一体化理论的特点

一体化理论的两大特点是政治上的局限性和经济上的普遍性同时都很突出。

首先，一体化理论具有相当鲜明的西欧经验色彩，它源于解决西欧（或发达国家）区域性的国家关系以及经济、政治问题，因此，其推动政治一体化的经验的局限性十分明显。汉斯曾说："我会毫不犹豫地将一体化理论的方法与分析运用在诸如北大西洋公约组织（NATO），北欧的斯堪的那维亚半岛，欧洲经济合作发展组织，或是美国与加拿大的关系上面。但是要我把一体化理论运用在研究拉丁美洲，中东或是东南亚区域一体化上，以证实一体化理论的适用性，我可是会犹豫的"。[1]

其次，一体化理论是当代一些学者对所谓"国家中心主义"提出质疑和挑战的新自由主义思潮的政治学表现。他们认为，第二次世界大战后国际相互依存态势的形成和经济全球化取向的出现彻底改变了传统的国际结构和国际环境，国际组织作用的增强和跨国公司的发展导致了新的国际行为主体的不断出现，国际协调的出现和科学技术的进步又进一步限制了国家的作用，国家的主体地位已被严重削弱，国家、民族国家、国际体系等在取得人类福利和安全方面所起的作用越来越小[2]。在新的时代背景下，再把民族国家作为国际关系的唯一主体、把国家的权力和利益视为国际关系的基本要素的观念已经过时，反映不出国际社会发展和变化的主流取向。当然，大多数新自由主义者还是承认国家的基本主体地位的，他们质疑的主要是国家主体的唯一性，而不是国家的主体性本身。但能否通过一体化达成和平共处，实现人类大同，使世界成为所谓"地

---

① Ernst Haas.*The Uniting of Europe*, Stanford: Stanford Univ. Press, 1958, p.36.

② Oran Young. "The Actors in World Politics", in ames N.Rosenau et al, "The Analysis of International Politics", New York, Free Press, 1972, p. 128.

球村"，目前尚未看到曙光。

第三，一体化理论的另一个重要特点在于其提供了一种达成双赢思路的同时，为深入研究经济一体化理论开辟了道路，而且顺应了世界经济发展的大潮，并在此大潮中使该理论的研究得以深化，也推动了一体化的进程。同时，一体化理论的研究在相当程度上揭示了世界经济一体化的内在逻辑。世界经济一体化是关于世界经济发展进程的描述，也是关于未来世界经济特征的预测。把一体化仅仅看作过程或目标都是片面的。在区域经济一体化理论中，我们很清楚地看到了一体化是一个过程：从自由贸易区、关税同盟、共同市场一直到完全的经济联盟，它们分别是一体化不同阶段的形式。今天，区域经济一体化的成果有目共睹，但世界经济的一体化远未完成，然而我们正开始经历着它的不断推进进程，明显感觉到其向前迈进的步伐。

总而言之，一体化理论是试图寻求一种和平有效并能达成"双赢"的解决国与国之间纠纷摩擦的方法：一是，谋求不分国界同时增进各参与一体化进程国家的经济与社会福利共同增长；二是，通过和平方式让渡参与国部分主权，即推动建立新的权力中心达成一体化的目标。应该说该理论研究为区域成员如何相处，实现政治、经济各方面的发展，达成双赢结局提供了一种思路和方法。

二、经济一体化的理论

由一体化理论政治上的局限性和经济上的普遍性特点决定，较政治而言，经济一体化理论的研究与实践更为深入和普遍，具有更大范围的适用性。

（一）经济一体化基本理论

荷兰经济学家丁伯根（J.Tinbergen）和美国经济学家维纳（J.Viner）两位学者是经济一体化（Economic Integration）理论的先驱。丁伯根把经济一体化定义为国与国之间的经济合作，而维纳在其著作《关税同盟问题》中将关税同盟作为经济一体化的普遍形式，以理论的形式对关税同盟的形成和经济效益做出分析。维纳的关税同盟理论成为经济一体化的第一个完整的理论，至今仍在经济一体化理论中占有重要的地位。

西方经济学界对经济一体化研究的重点是关税同盟。他们认为关税同盟的研究结论在很大程度上也适用于其他形式的一体化。在这一理论的研究中，最具有创新性的成果是开创性地运用了"贸易创造"（Trade Creation）和"贸易转移"（Trade Diversion）两个概念和关税同盟的静态效应和动态效应两个范畴。

1. 维纳的关税同盟理论。维纳在他的关税同盟理论中，首先使用了"贸易创造"（Trade Creation）和"贸易转移"（Trade Diversion）两个概念。所谓"贸易创造"，维纳特指在关税同盟内部取消关税壁垒后，同盟建立前由国内生产转变为同盟建立后从成员国进口，这意味着新的贸易被创造出来了。贸易转移是指由于关税同盟对外实行统一关税政策，来自成员国的进口取代了原先来自同盟外的成本较低的进口，成员国的贸易发生了转向。

具体而言，维纳认为在贸易创造情况下，由于成员国之间关税的消除，一些商品的供给来源从国内成本高的生产商转向成本低的贸易伙伴国生产商，同盟内资源配置效率得到改善，经济福利增加。在贸易转移情况下，由于共同关税造成的扭曲，更低成本的非成员国生产商无法进入国内市场，一些商品的供给来源从成本低的世界市场转向了成本高的伙伴国生产商。尽管伙伴国生产商的效率可能高于国内生产商，但也导致了进口国（本国）的福利损失。因此，维纳认为关税同盟在促进自由贸易的同时又违背自由贸易，是对内的自由贸易与对外的保护贸易的统一体，它对一国福利的影响取决于贸易创造和贸易转移的比较，主要受下列因素的影响：

（1）生产结构，即成员国生产结构的竞争性和互补性。维纳认为成员国生产结构互补性越强，专业化水平越高，建立同盟后就越不能从伙伴国的竞争性进口代替本国商品中获益。

（2）关税同盟的规模。维纳、米德等人认为，关税同盟越扩大，参加关税同盟的国家越多，同盟在世界贸易中比重越大，就越有可能使低成本生产商被纳入同盟，贸易转向的风险越小。

（3）关税水平。同盟成立前对未来成员国的关税越高，就越有可能增加贸易创造，消除关税的福利效应就越大。同盟对非成员国关税水平越低，就越有可能减少共同关税造成的贸易转向。

（4）运输和交易成本。如其他条件不变，运输成本可能取代关税成为贸易障碍。成员国运输成本越低，从经济一体化中获得的收益就越大。巴拉萨认为地理位置邻近的国家组成关税同盟，跨国境的贸易创造可能性就大。同理，语言、文化、习俗、社会制度的差异对交易成本的影响，使那些语言、文化、习俗、社会制度相近的国家更易从关税同盟中获利。

（5）灵活性。如果伙伴国对关税同盟建立后引发的调整能灵活适应，调整代价就越小。

（6）贸易经济关系。如果潜在成员国在建立关税同盟前的贸易、经济关系越强，就越可能节省交易成本和增加贸易创造，减少关税造成的资源配置扭曲和福利损失。

2.对维纳的关税同盟理论的补充。科登、西托夫斯基等人认为维纳的理论存在两点不足：一是侧重于静态短期效应分析，缺乏对动态长期效应的考察；二是过多地把注意力放在参加关税同盟对本国的后果分析上，实际上排除了考虑本国政策决定可能会对伙伴国和世界其他国家产生的影响。因此，西托夫斯基等人从关税同盟的动态效应角度入手，进行了较为深入的研究。他们认为，依靠因市场扩大使竞争激化的经济条件，才有可能获得规模经济，实现技术利益[①]。因而竞争和规模经济成为关税同盟主要的动态效应。其主要观点为：

（1）市场的扩大促进了竞争。由于成员国之间关税的消除，每一成员国企业都将面临来自同盟的其他国家同类企业的激烈竞争。高关税国家的企业由于关税保护的撤除，将发现自己在本国内部市场上曾拥有的相对优势已不复存在，为了保证其市场份额，维持市场地位，这些企业必须想方设法降低生产成本，提高要素的使用效率。更为重要的是，同盟内企业在更大市场范围内的竞争，将促使企业不断追求技术、产品和组织制度的创新，以顺应激烈竞争的需要。而且，边界的开放和企业数目的增加，也有助于动摇单一国家的垄断和寡头市场结构，减少不完全竞争对创新的消极限制。

（2）市场的扩大有助于实现规模经济。关税同盟的建立，使得那些被保护主义分割的各国市场统一起来，结成大市场。那些规模报酬递增企业的平均单位成本，因为市场需求的增长推动产量扩张而不断降低。这一效应被科登称为成本减少效应，这时产品的供给价格因为生产成本下降且非关税的消除而减少。也可能存在这样的情形，在建立关税同盟前，一国对某种进口品（其生产有规模经济）征收关税，但此时进口品价格仍不足以诱使国内生产该产品。建立关税同盟后，由于该产品的市场容量扩大，产品成本可能因产量增长而下降，该产品的国内生产就会开始，以替代较便宜的从非成员国的进口，科登将这称之为贸易抑制效应。然而，通过边干边学，同盟内的生产可能变得越来越有效率，甚至超过非成员国的生产效率，从而抵补贸易抑制造成的效率和福利损失。科登认为当成本下降效应大于贸易抑制效应时，就有可能得到一些净收益。

---

① 小岛清［日］.对外贸易论［M］，周宝廉译，天津：南开大学出版社，1987，第337页.

（3）市场的扩大有助于刺激投资。关税同盟的建立引起市场扩大，降低了市场不稳定性风险，可激发成员国企业的投资积极性。成员国企业之间竞争的加剧，也迫使企业为了提高竞争能力，增加设备更新改造、产品研究开发和人力资源培训等方面的投资。非成员国企业为了减少关税壁垒造成的不利影响，维持或扩大在同盟内的市场份额，会在同盟内进行投资，就地生产，就地销售。

（二）经济一体化理论的创新

随着欧洲一体化进程的推进，一体化理论也有了许多新成果，许多学者更加深入细致地对经济一体化理论做了研究。他们的理论虽仍是以维纳理论为出发点，但由于分析角度上的根本差异，可以视其为对经济一体化基本理论的新贡献。

1.自由贸易区理论。自由贸易区的主要特征是成员国之间相互取消关税，而各成员国对非成员国则保持不同关税，在此前提下，既会产生类似关税同盟的福利效应，也易产生贸易偏好，而且，如果允许中间产品参加贸易，还会发生生产和投资偏好。如进口商品通过关税最低的成员国进入自由贸易区，就会发生贸易偏好。不考虑运输费用，这种现象可能导致各成员国对每种商品都征收最低的关税。当贸易条件不变时，贸易偏好通过限制贸易转移的程度，增加成员国福利。若贸易条件可变，贸易偏好就会通过增加成员国（非成员国）的贸易条件收益（损失），影响成员国与非成员国之间的福利分配。如产品生产需要进口中间投入品，由于对投入品关税的差异超过生产成本的差异，生产就会向进口投入品关税较低的国家转移，出现生产偏好。关税差异削弱了比较优势对生产活动格局的作用，对资源配置和福利都会产生不利的影响。进而，生产的偏好还影响到投资的格局。在其他条件相同时，投资者将在对进口投入品征收较低关税的国家建立工厂。投资因关税差异产生偏好，必定引起不利的资源配置和福利效应。为了避免贸易、生产和投资偏好的可能，自由贸易区成员国实施原产地规则。但原产地规则的实行只能限制而不能完全消除自由贸易区内贸易、生产和投资的偏好。如其他条件不变，成员国的自身利益会促使其削减关税或实行共同关税。

2.共同市场理论。共同市场是比关税同盟自由化程度更高的经济一体化，它不仅具有关税同盟的一切效应，更重要的是通过要素的流动，能更有效地配置资源。该理论认为，要素市场一体化还会促进要素收入的均等。

林德特和格鲁贝尔曾分别以劳动市场和资本市场一体化为例，说明要素市场一体化效应。他们认为，要素流动障碍清除后，成员国要素价格的差异将诱使要素从边际生产率低的国家向边际生产率高的国家流动，从而改善成员国市场要素配置。就福利效应而言，格鲁贝尔认为要素的自由流动通过减少要素的相对稀缺而增加总收益，但对不同国家、不同集团的影响不同，因而引起分配上的争议和不同集团对要素流动态度的差异。如果不能对不同集团因要素流动产生的福利损益进行适当调整，要素流动产生的利益冲突就会妨碍要素的充分流动。

在一系列严格的假设条件下，萨缪尔森、斯托尔珀证明了商品贸易将会导致国际间要素价格均等化，即商品的流动能替代要素的流动。关税同盟的建立可能削弱要素自由流动的要求。蒙代尔却认为共同市场内要素的流动会改变各成员国要素的稀缺度，形成相等的要素价格；要素价格的变化进而减少各成员国产品的成本差别，从而减少进行贸易的动力，即要素流动替代了商品贸易。上述结果由于其假设离现实太远，无太大的实际意义。

对商品流动和要素流动的关系，利里认为，不消除关税，引入资本流动将对经济造成损失，如果取消关税和实行资本流动，就能减少采用配额和自愿出口限制的成本。摩勒指出，资本流动除证券投资外，还有直接投资，若直接投资在成员国是自由的，其对贸易的影响根据贸易是否自由而不同。如商品贸易受到限制，非成员国企业为绕过贸易保护进行投资，则有替代贸易的性质。如贸易是自由的，为充分利用国际分工的好处和寻找最佳区位进行投资，则会加强国际分工，促进专业化生产，对国际贸易有推动作用。

3. 大市场理论。西陶斯基（Scitovsky）和德纽（Deman）两位经济学家将经济一体化的形式扩展到共同市场。他们的经济一体化理论被称为大市场理论，其中强调两点。第一，组建一体化组织之前，市场由于各国的贸易保护主义而被分割，而共同市场的形成将成员国独立的市场统一起来，为成员国的企业提供更大的市场，这有助于规模经济效益的产生。第二，共同市场的形成将使厂商间的竞争更加激烈。在这样的环境中，规模较小、经营能力较弱的企业将逐渐被淘汰，而进入由规模经济为主导的市场扩大、竞争加剧的良性循环。

4. 工业偏好理论。库期（C.A Cooper）、马赛尔（B.F.Massell）和约翰逊（H.G.Jolmson）等学者在修正维纳的关税同盟理论过程中，提出了"偏好工业生产"的假设，以此为前提的观点形成了一体化的工业偏好理论。该理论认为：大部分国家都有发展现代工业的偏好，偏好程度接近的几个国家结成的关税同盟将形成一个统一的扩大了的市场，这有助于成员国企业实现规模经济。同时政府通过直接补贴、成员国间关税减免及对外关税保护等措施引导资金向本国工业生产转移，使工业生产获得更好的发展条件，从而导致由工业生产利益所代表的公共福利的增加。这个理论从一国工业发展的角度出发，对关税同盟的保护贸易特性做了解释。

5. 协议性分工原理。这个理论是日本经济学家小岛清（Kiyoshi Kojima）于20世纪70年代提出来的。他在其代表作《对外贸易论》中指出，大市场理论提出的实现规模经济的目标和竞争激化的手段往往会导致以各国为单位的企业集中和垄断，这不利于内部贸易的扩大。针对这一问题，小岛清认为必须引进共同市场的内部分工原理，在这一原理下进行的国际分工是两国通过协议方式实行的专业化分工。在长期成本递减规律的作用下，有关的商品成本将有所下降，由于国家间取消了关税，两国的商品贸易没有关税这一附加成本，两国均获得了收益的增加。小岛清的理论核心是自由贸易有时会损害两国利益，而通过协议有关的几个国家能扩大分工和贸易，使成员国之间的贸易产生净福利增加，也就是协议性分工的目标。小岛清进一步说明：能以这种方式获得收益的国家必须是具备容易达成协议条件的地区。将这些条件归纳起来，即经济一体化必须在同等阶段的国家之间建立，而不能在工业国和初级产品生产国之间建立。

6. 相互依赖对称与平衡理论。这个理论是一个比较特殊的一体化理论，属于国际关系学的一个理论，它被用来对经济一体化问题进行解释，从而构成了经济一体化相互依赖对称与平衡理论。该理论于20世纪50年代在西方兴起。美国耶鲁大学的卡尔·多伊奇在其著作《国际关系分析》中，从相互依赖角度对经济一体化进行解释，结论是：相互依赖存在于任何国家之间，只是程度上有差异；依赖是双向的，不是单向的，而且随时间的推移发生变化。相互依赖可分成正向的和反向的两种，前者指一国经济的某个变化在他国引起同样性质的反应，对两国皆有利或皆有害；后者指一国经济的某个变化在他国引起相反性质的反应，如对一国有利却对他国有害。相互依赖还可分为对称的与非对称的，这与国家的经济发展水平有关。由此得出的结论是：正向的、对称的相互依赖程度越高，结成一体化的可能性越大，牢固程度越高。

三、经济一体化基本形式

经济一体化因涉及的层次及一体化的程度不同，其内涵又有区别。巴拉萨根据经济一体化程度，将其划分为以下几种主要形式：特惠贸易协定、自由贸易区、关税同盟、共同市场、经济联盟、完全的经济一体化（完全经济联盟）。不论何种形式的经济一体化，都有这样两个共同特点：一是它们都要求消除成员国之间的歧视（内部目标）；二是它们也各自保留或共同引入对非成员国的某种形式的歧视（外部目标）。这些经济一体化的具体内容如下：

（一）特惠贸易协定（Preferential Trade Arrangement）

特惠贸易协定是指成员国相互间的关税远低于对其他国家课征的关税（少部分商品也可能完全免税）。这是经济一体化最松散的形式。

（二）自由贸易区（Free-trade Area）

在自由贸易区内，废除各成员国之间的贸易障碍，但成员国对其他国家采取非统一的关税。例如欧洲自由贸易协会（European Free Trade Area or Association，简称 EFTA）。该协会成立于 1960 年，参加国有英国、挪威、瑞典、瑞士、丹麦、奥地利、葡萄牙、芬兰、冰岛一共 9 个国家。后来英国与丹麦由于参加了欧洲共同市场而于 1972 年退出该协会。又如拉丁美洲自由贸易协会（Latin America Free Trade Association；简称 LAFTA），该协会包括阿根廷、巴西、智利、巴拉圭、秘鲁、墨西哥等 11 个国家。再如东南亚国家联盟（Association of Southeast Asian Nations，简称 ASEAN、东盟），其会员国有印尼、马来西亚、菲律宾、新加坡及泰国等 10 个国家。

（三）关税同盟（Customs Union）

关税同盟是比自由贸易区高一级的经济一体化组织形式。同盟国以内的贸易废除关税和限额，同盟国以外的进口货物采用统一的对外关税。最著名的关税同盟是比荷卢同盟（Benblux），即比利时、荷兰和卢森堡三国建立的关税同盟。

（四）共同市场（Common Market）

共同市场不但包括关税同盟的内容，而且还加上资本和劳动力在区内自由流动的目标，即将商品和生产要素的市场彼此结合起来。同时，还统一货币制度，规定各国货币互相间的交换比例及所准许的波动幅度。欧洲经济共同体就是最典型的范例。

（五）经济同盟（Economic Union）

经济同盟除与共同市场一样要求商品与生产要素自由流动外，它还要求货币、财政与其他一些政策达到一定程度上的协调和一致。从理论和发展趋势上看，共同市场往往向经济同盟延伸，这是因为货币、财政等方面的不一致，会给商品、资本及劳动力的自由流动带来种种消极影响。但因经济同盟要求成员国向共同体让出更多的权力，所以在实践上问题较多。

（六）完全经济一体化（Perfect Economic Integration）

完全经济一体化比经济同盟更进一步。它要求参加国在贸易、货币、财政等方面完全一致，成员国的商品和生产要素的市场完全结合在一起，并设立一个中央机构对所有事务进行控制。这是经济一体化的最高形式。

需要强调的是，第一，上述六类形式可以看成六个发展阶段，但不能把这些阶段看成必然过程。例如欧洲经济共同体就是从关税同盟开始的，并没有经历过特惠贸易协定与自由贸易区阶段。第二，通过经济一体化，使参与国间消除各种贸易壁垒和歧视性政策，并在某些共同感兴趣的领域内促进合作与协调。第三，经济一体化组织都是区域性的，从本质上讲，一体化的进程必然会使参与国将某些领域（如对外贸易、财政金融等）国家主权部分或全部地让渡给共同建立起的超国家机构，或标志着各成员国经济成为统一、单一经济实体的过程。第四，虽然世界经济一体化进程远落后于区域经济一体化，但90年代以来，世界经济一体化的步伐正在加快。第五，在当前的实践中，上述不同形式又可以根据不同情况进行重新组合，不会拘泥于上述的理论总结。

第二节　经济一体化实践轨迹

经济一体化组织自20世纪50年代出现。20世纪90年代开始，发展进程明显加快。目前，世界范围内已经建立100多个各种类型、各种层次的区域性和次区域性经贸集团或经济合作组织，涵盖世界贸易组织的全部成员体。在这些区域经济集团和组织中，若以它们在理论研究和在世界经济中的代表性看，则当首推欧盟、北美和亚太三大区域经济集团。这三大区域经济集团居于当今世界经济最发达、最活跃的地区，不仅经济发展迅速、经济实力也大体相当，而且体现了经济一体化进程的不同阶段和基本特征。

一、欧洲联盟

二战后，西欧诸国面临着美国经济的强劲竞争，且与其差距较大。美国的经济基础雄厚，发展势头强劲，把西欧各发达国家远远地抛到了后头。特别是在高精尖技术产品方面，美国具有明显的优势。面对压力，1957年3月25日，法国、联邦德国、意大利、荷兰、比利时和卢森堡六国政府签订了《罗马条约》，在原先欧洲煤钢共同体、欧洲经济共同体、欧洲原子能共同体的基础上，成立了欧洲经济共同体。后来，又有英国、爱尔兰和丹麦于 1973 年，希腊于 1981 年，西班牙和葡萄牙于 1986 年，瑞典、芬兰和奥地利于 1995 年先后加入，成员国达到 15 个。1985 年 6 月，欧共体委员会主席德洛尔提出了《欧洲统一市场白皮书》，提出了建设欧洲统一大市场计划，该计划主要是要拆除欧共体成员国之间的物理性和财政性边界，实现商品、劳务、人员、资本四大生产要素的自由流动。1991 年 10 月 22 日，经过长达 16 个月的艰苦谈判，欧共体与欧洲自由贸易联盟就建立"欧洲经济区"达成协议，从而形成包括 19 个欧洲成员国在内的世界上最大的自由贸易区，该自由贸易区包括一个北起冰岛、南至希腊，拥有 3.8 亿人口和 43% 世界贸易我的区域。国际舆论认为，所谓的"欧洲经济区"成为欧洲自由贸易联盟国家加入欧共体的跳板。欧共体在建设统一大市场的同时，在进一步一体化的认同下，积极推进经济和货币联盟的建设。1991 年 12 月，欧共体 12 国首脑签署了《马斯特里赫特条约》，规定各国将在密切协调各自的经济政策和实现欧洲内部统一市场的基础上，针对成员国本着开放和自由竞争的市场经济原则所拟定的共同目标，制订共同的经济政策，实行单一的货币和统一的货币兑换率以保障价格的稳定，并建立欧洲中央银行。经各个成员国批准，（马约）于 1993 年 11 月 1 日正式生效，欧共体发展为欧洲联盟（简称欧盟）。自此，欧洲统一大市场实现了商品、资本、人员和劳务在成员国之间的自由流动。对内自由，为成员国经贸发展提供有利条件；对外保护，排斥来自美国等强国的竞争优势。1994 年 1 月 1 日，当时欧共体 12 国和欧洲自由贸易联盟中的奥地利、瑞典、挪威、芬兰、冰岛建立欧洲经济区（EEA），成为世界上最大的自由贸易市场，从而使生产要素在更大的范围内自由流动。1999 年元月，在各国货币加权基础上的欧元正式出台，它的基础是欧洲联盟的经济实力。欧元的诞生，将可能引起国际金融秩序的变革。

前欧盟委员会主席德洛尔提出的"三圈向心圆计划"，为"大欧洲梦"勾勒了一幅贴近现实的"大欧洲经济圈"蓝图：同心圆的内圈核心由原欧共体 12 国组成；中圈是欧共体和欧洲自由联盟组成的欧洲经济区；外围是东欧及其外围欧洲国家。同心圆组成的是一个地域从大西洋到乌拉尔山的统一欧洲。特别值得强调的是，统一市场的建立，不但对欧洲经济一体化有重要意义，而且是欧洲经济和政治联合进程中的一个重要里程碑。如今，欧洲经济一体化程度也越来越高，而一体化程度的提高较其规模的扩大更具现实意义。并且，在国际舞台上，欧盟用一个声音说话，其声音越来越强，影响越来越大，其国际地位也大大超过单个成员国的"能量"与"能力"，成为与美国相抗衡的三巨头之一。1999年1月1日，单一欧洲货币欧元诞生，各成员国主动、自愿地让渡自己的货币主权，表明欧洲经济一体化进程从协调到趋同再到统一，自始至终遵循着一种内在的、逐次推进的逻辑法则。1999年1月1日，欧洲统一大市场正式成立，欧盟各国都是发达或较发达的现代资本主义国家，以市场经济为主体，它们之间的经济发展水平虽有一定的差距，但总的来说是比较接近的，最高和最低的国家的人均国民生产总值相差仅3倍左右。《马斯特里赫特条约》的签订和实施则为推进欧洲政治和经济联盟的建立和发展奠定了制度基础。

此后，经过多次扩容，欧盟得到了扩大和发展。欧盟在英国脱欧之前有法国、德国、意大利、荷兰、比利时、卢森堡、英国、丹麦、爱尔兰、希腊、葡萄牙、西班牙、奥地利、瑞典、芬兰、马耳他、塞浦路斯、波兰、匈牙利、捷克、斯洛伐克、斯洛文尼亚、爱沙尼亚、拉脱维亚、立陶宛、罗马尼亚、保加利亚等成员国。其中有先加入欧盟的经济发达的西欧诸国，也有欧盟后来吸纳的经济相对落后的东欧诸国。

欧盟是当今世界一体化程度最高的区域政治、经济集团组织，2018年3月，欧盟与英国就2019年3月英国脱离欧盟后为期两年的过渡期条款达成广泛协议，表明英国脱离欧盟的进程已经正式启动，英国脱欧尽管会对欧盟经济一体化进程产生负面影响，但难以逆转欧洲经济一体化的大趋势。无论是从世界范围还是从欧洲自身政治、经济、社会发展的角度来看，欧洲经济一体化的实践都具有重要的现实意义，不仅完成了经济一体化理论设想到实践的一跃，也是推动国际区域经济一体化的先驱。

二、北美自由贸易区

20世纪80年代，美日、美德之间的经济矛盾升级，双边贸易摩擦加剧。美国为了与西欧、日本竞争，维护其国际地位，便积极营造自己的"经济后院"。1985年，在欧共体通过建立内部统一大市场决议的刺激下，美国和加拿大正式举行关于建立自由贸易区的谈判。1987年10月，美国和加拿大共同签订了《美加自由贸易协定》，并于1989年1月1日起正式生效。在此基础上，美国、加拿大、墨西哥三国于1991年5月举行关于建立北美自由贸易区的正式谈判，并在 1992 年 8 月达成《北美自由贸易协定》(NAFTA)，规定 15 年内取消相互之间的关税和贸易壁垒；逐步开放金融市场，给予对方"国民待遇"；放宽对外资的限制，增加互相投资的机会，保护知识产权，对药品及其他专利产品保护 20 年。该协定于 1994 年 2 月 2 日生效和实施，标志着北美自由贸易区的正式运作，它的经济规模和市场容量均不逊于欧洲共同市场。

根据时任美国总统克林顿提出的关于"美洲事业倡议"，美国又制定了"全美经济联盟计划"，想要以美国为核心，以美加墨自由贸易区为基础，把北美区域经济集团化的范围推向整个美洲，组建一个北起阿拉斯加、南至阿根廷的全美经济集团。在 1994 年底的美洲国家首脑会议上，西半球 34 个国家的领导人一致同意用 10 年时间将目前的北美自由贸易区扩大为美洲贸易区。

总的来说，北美自由贸易区起步较晚，一体化程度较之欧盟差距还很大，但其规模却已超过欧盟。而且，其发起国——美国的经济发展水平远远超过欧盟的任何一个国家。值得一提的是美国在推动区域经济一体化的同时，往往会强调开放性和反对画地为牢的自我封闭，使之既能得到区域合作的好处，又可利用开放促进竞争得到利益。相较于欧盟而言，北美自由贸易区的发展还需要一个很长的磨合过程，其走向成熟尚需时日。

三、亚太经济合作组织

亚太经济合作组织（APEC）是一种功能性经济一体化过渡至制度性一体化的实践。制度性经济一体化是指以一定的国际协定和组织形式为框架的经济一体化，而功能性经济一体化则是指由经济活动本身的高度密切关系为基础而不依赖于协定或组织保证的若干国家（地区）经济整体性联系的增强。制度性一体化与功能性一体化是当代世界经济中同时发展着的两个趋势，两者互为因果。功能性一体化的发展来自各国（地区）市场经济自发的内在要求。当功能性一体化发展到一定阶段时，必然要求制度性一体化给予进一步的保障和促进[①]。制度性一体化会加深功能性一体化的程度，进而也对制度性一体化本身提出更高的要求。

1989 年 11 月，在时任澳大利亚总理霍克的倡议下，第一届亚太地区经济合作部长会议在澳大利亚首都堪培拉召开，参加这次会议的有澳大利亚、日本、

---

① 曹小衡. 东亚经济格局变动与两岸经济一体化研究 [M]. 北京：中国对外经济贸易出版社，2001，第 5 页.

新西兰、美国、加拿大、东盟六国和韩国，共 12 个国家。以此为标志，亚太经合组织宣告成立。截至 2014 年 9 月，亚太经合组织共有 21 个正式成员和三个观察员。

1992 年 11 月，在西雅图召开了由时任美国总统克林顿倡导的亚太地区第一次高峰会议，确定了亚太经济共同体的构想；1994 年 11 月，在茂物会议上，确定了贸易和投资自由化的具体目标；1995 年 11 月，在大阪会议上通过的《行动议程》和《大阪宣言》，则是把西雅图构想和茂物目标付诸行动的具体体现；1996 年 11 月，在菲律宾的马尼拉会议上，通过各国行动计划，并决定从 1997 年 1 月起全面实行；1997 年 11 月，在加拿大的温哥华，举行了旨在肯定自由贸易和开放性市场的会议。2003 年领导人非正式会议发表的《领导人宣言》，决定加强伙伴关系，推动贸易投资自由化与便利化，保障民众和社会免受安全威胁，并能从自由开放的贸易中充分受益。2009 年的《新加坡宣言》坚持APEC 的共同目标没有改变，即通过自由开放的贸易与投资，支持亚太地区经济增长与繁荣。2014 年在北京举行的领导人非正式会议主题为"共建面向未来的亚太伙伴关系"，推动区域经济一体化作为主要议题之一被列入会议议程。

APEC 协调机构是 APEC 高官会议，一般被视为 APEC 的核心机制。一般由各成员司局级或大使级官员组成，提出议题，相互交换意见，协调看法，归纳集中，然后提交部长会议讨论。会议主要任务是负责执行领导人和部长会议的决定，高官会对上向部长级会议负责，对下总体协调 APEC 各委员会和工作组的工作。

亚太经合组织已成为亚太经济发展和合作方面具有吸引力和生命力的核心组织，亚太经济合作已进入以"亚太经济合作部长理事会"为核心，贸易和投资自由化为主轴，带动其他经济合作组织和经济合作形式共同发展的新时期。然而，由于亚太地区各国的社会制度不同，历史遗留问题尚存；经济结构多样，因而在近期内难以形成像欧盟和北美自由贸易区那样的经济集团。由此可见，建立有独自特征的亚太经济共同体，将是一个漫长的渐进过程。

值得强调的是，亚太经济合作组织与欧洲联盟和北美自由贸易区有较大的区别，它是一种松散的联合体，各成员彼此之间只有协商而没有条约，其成员本着自愿而不是强制性的原则执行有关承诺，尚没有让渡经济主权或政治主权的明显趋势，因此，它基本上属于一种功能性经济一体化组织，或是一个正在进行中的功能性经济一体化过渡至制度性一体化的实践样本。

四、其他区域经济一体化实践

（一）海湾合作委员会

从路径上看，海合会的一体化历程，从自由贸易开始，逐渐走向建立自由贸易区，并由自贸区、关税同盟等低水平的形式，逐步走向共同市场和货币一体化等高水平的经济一体化形式。

1981 年 5 月海湾合作委员会成立后，海湾合作理事会六国（沙特、阿联酋、科威特、阿曼、巴林、卡塔尔）为实现经济协调、互补和互联，于 1981 年 11 月召开的第二届首脑会议（最高会议）通过了《经济统一协定》，签订了经济一体化协议，并于 2001 年进行修改。2001 年 12 月，《海合会国家经济协议》签署并且随后生效。1991 年海合会首脑会议通过了成立海湾经济合作委员会，作为区域经济合作与一体化的协定，结合海湾国家经济发展及国际关系状况，该协议涵盖了贸易、人力资源、通讯和基础设施建设、科技研究以及最终条款等多项内容。2003 年，关税同盟进入运作阶段；5 年之后，海湾共同市场正式启动；2009 年，海合会首脑会议正式通过海湾货币联盟协议，但原计划 2015 年建成的货币联盟尚未建立。

（二）南方共同市场

1991 年 3 月 26 日，《亚松森条约》由阿根廷、巴西、乌拉圭和巴拉圭 4 国总统在巴拉圭首都亚松森签署（该条约于同年 11 月 29 日生效），宣布建立南方共同市场。经过 3 年多的试验期，1995 年 1 月 1 日该共同市场正式运行。2006 年 7 月，南方共同市场批准委内瑞拉和玻利维亚成为正式成员国，2012 年 7 月接纳委内瑞拉为该组织的第五个成员国。2012 年 12 月，南方共同市场正式启动玻利维亚加入南方共同市场的进程。

2004 年，南方共同市场推出几项措施推动经济一体化进程，一是成立贸易争端仲裁法庭，负责调解各国之间的贸易纠纷，二是通过决议，加强成员国之间在信息共享与经济技术等方面的合作，三是成立南方共同市场统一基金，缩小区内成员国的经济差距。此外，各国之间还签订了避免双重征税协定，并宣布 2008 年起生效。截至 2014 年底，该经济一体化组织多次召开包括首脑会议在内的相关会议，在这些会议上签署了近百项以推进贸易、投资自由化及经济合作为主题的协议。通过这些协议，南方共同市场在推进协调经济政策、对外共同关税、自由贸易等一些方面取得了积极成效。

因同属发展中国家，南方共同市场各个成员国之间在利益诉求方面极其相似，一些纠纷和矛盾难以避免。就现状来看，南方共同市场内部的分歧和争端一直没有间断过，直接制约和阻碍经济一体化的深化。

（三）德国经济一体化

二战结束后，德国被占领国分割成四个占领区，作为主权国家已经名存实亡。1947年1月，英美决定在经济上将其占领区合并成"双占区"，法占区的介入则使占领区成为"三占区"。1949年5月23日，德意志联邦共和国宣告成立。1949年10月，德意志民主共和国在苏占区成立，由此德国陷入了长达40年的分裂境况。1990年10月，民主德国按照"基本法"第23条加入联邦德国，德国实现了统一。

从基本路径来看，德国的经济一体化，走的是从主权统一到经济融合的一体化路径。在德国实现主权统一前，东、西德之间已经存在一定的经济交流。在1972年12月签订的《德意志联邦共和国和德意志民主共和国关系的基础条约》中，两德同意发展和促进在经济、科学技术、交通等方面的合作，主要涵盖经济和社会领域[①]，这表明双方开始进行功能性合作。

1990年7月1日，《联邦德国和民主德国建立货币、经济和社会联盟的国家条约》正式生效，西德马克取代东德马克，成为东德的唯一支付手段。此后，在主权统一的基础上，联邦政府注重政治、经济、社会制度的一体化，将西德的经济运行方式、法律等全面植入东部地区。根据德国宪法第72条规定，各地区人民生活条件需要保持一致。因此，两德统一后，联邦政府开始对东德的经济进行全面的整合。

一是，以西德马克为基准实现货币统一。根据一定的比例将东马克全部兑换成西马克，其中，工资、奖学金、养老金等支付项目按等同面值支付，其他款项和债务则以2：1兑换。此外，根据居民的年龄大小，对东德居民的存款按1：1进行限额兑换，调动了东德居民兑换的积极性，也减少了此项工作的阻力。东马克消失后，原东德经济的货币金融基础消失，向西德经济体制转变也就成为必然。

二是，通过拍卖、重组等方式完成东部地区国有企业的私有化。当时德国政府对东德境内的国有企业的改造，暂时保留铁路、邮电通讯、供水、大型煤

---

① 邓红英. 略论1972—1989年的两德合作关系条约 [J]. 武汉大学学报（人文科学版），2009（4）：411—415.

矿业，剩下的企业全部实行私有化[①]。由联邦托管局负责，通过直接私有化、重新私有化、先整治后私有化等，推动企业的私有化进程，推动所有制的转变和经济运行机制的转变。

三是，通过"团结公约"和财政平衡扶持东部经济发展。联邦政府于1995年1月1日起实施有效期为10年的团结公约，缴纳统一附加税，税率为工资税的5.5%，由联邦政府向原东德地区的各州进行财政转让。在此基础上，又达成了第二阶段的团结公约2.0。财政平衡则是依靠财政政策杠杆，调节和平衡各州经济发展和社会福利，缩小地区差别。

四是，新建和扩建一批涉及经济建设的基础设施。原东德的基础设施落后，统一后的德国政府对通信系统和交通网络的建设投入较大力度，为企业的设立和迁移提供场地，改进环境基础设施、居住条件，缩小东德和西德之间基础设施和公共服务之间的差距。

就形成原因而言，德国东西部地区经济发展水平存在较大的差距，统一前，东德是当时世界十大工业国之一，但与西德之间还是存在较大差距，如表2.1所示。德国西部地区的市场效率是原东德地区的三倍，区域发展严重失衡，成为影响德国经济发展和社会稳定的一个重要因素。正是在这一背景下，德国政府加大了推行区域经济协调发展政策的力度。

德国政府通过优化经济结构来增强东部经济竞争力，缩小两地差距。原东德地区的工业基础相对落后，企业竞争力弱。统一后的德国政府大幅调整了东部地区的经济结构，在对国有企业进行优化、改造的基础上，加强对企业科研领域的投入，提高企业特别是中小企业的创新能力与活力。

表2.1　1988年东、西德部分经济指标对比

经济指标	东德	西德
国民生产总值	4687.6 亿美元	12014 亿美元
人均收入	9309 美元	15881 美元
出口	503.82 亿美元	3225.24 亿美元
进口	521.24 亿美元	2488 亿美元

数据来源：姜琦、余玖玖，《论战后东西德经济之差异》[②]

---

① 许美征. 两德统一后的经济和金融问题 [J]. 科技导报，1992（2）：13—16.

② 姜琦、余玖玖. 论战后东西德经济之差异 [J]. 俄罗斯研究，1995（3）：1—6.

同时，需要通过提高东部居民生活水平以利于东部居民享受统一带来的好处，从而对统一及经济融合更为支持。1989 年，东德职工平均月工资为 1322 东德马克，远低于西德工人的工资水平，仅相当于 300 西德马克。货币改革及东部的高工资政策，使东、西部收入差距逐步缩小，1994 年东部雇员工资平均水平已上升至西部的 72.1%[①]。既缓解了东、西部之间移民的压力，也保证了社会的稳定。

（四）内地与香港的经济合作与一体化历程

内地与香港的经济一体化进程，基本路径是以内地为主导，以 CEPA 为依托，不断推进两地投资与贸易便利化、实现香港经济与内地经济不断融合的过程。2003 年，内地与香港签署《内地与香港关于建立更紧密经贸关系的安排》（简称 CEPA），并于 2004 年 1 月 1 日实施，加速了香港和内地经济的融合，也有利于内地经济结构的调整和升级。CEPA 及其补充协议（具体内容见表 2.2）的实施，使内地已经形成了对香港较为系统的开放体系，也将是内地在试点准入前国民待遇以及负面清单创新的突破，为更好参与国际区域合作提供帮助，是香港与内地双赢的结果。

表 2.2　CEPA 及补充协议的主要措施

条约名称及签署时间	主要措施
CEPA（2003.6）	从 2004 年 1 月 1 日起，273 个内地税目涵盖的香港产品，符合原产地规则进入内地时，可享受零关税优惠；对香港扩大服务贸易市场准入，涉及行业包括诸如管理咨询、会展、物流等七个部门；规定内地将在通关及电子商务等七个领域简化手续以便香港资金更加自由地进入内地。
CEPA 补充协议一（2004.10）	自 2005 年 1 月 1 日起，内地对第二批实行零关税产品清单（表中列明的原产香港的进口货物实行零关税）；允许香港永久性居民中的中国公民依照内地有关法律、法规和行政规章，在内地设立个体工商户，无须经过外资审批。
CEPA 补充协议二（2005.10）	内地对原产香港的进口货物全面实施零关税；允许符合条件的内地创新试点类证券公司根据相关要求在香港设立分支机构。

---

① 孙春玲 . 德国统一 11 年回顾总结 [J]. 国际资料信息，2001（10）：17—22.

条约名称及签署时间	主要措施
CEPA 补充协议三（2006.6）	服务贸易领域采取 15 项具体开放措施。其中，4 项属于放宽股权限制，2 项属于降低注册资本、资质条件等门槛，9 项属于放宽地域、经营范围和自然人流动的条件； 将知识产权保护工作列入"安排"贸易投资便利化领域。
CEPA 补充协议四（2007.6）	新增公共事业服务、安老服务和环境服务等 11 个合作领域；放宽多个服务业进入内地，包括银行、旅行社、医疗服务等。
CEPA 补充协议五（2008.7）	新增领域包括采矿和勘探相关的服务领域； 批准以香港与广东省以先行先试形式，在广东推行共 25 项开放和便利化措施。
CEPA 补充协议六（2009.5）	涵盖的服务领域总数由 40 个增至 42 个，新增"研究和开发""铁路运输"两个领域，加强金融合作； 推动 9 项以广东省为试点的开放措施，涵盖法律、会展、公用事业、电信、银行、证券、海运及铁路运输等领域。
CEPA 补充协议七（2010.5）	在建筑、医疗等 14 个领域进一步放宽市场准入的条件；在金融合作方面支持符合条件的内地期货公司在香港设立的子公司在港依法开展业务；将产业合作、教育合作列入贸易投资便利化领域，将中医药产业合作列入产业合作领域具体内容。
CEPA 补充协议八（2011.12）	在跨学科的研究与实验开发服务、与制造业有关的服务、图书馆、档案馆、博物馆和其他文化服务 3 个新领域增加开放措施； 扩展两地科技合作的新形式，如支持在香港建立国家工程技术研究中心分中心，以适当形式在香港设立高新技术产业化基地。
CEPA 补充协议九（2012.6）	新增加教育领域的开放措施； 新增对经香港中转输入内地葡萄酒产品采取便利通关。
CEPA 补充协议十（2013.8）	新增加复制服务和殡葬设施的开放措施；推动粤港自愿认证的认证检测结果互认；支持粤港共同推进知识产权交易与融资。

资料来源：课题组整理

在此基础上，2014 年 12 月，内地与香港签署《内地与香港 CEPA 关于内地在广东与香港基本实现服务贸易自由化的协议》，这是内地首次以准入前国民待遇加负面清单的方式签署的自由贸易协议。通过此项安排，广东和香港、澳门，将在 2015 年实现货物贸易、服务贸易的全面自由化。为进一步推动香港与内地经济的一体化，经过与香港的多次协商与谈判，两地签署一系列协议，在投资与贸易便利化、深化产业与金融合作等方面采取多项措施。

一是，以 CEPA 及后续协议的实施为依托，不断放宽香港商品和资本的进入限制。从 1985 年开始，内地一直是香港最为重要的贸易合作伙伴，占香港外贸总额 40% 左右[①]。商品与技术、资本等生产要素在两地之间自由流动的规模不断扩大，物流、人流、资金流的不断扩大需要消除影响交流的制度障碍，建立更加便利、高效的合作机制，进一步推动服务贸易自由化和贸易投资便利化。

二是，将香港纳入"泛长三角"规划，推动包括广东在内的省市与香港之间的合作。香港回归后，广东与香港之间区域经济合作的限制基本消除，粤港经贸合作已经是制度化合作的阶段[②]，"粤港合作联席会议制度"以及下设的"粤港合作联席会议联络办公室"成为推动广东与香港之间经济合作的重要平台。

同时，香港与"珠三角"其他省份的合作也不断深入，经过多年的发展，香港与珠三角基本融为一体，成为"泛珠三角""粤港澳大湾区"的重要成员，香港与内地的经济融合度也越来越高。

作为自由港，香港对外经济交流与合作基本上不设置壁垒和障碍，贸易和投资完全自由化。因此，内地与香港的经济一体化，主要解决两个方面问题，一是放开对来自香港的贸易和投资的限制，二是促进内地与香港经济的不断融合，这两个方面的主导权在内地，决定权在中央政府。因此，香港与内地经济一体化过程也是香港经济不断与内地经济相融合的进程。

五、区域经济一体化组织新动向

进入 21 世纪以来，不仅区域经济一体化协议和经济联合组织发展势头迅猛，在数量和规模上都有新的提升，在经济合作的体制与机制等方面诸多的变化与创新也层出不穷。早期国际经贸规则，更多关注所谓的边境措施，致力于推动关税减让和开放市场准入。各国在边境之后实施各种管理措施，逐步成为推动国际贸易投资自由化过程中要解决的主要壁垒。传统的降税等议题谈判更多是在现有规则框架内的讨价还价，而对边境后措施的约束则不仅是现有规则适用的延伸，甚至是修改现有规则的创新[③]。这也是国际贸易规则和国际经济合作方式可能会发生重大变化的序曲。

（一）区域全面经济伙伴关系（Regional Comprehensive Economic Partnership,

---

① 俞肇熊、王坤 .CEPA 对香港和内地经济一体化的影响 [J]. 世界经济研究，2006（6）：56—60.

② 谢宝剑 . 基于强制性制度变迁视角下的粤港服务贸易自由化发展研究 [J]. 亚太经济，2013（4）：136—140.

③ 陈德铭等 . 经济危机与规则重构 [M]. 北京：商务出版社，2014，第 598—599 页 .

简称：RCEP）

2012 年 8 月底，在由包括新加坡、印尼等在内的东盟十国以及中国、日本、澳大利亚、韩国、印度和新西兰等 16 个国家的部长会议上，达成组建 RCEP 的原则意见。2012 年 11 月，中国在东亚领导人系列会议上宣布参与 RCEP 谈判，各国领导人宣布启动 RCEP 谈判，并确立了《RCEP 谈判的指导原则和目标》。2013 年 5 月 9—13 日 RCEP 在文莱举行了首轮实质性的协商。

从目标来看，RCEP 希望以东盟为主体，在现有的 5 个"10+1"FTA 的基础上，建立一个利益互惠的经济协定，而且是一个全面、高水平的区域经济合作组织。消除内部贸易壁垒是 RCEP 的近期目标，同时还包括优化投资环境、扩大服务贸易的领域和范围等。

具体而言，在货物贸易方面，逐步降低和消除成员国之间的关税水平，为体现公平，对于区域内发展水平最低的国家和地区的产品实行早期关税削减。关于服务贸易，通过成员国之间的协商，在求同存异的基础上，全面、根本性地消除各种服务业领域的限制和障碍。关于跨国投资，减少和消除区域内各国和地区的资本在本区域内流动的限制，为区域内各国和地区之间的对外直接投资提供一个便利、便捷、有效的外部环境。

就运行主体来看，RCEP 是以东盟为主导的东亚地区经济一体化机制，力图整合和优化东盟与中、日、韩、印以及澳大利亚与新西兰等六国已签署的自由贸易协定，改变东亚地区规则过多、操作易乱的现状，从而建成一个高质量的自贸区。作为 RCEP 的积极推动者并试图扮演主导角色的东盟，以 RCEP 为契机，巩固和发展在区域经济合作中的"轮轴国"地位。针对成员国多样性且以发展中国家居多的现实，RCEP 在力求建立高水平自贸协定的同时，更加注重相关协议的落实情况。

就议题而言，根据现有资料，RCEP 确立了 7 个议题，包括投资、经济及技术合作、货物贸易、知识产权、竞争中立、服务贸易以及争端解决等。这些议题中，货物贸易以及服务贸易是最为重要的，也是 RCEP 能否顺利推进并达成预期目标的关键所在。从东亚地区角度看，RCEP 的建成将使东亚区域的主要经济体联系在一起，从而进一步增强东亚地区经济一体化的凝聚力。

（二）跨太平洋伙伴关系协定（Trans-Pacific Partnership Agreement，简称 TPP）

TPP 的前身是 2005 年新加坡、文莱、智利和新西兰 4 个 APEC 成员缔结的"跨太平洋战略经济伙伴关系协定"（P4）。2008 年 2 月，美国高调宣布加入 P4；2009 年 11 月，奥巴马政府将原 P4 正式更名为"跨太平洋伙伴关系协议"（TPP）；，TPP 第一轮协商于 2010 年 3 月 15 日在澳大利亚墨尔本正式开始，作为一种对外姿态，TPP 在这次会中达成共识，将把该组织建设成以标准高、自由化水平高为目标的高水平经济一体化组织，并对其他有意加入的 APEC 成员以及其他的非 APEC 成员的国家和地区不设置障碍。截至 2014 年 11 月，TPP 谈判方包括美国、澳大利亚、文莱、新加坡、加拿大、越南、智利、日本、马来西亚、墨西哥以及新西兰与秘鲁等 12 个成员。2017 年 1 月，美国政府正式宣布退出 TPP，成员国减为 11 个。

就协议内容而言，TPP 与一般的经济一体化协定相比，更为全面和深入。TPP 谈判文本除了减少关税和非关税壁垒等自由贸易主题，还增加了解决"边界内"问题的"战略合作"内容，包括商品或投资进入一国后的经营环境，如国内规章制度、技术贸易壁垒以及资本账户和金融自由化等。

现有资料显示，21 个领域在 TPP 的谈判过程中作为重点内容[①]，谈判取得了一定的成效。以 2014 年为例，这些领域中 10 个基本达成一致，7 个领域已经接近一致，但仍有 4 个领域的谈判尚未有实质性的进展，具体如表 2.3 所示。就具体国家而言，日美间围绕取消农产品和汽车关税的谈判尚未取得突破，其余领域的对立则主要存在于发达国家和新兴国家间。

表 2.3　TPP 相关领域谈判主要领域（截至 2014 年）

进度	领域	
	数量	具体名称
基本达成共识	10	贸易便利化、卫生和植物检疫、贸易救济、技术性贸易壁垒、电力通信服务、电子商务交易、制度事项、争端解决、技术和人才合作、跨领域事项
谈判接近一致	7	原产地规则、政府采购、跨境服务、投资、劳工、商务人员进出境、金融服务
尚未有实质性进展	4	取消关税、知识产权、环境、国企改革

资料来源：课题组整理

作为一个尚未付诸实施的经济一体化形式，尽管美国左右摇摆的态度对

---

① 商务部网站，http://www.mofcom.gov.cn.

TPP 产生巨大的影响，但 TPP 着力于修改和完善现有国际贸易规则，主导一体化进程，其特色也非常鲜明。

一是，美国的态度摇摆不定。跨太平洋战略经济伙伴关系协定成立之初，美国并没有过多关注。几年之后，美国试图通过该组织增强其在亚太经济一体化进程中的地位，同时修改现行国际经济合作规则，因此在该组织正式成立三年后宣布加入。之后，美国开始主导 TPP 的谈判进程，并体现出自己的战略意图。奥巴马总统代表美国所提交的议案成为 TPP 各项协议的蓝本，并以此为框架，最终形成 TPP 的法律文本，而且，TPP 谈判的议题与进程在很大程度上也由美国所决定。2017 年 1 月 23 日美国总统特朗普签署行政命令，正式宣布美国退出 TPP，对这一组织产生巨大的冲击。

二是，经济一体化的目标更富战略性和长远性。TPP 的目标相比其他经济一体化组织而言，具有较为显著的战略性与长远性，体现在多项议题内容之中。例如，在全面市场准入方面，要求参与的各个国家和地区既要消除关税壁垒，还要消除服务、投资及与之相关的其他壁垒，为企业对外直接投资与居民的跨区域就业提供更为便利的条件。此外，一些协定涉及的议题非常新颖，如提出监管一致性、竞争和商业便利化、关注中小型企业发展以及改善贸易和投资纪律 4 个跨领域贸易议题，并将其纳入 TPP 体系中。

三是，经济合作谈判中涉及的议题广泛。作为新世纪的区域经济一体化组织，TPP 列出了近 20 项议题，既有 WTO 一直在进行的相关议题，也出现了一些新的议题。相比其他区域经济一体化组织的谈判内容，无论是涉及经济一体化的深度，如技术性贸易壁垒、政府采购、金融服务等，还是议题所涵盖的经济发展与经济合作的范围，如电子商务、环境、跨境服务、海关、知识产权等，广泛性较为显著。

（三）跨大西洋贸易与投资伙伴协定（Transatlantic Trade and Investment Partnership，简称：TTIP）

美国与欧盟在 2011 年 11 月的峰会上，共同设立"就业与增长高级别工作组"，目的是为寻找双方经济合作的新路径，由此开启 TTIP 谈判进程。两年以后，美国总统奥巴马与欧盟理事会主席范龙佩、欧盟委员会主席巴罗佐宣布美欧双方将共同启动 TTIP 协定的谈判。2013 年 7 月，TTIP 协定首轮谈判在华盛顿正式开启。

作为一个横跨大西洋的自贸区谈判，如果能达成预期目标，将建成全球最大的自由贸易区。美国对 TTIP 的期望值非常高，通过 TTIP，美国希望能进一步打开欧盟市场，同时在保障健康、安全和环保高标准的条件下，通过进一步增加透明度和加强合作，减少在监管和标准方面的分歧等。

从谈判的对象和公布的谈判议题来看，尽管有分歧，但美国和欧洲都试图通过建立该自贸区，修复双方的关系，修改全球范围内国际贸易规则与标准，建立新的原则和框架协议，恢复西方自由市场经济体系，以应对来自发展中国家和地区的挑战，特别是遏制新兴经济体的群体性崛起。因此，发展、加强欧美经济纽带促进双方经济和就业增长是 TTIP 启动谈判的主要动力，其深层战略原因是影响新兴经济体和全球贸易体系。

根据现有公开的资料看，TTIP 的主要内容分为三个部分，其中与法规和非关税壁垒的相关内容成为 TTIP 各成员国之间谈判的重点。作为发达经济体，欧美之间的关税税率已经很低，因此，深入推动经济一体化进程，必须消除因法规差异带来的成本，同时消除各种类型的非关税壁垒。此外，美国还希望将 TTIP 作为制定国际贸易新标准和新规则的重要平台，因此，设置了诸如知识产权、环境、劳工等一些所谓的面向 21 世纪的新议题，这种"WTO+"规范的谈判方式，已经成为美国在区域经济一体化协定谈判中屡次提出的具有美国特色的模式。但自特朗普上台以来，TTIP 走向也变得不确定了。

（四）国际服务贸易协定（Trade in Service Agreement，简称：TISA）

截至 2014 年，共有 51 个 WTO 成员（其中 28 个为欧盟成员，欧盟被视为一个单独成员体）参与 TISA 谈判，其中有美国、日本、欧盟等发达国家和地区，也有智利、巴基斯坦等发展中国家，还包括中国香港和中国台湾两个经济体。

为影响谈判走向，全球服务联盟发表了谈判立场文件。该机构强调，TISA 谈判长远目标是增加市场准入，改进贸易规则，最终达成高水平、可多边化的贸易协定。市场准入方面，应通过谈判为业界创造新的市场准入机会，而非仅仅重新组合各参加方的自贸协定承诺。规则制定方面，TISA 谈判应解决 21 世纪新议题，如跨境数据流动、当地存在和国有企业等，并就金融、电信、电子商务和专业服务等部门制定新规则。

就 TISA 未来的发展方向，可能会沿着两条路径，一是以 WTO 框架内诸边协定存在的区域主义，表现为两种结果，即 WTO 框架内的协定和 WTO 之外的协定[1]；二是多边主义的不同安排，也表现为两种结果，即以最惠国待遇为基础的整合进入服务贸易总协定（GATS 协定）以及以最惠国待遇为基础的单边改进。

TISA 与多哈回合的"一揽子承诺"不同，TISA 专注于服务贸易的谈判，在机制设置上，很大程度提高了其在贸易自由化进程上取得实质性结果的可能性，因此不会出现因其他议题的失败而全盘告终的结果。TISA 的机制设置主要体现在以下几个方面：

一是，双重的 TISA 协议框架——混合列表的承诺方式，即国民待遇承诺将作为一种原则，采取否定列表的承诺方式，但在市场准入承诺上依然保持肯定列表，它适用于所有 12 大服务贸易部门和所有四种服务贸易提供方式。

二是，重视自然人流动的自由化。TISA 规范了自然人流动的类别，增加技术人员、专家商务和访客的准入便利性，提高签证的透明度，针对公司市场开拓意义重大的内部调动人员尤其如此。

三是，"棘轮条款"和"冻结条款"的设置。前者将通过各种方式实现取消贸易规制，或者直接自由化，同时作为 TISA 协定以受到相应的约束；后者将开放水平至少锁定在目前现有的开放水平上，不允许引入新的贸易限制措施，也不允许现存限制水平的提高。

此外，美国将"投资者与国家争端解决机制"纳入 TISA 框架的可能性非常大。目前 TISA 谈判在一些重要问题上已经达成了一致，如成员必须在"基本上所有模式和行业"内开放服务业，将只有很小范围的服务能够除外，这将大大高于目前的 GATS 承诺范围。另外，谈判中还要求所有外国服务提供者和其产品将获得国民待遇，除了一些在例外清单内明确排除的服务[2]（即采用负面清单形式进行国民待遇承诺，这与现有的 GATS 不同）。

第三节　海峡两岸经济一体化的理论与实践

海峡两岸经济一体化由于其政治诉求、单向开放和以大陆经济的快速发展为平台的特点，使其在理论上具有鲜明的中国特色。同时，海峡两岸经济一体

---

① Martin Roy.The TISA initiative: an overview of market access issue[J].WTO staff working paper,2013.

② 屠新泉、莫慧萍 . 服务贸易自由化的新选项：TISA 谈判的现状及其与大陆的关系 [J]. 国际贸易，2014（4）：41—47.

海峡两岸经济一体化研究

化在实践上的表现如两岸在经济合作方面的一体化进展、两岸在经济制度合作方面的一体化进展以及两岸在国际经济活动中的关系处理均体现了海峡两岸经济一体化的快速发展和其独有的道路特色。

一、海峡两岸经济一体化定位

一体化理论的一个特点是政治上的局限性和经济上的普遍性都很明显。一体化理论具有鲜明的西欧经验色彩，它源于解决西欧区域性的国家关系以及经济、政治问题。政治因素是促成西欧联合的初始动因，不过其在政治上的适用性有限，真正推动西欧一体化进程的是经济因素。战后，发达工业国家在科技革命的推动之下，生产力迅速发展，贸易、金融等经济领域日益国际化，跨国公司蓬勃兴起，所有这些经济变化要求突破国界的限制以便于在更广阔的区域内重新调整生产关系。区域一体化的经济动因是在国际分工的大背景下，各国通过优化组合而形成生产要素的重新配置，从而为企业发展提供更好的生产与经营环境。随着生产日益国际化趋势的发展，经济一体化必然是动态的、开放性的。西欧国家在长期的资本主义生产关系发展中形成的经济联系尤为密切。地理位置的毗邻、市场制度的相同、经济结构的类似、生活水平的接近，尤其是紧密交织的贸易网络使整个西欧地区的国家之间存在着一体化的潜能，而在世界其他地区，从未出现过这么多的主权国家在经济上类似的高度的相互联系或依赖。正是西欧国家间的这种经济类似性和密切相关性构成了西欧一体化的坚实基础，同时，也正是这种特征使一体化在西欧国家间带来的经济利益比世界其他地区更为明显。从西欧一体化的实际进程来看，欧洲煤钢共同体成立之后，成立防务共同体、政治共同体的计划相继失败，而以关税同盟为起点的经济共同体却得以成立并顺利发展，说明在西欧一体化进程中经济因素的重要作用远远超过了政治因素。

一体化理论的另一个重要特点在于其提供了一种达成多赢思路的同时，为深入研究经济一体化理论开辟了道路，而且顺应了世界经济发展的大潮，并在此大潮中使该理论的研究得以深化，也推动了一体化的进程。同时，经济一体化理论的研究在相当程度上揭示了世界经济一体化的内在逻辑。世界经济一体化是关于世界经济发展进程的描述，也是关于未来世界经济特征的预测。把一体化仅仅看作过程或目标都是片面的。在区域经济一体化理论中，我们很清楚地看到了一体化是一个过程：从自由贸易区、关税同盟、共同市场一直到完全

58

的经济联盟，它们分别是一体化不同阶段的形式。今天，区域经济一体化的成果有目共睹，但世界经济的一体化远未完成，然而我们正开始经历着它的不断推进进程，明显感觉到其向前迈进的步伐。

如果我们把经济一体化理论做更为抽象或更为理论化的理解，我们会发现，实际上经济一体化理论研究的是不同的经济体系和不同的关税区的经济如何逐步融为一体的过程。它通过研究不同的经济体系和不同的关税区经济体之间的关税政策、财政政策、货币政策的协调，达成一体化参与者范围内的所有生产要素的完全自由流通。当前越来越多的学者用经济一体化理论来研究两岸经济关系问题，从现实而言，两岸经济一体化的趋势也愈来愈明显。

台湾地区的一些学者和政治人物有意无意地完全照搬经济一体化理论，完全照搬欧盟模式来论述、设计、规划两岸经济的一体化，将两岸经济一体化问题与欧盟的一体化相提并论，并由之而导出两岸之间关系应定位为一种"国际关系"，只有政治上的"分"，才能达成经济上的"合"的所谓"政分经合"论。如果仅从学术探讨的角度去理解，基本上是不顾及时空的照搬欧盟经验，在两岸关系上是行不通的，只能将问题复杂化，而无助于问题的解决。

回顾两岸经贸关系的发展，我们发现，由于历史的原因，两岸经济关系的现实是"一个中国之内的两个不同的经济体系和两个单独的关税区"之间的关系。一是它们之间的关税政策、财政政策、货币政策完全自主，互不相干；二是它们之间的关系日渐紧密，有一体化的内在要求；三是外部环境也对加速其一体化进程产生了压力。实际上，大陆提出"一国两制"已蕴含对经济一体化理论创造性的发挥，体现了一种结构性、颠覆性的创新，并付诸两岸经济关系的实践，证明是可行的。第一，1993年9月29日GATT（关税及贸易总协定）理事会通过成立台湾入会工作小组决议时，首先引用联合国第1758号决议，声明支持一个中国的原则，允许台湾地区以中国一个单独关税区入关，并以"中华台北"方式通称台湾。第二，1994年4月，由国务院主持召开了首次全国对台经济工作会议，确定了"积极主动、发挥优势、互补互利、共同发展"的对台经贸工作总方针。同时，遵照"和平统一、一国两制"的方针，为维护和发展两岸经贸关系，大陆确定了两岸经贸交流的性质，即两岸经贸交流属于中国主体同其单独关税区（台湾地区）之间的经贸交流，纳入对外经贸管理体系进行管理。第三，1996年交通部发布《台湾海峡两岸间航运管理办法》，将两岸海上直航定位为特殊的国内航线，两岸航运属于特殊管理的国内航线，按外贸运输进行管理，较为顺利地解决了旗帜等技术问题，推动了两岸直航的实现。以上实践对稳定两岸关系、推动两岸经贸的发展起了积极的作用，可将其视为在一个中国原则的基础上，中国两个关税区之间推动经济一体化进程的可行性的证明。

二、海峡两岸经济合作历程与现状

（一）两岸经济合作回顾

1978 年中共十一届三中全会做出将全党的工作重心转移到经济建设上来的重大决策，1979 年《人民时报》发表《告台湾同胞书》提出解决台湾地区问题新的方针与政策，1987 年台湾当局开放岛内民众赴大陆探亲并逐步开放两岸经济往来这三大事件揭开了两岸经贸关系发展的历史篇章，为两岸关系发展奠定了崭新的起点。自 1979 年以来，两岸经济实力已发生重大变化。大陆经济广阔的发展前景，是未来两岸建立更加紧密的经济联系、支撑台湾地区经济发展的更为重要的动力。30 多年两岸经济融合发展的历史还告诉我们，推进两岸经贸发展的主导力量在民间，面对当前两岸关系的复杂局面，从区域、产业、企业层面强化两岸民间经济合作将大有可为。

1、1949—1978 年两岸经贸关系中断。1949 年是"二战"后海峡两岸经贸关系的分水岭。1949 年 5 月 19 日台湾省政府颁布"台湾省戒严令"[①]，宣告自同年 5 月 20 日零时起在台湾省全境（含台湾本岛、澎湖群岛及其他附属岛屿）实施戒严。该戒严令共持续了 38 年又 56 天，是世界上持续时间最久的"戒严令"，1987 年 7 月 15 日宣布"解严"。

1950 年 4 月 26 日，国民党当局在台湾地区颁布"惩治叛乱条例"，严禁台湾地区人民与大陆有任何形式的交往。在经济方面，国民党当局颁布了一系列禁止两岸经贸往来的规定，违者以"资匪""通敌""叛乱"等罪名予以处罚。1954 年 12 月国民党当局与美国签订"美台共同防御条约"[②]，该条约是以军事为基础，同时也包含了政治、经济、社会等扶持国民党当局的诸多承诺，强化了台湾地区经济自主能力和与大陆的隔离状态。至此，"二战"后尚未完全恢复的两岸经贸关系基本陷于瘫痪，海峡两岸进入了长达 30 年的对峙期。

由于两岸人民有对彼此的实际需求，两岸经贸在极个别部门以曲折的方式顽强维系下来。如台湾地区可从大陆之外的第三地间接输入台湾地区无法生产

---

① 正式名称："台湾省警备总司令部布告戒字第一号"。

② 该条约于 1979 年美国与中华人民共和国建交时自动失效。

的大陆中药材，其中主要通过香港进行转口，也有少量分别来自新加坡、马来西亚、泰国、越南等国。1954—1963年间的贸易统计数字显示，台湾地区自香港输入中药材的金额平均每年为197万美元，其中最高一年为1963年的250万美元，最低一年为1958年的126万美元。

20世纪70年代以后，台湾地区自香港转口输入大陆商品的数量有所增加，商品项目范围也有所扩大，输台的大陆商品不再只限于药材，而扩及生果、蔬菜、鱼货等，但仍以中药材为主，约占90%。据香港华润公司的统计，在1970—1978年间，大陆商品经港输往台湾地区的金额由1026万港元增至2.19亿港元，增加了21倍，平均每年递增46.6%，其中1972年的增幅最高，达214.3%，1973年也有88.5%的增长，而只有1977年一年为负增长。9年时间台湾地区累计自港购入大陆商品9.44亿港元，平均每年数额约1.05亿港元[①]。总之，1978年以前，海峡两岸经贸交往基本停滞，仅有少部分大陆商品以一种单向、间接，且有触法风险的方式存在。

2. 大陆改革开放激活两岸经贸关系。1978年中共十一届三中全会做出了将全党的工作重心转移到经济建设上来的重大决策、1979年大陆发表《告台湾同胞书》提出了解决台湾地区问题新的方针与政策，为两岸关系发展奠定了崭新的起点。

首先，特殊举措激活两岸贸易。为落实1979年元旦全国人大常委会《告台湾同胞书》，表达争取实现两岸"和平统一"的诚意，大陆方面率先按下经济开关，启动停滞了整整30年的两岸经贸关系，以促进实现两岸的"三通"（通邮、通商、通航）、"四流"（探亲、旅游及学术、文化、体育交流）。

为启动中断了30年的两岸经贸关系，大陆方面迈出的第一步是推动商品的双向流通。1979年5月，国家外贸部颁布了《关于开展对台湾地区贸易的暂时规定》，大陆长期紧闭的贸易大门逐渐打开，两岸经贸关系开始由过去大陆商品经港输台的单向贸易转为开放台货经港输往大陆的双向间接贸易往来；第二步是以短期对台贸易免税为推手，快速激活两岸贸易。1980年6月，国家商业部颁发《关于购买台湾产品的补充规定》，实施向台湾地区购买的日用品，如布料、电视机、电扇及自行车等，只要有台湾地区的产地证明，或船只由台湾地区直接开往大陆，或产品是台湾地区制造，即可免税进口，同时台湾地区商人购

---

① 李家泉. 台湾经济总览 [M]. 北京：中国财政经济出版社，1995，第508页。

买大陆商品，不但优先供应，并有八折以下的优惠。在上述两大政策刺激下两岸贸易快速增长。1979—1981 年间，两岸经港转口贸易由 8000 万美元增至 4.87 亿美元，增加了 5 倍，平均每年递增 146.7%。在两岸贸易的带动下，台商对大陆的试探性投资也拉开了序幕。1983 年深圳、泉州等地陆续出现了台资企业。

在激活了两岸贸易后，为规范市场，1981 年 5 月 1 日起取消对台湾地区产品进口免税的优惠待遇，并征收调节税，但一般还有低于关税 10% 以上的优惠。至此，两岸贸易的增加势头转缓，进入正常发展轨道。80 年代中期大陆经济体制改革初见成效，经济发展出现良好势头，伴随大陆经济的快速发展，台湾地区商品输往大陆的数量也明显增加，进入又一个迅速发展阶段。1984 年底两岸经港转口货值达 5.52 亿美元，较上年增长 91.7%，其中台货输往大陆为 4.25 亿美元，增幅高达 132.2%；大陆输台则以 22.1% 的增幅稳定成长，也有 1.27 亿美元。

台当局面对两岸转口贸易迅速发展的事实与岛内工商企业界的强大压力，于 1985 年 7 月宣布"转口贸易三原则"：①"不得与中共贸易"；②"不得与中共设在海外的机构与人员接触"；③"对台湾地区出口产品转运其他地区不加限制"。但三原则只适用于台货转口大陆，而不适用于大陆商品转口台湾地区。尽管如此，这是台货转口输往大陆首度取得合法地位，也是之前半遮半掩的两岸贸易自 1949 年后在台湾地区首度取得合法地位。

其次，岛内两岸贸易合法化。1987 年 7 月，台当局公开宣布开放部分矿土、砂石、兽毛等 27 项（后又增至 30 项）农工原料自大陆间接进口，于是，大陆商品入台在经过高压禁止、半遮半掩的默许后终于取得合法地位。第一批清单的商品项目包括农业种植用种子、松鼠毛等 30 项。

针对台湾当局的这一变化，大陆隔海呼应，对台贸易改由中央政府直接管理。首先是国家经贸部实施对台贸易全面集中管理，对进出口商品实行许可证制度，部分进口台货或对台出口的大陆商品需先向国家经贸部报批，由经贸部统一管理；同时还规定，经营对台贸易部门需国家经贸部批准，未批准的其他机构不得设立对台贸易部门，各类外贸公司不得通过外国、外国人及公司居间进行对台贸易，一般不与设在港澳地区以外的台湾地区商业机构和台湾地区私营公司进行贸易。这一规定使两岸贸易纳入高层管理，并促使与大陆进行贸易的台湾地区商人在港澳地区设立商业行号作为中转据点，从而推动台湾地区与大陆经贸往来的实质关系更为密切，冲破了台湾当局规定的"不得与中共在海外的人员与机构接触"的政策限制。

在对台贸易政策方面，随着大陆外贸体制改革的不断深入和两岸关系的进一步缓和，大陆对台贸易的具体管理措施越来越灵活，越来越放宽。为了发展对台出口，积极平衡两岸贸易，维护双方正常权益，1988 年 5 月，外经贸部对对台贸易有关办法进行了修订，放宽了对台出口经营权，各外贸进出口公司都可按照对台贸易规定，在批准的经营范围内开展对台出口业务。1988 年 7 月，国务院还发布了《关于鼓励台湾同胞投资的规定》，对台湾地区同胞到大陆投资提供优惠待遇，并保护台胞投资企业的合法权益，推动了台商投资大陆，并带动机器、设备和原材料对大陆的出口。

第三，推动台商大陆投资，以在地生产代替进口深化两岸经济合作。为将两岸经济合作导入大陆经济发展规划，20 世纪 80 年代中后期大陆方面开始有意识地引导鼓励台商投资大陆，推动进口替代，并促成出口导向。在 80 年代中后期，大陆方面对台经贸政策逐步由鼓励贸易转向鼓励投资，即限制台湾地区部分产品以成品形式输往大陆，鼓励生产这些产品的企业投资大陆，推动其生产线转向大陆，从而促进了两岸"以产代进、投资导向"的发展。这一期间，台湾地区厂商到大陆投资设厂的活动明显增加，投资地点由东南沿海向北延伸，投资规模也有所扩大。至 1987 年底，大陆累计吸引台资约 80 项，协议投资金额约 1 亿美元，平均单项投资额 125 万美元。其中福建吸引台资 58 项，3980 万美元，分别占大陆台商投资数量和金额的 73% 和 40%，但投资规模较小，平均单项投资额约为 69 万美元，而只有厦门一地的投资规模略大，单项投资额超过 100 万美元。在投资方面，尽管台当局禁令未解，但在具体做法上一定程度上已由禁止转为默许。1988 年 12 月 19 日，台湾当局对不涉及技术转移的服务业，准许台商到大陆投资。

第四，邓小平南方谈话后两岸经贸关系再上台阶。1992 年邓小平南方谈话推动了大陆改革开放第二次浪潮，对 20 世纪 90 年代以来的大陆经济改革与社会进步产生了不可估量的推动作用。在谈话中邓小平还明确提出比如广东力争用 20 年时间赶上亚洲"四小龙"。在这一背景下，1994 年 3 月全国人大常委会讨论通过并颁布了《台湾同胞投资保护法》，使大陆在吸收台资工作中形成了由人大立法、国务院法规以及可参照执行的国家有关经济法律、法规组成的完整法律体系，台胞投资者在大陆投资享受公平和公正的待遇，台资企业在税收、进出口经营管理等方面与港澳同胞、海外侨胞和外国投资者在大陆投资兴办的企业一样，有了最充分的法律保护。

1994 年 4 月，由国务院主持召开了首次全国对台经济工作会议，确定了"积极主动、发挥优势、互补互利、共同发展"的对台经贸工作总方针。同时，遵照"和平统一、一国两制"的方针，为维护和发展两岸经贸关系，大陆确定了两岸经贸交流的性质，即两岸经贸交流属于中国主体同其单独关税区（台湾地区）之间的经贸交流，纳入对外经贸管理体系进行管理。自此，两岸经济合作开始进入快速推进轨道。

1996 年为了推动两岸直接"三通"，交通部和外经贸部先后发布了《台湾海峡两岸间航运管理办法》和《关于台湾海峡两岸间货物运输代理业管理办法》。1997 年 4 月起，两岸各六家航运公司在外国注册的商船开始航行于福州港、厦门港至高雄港之间，从事转口货物运输。经外经贸部批准的 10 家货代公司也开始经营两岸航运货物代理业务。虽然两岸试点直航仍属转运性质，但毕竟开启了台湾海峡之间的直接航行。直接推动两岸经贸关系的快速发展。

3. 加入 WTO 开创两岸经贸关系新格局。20 世纪 90 年代是世界经济迅速走向全球化的年代，由于科技的快速发展，加速了世界各国的资源、市场、资金、人力等发展要素的国际化、全球化，各国包括发达国家谁用得好、用得快这些要素，谁就能快速发展。经过十数年的努力，2001、2002 年两岸先后加入 WTO，为两岸参与经济全球化和有效利用世界资源、市场、资金、人力提供了重大机遇。大陆的对外贸易由 2001 年的 5096.5 亿美元增长至 2018 年的 46230.4 亿美元，规模扩大了 9.1 倍，大陆实际利用外资稳居发展中国家和地区之首，2000 年实际使用外资金额为 407.15 亿美元，2018 年 1—12 月达到 1349.7 亿美元，同比增长 3 倍。以进出口总额计，自 2013 年以来，中国大陆连续三年成为全球货物贸易第一大经济体，2016 年以 204 亿美元之差被美国反超，而 2017 年中国大陆贸易总额 4.1052 万亿美元，增长 14.2%，创 6 年新高，占全球比重为 11.48%，再度赶超美国。2018 年，中国大陆贸易进出口总额为 4.62 万亿美元，同比增长 12.6%，占全球贸易总额的 11.75%。中国大陆在世界三大经济组织世贸组织、国际货币基金组织和世界银行中正在发挥越来越重要的作用。此外，中国大陆改革开放不断深化，建立起与世贸组织规则相一致的涉外经贸管理体制，一套较为完善的适应市场经济的法律体系基本建成。

与此同时，加入 WTO 后对两岸贸易也起到很大的促进作用。2003 年起，大陆开始成为台湾地区最大的贸易伙伴、第一大出口目的地和最大顺差来源地。台湾地区对大陆出口占台湾地区总出口的比重、台湾地区自大陆进口占台湾地区总进口的比重、台湾地区对大陆贸易额占台湾地区总贸易额的比重18年来都呈现上升趋势，分别从2000年的2.84%、4.45%、3.62%上升至2018年的28.61%、18.82%和23.90%①，并且均仍保持着不断上升之势。按台湾方面的统计数据：2018年1—12月，大陆与台湾贸易额为2262.4亿美元，同比上升13.2%。其中，大陆对台出口486.47亿美元，同比上升10.6%；自台进口1775.98亿美元，同比上升13.9%；大陆对台贸易逆差1289.51亿美元。台湾是大陆第五大贸易伙伴和第三大进口来源地。大陆是台湾最大的贸易伙伴和贸易顺差来源地②。两岸贸易表现要好于大陆整体对外贸易，也好于全球对外贸易。

自2002年台湾地区对大陆投资占台湾地区对外投资的比重过半，达到53.4%以来，该比重一直保持在50%以上，大陆成为台湾地区最重要的投资市场。据商务部统计，截至2018年12月，大陆累计批准台资项目107190个，占大陆批准境外投资项目之比为11.2%。实际使用台资678.1亿美元。按实际使用外资统计，台资占我累计实际吸收境外投资总额的3.4%。若加上台商经第三地的转投资，大陆累计实际使用台资约1300多亿美元。投资涵盖制造、批发零售、通讯、餐饮等诸多行业。与此同时，大陆资金也开始入岛投资，两岸直接双向投资格局开始出现。

随着两岸先后加入WTO，两岸宏观市场环境更为宽松，有利于两岸经济合作的不断深化。从大陆方面来看，加入WTO后，大陆承诺实施《与贸易相关的投资协议》和《与贸易相关的知识保护协议》，取消对外资企业国产化比率的限制性措施，逐渐开放金融、保险、电信、商业、旅游、运输等行业；同时随着大陆市场化程度的日益提高，各项法律、法规不断健全，政策措施透明度增强，如改变政府部门职能、加强宏观调控和服务意识、创造平等竞争机制和规范有序的市场环境等等，极大地保障了外商投资合法利益。从台湾方面来看，台湾当局对大陆的经贸政策必然随之调整。长期以来，台湾当局对大陆一直实行"戒急用忍"的限制性经贸政策，两岸经贸交往基本上停留在"间接、单向、民间"的畸形结构。加入WTO后，在国际经贸规则的制约下，台当局对两岸经济合作的干扰有所减弱，但仍未做出符合WTO有关规定的调整。

（二）两岸经济合作现况

1.两岸贸易情况。首先，两岸贸易仅用不到30年时间就跃升至千亿美元。

① UNCTAD：http://unctadstat.unctad.org/wds/ReportFolders/reportFolders.aspx 国别数据.

② http://tga.mofcom.gov.cn/article/sjzl/taiwan/

按台湾方面的统计数据，1980 年，两岸贸易仅为 3.1 亿美元，1985 年突破 10 亿美元，达 11 亿美元；1994 年两岸贸易突破 100 亿美元，达 118 亿美元；6 年后的 2000 年，两岸贸易突破 200 亿美元，达 221 亿美元；2007 年突破 1000 亿美元，达 1145 亿美元。按大陆方面的统计数据，1985 年两岸贸易突破 10 亿美元，1993 年突破 100 亿美元，2006 年突破 1000 亿美元，2014 年两岸贸易额达到了 1983.1 亿美元，2017 年两岸贸易额为 1993.9 亿美元，2018 年两岸贸易额达到 2262.4 亿美元，两岸贸易仅三十多年就上了四个大台阶，将两岸贸易量由亿美元级别推进到千亿美元级别。1979—2018 年两岸贸易总额累积达 26272.7 亿美元，台湾地区获取贸易顺差累积达 15499.71 亿美元，是大陆改革开放以来增长最快、获利最大的贸易伙伴之一。大陆是台湾地区最大的贸易伙伴和贸易顺差来源地，台湾地区是大陆第五大贸易伙伴和第三大进口来源地。

其次，台湾地区对大陆的贸易依存度快速上升。1979 年台湾地区对大陆贸易依存度仅为 0.25%，1990—1998 年则从 3.32% 快速增长至 9.49%，9 年增长 6 个百分点，而前 10 年仅增长了 3 个百分点；1999 年—2005 年，台湾地区对大陆的贸易依存度更是从 10.96% 增长至 2005 年的 20.4%，6 年增长了近 10 个百分点；2006 年到 2018 年，台湾地区对大陆的贸易依存度从 27.61% 增长至 36.36%。显示大陆当前在台湾地区对外贸易中的地位举足轻重，三分天下有其一，对台湾地区经济的发展越来越重要。而大陆对台湾地区的贸易依存度 1979 年为 0.27%，1994 年上升至最高点 8.37%，之后大陆对台湾地区的贸易依存度一路下降，2009 年以后一直在 4.7%—4.9% 之间徘徊，2017 年为 4.86%，2018 年为 4.89%。

第三，机电产品在两岸贸易中占主导地位。按台湾地区"关税总局"统计数据，2018 年，台湾地区对大陆出口 808.8 亿美元，同比增长 8.9%，占台湾地区出口额的 28.6%，提升 0.9 个百分点。台湾地区对大陆出口的主要商品是机电产品、化工产品和光学钟表医疗设备，2018 年出口额分别为 494.6 亿美元、95.4 亿美元和 88.3 亿美元，占对大陆出口总额的 56.2%、10.8% 和 10.0%，增减幅分别为 11.2%、14.8% 和 –1.3%。塑料橡胶和贱金属及制品也是台湾地区对大陆出口的重要商品①。

台湾地区进口大陆的商品主要分布于以下几大类商品，以 2018 年为例，机

---

① https://countryreport.mofcom.gov.cn/record/view110209.asp?news_id=58000.

电产品是台湾地区自大陆进口最重要的商品，2018年进口额为327.7亿美元，占自大陆进口总额的60.9%，增长9.4%。化工产品和贱金属及制品分别是第二和第三大进口商品，进口额分别为44.9亿美元和43.8亿美元，占自大陆进口总额的8.3%和8.2%，化工产品增长2.8%，贱金属及其制品下降5.0%。塑料橡胶、光学钟表医疗设备和纺织品及原料等也是台湾地区自大陆进口的重要产品。在台湾地区机电产品、纺织品及原料和家具玩具的进口市场中，自大陆的进口分别占台湾地区同类产品进口份额的29.7%、42.7%和58.4%，居台湾地区进口来源的首位。日本是台湾地区的第二大进口来源地，也是上述产品的主要竞争者。数据显示，两岸在贸易结构方面有较大的重合、交集，其主要原因之一是两岸在上述产业方面有较大的互补性。在海峡两岸经贸关系中，大陆是台湾地区重要的初级原料和零配件的供应地，双方在加工工业原料、资本品以及资本品零配件相互贸易方面集中度较高，说明海峡两岸产业内贸易仍较为频繁。

表2.4　1979—2018年两岸贸易概况表（单位：亿美元；%）

年份	贸易额	增长率	台湾对大陆贸易依存度	贸易逆/顺差	年份	贸易额	增长率	台湾对大陆贸易依存度	贸易逆/顺差
1979	0.8	67.4	0.3	−0.4	1999	234.8	14.5	11.0	155.8
1980	3.1	303.9	0.8	1.6	2000	305.3	30.1	13.8	204.5
1981	4.6	47.6	1.1	3.1	2001	323.4	5.9	10.2	223.4
1982	2.8	−39.4	0.7	1.1	2002	446.7	38.1	15.1	314.9
1983	2.5	10.8	0.6	0.7	2003	583.6	30.7	16.6	403.6
1984	5.5	123	1.1	3	2004	783.9	34.2	18.7	512.3
1985	11	99.1	2.2	8.7	2005	912.3	16.5	20.0	581.3
1986	9.6	13.3	1.5	6.7	2006	1078.4	18.2	27.6	663.7
1987	15.2	58.7	1.4	9.4	2007	1244.8	15.4	26.7	775.6
1988	27.2	79.5	2.5	17.6	2008	1292.2	3.8	26.1	774.6
1989	34.8	28	2.9	23.1	2009	1062.3	−17.8	28.1	652.1
1990	40.4	16.1	3.3	25.1	2010	1453.7	36.9	27.6	860.1
1991	57.9	43.3	4.2	35.4	2011	1600.3	10.1	27.1	898.1
1992	74.1	23.9	4.8	51.7	2012	1689.6	5.6	29.6	954

1993	144	94.3	8.9	114.7	2013	1972.8	16.7	35.4	1159.9
1994	163.2	13.4	9.2	118.4	2014	1983.1	0.6	33.7	1057.5
1995	178.8	9.5	8.3	116.8	2015	1885.6	−4.9	37.1	987.5
1996	189.8	6.1	8.7	133.8	2016	1796	−4.8	35.2	988.6
1997	198.4	4.5	8.4	130.5	2017	1993.9	11.0	36.2	1114.1
1998	205	3.3	9.5	127.6	2018	2262.4	13.5	36.36	1289.5

注：1979—2018 年两岸贸易总额为 26272.7 亿美元，大陆贸易逆差为 15499.71 亿美元。

资料来源：商务部台港澳司网站、台湾地区"经济部国贸局"网站及课题组整理

表2.5 台湾出口大陆商品结构（单位：亿美元）

年份	活动物；动物产品	植物产品	动植物油脂	调制食品；饮料及烟酒	矿产品	化学品
2001	0.0	0.1	0.0	0.0	0.3	7.7
2005	0.5	0.2	0.1	0.4	4.2	46.3
2010	0.7	0.4	0.2	1.6	9.0	100.7
2015	2.5	1.3	0.1	4.5	14.9	81.0
2017	2.7	1.7	0.1	5.3	12.2	86.6
2018	4.0	2.0	0.1	6.2	11.3	99.9
2001	0.4	0.0	0.5	3.2	0.1	0.3
2005	2.1	0.4	3.5	18.7	0.6	3.0
2010	2.2	0.3	4.0	25.4	0.8	5.9
2015	1.6	0.4	3.2	20.6	0.7	9.7
2017	1.2	0.6	4.2	19.4	0.6	10.5
2018	0.9	0.6	5.4	19.4	0.6	10.4
2001	4.7	21.1	1.1	1.3	0.2	
2005	51.5	175.5	3.6	81.0	2.7	
2010	53.6	301.7	8.6	176.9	4.5	
2015	46.8	360.7	10.1	97.1	7.9	

| 2017 | 58.3 | 500.8 | 5.7 | 92.8 | 7.6 |
| 2018 | 60.4 | 554.2 | 5.9 | 91.8 | 7.4 |

资料来源：课题组根据台湾地区"财政部"进出口统计资料整理

表2.6　台湾进口大陆商品结构（单位：亿美元）

年份	活动物；动物产品	植物产品	动植物油脂	调制食品；饮料及烟酒	矿产品	化学品
2001	0.3	0.9	0.0	0.2	6.3	4.1
2005	0.4	1.6	0.1	1.1	15.8	12.7
2010	1.2	2.3	0.1	1.6	12.2	41.3
2015	2.5	2.7	0.0	2.0	7.8	45.7
2017	2.4	3.2	0.0	2.4	5.6	43.6
2018	2.4	3.8	0.0	2.8	5.3	44.9
2001	0.7	1.0	0.5	1.2	0.7	0.5
2005	2.0	2.0	1.6	3.2	2.4	1.4
2010	2.5	1.5	3.1	9.5	2.4	3.5
2015	3.4	2.2	4.0	15.2	3.9	9.2
2017	2.8	2.1	4.7	14.5	3.4	7.3
2018	2.9	2.6	4.9	15.6	3.3	7.0
2001	7.4	29.1	1.0	1.5		3.1
2005	28.4	100.5	3.4	12.1		6.4
2010	27.6	198.7	7.1	20.0		9.1
2015	43.5	247.2	11.2	18.6		16.2
2017	46.0	298.9	9.7	15.6		21.2
2018	43.8	327.7	10.4	17.0		23.6

资料来源：课题组根据台湾地区"财政部"进出口统计资料整理

2. 两岸相互投资现况。首先，台商对大陆投资远超陆资对台投资。随着大陆经济的快速发展，台商对大陆投资也迅速增长，但商务部和台湾地区"经济部投审会"的统计结果有相当的差距。按商务部统计，截至2018年12月底，大陆累计批准台资项目 107190 个，实际使用台资 678.1 亿美元，按实际使用外资统计，台资占大陆累计实际吸收境外投资总额的 3.4%[①]。按台湾地区"经济部投审会"的数据，从 1991—2018 年底在台湾地区"经济部投审会"有报备的台资企业在大陆的投资金额为 1823.39 亿美元，件数为 43315 件，占台湾地区对岛外投资总额的 57.4%[②]。按这一数据，台商对大陆投资占大陆实际使用境外投资总额的 9.14 % 而非 3.4% 左右。其原因主要是两岸统计口径不同和相当一部分到大陆投资的台商因为财务调度、避税、资金安全等考虑，未向有关部门报备，以香港、澳门特区资本或美国、日本资本等第三地投资商的面目出现，或直接从英属维尔京群岛、开曼群岛、百慕大巴哈马等避税天堂转投资大陆，为使研究和描述更贴近现实，我们将根据研究择需使用相关数据。

台商自 20 世纪 80 年代即开始在大陆进行试探性投资，到 20 世纪 90 年代中开始形成投资大陆热潮。首先是 1992 年邓小平"南方讲话"引发了次年台商首次大规模投资大陆热潮，除个别年份台商投资大陆冲高后有所回落外，一直保持 2 位数的增长率，年均投资绝对额也在数十亿美元。自 2008 年后，由于两岸关系的好转，台商投资大陆又出现新一波热潮，2008 至 2015 年间，除 2009 年台商对大陆投资 71.43 亿美元、2013 年投资 91.9 亿美元外，均在百亿美元以上。然而 2016 年后台商对大陆投资再次回落至 96.7 亿美元，2017 年投资额为 92.5 亿美元，2018 年则下降至 85.0 亿美元。

2009 年 6 月 30 日台当局发布实施"大陆地区人民来台投资许可办法"和"大陆地区人民之营利事业在台设立分公司或办事处许可办法"，同时公布了第一批开放的 192 项陆资投资项目，标志着陆资入台终获实施。截至 2018 年 12 月，经商务部核准，大陆 444 家非金融企业赴台设立了公司或代表机构，投资金额 25.69 亿美元。截至 2018 年 12 月，大陆累计批准台商投资项目 107190 个，实际使用台资 678.1 亿美元，其中，2018 年大陆共批准台商投资项目 4911 个，实际使用台资 13.9 亿美元。很显然，陆资入台远不如预期。两岸资本流动依然呈现"台资登陆"远大于"陆资入台"的特点。其原因在于台湾方面对于陆资入台设置了太多障碍，台湾地区的政治生态也使得"陆资"犹豫不决。

其次，制造业是台商大陆投资的主导产业。台商在大陆直接投资的行业分布直接受台湾地区产业结构的影响，制造业是台商投资大陆的主要产业，服务

---

① 中华人民共和国商务部网站。
② 台湾地区"经济部投审会"网站。

业次之，农业的投资比重相对较低。1991—2018 年底，台商投资大陆的前六大产业分别是制造业、金融保险业、批发零售业、不动产、信息及通讯传播业、科学及技术服务业，上述六大行业占了台商对大陆投资金额的 96%（见表 2.7），其中，制造业占台商对大陆投资金额在 76.3%，接近 80%，服务业仅占 14% 左右，同期台湾地区农林渔牧业对大陆投资则仅有 3.44 亿美元，占台商大陆投资的 0.19%。

20 世纪 80 年代初期，台商对大陆的投资产业多为劳力密集型的传统制造业。90 年代中后期，台商在大陆投资的产业开始重点转向主机板、台式电脑、笔记本电脑等电子产品制造业，这类产业投资规模成倍增长。2000 年以来，台商在大陆对资讯类高科技产品制造的投资，一直持续稳步增长，并形成了今天以电子电器制造业为核心，金属制造业为辅助，食品饮料、塑胶制品及精密器械制造业共同发展的产业格局。1991—2018 年底台商在制造业方面的投资三大主要行业均超过百亿美元，其中，电子零组件制造业分别为 3013 件，336.84 亿美元；计算机、电子产品及光学制品制造业 2886 件，247.33 亿美元，电力设备制造业 3217 件，112.63 亿美元，上述三大行业占台商制造业对大陆投资总额的 50.08%。

2000 年以来，尤其是 2008 年以来台湾地区金融及保险业、信息及通讯传播业、不动产业、科学及技术服务业、批发及零售业、电力、燃气及水的生产和供应业开始成为台商投资的新领域。以金融保险业为例，自 2010 年两岸签署 ECFA 后，台商在金融保险业领域的投资快速增长，2011 年为 12.6 亿美元、2012 年为 17.3 亿美元、2013 年为 19.0 亿美元、2014 年 16.6 亿美元、2015 年 27.9 亿美元，2016 年 13.63 亿美元，出现下降趋势，2017 年为 10.74 亿美元，2018 年更降至 5.89 亿美元。这 8 年台商在大陆金融保险业的投资占 30 余年来台商在大陆金融保险业投资的比重高达 90% 以上。

从台湾地区投资海外产业来看，台湾地区向海外投资的产业与向大陆投资产业重心明显有别。台商在海外投资的产业主要是金融保险业、制造业、批发及零售业、运输及仓储业为主，其中 1952—2018 年底，台湾地区金融及保险业对外投资稳居其对海外投资第一位，累计 2926 件，669.90 亿美元；制造业 7299 件，469.36 亿美元；批发及零售业 2951 件，97.74 亿美元；运输及仓储业 180 件，31.84 亿美元。上述四大行业占了 1952 年以来台湾地区对海外投资总额的 91.51%。

自 2009 年 7 月，台湾地区开始受理陆资入台投资个案，截至 2018 年底，台湾地区累计核准陆资入台投资总计 21.88 亿美元。虽然，陆资入台规模远不及台湾地区投资大陆，但两岸直接双向投资格局开始出现，是两岸经济关系迈出的重要一步。

表 2.7　1991—2018 年台商投资大陆前六大产业（单位：件；亿美元；%）

产业	件数	金额	占总投资额比例
制造业	34226	1391.4	76.3
金融保险业	397	137.2	7.5
批发零售业	3461	125.5	6.9
不动产	215	44.5	2.4
信息及通讯传播业	1017	24.7	1.4
专业、科学及技术服务业	959	22.6	1.2

资料来源：课题组根据台湾地区"经济部投审会"数据整理

表 2.8　2009—2018 年陆资投资台湾地区前六大产业（单位：件；亿美元；%）

产业	件数	金额	占总投资额比例
批发及零售业	814	5.96	27.26
电子零组件制造业	58	2.83	12.94
银行业	3	2.01	9.21
港埠业	1	1.39	6.36
机械设备制造业	34	1.14	5.21
研究发展服务业	9	1.12	5.13

资料来源：课题组根据台湾地区"经济部投审会"数据整理

最后，台商大陆投资主要分布于东南沿海。从台商对大陆各个地区的投资金额看，截至 2018 年 12 月，大陆华北地区、东北地区、华东地区、中南地区、西南地区和西北地区分别使用台资金额为华东地区六省一市（上海市、江苏省、浙江省、安徽省、福建省、江西省、山东省）23244 件，1184.29 亿美元，占台商大陆投资比重达 64.95%；中南地区六省区（河南省、湖北省、湖南省、广东省、广西壮族自治区、海南省）15127 件，419.20 亿美元，占大陆使用台资第二，占台商大陆投资比重为 22.99%；华北地区三省两市（北京市、天津市、河北省、山西省、内蒙古自治区）2788 件，100.87 亿美元，占 5.53%；西南地区四省一市（重庆市、四川省、贵州省、云南省、西藏自治区）1085 件，79.67 亿美元；东北地区（辽宁省、吉林省、黑龙江省）808 件，31.76 亿美元；西北地区共有台商投资 263 件，7.59 亿美元。

从台商投资的省市分布排名前 10 的情况看，第一是江苏省，第二是广东省，第三是上海市，第四是福建省，第五是浙江省，第六是山东省，第七是北京市，第八是四川省，第九是河南省，第十是天津市。以上统计数据，从静态角度显示台湾地区对大陆投资的地区分布有以下几个明显的特点：一是投资的区域集中度很高，排名前十的省市占了台商投资大陆总金额的 89.50%；二是台资企业主要集中于东部沿海地区，这一地区台商投资金额占了台商大陆投资全部金额的 85.32%；三是北上津渝四大直辖市也是台商投资看好的区域。

从动态角度看，不同时期的台资分布亦存在显著变动。2000 年之前，长三角与珠三角利用台资规模相当，均占大陆约 1/3 的台资份额；环渤海经济圈台资数量在全国占 9%。2000 年至今，台资在长三角地区持续扩张，该地区台资数量已占全国一半以上；同期珠三角地区的台资实际使用额虽在数量上亦有所增加，但在全国的占比逐年下降，同时京津冀利用台资金额的绝对值有所增加，但在全大陆使用台资额的占比也相对下降。

表 2.9　台商大陆投资分区域统计（1991—2018 年）（单位：件；亿美元）

合计		华北地区		东北地区		华东地区	
件数	金额	件数	金额	件数	金额	件数	金额
43315	1823.4	2788	100.9	808	31.8	23244	1184.3
中南地区		西南地区		西北地区			
件数	金额	件数	金额	件数	金额		
15127	419.2	1085	79.7	263	7.6		

资料来源：台湾地区"经济部投审会"

表 2.10　台商对大陆投资分省市统计（1991—2018 年）（单位：件；亿美元）

江苏省 （1）		广东省 （2）		上海市 （3）		福建省 （4）		浙江省 （5）		山东省 （6）	
件数	金额	件数	金额	件数	金额	件数	金额	件数	金额	件数	金额
7251	557.2	13210	331.7	6183	266.1	5777	150.7	2329	119.1	1083	50.7
北京市 （7）		四川省 （8）		河南省 （9）		天津市 （10）		重庆市 （11）		湖北省 （12）	
件数	金额	件数	金额	件数	金额	件数	金额	件数	金额	件数	金额
1356	46.9	534	43.8	305	35.8	967	29.9	325	27.4	636	26.9
辽宁省 （13）		安徽省 （14）		江西省 （15）		山西省 （16）		广西壮族自治 区（17）		湖南省壮族 自治区（18）	
件数	金额	件数	金额	件数	金额	件数	金额	件数	金额	件数	金额
577	26.1	294	23.3	298	13.0	73	11.6	264	11.3	350	10.7
河北省 （19）		贵州省 （20）		吉林省 （21）		海南省 （22）		云南省 （23）		黑龙江省 （24）	
件数	金额	件数	金额	件数	金额	件数	金额	件数	金额	件数	金额
346	10.6	105	6.2	102	4.1	347	2.4	118	2.2	124	1.4
内蒙古自汉 区（25）		西藏自治区 （26）									
件数	金额	件数	金额								
32	0.9	3	0.2								

资料来源：台湾地区"经济部投资审议委员会"

表 2.11　两岸投资比较（1991—2018 年）（单位：亿美元；%）

年份	台湾地区对大陆投资		大陆对台湾地区投资	
	投资额	增长率	投资额	增长率
1991	1.7	—		
1992	2.5	41.8	—	—
1993	31.7	1182.8	—	—
1994	9.6	−69.6	—	—
1995	10.9	13.6	—	—

年份	台湾地区对大陆投资		大陆对台湾地区投资	
	投资额	增长率	投资额	增长率
1996	12.3	12.5	—	—
1997	43.3	252.6	—	—
1998	20.4	−53.1	—	—
1999	12.5	−38.4	—	—
2000	26.1	108.1	—	—
2001	27.8	6.8	—	—
2002	67.2	141.5	—	—
2003	77.0	14.5	—	—
2004	69.4	−9.9	—	—
2005	60.1	−13.5	—	—
2006	76.4	27.2	—	—
2007	99.7	30.5	—	—
2008	106.9	7.2	—	—
2009	71.4	−33.2	0.4	—
2010	146.2	104.7	0.9	151.7
2011	143.8	−1.7	0.4	−45.3
2012	127.9	−11.0	3.3	542.3
2013	91.9	−28.2	3.6	5.4
2014	102.8	11.8	3.4	−4.2
2015	109.7	6.7	2.4	−27.1
2016	96.7	−11.8	2.5	1.5
2017	92.5	−4.3	2.7	7.3
2018	85.0	−8.1	2.3	−13
总额	1823.4		21.9	—

数据来源：台湾地区"经济部投审会"

3.两岸经济一体化制度框架初步建立。2008年马英九执政后，两岸签署了一系列相关协议，实现了"直接双向全面三通"，并将其纳入规范管理。这一系列协议主要分三大类：第一是围绕推动两岸的物流、资金流、人流、信息流全面、直接、双向畅通的协议；第二是围绕通过双向降低两岸关税，开创推动不断降低两岸商品交易门槛先河的协议；第三是围绕推动两岸开拓市场、制定产业共同标准、保护知识产权、合作研发生产等方面的协议。这些协议的签署使两岸首度共同搭建了两岸经济一体化制度框架，为推动两岸要素流动方面的无障碍化进程、为两岸经济在更高水平上的进一步合作奠定了初步的制度基础。

首先，海协会与海基会"两会"于2008年6月13日签署了《海峡两岸关于大陆居民赴台湾旅游协议》；同年11月，两会又签署了《海峡两岸海运协议》《海峡两岸空运协议》《海峡两岸邮政协议》；2009年4月签署《海峡两岸金融合作协议》，2012年签署了《海峡两岸海关合作协议》。这一系列协议对促进两岸人员、货物、资金的全面、直接、双向流动提供了制度性保障。尤其值得一提的是，随着《海峡两岸金融合作协议》及两岸先后签署银行、证券、保险三个监管的合作谅解备忘录，及2012年签署的货币清算合作的备忘录，建立了金融监管合作的机制、货币清算机制，高层互访与磋商机制，实质性启动并推进了两岸金融合作和金融市场的开放，大陆先后批准多家台湾地区银行、证券、保险公司在大陆设立机构，开张营业；台湾地区也批准大陆若干家金融机构在台开展业务，使两岸资金的流动、融通有了制度性保障。

其次，两岸在协商双向降低关税及服务业合作门槛方面签署了相关协议。2010年6月两岸两会签署了《海峡两岸经济合作框架协议》（ECFA）。ECFA签署意味着双方经贸自由化谈判的开始，而两岸经贸自由化内容包括：货物贸易自由化、服务贸易自由化和投资自由化三方面内容，主要涉及关税降低、服务业开放和投资门槛降低，而完成和落实上述三方面的任务两岸还需分别签署"服务贸易协议""货物贸易协议"和相关的"投资协议"等，这将有一个过程。为使两岸尽快享受到协议的利益，两岸同意先实施早期收获计划，就双方最急迫且具有共识的产业领域和产品立即减免或取消关税，可兼顾中、长期的需要，亦能立即满足台湾地区短期需求。从早收清单来看，大陆对台湾地区的早收清单，无论是项目数、金额或占出口至对方贸易额的比重均达到相当规模，而且比台湾地区对大陆的早收清单规模要高出许多。大陆向台湾地区开放了539项产品，是台湾地区向大陆开放267项的2倍多。同时，大陆还向台湾地区单方面开放了18项农产品的进口。此外，台湾地区顾虑的17项弱势产业也未列入早收清单，充分照顾了台湾地区中小企业、中南部、中下阶层等"三中群体"，展现了大陆的善意。纳入 ECFA 早收计划的产品在 2013 年 1 月 1 日已经全部降为零关税，两岸早收计划范围内的货品贸易实现了"超 WTO 待遇"。

另外，在服务贸易部分，ECFA 早收计划中大陆对于台湾地区开放的 11 项服务贸易项目基本均给予了"超 WTO"的市场准入条件，为两岸服务贸易的自由化创造了优越的条件。2013 年 6 月两岸签署"服务贸易协议"，更是拓宽了两岸服务贸易的经营范围和领域，丰富了"自然人流动"服务提供模式，进一步放宽两岸服务贸易市场准入条件，撤销股权限制，有利于消除两岸服务贸易限制性措施，奠定了两岸服务贸易自由化的基础。

然后，在规范市场保持两岸经贸合作持续发展方面的协议。为规范市场保持两岸经贸合作持续发展，两岸还相继签署了《海峡两岸食品安全协议》《海峡两岸标准计量检验认证合作协议》《海峡两岸农产品检疫检验合作协议》《海峡两岸知识产权保护合作协议》《海峡两岸海关合作协议》《海峡两岸避免双重课税及加强税务合作协议》《海峡两岸投资保护和促进协议》等。与此同时，考虑到台商的特殊需求，一些协议中还做出了特殊安排。如在《海峡两岸投资保护和促进协议》中考虑到台资绕经第三地投资大陆是两岸投资的突出特点以及台商的切身需求，"投保协议"把赴第三地投资大陆的台商吸纳为"投资者"概念，从而扩大了协议保护的投资范围，是制度层面的一项突破。同时"投保协议"纳入投资者人身自由与安全保护专门条款。这超出了一般双边投资条约（BIT，Bilateral Investment Treaties）的协议范畴。

表 2.12　两岸签署的相关协议一览

序号	协议名称	签署时间
1	《海峡两岸关于大陆居民赴台湾旅游协议》	2008.06.13
2	《海峡两岸海运协议》	2008.11.04
3	《海峡两岸食品安全协议》	2008.11.04
4	《海峡两岸空运协议》	2008.11.04
5	《海峡两岸邮政协议》	2008.11.04
6	《海峡两岸共同打击犯罪及司法互助协议》	2009.04.26
7	《海峡两岸空运补充协议》	2009.04.26
8	《海峡两岸金融合作协议》	2009.04.26

序号	协议名称	签署时间
9	《海峡两岸渔船船员劳务合作协议》	2009.12.22
10	《海峡两岸标准计量检验认证合作协议》	2009.12.22
11	《海峡两岸农产品检疫检验合作协议》	2009.12.22
12	《海峡两岸渔船船员劳务合作协议》	2009.12.22
13	《海峡两岸知识产权保护合作协议》	2010.06.29
14	《海峡两岸经济合作框架协议》	2010.06.29
15	《海峡两岸医药卫生合作协议》	2010.12.21
16	《海峡两岸核电安全合作协议》	2011.10.20
17	《海峡两岸投资保护和促进协议》	2012.08.09
18	《海峡两岸海关合作协议》	2012.08.09
19	《海峡两岸服务贸易协议》（签署，未生效）	2013.06.21
20	《海峡两岸地震监测合作协议》	2014.02.27
21	《海峡两岸气象合作协议》	2014.02.27
22	《海峡两岸避免双重课税及加强税务合作协议》	2015.08.25
23	《海峡两岸民航飞行安全与适航合作协议》	2015.08.25

注：签署 23 项协议，生效 22 项。

资料来源：课题组整理

此外，在两岸产业合作的制度化方面，2008 年台湾地区推出两岸产业"搭桥专案"政策，得到了大陆的支持与配合。截至 2013 年底，依托"搭桥专案"，两岸已经举办了 57 场"搭桥"会议，逐步形成"一产业一平台"的合作模式，提供了两岸产业合作与交流的平台。ECFA 及其早收计划为两岸产业合作做出了框架性规划。依据有关规定，两岸组织建立了"海峡两岸经济合作委员会"并专门成立产业合作工作小组，将两岸产业合作深化到产业部门间互动的层面。两岸产业合作论坛会议搭建了两岸产业合作平台。目前，通过两届产业合作论坛会议的协商，双方已经就两岸产业合作潜力领域及模式、将产业合作与双向投资紧密结合等问题达成共识。2011 年两岸两会签署"海协会与海基会关于两岸产业合作达成的共同意见"，就继续完善两岸投资环境、积极推动重大项目合作、及时协调解决出现的问题、促进中小企业发展等问题达成一致，奠定了两岸产业合作机制的基础。

三、国际经济组织中两岸关系定位

对两岸在国际经济活动中的关系处理的方式进行分析，有助于深入理解海峡两岸经济一体化的中国特色：中国主体同其单独关税区（台湾地区）之间的经济一体化本质。既是单独关税区，又是中国的一个单独关税区。既满足了台湾地区对国际市场的需求，又没超出一中的政治边界。

当前，台湾地区参与"国际经济活动"主要包括两种形式：一是参与"国际"或区域性经济组织；二是签署"国际"性或区域性经济协议。在参与"国际"或区域性经济组织方面，根据国际协会联盟（Union of International Associations，UIA）编撰的《国际组织年鉴》（*Yearbook of International Organizations*）显示[①]，目前两岸参与的经济贸易类国际组织可以分为三类：一是大陆和台湾地区共同参加的组织有 305 个，其中有较大影响力的是世界贸易组织（WTO）、亚太经合组织（APEC）、世界经济论坛（WEF）、亚洲开发银行（ADB）；二是大陆参加台湾地区未参加的组织有 482 个，其中影响力较大的包括联合国贸易和发展会议、联合国粮农组织、77 国集团、国际民航组织、世界银行、国际货币基金组织等；三是台湾地区参加但大陆没有参加的组织有 157 个，这些组织的国际影响力普遍较小，如亚洲开发基金、中美洲经济联合银行等。在签署国际性或区域性经济协议方面，截止目前，台湾地区已经与危地马拉、尼加拉瓜、萨尔瓦多、洪都拉斯四个所谓"友邦"以及以民间协商的方式和新西兰、新加坡等国家签署了类 FTA 的经济协议。

"和平统一、一国两制"是解决台湾地区问题、实现国家统一的基本原则。这一原则在大陆处理两岸经贸关系时是相当清晰和连贯的，并得到了国际社会的认可。1994 年国务院召开首次对台经济工作会议，认定两岸经贸交流属于"中国主体同其单独关税区（台湾地区）之间的经贸交流，纳入对外经贸管理体系进行管理"。另外，大陆根据有关国际组织的性质、章程和实际情况，对台湾地区的加入做出了合宪、合理、灵活的安排。

1983 年 6 月，大陆弹性调整了在亚洲开发银行（ADB）这个政府间经济组

---

① 国际协会联盟编撰的 *Yearbook of International Organizations Online* 第 48 版（2011/2012版）统计。

织问题上的"驱台纳我"的方针，开始和亚行磋商在台湾地区改名的情况下保留其席位的可行方案。1985 年 11 月，中国大陆和亚行达成备忘录，中国大陆作为中国唯一合法代表加入亚行，台湾地区改称为"中国台北"（Taipei,China），保留亚行成员资格，解决了这个问题①。在台湾地区参与 APEC 活动方面，1991年大陆方面明确提出，必须在"一个中国"和"区别主权国家与地区经济体"两条原则下解决"两岸三地"加入问题，同年中国大陆与 APEC 签署《谅解备忘录》，明确规定：中国作为主权国家以"中华人民共和国"的名称，台湾地区、香港作为地区经济实体以"中国台北"（标准中文名）（标准英文名：Chinese Taipei）和"中国香港"（标准中文名）（标准英文名：Hong Kong,China）的名称同时加入 APEC；台湾当局只能派主管与 APEC 有关的经济事务部门负责人参加会议。此后，大陆一直以上述原则处理台湾地区参与国际经济组织的问题。1992 年 9 月，在获得大陆同意的前提下，世界贸易组织的前身关税及贸易总协定理事会主席声明指出，在中国大陆加入关贸总协定后，台湾地区可以"台湾地区、澎湖、金门、马祖单独关税区"（简称"中国台北"）的名义参加。1992 年 9 月，GATT 秘书处在接受台湾地区入会案时又明确指出，应先审查中国大陆入会案，再审查台湾地区入会案，并要求 GATT 在两岸入会问题上，确定"陆先台后"的原则。另外，1993 年 9 月 29 日 GATT 理事会通过成立台湾地区入会工作小组决议时，首先引用联合国第 1758 号决议，声明支持一个中国的原则，并以"中华台北"方式通称台湾地区，将其定位与香港一样，同属于中国的一个单独关税区。据此安排，大陆和台湾地区先后于 2001 年 12月 11 日和 2002 年 1 月 1 日加入世界贸易组织（WTO）②。

在签署"国际"性或区域性经济协议方面，台湾地区除了与危地马拉、尼加拉瓜、萨尔瓦多、洪都拉斯四个所谓"友邦"签署了自由贸易协定外，2013年还以"民间"形式与新西兰、新加坡签署了自由贸易协定。2013 年 7 月 10日，新西兰商工办事处和"台北经济文化代表处"签署了"新西兰与台澎金马单独关税区经济合作协议"，这是两岸签署 ECFA 之后，台湾地区对外签署的第一个具有自由贸易协议（FTA）性质的重要经济合作协定，也是台湾地区首次

---

① 许世铨.两岸关系中的台湾地区"国际空间"问题 [J].中国评论月刊,2008（9）:28—29.

② 许世铨.两岸关系中的台湾地区"国际空间"问题 [J].中国评论月刊,2008（9）:28—29.

与其非"邦交国"签署的经济合作协定,同年11月"新加坡驻台北商务办事处"和"驻新加坡台北代表处"签署了经济伙伴协议。外交部发言人表示,中方对台湾地区对外交往问题的立场是一贯的、明确的。中方对外国与台湾地区进行民间经贸文化往来不持异议,但反对发展任何形式的官方关系;对台湾地区参与国际活动问题,在不造成"两个中国""一中一台"的前提下,可以通过两岸务实协商做出合情合理的安排①。

总而言之,大陆在处理台湾地区"国际经济空间"问题上的模式是清晰、连贯和得到了国际社会的认可的,其三个原则是:

(1)台湾地区为中国一部分或一个地区的原则。如上述台湾地区作为中国的一个地区,在大陆同意后,以"中国台北"和"台湾地区、澎湖、金门、马祖单独关税区"(简称"中国台北")的名义,分别参加了亚洲开发银行、亚太经合组织和世界贸易组织。

(2)民间协商原则。台湾地区能够与新西兰、新加坡签署经济合作协议,是建立在两岸ECFA签署之后,两岸关系改善与两岸有基本政治互信基础之上的,也是建立在不违背一个中国框架基础之上的。并且以民间身份进行协商,如新西兰是以"新西兰商工办事处"的名义和"台北经济文化代表处"签署的协议,而新加坡则是以"新加坡驻台北商务办事处"的名义和"驻新加坡台北代表处"签署的协议。

(3)两岸协商安排原则。无论台湾地区参与何种国际经济组织,其最可行的方式是在一中前提下,通过与大陆方面的协商,在获得大陆方面认可和协助的情况下才有可能加入。

四、两岸经济合作发展态势

2016年5月台湾民进党全面接掌台湾地区的行政、"立法"、司法、经济、军事、外事大权,出现了台湾地区和两岸关系史上所未有之局面,台湾新执政当局拒不承认"九二共识"的历史事实,不认同两岸同属一个中国,破坏了两岸关系和平发展的政治基础,两岸关系发展前景堪忧。但近40年一直在风雨中前行的两岸经济关系已具备特有的运行规律、积蓄了抵御风险的能量,仍将会向前推进。同时由于中国大陆、国际和两岸形势的变化,未来两岸经济如何进

①　新华网:外交部:中方对台湾地区对外交往问题的立场一贯、明确,2013年11月07日,http://news.xinhuanet.com/tw/2013-11/07/c_118053064.htm.

一步深化合作，值得高度关注。根据研究我们有以下几点判断：

第一，中国大陆经济的核心引领作用将持续增强。从国际经济视角看，一是作为一个超过13亿人口和有着"中国梦"的大国，没有条件走战后的德国和日本那样的"有限主权"式的发展道路，也不可能重复"亚洲四小龙"主要依靠对外出口走"贸易立国（地区）"的道路，更不存在"搭便车"——借助美国和西方高层次的经济科技合作和政治容忍接纳而持续发展壮大的内外部条件；二是中国大陆经济的崛起出现了三赢局面：推动了现有国际经济秩序朝向有利于发展中国家的调整；带动了包括发达国家在内的许多国家的经济发展，成了世界经济的重要引擎；同时中国大陆经济也在国际经济秩序的调整中获得持续发展的动力，并由此而被赋予更多期待。

过去由大陆经济改革开放启动了两岸经济合作，未来大陆经济从引领国际经济到引领两岸经济合作进一步深化符合逻辑接纳的延展。二百年来，台湾地区经济一直游走于世界、区域经济的边缘，当前是百年来大陆首次有机会走向国际经济中心，台湾地区也是首次有机会参与这一进程，与大陆一起重新回归世界经济中心。就当前而言，台湾地区持续深化与大陆的经济联系是台湾地区融入区域经济发展、参与有关游戏规则的制定、参与危机防范机制的建立、参与区域经济结构的重构的捷径，有利于中华民族经济的重建和振兴，也是台湾地区在新形势下重振经济的一个至关重要的新选择。

第二，两岸经济融合发展是两岸经济合作未来方向。首先，大陆经济已经进入历史转折时期，旧常态增长模式的逐步退出已成定局。大陆经济的持续发展只能借助于自主建立一个较为完整的国民经济体系和较高层次的产业结构，通过深化改革、加速开放融入当代国际经济、改造现有的国际经济秩序、获得自主自立的经济地位是一条既定的发展道路，为此未来若干年大陆会全力落实包括"十三五规划""一带一路"建设、RCEP、人民币国际化等举措，走出一条新的经济增长道路；其次，在上述大背景下，未来两岸经济联系将向经济一体化方向转变，从低层次的自发性合作转入更高层次的合作。过去两岸经济合作快速增长的基础是大陆经济旧的发展模式，而旧的发展模式所依赖的是大陆经济的快速、持续的增长，人口红利与环境对出口超常增长的支撑，经济、金融和地方财政对房地产业的过度依赖以及国民收入分配结构的不合理，对台资以及外企具有时代特质的超国民待遇。这种发展模式已难以为继，大陆方面将会积极引导台资企业融入中华民族经济崛起的进程，台资企业也应参与新的国际经济规则和全球价值链重构的进程。

第三，两岸民间经济合作成为两岸经济合作主导。两岸经济合作几十年，有了较深的相互了解和较好的合作基础，面对当前两岸关系的复杂局面，推进两岸经贸发展的主导力量仍在民间。未来若干年，两岸民间经济合作将在以下三方面着力：在区域层面，推进海峡西岸经济区、中国（福建）自由贸易试验区建设，打造台商投资区、平潭综合实验区、福州新区、昆山深化两岸产业合作试验区等对台合作平台，深化厦门对台合作支点建设。鼓励长三角、珠三角、环渤海等台资企业聚集区发挥优势，支持台资企业转型升级，引导向中西部地区梯度转移；在产业层面，在强化制造业合作的同时关注服务业特别是两岸金融方面的合作，支持两岸资本市场开展多层次合作。2009 年以来两岸签署了《海峡两岸金融合作协议》和包括银行业、证券期货业、保险业三项金融监理合作谅解备忘录，这标志着两岸金融合作步入实质性发展新阶段。从资本市场看，经过半个多世纪的发展，台湾地区已建立起较为完善、成熟的多层次资本市场，两岸在资本市场中的主板市场、场外市场、升降转板、资本监管等领域存在很多的合作机会，两岸可以通过全方位的合作在资本市场上达成优势互补、获得双赢；企业层面，推动两岸企业优势互补、融合发展，鼓励两岸企业相互持股、合作创新、共创品牌、共拓市场，催生一批新的具有国际一流竞争力的中华企业。

第四，大陆将提供更多公共物品助力两岸经济合作的深化。经济理论研究显示，公共物品对于经济体之间的合作起着重要的推动作用，完善的公共物品提供体系可以有效地节约交易成本，提高经济合作的效率，同时，在跨境经济合作中，大小经济体所承担的份额是不同的，大经济体实际承担的份额高于小型经济体。随着两岸经济联系的日趋密切，两岸的人员、货物、资金、信息流动不断增长，对相关公共物品的供给提出了新的要求，大陆作为大型经济体和两岸经济合作的主导方，有必要为两岸经济合作提供更多公共物品，以推动两岸经济合作的深化。在当前新形势下，大陆可在以下几个方面单方增加相关涉及经济方面公共物品的供给：一是在当前情况下与台湾地区民间经济智库、学界加强交流，强化在财政政策、货币政策、产业政策、外贸政策、环保政策等宏观政策方面的沟通；二是加强与台湾地区企业界方面定期沟通，并就经济的近期运行及中长期发展规划及相关经济交往政策进行对话并达成具体改进举措；三是大陆可运用自己在"一带一路"沿线各国的政治、经济、外交以及基础建设方面的优势为愿意参与"一带一路"的台资企业提供与大陆企业相同的服务；四是对参与"一带一路"建设的台资企业提供以人民币为主的金融支持，使之清算结算更为便捷、安全、成本节约，并使台资企业多一种规避风险的工具；四是全面落实"惠台31条"。2018年2月28日国务院台办、国家发展改革委经商中央组织部等29个部门于28日发布《关于促进两岸经济文化交流合作的若干措施》，该措施秉持"两岸一家亲"理念，扩大两岸经济文化交流合作，率先同台湾地区同胞分享大陆发展的机遇。《若干措施》涵盖产业、财税、用地、金融、就业、教育、文化、医疗等多个领域，共31条具体措施。其中，涉及加快给予台资企业与大陆企业同等待遇的措施12条，包括台资企业参与"中国制造2025"行动计划适用与大陆企业同等政策；台湾地区有关机构可与大陆开展合作，为台湾地区同胞提供小额支付服务、征信服务，等等。涉及逐步为台湾地区同胞在大陆学习、创业、就业、生活提供与大陆同胞同等待遇的措施19条，包括台湾地区同胞可报名参加53项专业技术人员职业资格考试和81项技能人员职业资格考试；台湾地区人士参与大陆影视制作以及大陆有关机构引进台湾地区影视剧不受数量限制，等等。

小　结

一体化理论源于战后欧美为避免重开战端、稳定欧洲政治以及促使各参与方互利的思考，政治意图明显大于经济意图，其理论论述也是政治优先、经济开道。由于一体化理论具有相当鲜明的西欧经验色彩，源于解决西欧（或发达国家）区域性的国家关系以及经济、政治问题，因此，其推动政治一体化的经验的局限性十分明显。

但与此同时，一体化理论的另一个重要特点在于其提供了一种达成双赢的思路，因此当这一思路被用于经济思维时，即为经济一体化理论开辟了道路，且顺应了世界经济发展的大潮，使该理论研究在此大潮中也得以不断深化，推动了国际一体化的进程。

海峡两岸经济一体化由于其政治诉求、既有双方协议又有单方开放促进以及两岸经济一体化是建立在以大陆经济快速发展为平台的特点，使其在理论上具有鲜明的中国特色。海峡两岸经济合作的快速发展、两岸在经济制度合作的一体化进展以及两岸国际经济活动中的关系处理均体现了海峡两岸经济一体化独有的道路特色。

　　尽管 2016 年 5 月台湾民进党全面接掌台湾地区的行政、"立法"、"司法"、经济、军事、外事大权，出现了台湾和两岸关系史上所未有之局面，台当局拒不承认"九二共识"的历史事实，不认同两岸同属一个中国，破坏了两岸关系和平发展的政治基础，使两岸关系发展前景堪忧。但一直在风雨中前行的两岸经济关系已具备特有的运行规律、积蓄了抵御风险的能量，仍在向经济一体化目标推进。

第三章 海峡两岸经济一体化指标选择与测度

大陆经济崛起和包括两岸暨港澳在内的中国经济区的快速融合无疑是 40 年来世界经济发展的大事，两岸经济一体化作为两岸和平统一的战略基石，在这一大潮中无论在理论或实践上均有突破与进展。因此，科学评价两岸经济一体化程度具有重要意义。而构造合理、系统和具备可比性的两岸经济一体化的度量指标，科学的量化监测两岸经济一体化的程度，是客观认识两岸经济一体化的重要基础。为此，本章设计了一个两岸经济一体化的综合测度指标体系，并在该指标体系的基础上，运用经济学、统计学等理论和方法研究度量两岸经济一体化程度。

第一节 海峡两岸经济一体化内涵

一、海峡两岸经济一体化内涵要点

海峡两岸经济一体化的内涵有其特殊性，包含了以下三层意思：

（一）"一国两制"是海峡两岸经济一体化的前提。邓小平提出"一国两制"的构想中其实已蕴含了对经济一体化理论创造性的发挥，体现了一种结构性的创新，有明确的政治指向，并付诸海峡两岸经济关系的实践，因此，可将海峡两岸经济一体化视为在"一国两制"的基础上，中国两个不同体制的经济体、两个关税区之间推动经济一体化的过程。

"一国两制"是海峡两岸经济一体化的基础和前提，因为就其经济上的意义而言，它包含了两层意思，其一，它表明了两岸间的两种经济体系长期共存性；其二，它为我们描述了一个稳定或确定的海峡两岸经济关系前景，为两岸搭建了一个现实的推动经济一体化的平台。

"一国两制"的经济含义首先在于它表达了当前和在中国实现统一后的一个

可以预见的时期，中国仍存在两个不同的经济体系，一个是大陆的社会主义市场经济体系，一个是台港澳的资本主义经济体系，并分属不同的关税区。另外，随着海峡两岸经济联系日益紧密和国际形势的发展，推进两岸不同的经济体系、不同关税区经济的一体化问题已非常现实地摆到了两岸面前，无论从世界、东亚经济发展格局或海峡两岸经济发展本身的要求看，都有必要推进海峡两岸经济的一体化，海峡两岸经济一体化的进程将由两岸共同协商决定。

其次，"一国两制"的意义还在于可使两岸关系稳定成为一个常态，从而使投资人将经济因素作为其投资的首要考量，排除投资前景中的重大变数，直接有利于双方的投资者。一个中国原则的经济含义还在于它为两岸提供了一个相对稳定决策的外部环境，毕竟，两岸关系的走向将直接影响着海峡两岸经济发展前景。因此，一个中国原则在经济上的意义不在于它推动海峡两岸经济很快达成一体化，而在于它为海峡两岸经济的发展、两岸经贸关系的发展提供了一个稳定、安全的平台，从而有助于海峡两岸经济的发展和国家的和平统一。

（二）以单向消除要素流动障碍来推动双向制度性消除要素流动障碍。两岸的经济关系的现实是"一个中国之内的两个不同的经济体系和两个单独的关税区"之间的关系，它们之间的关税政策、财政政策、货币政策完全自主，互不相干，同时，它们之间的关系日渐紧密，有一体化的内在要求，外部环境也对加速其一体化进程产生了压力。由两岸关系特殊性决定，2008 年以前海峡两岸经济一体化是以祖国大陆单方面借助市场的驱动力，辅以关税、投资等优惠方式，主动降低要素流动障碍，被称之为"功能性一体化"的经济一体化推动进程[①]。2008 年后随着两岸关系的重大变化以及前期由大陆单方面的制度变化奠定的双方经济层面制度合作的基础的背景下，两岸首度开始共同构建制度框架保证两岸货物、服务和要素流动的无障碍状态，被认为是两岸"制度性一体化"启动[②]。

（三）大陆经济的崛起是海峡两岸经济一体化的原动力。40 年的改革开放彻底改变了大陆经济发展的轨迹，大陆经济的快速增长和大幅开放几乎是裹挟着海峡两岸经济快速一体化，形成海峡两岸经济一体化的制度性建设远落后于

[①]　曹小衡．东亚经济格局变动与两岸经济一体化研究 [M]．北京：中国对外经济贸易出版社，2001 年，第 4 页．

[②]　制度性一体化与功能性一体化是当代世界经济中同时发展着的两个趋势。功能性一体化是指不同关税区经济联系高度密切相关，但并不依赖于它们之间的协定或组织保证。制度性一体化是指不同关税区域以一定的协定和组织形式为框架的一体化。

一体化现实的态势，同时也为台湾地区经济重回海峡两岸经济共同发展的轨道，为中华民族经济的复兴和台湾地区经济发展再上层楼提供了前所未有的机遇。

二、国际社会对两岸经济身份的认定

（一）两岸相互间的经济身份实质是一个中国之内两个不同经济体系和两个单独的关税区。台湾地区部分学者将海峡两岸经济一体化问题与欧盟的一体化相提并论，认为根据欧盟经验，经济一体化只存在于国与国之间，并由之导出如两岸要实现经济一体化，两岸之间关系的定位则应是"国际关系"或"准国际关系"，两岸只有政治上的"分"，才能达成经济上的"合"。中国大陆学界主流观点是明确反对照搬欧盟模式来论述、设计、规划海峡两岸经济的一体化，认为经济一体化理论研究的是不同的经济体系和不同的关税区的经济如何逐步融为一体的过程。它通过研究不同的经济体系和不同的关税区经济体之间的关税政策、财政政策、货币政策的协调，达成一体化参与者范围内的所有生产要素的完全自由流通。就现实看，由于历史的原因，两岸的经济关系的现实是"一个中国之内的两个不同的经济体系和两个单独的关税区"之间的关系。一是它们之间的关税政策、财政政策、货币政策完全自主，互不相干；二是它们之间的关系日渐紧密，有一体化的内在要求；三是外部环境也对加速其经济一体化进程产生了压力。

（二）在国际社会实践中两岸的经济身份也是从属于各自的政治身份。以前述台湾地区参加 WTO 为例。1993 年 9 月 29 日 GATT 理事会通过成立台湾地区入会工作小组决议时，首先引用联合国第 1758 号决议，声明支持一个中国原则，并以"中华台北"方式通称台湾地区，明确将其定位与香港一样，同属于中国的一个单独关税区，其中文名为"台澎金马单独关税区"，简称"中国台北"或者"中华台北"[①]。"单独关税区"本质上是归属于某一主权国家并受其政治上管辖的部分领土，在处理本区域的贸易往来等方面享有较为充分的自主权。但单独关税区在贸易往来上的自主权未经所属主权国家同意，不能延伸到其他方面，换言之，在国际上，台湾地区非经贸或非民间方面的交往权力从理论上讲归属于中央政府，受其政治管辖，对外经济交往的经济权力与主权没有必然的关系。在 WTO 中，"单独关税区"特指中国主权下的"一国四席"，包括中

---

① 根据 WTO 规则，只有在主权国家许可的前提下，单独关税区才有资格加入 WTO。

国大陆、中国香港、中国澳门、台澎金马单独关税区（简称"中国台北"或
"中华台北"）。

第二节　海峡两岸经济一体化衡量指标

全面认识海峡两岸经济一体化还需要借助于量化研究手段，构造合理、系
统和具备可比性的海峡两岸经济一体化的度量指标，从定量角度来监测海峡两
岸经济一体化的程度，是进一步客观认识海峡两岸经济一体化的重要基础。为
此，我们设计了一个海峡两岸经济一体化的综合测度指标体系，并在该指标体
系的基础上，运用经济学、统计分析等理论和方法研究度量海峡两岸经济一体
化程度。

一、经济一体化测度的文献综述

（一）区域经济一体化的测度

区域经济一体化的测度，一直是经济一体化领域的重要研究课题之一，国
内外文献探讨区域经济一体化的测度主要针对以下几个方面：贸易一体化、投
资一体化、人口流动一体化、金融一体化、制度一体化以及综合一体化的测度
等。同时，从测度方法上又可将上述一体化测度归纳为四个方面：定量测度、
定价测度、制度性测度以及多指标综合测度。

第一，区域经济一体化的定量测度，其原理是通过考察经济体之间的流量
来判断其经济往来的密切程度。该方法适用范围较广，众多学者运用该理论对
经济体之间的贸易、跨境资产、金融、人员流动等进行了测算，作为衡量区域
经济一体化的重要指标。以贸易为例，具体测算方法主要有份额指标、强度指
标以及加权份额指标三大类。其中，贸易份额指标用区域内贸易流量占区域贸
易总额的比重计算。Akiko（2011）用一国对某经济体的进出口总额占该国进
出口总额的比重来测度贸易一体化程度。徐春祥（2009）也用区域内贸易份额
来反映东亚贸易一体化程度。还有部分机构与学者提出贸易强度指标，即区域
内贸易比除以区域与世界的贸易比。强度指标测度了区域内贸易与预期相比较
是大还是小，预期是区域在全球贸易中的重要性；指数 >1，表明区域内的贸
易流量大于预期。与上述观点不同，有学者认为传统的区域贸易份额指标过度
依赖于区域内大的经济体，进行区域经济一体化截面比较会导致偏误。就此，

Iapadre（2006）提出地理中性标准（Geographic Neutrality Criterion）；Arribas（2009）在此基础上进行了拓展，提出加权的贸易联系指标，研究并评价非加权与加权指标的不同的动态变化，并以此作为衡量区域经济一体化的标准。

第二，区域经济一体化的定价测度方法是基于一价定律（the law of one price）对不同经济体之间价格收敛的测度。该方法的理论基础可追溯至 Cournot（1838）提出的市场一体化的两个条件：其一是，价格的均衡水平必须相等，即满足一价定律；其二是，受到冲击后价格必须迅速回到这个均衡水平，即市场是有效率的。目前几乎所有对经济一体化的定价测度都是从检验这两个条件出发。具体的价格测度方法有相关系数、协整检验和偏离程度分析。其中，相关系数一体化指标构建的基本假设是高度一体化的市场，价格波动将取决于相同的冲击，其变动是高度相关的。T.Jappelliand 和 M.Pagano（2008）用股市收益率的相关系数来测度欧元区股市一体化。张茜等（2012）用股票市场回报率和债券利率的相关系数来衡量东亚金融一体化水平。协整检验的理论基础是若不同市场的价格序列间存在协整关系，说明长期中一价定律成立，市场一体化是存在的。S.Kleimeier 与 H.Sander（2006）用协整方法测度了欧元区零售银行市场的一体化，并与基于利率的价格收敛测度结果进行比较。偏离程度分析测度的理论基础是在高度一体化的市场中，相关要素的价格受本地冲击的影响较小，受整个区域冲击的影响较大。主要包括两类方法：一是直接利用不同经济体之间价格序列的离散程度来测度一体化。T.Jappelliand 和 M.Pagano（2008）以德国为基准，用欧元区各国债券市场和信贷市场的利率差来测度欧元区金融一体化。二是基于方差、标准差等离散程度指标构建一体化指标，如 Weir（1989）构建的 R 指数。

第三，如果说上述定量与价格测度更偏重于基于现实情况对功能性一体化现况的考察，那么，制度测度则更加偏重于基于法律、法规等进行的对制度一体化的定量评价。其理论基础是一国（地区）官方允许的对外经济开放度越高，实际经济一体化程度就越高。基于这一原理，指标大多被设定为二元变量的形式，如果存在相关限制性取消法案，则指标计为 1，否则计为 0。该方法在贸易（Sachs and Warner, 1995）、金融（Mody and Murshid, 2005；王伟等，2013）领域被采用，并做了大量的实证研究。

然而，由于上述限制性法案的取消大多为全球性的限制性政策，例如资本账户开放度，经常账户开放度，对出口所得缴税和资本账户交易存在多重汇率等（IMF,2012），因此，这些指标测算的结果大多被用于衡量经济体参与全球化的程度。用该手段测算区域经济一体化的案例较为鲜见，代表性研究有以下两个。Capannelli 等（2010）运用上述方法，以两个经济体是否签订 FTA 为标准，构建二元变量，并基于此提出区域一体化的制度指标 T_G，当指标 T_G 达到 100% 时，表明区域 G 中经济体之间均存在双边协议，区域经济达到制度层面的完全一体化。据 Capannelli 等（2010）测算，欧盟（EU15）在 1986 年达 100%，北美自由贸易区（NAFTA）于 1993 年达 100%。然而，该指标的应用通常需要测算区域内包含多个经济体，不适合单独测算双边关系。同样基于此原理，Harald Badinger（2005）进行了开创性的拓展，运用经济体之间的关税削减替代 FTA 等取消限制性政策协议的签署。Harald Badinger（2005）以欧盟为研究对象，首先构建基于关税削减和交易成本的一国（地区）贸易保护程度指标（$PROT$），标准化处理后最终计算出欧盟 15 国各国的一体化指标 INT，并将其加权平均值作为欧盟整体的一体化指标（INT），权重是各国的进出口额占欧盟总的进出口额的比重。随一体化程度加深，关税逐渐降低，INT 逐渐趋于 1。该方法的拓展提升了制度一体化指标的适用范围，并降低了主观影响。

第四，单一指标的测算方法很难满足范围广泛的区域经济一体化的测算与评价，因此，学界展开了对综合性区域经济一体化指标的设计与测算。其主旨思想是将区域的贸易一体化、金融一体化、投资一体化、人口流动一体化等多个角度综合成一个指标，衡量区域一体化发展的整体水平，弥补了单一指标测度的局限性（Tony Cavoli, 2012; Chen & Woo, 2010）。因此，该方法也是前面三种方法的整合与延伸。

该测度方法面临的主要问题是采用何种加权方式将多个指标综合成单个一体化指标。根据权重的确定方式可分为参数方法和非参方法。非参方法即主观加权法，研究者将根据自身经验，对单指标相对重要性进行主观评判并赋予权重。Mody 与 Murshid（2005）将此方法用于整合金融全球化指数，此外，联合国对人类发展指数 HDI 的综合构建也源于主观判断。显而易见，研究者的主观判断将在此起到决定性作用，相对缺乏科学严谨性。这是该方法的一大缺陷。

与此相对，通过参数方法确定权重的方法较为科学与客观。其主旨思想是认为多个指标的变异存在一个潜在的结构，这些指标的权重就可通过度量指标在每个结构维度上的协方差来客观地决定。其中，可细分为共同因子分析（common factor analysis, CFA）和主成分分析（PCA）。Cheung 等（2008）运用共同因子分析法测算亚洲各国之间的共同因子（common factor）以及子区域的因子（ASEAN 5 factor, Chinese culture factor, etc.）作为评判亚洲经济一体化的标准。Chen 和 Woo（2010）用两阶段主成分分析法，将 8 个单一指标构建成一个综合指数来测度亚太经济一体化；特别地，为保证信息不被遗漏，该文章将所有主成分都进行加权。CFA 和 PCA 均是在保留大部分原始信息的前提下用较少的指标来代替多个指标。但在实证研究中主成分分析 PCA 更常用，因为 PCA 比 CFA 更易实施和解释，比如 CFA 以潜在共同因子的存在为假设，PCA 则不存在此限制。

（二）两岸经济一体化的测度

当前针对两岸经济一体化问题的研究多进行定性分析，以规范研究为主，量化研究一直是两岸经济一体化研究的短板。现有研究成果中涉及两岸经济一体化指标构建及应用内容的，数量很少且简单没有形成体系。其中较有代表性的是李秋正（2010）构造了贸易、投资、人员流动三类单项指标，并采用加权方式测度了两岸一体化综合指标，发现从 1992 年至 2010 年间三大单项指标和两岸经济一体化综合指数都呈显著的上升态势。但是考虑的方面不够全面。孙媛（2014）则借鉴 Asian Development Bank（ADB）的方法，选取贸易、投资、人员流动、宏观经济、金融、经济发展、基础设施等 7 个方面的多个单项指标，测算了 1995-2012 年间综合的两岸经济一体化的水平。其中，最大的一个问题是并未考虑两岸经济体量和发展阶段之间的差距。显然两岸一体化测度的现有研究无论从指标的选取、体系的建构还是对两岸经济体量和发展阶段的差异方面的考虑均尚有较大的讨论空间。

本课题认为构建两岸经济一体化指标应该包含两岸贸易往来、投资联系、金融合作、要素流动、制度协调等经济活动的各个方面，并且应该注重指标体系的全面性和系统性。同时，基于两岸经济存在的制度性、发展程度差别以及政治上的问题，其经济一体化与国际间的经济一体化含义有巨大差异，很难直接套用区域经济一体化测算方法，需要考虑到两岸特色。

二、海峡两岸经济一体化测度原则

区域经济一体化的测度，一直是经济一体化领域的重要研究课题之一，国内外文献探讨区域经济一体化的测度主要针对以下几个方面：包括贸易一体化、投资一体化、人口流动一体化、金融一体化、制度一体化以及综合一体化的测度等。同时，从测度方法上又可将上述一体化测度归纳为四个方面，包括定量测度、定价测度、制度性测度以及多指标综合测度。其中，Akiko（2011）、Tony Cavoli（2012）、Chen & Woo（2010）等在上述相关领域提出了经济一体化的测算方法并进行了实证研究 [1]。

当前针对海峡两岸经济一体化的量化研究一直是海峡两岸经济一体化研究的短板。现有研究成果中涉及海峡两岸经济一体化指标构建及应用内容的成果数量很少且简单没有形成体系。截至目前仅有李秋正（2010）与孙媛（2014）在此方向进行了研究 [2]。但无论从指标的选取、体系的建构还是对海峡两岸经济体量和发展阶段的差异方面的考虑均尚有较大的讨论空间。

为了使海峡两岸经济一体化的测度尽可能科学和贴近实际，具有两岸特色的经济一体化指标体系构建思路应遵循以下四个基本原则：

（一）指标体系的综合性

指标体系应包含两岸贸易往来、投资联系、金融合作、要素流动、制度协调等经济活动的各个方面，以便系统、全面了解海峡两岸经济一体化全貌。

（二）测度方法的科学性

根据指标特性分别选择定量测度、价格测度、制度测度等方法进行测算，上述三种测度方法是基于贸易理论、一价定律、一体化理论等较成熟的经济理论，为指标测算方法的科学性提供了支撑。

（三）充分考虑测度对象的差异性

这里指的是部分单一指标需要结合两岸特性进行修正，一方面，指标设定方法需考虑海峡两岸经济体量的差异性，同时，尚需添加用来考察不同发展阶段的指标，以避免由于海峡两岸经济体量与发展程度差异所导致的一体化指标偏差。

（四）测度结果要有可比性

上述单一指标测算方法、权重原则皆需具有可复制性，即可沿用该方法对

_____

① Akiko Terada-Hagiwara. Asian holding of US Treasury securities: Trade integration as a threshold[J] *Japanese Int. Economies* 25 (2011),pp.321–335.

Tony Cavoli. Exploring dimensions of regional economic integration in East Asia: More than the sum of its parts? [J] *Journal of Asian Economics* 23 (2012), pp.643–653.

Bo Chen,Yuen Pau Woo.Measuring Economic Integration in the Asia-Pacic Region A Principal Components Approach[J].*Asian Economic Papers*, 2010,pp.121-143.

② 李秋正 . 两岸经济一体化进程测度与经济效应研究 [D]. 天津：南开大学，2010.

孙媛 . 海峡两岸经济一体化量化指标体系的构建与测度 [D]. 天津：南开大学，2014.

欧盟、北美自由贸易区、东亚等区域的情况进行多层次、多维度的横向对比，以期能够准确定位海峡两岸经济一体化进程，探求两岸一体化的自身发展规律。

三、海峡两岸经济一体化测算方法

基于以上所述原则与测度方法，本课题选择涵盖贸易、投资、金融、人口流动、宏观经济联动性、经济发展差异性、制度这七个方面的多指标综合测度方法，对海峡两岸经济一体化进行测度。在具体指标的选取上，将兼顾通用性与两岸特性，各类指标测算方法最终确定如下：

1.贸易一体化指标及测算方法。针对两岸区域经济一体化，本课题采用贸易份额指标。由于两岸存在巨大的体量差异和经济发展阶段差距，传统的区域贸易份额指标会过于偏重大陆，进行截面比较也会出现偏误，因此本课题对传统的区域内贸易份额指标进行修正。借鉴 Arribas 等（2009）和 Arribas 等（2014）用经济规模进行加权的方法，同时考虑两岸经济特色，本课题采用等权重加权[①]。

指标 1（TRADE）：$T = \sum_{i}^{N} \alpha_i TS_i$ ··（3.1）

其中，$TS_i = \sum_{j \neq i}(X_{ij} + M_{ij})/(X_{iw} + M_{iw})$是传统的区域内贸易份额指标，即经济体 i 与区域内其他经济体的贸易总额占经济体 i 与全球贸易总额的比重，该值越大意味着区域内贸易联系越强，贸易一体化水平越高。$X_{ij}, M_{ij}, X_{iw}, M_{iw}$分别表示经济体 i 对经济体 j 的出口额、经济体 i 自经济体 j 的进口额、经济体 i 对全球的出口额、经济体 i 自全球的进口额。N 为区域内经济体个数。α_i是经济体 i 的权重，等权重下$\alpha_i = 1/N$。

2.投资一体化指标及测算方法。基本思路与贸易一体化指标相同，亦选择 FDI 份额指标，运用等权重进行加权，以对传统的投资份额指标进行修正。

指标 2（INVEST）：$FI = \sum \alpha_i FS_{ij}$ ·······································（3.2）

其中，$FS_i = \sum_{j \neq i}(IN_{ij} + OUT_{ij})/(IN_{iw} + OUT_{iw})$是传统的区域内 FDI 份额指

---

① 基于 GDP 和人口尝试用经济规模加权，但两岸巨大的体量差距，导致大陆的权重过高，贸易一体化指标过度依靠大陆方面。相比于过度依靠大陆，将两岸同等对待能更好地捕获两岸经济一体化进程，因此最终选取等权重加权。

标，即经济体 i 与区域内其他经济体的直接投资总额占经济体 i 与全球直接投资总额的比重，该值越大意味着区域内投资联系越强，投资一体化水平越高。$IN_{ij},OUT_{ij},IN_{iw},OUT_{iw}$ 分别表示经济体 i 来自经济体 j 的直接投资额、经济体 i 流出到经济体 j 的直接投资额、经济体 i 来自全球的直接投资额、经济体 i 流出到全球的直接投资额。N 为区域内经济体个数。α_i 是经济体 i 的权重 $1/N$。

3. 人口一体化指标及测算方法。依据两岸特征与数据可获性，本课题选取两岸跨境游客份额作为测算两岸人口一体化的基础指标，同理，运用等权重进行加权，对传统的人口流动份额指标进行修正。

指标 3（POPULATION）：$PI = \sum \alpha_i PS_{ij}$ ··(3.3)

其中，$PS_i = \sum_{j \neq i} IPOP_{ij} / IPOP_{iw}$ 是传统的区域内人口流动份额指标，即经济体 i 来自区域内其他经济体的入境游客占经济体 i 来自全球的入境游客的比重，该值越大意味着区域内人口流动一体化水平越高。$IPOP_{ij},IPOP_{iw}$ 分别表示经济体 i 来自经济体 j 的入境游客、经济体 i 来自全球的入境游客。N 为区域内经济体个数。α_i 是经济体 i 的权重 $1/N$。

4. 金融一体化指标及测算方法。对金融市场一体化的测度主要有两类方法：一是测度不同经济体的类似金融资产的价格趋同程度，二是测度跨境金融资产交易量或持有量的份额指标。由于两岸缺乏跨境金融资产交易量的相关数据，我们难以用份额指标测度其金融一体化水平。鉴于数据可得性和指标的代表性，本课题选择用利率、股指两大价格指标计算偏离度指标。

指标 4（*INTEREST*）：利率偏离度指标。这里用银行对私人部门的短中期贷款利率来计算偏离度指标，这种利率不仅能反映货币市场状况，更重要的是能反映居民现实生活中的资金供求状况。

指标 5（*STOCKINDEX*）：股指偏离度指标。作为金融体系中的重要部分，股市一体化在金融一体化中占有重要地位。这里，我们基于股价指数年度变化率来测度两岸股市发展状况的差异。

指标 6（STOCKSTRADED）：股票交易规模偏离度指标。我们基于股票交易规模占 GDP 的比重计算两岸偏离度指标，借此反映两岸金融市场发展水平的差异。

在此基础上，借鉴 Chen&Woo（2010）的方法对偏离指标进行归零化处理，确保该指标与其他一体化指标相统一。处理公式如下：

$$Indicator_{it} = 100 * (1 - \frac{ABS.Dev._t}{ABS.Dev._{i0}}) \quad\cdots\cdots\cdots\cdots\cdots\cdots\cdots\cdots\cdots\cdots (3.4)$$

其中，$ABS.Dev._{it}$ 为两岸股价指数或利率第 t 年的绝对平均离差，本课题选取 1998 年作为基期，记作 $ABS.Dev._{i0}$。对于任意 t 期偏离指标 $ABS.Dev._{it}$，带入公式（3.4）中，得到 t 期转换后的一体化指标 $Indicator_{it}$。这样，$Indicator_{it}$ 越大，反映了两岸的利率或股指差异性越小，从而两岸金融一体化水平越高。

5、宏观经济联动性指标及测算方法。本课题用 GDP 增长率相关性、CPI 相关性、失业率相关性和消费占比相关性指标作为宏观经济联动性测度指标。

指标 7（GDPR）：经济增长相关性。主要计算两岸经济增长率的相关系数，计算方法如下：对大陆、台湾地区实际 GDP 增长率序列用 H-P 滤波得到波动项，用 4 年数据滚动数值求得两岸经济增长相关系数。

指标 8（CPIR）：CPI 相关性。主要计算两岸 CPI 的相关系数，计算方法同上。

指标 9（UER）：失业率相关性。主要计算失业率的相关系数，计算方法同上。

指标 10（CON）：消费占比相关性。主要计算最终消费支出占 GDP 比重的相关系数，计算方法同上。

6.经济发展指标及测算方法。本课题选择非农部门占 GDP 比重、教育支出占 GDP 比重这两个单一指标的绝对离差作为经济发展指标。经济发展层面的差异越大，表明两岸之间的一体化程度越低；反之，差距越小或减弱，代表一体化程度在增强。根据这一指标特性，选择偏离指标（divergence indicator），即两岸数值的绝对值的离差来衡量两岸经济发展的偏离度。

指标 11（IND）：工业化水平的偏离程度。非农部门比重能够在一定程度上反映经济体的工业化程度，因为大多数工业或商业活动在城市中进行。比重越高，代表工业化水平越高；反之则相反。两岸非农部门占 GDP 比重的偏离则反映着两岸工业化水平的差异。

指标 12（EDU）：教育支出偏离程度。在经济增长理论与实践中，人力资本一直占据着重要的地位，因为人力资本被认为是长期可持续发展的关键因素。人力资本的投资一般用教育支出来衡量，两岸教育支出的偏离程度则估算了两岸人力资本的差距。

以上两个指标，同样借鉴 Chen&Woo（2010）的方法对偏离指标进行归零化处理，处理公式如上述（3.4）式。这样得到的偏离度指标 $Indicator_{it}$ 越大，两岸发展差异性越小，一体化水平越高。

7. 制度测度指标及测算方法。制度层面的一体化，主要表现为由政府所推行的关税削减。本课题借鉴 Harald Badinger（2005）提出的用关税降低来测度制度一体化的指标方法。Harald Badinger（2005）基于关税和交易成本计算贸易保护度指标 PROT，再将 PROT 转化为制度一体化指标 INT。但 INT 指标无法反映经济一体化的绝对水平，只能反映相对水平，因此本课题直接采用贸易保护度指标 $PROT$ 来测度两岸制度一体化水平。测算经济体之间贸易保护度 $PROT$ 的公式如下：

指标 13($PROT$)：$PROT = \sum \alpha_i PROT_i$ ································ （3.5）

其中，N 为区域内经济体个数，$PROT_i = T_i = \sum_{j=1, j \neq i}^{N} w_{ij} t_{ij}$，$t_j$ 代表经济体 i 对经济体 j 的关税水平，w_{ij} 表示经济体 i 对经济体 j 的进出口贸易额占经济体 i 对整个区域内进出口贸易总额的比重。$\alpha_i = TRADE_i / \sum_{j=1}^{N} TRADE_j$ 为经济体 i 的权重，即经济体 i 进出口贸易额占整个区域进出口贸易总额的比重。

8. 在以上测算的基础上，本课题借鉴 Tony Cavoli（2012）和 Chen & Woo (2010) 的权重选择方式，运用多阶段主成分分析方法（Principal Components Analysis，PCA）将单一指标整合成两岸经济一体化综合指标。

第三节　海峡两岸经济一体化水平的测度

一、海峡两岸经济一体化测算结果

如上所述，基于数据可得性，本课题选取 7 大类 13 个单一指标：修正的贸易份额指标、修正的投资份额指标、修正的人口流动份额指标、制度一体化指标、利率偏离度指标、股指偏离度指标、股票交易规模偏离度指标、失业率相关性指标、CPI 相关性指标、经济增长相关性指标、消费占比相关性指标、教育支出占比偏离度指标、非农部门占比偏离度指标。这些数据来自多个统计网站，具体时间区间为 1995—2015 年，缺失数据用均值插补和外推技术（ARIMA

模型预测）来补充。由于测算的领域和区域多，每个区域又涉及若干个国家或地区，计算过程工作量和数据极大。这里我们略去计算过程，仅给出两岸经济一体化各领域的测算结果，如图 3.2 所示。

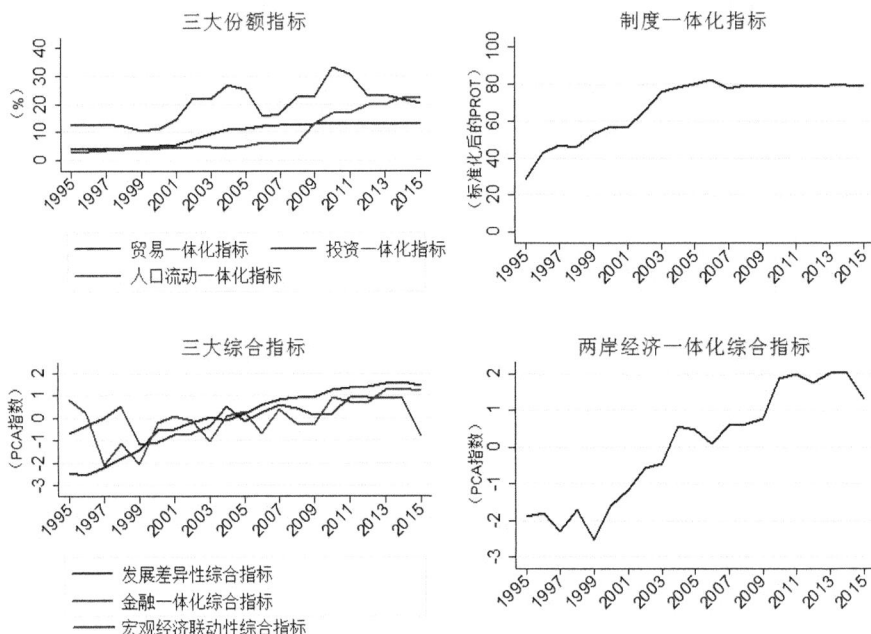

图 3.2　两岸经济一体化测算结果

注：用 STATA12.0 绘图得到。其中，贸易一体化指标、投资一体化指标、人口流动一体化指标为百分比形式；制度一体化指标是标准化后的 PROT[1]，取值范围为 0—100；金融一体化综合指标、发展差异性综合指标、宏观经济联动性综合指标为用其各自的单一指标进行主成分分析得到的综合指数；两岸经济一体化综合指标为用七大方面的指标进行两阶段主成分分析得到的综合指数。

二、海峡两岸经济一体化测算结果分析

第一，1995 年至 2015 年间两岸贸易一体化指标呈持续上升态势，由 4% 上升到近 13%。具体来看，以 2001 年为转折点，此前两岸贸易一体化水平缓慢上

---

① PROT 指标越小说明制度一体化水平越高。由于其他指标均是越大反映经济一体化水平越高，故这里将 PORT 标准化，即制度一体化指标 =（1−PROT/20）*100，其取值在 0—100 之间，越大说明制度一体化水平越高。

升；受 2001 年两岸同时加入 WTO 影响，2001 年后的几年内两岸贸易一体化水平加速推进，年均增长率由 1995—2001 年间的 5.45% 上升至 2001—2007 年间的 14.81%；2008—2015 年间，纵然两岸货物贸易总额仍保持强劲增长，但两岸贸易一体化指标却呈平稳演进的态势，原因包括大陆贸易伙伴的日益多元化使大陆对台湾地区贸易额占大陆贸易总额的比重加速下降，伴随大陆经济进入新常态出现的大陆市场需求下滑对台湾地区出口贸易的不利影响，2014 年台湾地区爆发反服贸抗争对两岸贸易的冲击，自 2008 年开始的全球金融危机也带来一定的影响。

第二，1995 年至 2015 年间两岸投资一体化指标表现出波动上升趋势。虽然 21 年间大陆与台湾地区之间的 FDI 流量占台湾地区 FDI 流入流出总量的份额呈下滑趋势，由 1995 年的 8.4% 下降到 2015 年的 0.58%，但台湾地区与大陆之间的 FDI 流量占台湾地区 FDI 流入流出总量的份额由 1995 年的 16.9% 上升到 2015 年的 40.1%，最终引起两岸投资一体化指标从 1995 年的 12.8% 上升到 2015 年的 20.3%。由图 3.2 所示，2001 年两岸投资一体化指标出现加速攀升态势，这显然可归功于两岸同时加入 WTO 的推动作用。还可以明显看出 2010 年 ECFA 协议签署后两岸投资一体化指标有一个明显的突起，但之后的几年投资一体化指标呈下滑态势，原因在于全球经济复苏乏力情况下台湾地区在吸引台商返台投资，同时大陆经济增速放缓情况下大陆市场对台资的吸引力减弱；另一方面，由于台湾地区对陆资的各种限制及受岛内政局变动的不利影响，大陆赴台投资额增长有限，2014 年、2015 年均在逐年递减。由此也反映出 ECFA 协议的签署短期内对两岸投资一体化影响有限，其效应小于两岸加入 WTO。

第三，1995 年至 2015 年间两岸人口一体化指标呈现两阶段特征。2008 年前基本保持平稳上升趋势，2015 年间两岸人口流动一体化指标由 2.56% 上升到 5.96%；2008 年两岸直航开启，开放大陆观光客赴台，陆客占台湾地区入境游客的份额由 2008 年的 8.6% 跃升到 2009 年的 22.1%，到 2015 年已经超过40%。同时台客占大陆入境游客的份额也逐渐上升，近几年一直徘徊在 4% 左右。由此引发两岸人口流动份额指标自 2008 年开始迅猛上升，并在 2015 年达到 22.2%。

第四，过去 20 年间两岸贸易、投资等经贸往来带来的资金流动使得两岸功能性金融一体化水平不断提升。本课题对两岸贷款利率、股票交易规模占比、股指变化率三大偏离度指标进行主成分分析（PCA），计算得到两岸金融一体化综合指数，如图 3.2 所示。1995—2015 年，两岸金融一体化综合指数呈现明显的上升趋势，说明 21 年来两岸金融一体化水平在逐渐提高。同时，2010 年后该综合指数出现了在高位持续的现象，且波动性减弱，这在一定程度上反映了ECAF 协议的签署对两岸金融一体化水平的提高和两岸金融市场的稳定起到了正面效应。

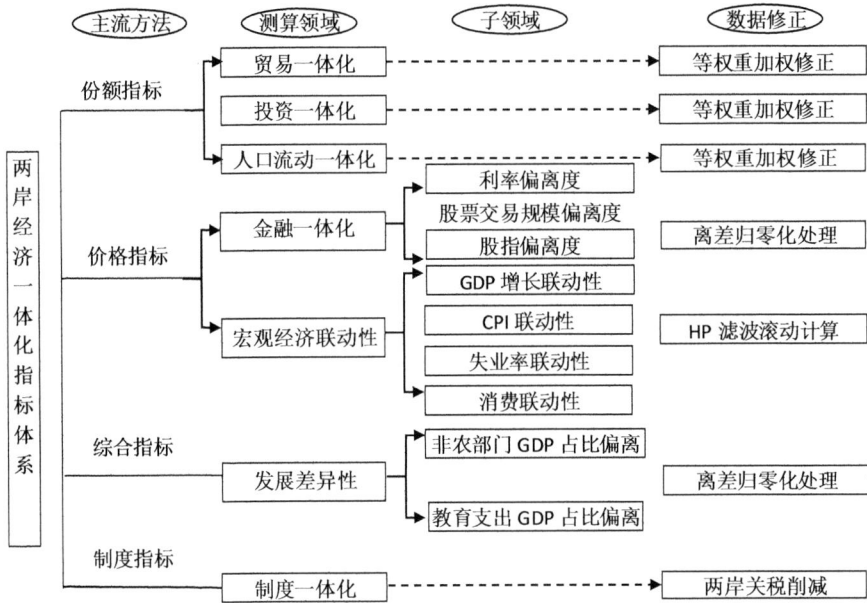

图 3.1　海峡两岸经济一体化的指标体系构建与方法

资料来源：课题组绘制

　　第五，我们对两岸宏观经济联动性四大相关系数进行主成分分析（PCA），得到两岸宏观经济联动性综合指标，该指标呈波动增强态势，如图 3.2 所示。同时，如表 3.1 所示，两个时期两岸 CPI 相关性指标始终在高位徘徊，而其他所有指标在后一时期的均值均显著高于前一时期，这也印证了过去十几年间两岸宏观经济联动性在不断增强。这一指标反映出随着大陆经济的成长以及全球化的不断深入，两岸在宏观经济层面的变动愈发趋同，这一方面可能来自彼此经济往来的不断活跃；另一方面则表明受全球化影响，当受到外界冲击时，两岸在宏观层面的反应趋于一致。此外，2010 年后两岸宏观经济联动性指标在高位徘徊，反映出 ECFA 的签署进一步密切了两岸宏观层面的联动。而 2015 年综合指标的骤然下降，主要由两岸失业率、消费占比两大指标的相关性变为负向关系导致，部分可归因于两岸经济竞合性增强所带来的就业、收入等方面的此消彼长，如大陆"红色供应链"短期内对台湾地区经济的冲击，大陆劳动力、土地等成本的上升以及新常态下政策法规的调整对台企带来的挑战。

第六，由于两岸分别属于发达经济体与发展中经济体，对于不同发展阶段的经济体，发展差异性的测度应该作为衡量经济一体化的一个侧面 (Chen & Woo, 2010)。本课题用非农部门占比偏离度、教育支出 GDP 占比偏离度这两个指标来测度区域内不同经济体之间的发展差异性。由图 3.2 可见，两岸发展差异性综合指标呈平稳上升态势，表明两岸在发展层面的差异性正逐步缩小，一体化程度逐年提升；另，由表 3.1 可见，相比于 1998—2004 年，2005—2011 年间两岸的两大发展差异性指标均值显著提升，表明近十几年来两岸经济发展之间的差距显著缩小，说用发展差异性指标测度的两岸经济一体化水平有所提高。以发展差异性指标度量的一体化程度逐渐上升，意味着两岸在发展层面，特别是经济结构、教育水平等方面，差异性越来越小；而这种差异的减小，在另一个层面表明，两岸发展的互补性逐渐减低，取而代之的是经济结构、教育等多个发展层面的趋同化，竞合关系日益显现。

第七，经测算发现，1995—2015 年两岸制度一体化指标呈明显的上升趋势，说明 21 年间用关税测度的两岸经济一体化水平有着较大进展[1]。值得注意的是，2001 年后两岸制度一体化指标开始加速上升，这是由两岸同时加入 WTO 所引致，这说明全球经济的一体化同样能推动两岸经济一体化的进展。

第八，为了进一步综合评定两岸经济一体化的发展水平与走势，我们借助两阶段的主成分分析方法，构建并测算涵盖贸易、投资、人口流动、宏观经济、发展差异、金融、制度等七大方面两岸经济一体化的综合指标。我们发现：① 1995—2015 年间，该指数明显向上倾斜，说明两岸经济一体化水平显著提高；② 1997 年、2003 年、2008 年后两岸经济一体化综合指标均表现出快速上升的特点，而与这三个时间点相连的是 1997 年亚洲金融危机、2001 年两岸加入 WTO 和 2008 年国际金融危机。这表明危机和机遇均可成为强化两岸经济一体化的契机。③ 2010 年后两岸一体化综合指标迅速上升，且波动性降低，同期却并没有发生经济或金融危机，说明 ECFA 协议的确对近几年的两岸经济一体化有较大的正面效应。此外，2015 年两岸一体化综合指标明显下降了，反映出

---

[1]　2013 年和 2014 年两岸进口关税为时间序列预测值，鉴于 2007 年至 2010 年两岸制度一体化指标的变动趋势，本课题认为这种预测值在衡量两岸制度一体化方面并没有产生大的偏误。

在大陆经济新常态、国际经济复苏乏力、两岸经济竞合性增强等新形势下，两岸经济一体化上升势头减弱，正在进入调整期。

三、海峡两岸经济一体化进展评估

借助两阶段的主成分分析方法，构建并测算涵盖贸易、投资、人口流动、宏观经济、发展差异、金融、制度等七大方面海峡两岸经济一体化的综合指标。结果表明，1995 年以来，海峡两岸经济一体化呈现出较为明显的阶段性：

第一，1995—2014 年间，该指数明显向上倾斜，说明海峡两岸经济一体化水平显著提高。

第二，1997 年、2003 年、2008 年后海峡两岸经济一体化综合指标均表现出快速上升的特点，而与这三个时间点相连的是 1997 年亚洲金融危机、2001 年两岸加入 WTO 和 2008 年国际金融危机。这表明危机和机遇均可成为强化海峡两岸经济一体化的契机。

第三，2010 年后两岸一体化综合指标迅速上升，且波动性降低，同期却并没有发生经济或金融危机，说明 ECFA 协议的确对近几年的海峡两岸经济一体化有较大的正面效应。

第四节　海峡两岸经济一体化比较

一、海峡两岸经济一体化国际比较

1. 为从全球视角评估两岸经济一体化的水平与走势，本课题还选取了欧盟、北美自由贸易区、东亚、内地与香港作为参考系，试图站在国际比较的视角，进一步衡量两岸经济一体化。相关结果见表 3.1 与图 3.3。其中，表 3.1 给出了全球五个区域分别在 1998—2004 年、2005—2011 年间相应一体化指标的均值，以及 1998—2011 年间相应一体化指标的变异系数①。

---

① 单个指标的计算平均要用到四个原始数据序列，由 12 个单一指标最终得到两岸经济一体化综合指标，我们大概处理了五六十次的原始数据序列；加上其他四个区域，本课题的计算量相当庞大。

表 3.1　两岸经济一体化测算结果的国际比较

指标		时期	两岸	欧盟	内地和香港	NAFTA	东亚
贸易一体化		1998—2004	6.73	68.21	25.83	62.23	42.68
		2005—2011	12.48	65.48	27.79	54.75	47.32
		变异系数	0.361	0.029	0.042	0.072	0.070
投资一体化		1998—2004	17.00	68.58	32.54	35.28	NA
		2005—2011	23.69	73.13	41.72	29.06	NA
		变异系数	0.353	0.041	0.178	0.126	NA
人口流动一体化		1998—2004	4.16	72.95	51.13	80.30	NA
		2005—2011	9.81	72.31	59.02	78.77	NA
		变异系数	0.667	0.015	0.110	0.018	NA
金融一体化	利率偏离度	1998—2004	−29.54	40.64	40.70	54.47	21.66
		2005—2011	−69.79	80.81	58.89	84.70	56.34
		变异系数	1.043	0.475	0.836	0.413	0.542
	股票交易规模偏离度	1998—2004	26.61	−68.99	−22.16	−50.70	13.80
		2005—2011	66.24	−94.16	−312.50	−85.95	−35.2
		变异系数	0.554	−0.74	−1.29	−0.966	−4.374
	股指偏离度	1998—2004	2.99	38.58	44.31	39.11	47.53
		2005—2011	12.67	58.10	60.52	59.68	63.48
		变异系数	8.467	0.590	0.935	0.546	0.443

指标		时期	两岸	欧盟	内地和香港	NAFTA	东亚
宏观经济联动性	GDP 增长联动性	1998—2004	0.30	0.52	0.44	0.58	0.37
		2005—2011	0.52	0.76	0.42	0.83	0.49
		变异系数	1.051	0.334	1.143	0.515	0.487
	CPI 联动性	1998—2004	0.85	0.31	0.61	0.13	0.62
		2005—2011	0.71	0.40	0.51	−0.03	0.45
		变异系数	0.273	0.918	0.991	3.631	0.620
	失业率联动性	1998—2004	0.66	0.35	0.03	0.87	0.12
		2005—2011	0.78	0.48	0.70	0.83	0.68
		变异系数	0.432	0.603	1.736	0.230	0.822
	消费联动性	1998—2004	−0.2	0.37	−0.24	0.24	NA
		2005—2011	0.54	0.81	0.42	0.72	NA
		变异系数	3.787	0.467	6.169	1.027	NA
发展差异性	非农部门占比偏离度指标	1998—2004	15.66	20.92	15.69	11.12	15.63
		2005—2011	39.94	50.61	38.69	12.79	39.54
		变异系数	0.521	0.490	0.512	0.517	0.556
	教育支出占比偏离度指标	1998—2004	33.48	9.22	−40.71	41.41	3.20
		2005—2011	70.72	25.89	32.81	81.31	4.03
		变异系数	0.495	0.562	−14.991	0.494	3.089
制度一体化[①]		1998—2004	61.65	100	66.06	75.95	NA
		2005—2011	79.60	100	80.37	83.09	NA
		变异系数	0.177	NA	0.132	0.055	NA

注：1998—2004 对应各区域在 1998 年至 2004 年期间相应一体化指标的算术平均值，2005—2011 对应各区域在 2005 年至 2011 年期间相应一体化指标的算术平均值。变异系数对应各区域在 1998 年至 2011 年间相应一体化指标序列的变异系数。NA 表示由于数据缺失等原因，相应指标不可得。

---

① 单个指标的计算平均要用到四个原始数据序列，由 12 个单一指标最终得到两岸经济一体化综合指标，我们大概处理了五六十次的原始数据序列；加上其他四个区域，本课题的计算量相当庞大。

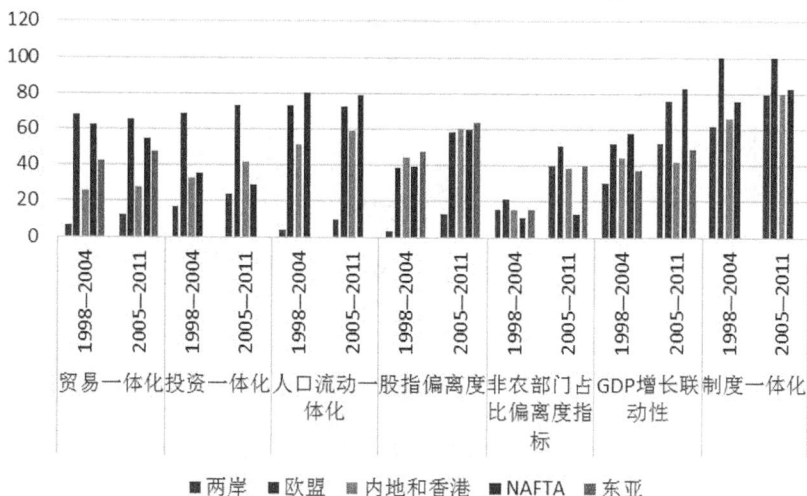

图 3.3 两岸经济一体化测算结果的国际比较 [①]

注：由于用主成分分析得到的综合指标不具有横向可比性，因此选取股指偏离度、非农部门占比偏离度指标分别代替金融一体化、发展差异性指标，以方便进行国际比较。

由表 3.1 和图 3.3 可得出以下结论：①贸易、投资、人口流动、股指偏离度、非农部门占比偏离度等五大方面单一指标测出的两岸经济一体化水平均是五大区域中最低的；②宏观经济联动性和发展差异性处于五大区域中间水平；③ GDP 增长联动性指标反映出前一时期两岸经济一体化水平最低，但后一时期则超过了内地和香港及东亚，仅次于欧盟和 NAFTA；④由变异系数可见，两岸各方面指标相比其他四大区域波动性较大。

2. 为了更直观地判断两岸经济一体化在国际上的相对发展水平，我们用蛛网图进一步将 1998—2004 年和 2005—2011 年两个时间区间内两岸一体化指标的均值与欧盟进行对比（见图 3.4 ）。

---

① GDP 增长联动性指标取值范围为（-1，1）。为便于绘制柱形图，这里将其乘以 100。

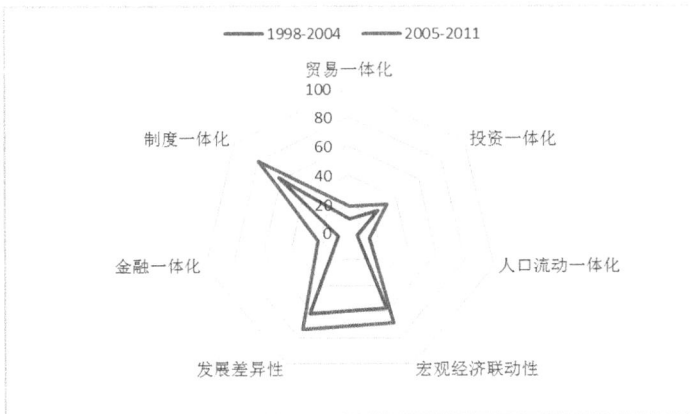

图 3.4　一体化指标蛛网图（两岸指标作为欧盟的百分比）

注：这里我们使用经济增长相关性指标作为宏观经济联动性的代理变量，股指偏离度指标作为金融一体化的代理变量，非农部门占比偏离度指标作为发展差异性的代理变量。

资料来源：课题组计算

二、海峡两岸经济一体化主要特点

首先，两岸经济一体化尚在起步阶段。特别通过与欧盟的比较，无论在贸易一体化、投资一体化、人口流动一体化、金融一体化、宏观经济联动性发展差异性和制度一体化等均有较大的差距，我们判断，两岸过多的非经济因素干扰应是这一差距的主要原因。

其次，近年来两岸经济一体化进展较快。如以欧盟为参照系，将两个时间区间进行对比可以发现，两岸七大方面的指标均有所上升。其原因主要是大陆经济快速进展创造出的商机、两岸经济联系制度的建立、经济全球化和区域经济一体化的推动力。

再次，个别经济一体化指标值较高。两岸宏观经济联动性、发展差异性和制度一体化指标在七大指标中的表现相对而言一体化程度较高。这主要是由于宏观经济联动性指标同时包含了两岸经济一体化和全球经济一体化因素，而发展差异性方面采用的是偏离度指标，实际考察了不同经济体发展水平之间的差距缩小的速度，大陆近一二十年的经济高速发展以及台湾地区经济发展远低于大陆经济的状况导致两岸经济发展差异性迅速缩小，这种缩小速度达到欧盟的

70% 以上，尽管发展差异性指标只是间接反映两岸一体化程度；制度一体化指标是基于两岸相互之间征收的 MFN 加权关税，并未考虑非关税壁垒和其他贸易障碍。

小　结

本章通过研究两岸经济一体化的内涵，测度两岸经济一体化程度，得出了几点值得关注的结论。

（一）研究结论

1. 两岸经济一体化程度有了较大幅度的提升。本课题尝试以定量、科学、综合评价两岸经济一体化演进历程为目标，提出了一套完整的、具有两岸特色且横向可比的两岸经济一体化测算指标体系以及测度方法，运用该方法对近 21 年来两岸经济一体化的水平、演进进行了评价，发现 1995—2015 年间两岸经济一体化综合指标表现出明显的上升趋势，反映出 21 年间两岸经济一体化有了较大进展。

2. 影响两岸经济一体化进展有四大基本力量。通过上述研究，我们认为影响两岸经济一体化程度的主要力量包括：国际经济一体化、两岸制度性合作、以大陆为主导的两岸市场力量的推动和两岸经济实力的此消彼长。简言之，两岸参与国际经济一体化程度高、两岸制度性经济合作广、两岸内外经济政策开放力度大和大陆经济实力增强快，两岸经济一体化的进展就快，程度就高。

3. 两岸经济一体化尚待补齐的短板。通过比较研究我们发现，尽管近年来两岸经济一体化程度不断提升，但数据也告诉我们，两岸的经济一体化水平与欧盟、NAFTA 等区域相比仍存在巨大差距。从单个指标来看，两岸发展差异指标、宏观经济联动性指标和制度一体化指标水平较高，而两岸贸易、投资、金融、人口流动一体化指标水平仍较低，有待进一步提升。

4. 面对内、外冲击，两岸的经济反应趋于一致。本课题计算了两岸 1995—2015 年间 CPI 指数、实际 GDP 增长率、失业率和最终消费支出占 GDP 比重的相关系数，结论有两点值得注意，其一，数据显示随着大陆经济的成长以及全球化的不断深入，两岸的经济结构趋于收敛，且往日的互补关系逐渐走向竞合关系；其二，这样的改变使得面对内、外冲击，两岸的经济反应趋于一致，进而促使两岸宏观经济联动性不断增强，在经济上形成命运共同体。

5. 近几年两岸经济一体化进展减速，两岸经济合作正在进入调整期。具体来看，2008 年后两岸贸易一体化进入平稳演变阶段；2010 年后两岸投资一体化呈现下滑态势；人口一体化虽然自 2008 年后一直呈上升态势，但近两年的增速也在放缓；金融一体化指标自 2013 年始就保持在平稳状态，且在 2015 年表现出下降趋势；两岸宏观经济联动性指标的表现与金融类似，2010 年后保持在高位，但 2015 年骤然下滑；发展差异性指标一直保持上升态势，但 2015 年也是下降。由此造成两岸经济一体化综合指标表现出"2010 年后保持在高位徘徊、2015 年出现下降"的特点。

（二）政策启示

根据上述结论，我们有以下几点政策思考。

第一，转变思路应对两岸经济合作的转型升级。两岸发展差异度降低、经济协同性提升、经济结构收敛，意味着两岸经济关系的互补性逐渐让位于竞合性。以此为前提，需要转变两岸经济合作思路、创新合作方式，加强两岸经济合作的政策协调。

第二，推动两岸暨港澳以单一形式共同参与国际经济合作。两岸共同加入国际经济组织对两岸经济一体化有正向作用，我们可在处理台湾地区参与"国际经济空间"既有模式的基础上，探索设立实质性的两岸暨港澳共同市场，推动以某种两岸暨港澳共同组成的单一实体形式参与国际经济合作。

第三，通过顶层设计强化两岸经济联系，补齐短板。建议将两岸经济合作工作纳入经济发展大框架中进行考量，吸引台资参与长期性、战略性建设，推进两岸核心经济群如基础设施、能源、金融、交通、电信、基础研究和应用研究等方面的合作，瞄准两岸经济合作的"增量"和"未来"，辅助有发展前景的两岸企业尤其是中小企业的合作，打造自下而上的、引领未来的两岸经济合作新形式。

第四章　海峡两岸经济一体化动力机制与运行模式

　　海峡两岸经济一体化是一种特殊类型的经济一体化，但其经济一体化的内容与形式却与国际区域经济一体化较为接近，其动力机制更多沿袭国际区域经济一体化动力机制发展中的一般规律，即市场起着主导作用、制度起着保障作用，体现市场与制度的互动。正因为如此，海峡两岸经济一体化动力机制也同时带有符合两岸特色，突破传统模式的非典型性。本章以经济一体化动力机制的内涵、理论、模式为基础，展开对海峡两岸经济一体化动力机制的探讨，包括动力机制的演进历程、两岸特色以及效应与局限，并对新时期海峡两岸经济一体化动力机制的发展做出短期、中期、长期的预判。

第一节　经济一体化动力机制的内涵与理论基础

一、经济一体化动力机制的内涵

　　机制一词最早应用于物理界，是指机器制动的原理及机器内部各机件互为因果或相互作用的关系，并通过机器的运转实现一定的功能[①]。后来它被广泛引用到生物、医学等自然科学以及管理学、经济学等社会科学中。从抽象概念分析，机制就是要素之间的作用关系和运行功能。动力机制是对机制的细化，指动力因素及其相关因素间为了推动某一目标的实现而相互作用时所形成的作用关系和运行功能。

　　经济一体化的动力机制又是对动力机制的具体化，主要研究经济一体化的动力因素及其相关因素为了促进经济一体化发展而相互作用时所形成的作用关系和运行功能。因此，经济一体化动力机制并不仅仅是对动力因素的静态整合，

---

① 孙中一. 企业战略运行机制——机制论 [M]. 天津人民出版社，2001.

而是一个处于不断地运行与演进中的动态系统，通过自身与外界以及内部各环节之间的相互作用将动力因素最终转换为推动经济一体化发展的正能量。

纵观国际区域经济一体化的实践历程，不同经济体参与的经济一体化出于不同的发展目标，动力机制也不相同；相同经济体参与的经济一体化处于不同的发展阶段和世界环境中，动力机制也是不断变化的。

动力因素一般分为内在动力和外在动力。内在动力，即内因，指事物内部相互作用推动自身发展的力量；外在动力，即外因，指事物之外推动其发展的力量。就经济一体化而言，市场的自发力量是推动其发展的内在动力，市场以外的其他力量则属于外在动力。根据现有的研究成果，内在动力通常指经济利益，外在动力则包含政府政策、国际局势、科技创新、文化融合度等诸多方面，并且随着研究的深入而向更多领域扩展。

出于以下两方面的考虑，我们对经济一体化动力因素一般理论的梳理仅以内在动力为研究对象。一方面，经济一体化的外在动力涉及领域众多，难以全面覆盖，且不同外因对于不同经济一体化过程的作用程度不一，分析过程中不易客观衡量；另一方面，尽管内外动力各司其职，难分主次，但内在动力因素是外在动力因素发挥作用的桥梁和载体，直接决定着经济一体化的发展趋向。

二、经济一体化动力机制理论

（一）比较优势论

18 世纪的古典经济学时期，商品经济尚不发达，国与国之间的交往以有限的国际贸易为主。部分古典经济学家们意识到了重商主义所提倡的垄断和限制政策对一国国际贸易乃至经济增长的不利影响，转而开始积极倡导自由贸易，其中，绝对优势论是自由贸易理论的开端，而修正了绝对优势论重要理论缺陷的相对优势论成为这一时期自由贸易理论的主导。这些最初的自由贸易理论揭示了推动经济一体化最重要的形式——贸易一体化的第一股动力。

绝对优势论是 18 世纪中期由亚当·斯密基于经济自由主义的思想提出，他认为，只有充分的自由贸易才能使资本投到最有利的地方和最有利的部门，才能使各国都充分利用本国的土地、气候、资源等最有利的条件，生产与别国相比成本最低、生产力最高的产品，形成一个合理的国际地域分工，然后通过国际贸易互通有无，使得各国都能发挥出最大生产力的同时得到更加丰富的产品。而参与国际贸易并在其中获利的前提是，一国必须在某些产品的生产技术上占上风，拥有绝对成本优势，即以劳动作为唯一生产要素衡量，某商品的绝对生产成本应低于贸易对手同类商品的绝对生产成本[①]。

古典经济学家大卫·李嘉图于19世纪初发展了斯密的绝对优势论，提出比较优势论，为自由贸易的动因提供了新的理论解释。比较优势论的核心思想是：一国在某项商品的生产上只要相对其贸易国具有比较优势，即以本国其他商品衡量的机会成本小于相同衡量条件下其贸易国的机会成本，该国就能够在国际贸易中获利[②]。李嘉图的比较优势论证明了成本条件的相对差异可以成为自由贸易获利的基础，在推动贸易一体化发展上较斯密的学说有了更广泛的适用性。

（二）要素禀赋论

以绝对优势论和比较优势论为代表的古典贸易理论将劳动视为生产函数中唯一的生产要素，从生产技术差异的角度来解释自由贸易的动因。然而，随着认识的不断深入，经济学家们意识到，除了劳动以外，资本也是重要的生产要素之一；另一方面，将资本与劳动一同列入生产要素行列后，各国要素禀赋的差异性特征对国际贸易的推动作用不容忽视。

最早提出该理论的人是瑞典经济学家赫克歇尔和俄林，后经萨缪尔森等的不断完善而发展成熟。所谓要素禀赋是指一国所拥有的劳动和资本两种生产要素的相对比例。要素禀赋理论利用一个2×2×2（两个国家、两种产品、两种生产要素）模型发现，其他条件相同，要素禀赋不同的国家由于供给能力的差异引起商品相对价格的不同，根据比较优势原则，一国可以通过出口密集使用其丰富要素的产品，进口密集使用其稀缺要素的产品来获取贸易利益和增加社会福利[③]。由此可见，要素禀赋理论从要素禀赋差异的角度探讨了国际贸易的动因，将各国要素禀赋差异视为推动国际贸易发展的主要动力之一。

此后，经济学家研究发现，土地、技术、管理、自然资源等均属于生产要素的范畴，由此，传统的劳动、资本两要素禀赋理论的适用性开始向更广泛的生产要素领域扩展。

（三）规模经济论

随着对要素禀赋论进行的实证工作的深入，要素禀赋论理论的一些问题逐

---

① 亚当·斯密. 国民财富的性质和原因的研究（下卷）[M]. 郭大力等译，北京：商务印书馆，1972.

② 大卫·李嘉图. 政治经济学及赋税原理 [M]. 郭大力等译，北京：商务印书馆，1962.

③ 李坤望. 国际经济学（第二版）[M]. 北京：高等教育出版社，2000.

渐暴露出来，特别是对里昂惕夫之谜 [1]（Leontief Paradox）的无力解释。此外，实践的发展也出现了许多包括古典贸易理论和要素禀赋理论都无法阐明的新现象。大量发生在技术、资源和偏好相似国家的产业内贸易对建立在相对价格差异基础上，强调技术、资源及偏好差异，专注产业间贸易的理论提出了挑战。

为了解决上述问题，20 世纪 70 年代，保罗·克鲁格曼提出了"新贸易理论"，从规模经济的角度说明国际贸易的动因和利益来源。规模经济指的是，在产出的某一范围内，平均成本随着产出的增加而递减。通常表现为厂商的平均成本随其自身生产规模扩大而下降的内部规模经济以及平均成本与单个厂商生产规模无关、与整个行业规模有关的外部规模经济。克鲁格曼的规模经济论突破了先前理论对完全竞争市场的假设，在不完全竞争的前提下利用一个 2×2（两个国家、两种产品）模型探究了国际贸易的动因。研究认为，无论国家间是否存在相对价格差别，规模经济的存在都会引导各国厂商专门生产部分产品，而不再生产所有产品，这样便可以获得来自规模经济的好处，而消费者所需的产品，则部分来自国内，部分以进口的方式来自国外。对于产业间贸易和产业内贸易并存的事实，规模经济论认为，产业间贸易的发生取决于要素禀赋的差异，而产业内贸易的发生则与垄断竞争条件下，贸易双方相同部门的差异性产品存在规模经济有关。

（四）交易成本论

随着经济社会的发展，国际经济交往的形式开始变得多元化，特别是跨国公司对外直接投资的兴起和繁盛，使得经济一体化的内容由原来单一的贸易一体化扩展为包含贸易、投资甚至辅助性产业等的综合性经济一体化。因此，投资一体化的动力因素也是经济一体化动力机制研究必不可少的组成部分。上述三种理论都是不同时期对贸易一体化动因的探讨与完善。在跨国公司对外直接投资动因的研究中，不乏科学、严谨的理论经典，其中，建立在交易成本基础上的内部化理论比较具有一般性，能够解释大部分对外直接投资的动因。

交易成本由新制度主义经济学派的代表人物科斯于 1937 年提出。交易成本就是为了完成交易活动所必须付出的代价或成本，主要包括搜寻或得到信息的成本、协商谈判的成本、签订契约的成本、检查和监督交易过程或索赔的成本

---

① 里昂惕夫之谜是美国经济学家里昂惕夫运用美国投入产出数据对要素禀赋论进行实证检验时发现的，按照要素禀赋论，美国属于资本丰富的国家，应出口资本密集型商品，进口劳动密集型商品，但是，实证结果却与理论相矛盾。

等[①]。新制度主义经济学派认为，交易成本构成了人类经济活动的主要部分，往往比生产活动的成本更重要。科斯认为，企业通过对市场交易的"内部化"可以节省交易成本，即，交易成本的节约是企业生产、存在和替代市场的唯一动因。

1976 年，英国学者巴克利（Peter Buckley）、卡森（Mark Casson）和加拿大学者拉格曼（A. M. Rugman）提出了内部化理论，是交易成本论在国际投资领域的扩展应用。该理论的核心思想是：由于市场的不完全，中间产品市场的交易成本过高，企业为了追求整体利润最大化，降低交易成本，就会选择在全球范围内组织生产，将中间产品的生产和转让环节"内部化"[②]。一般来说，原材料、零部件等中间产品市场不完全导致的高交易成本是企业产生垂直对外直接投资的动因；知识、技术等无形资产市场不完全导致的高交易成本是企业产生水平对外直接投资的动因。

（五）产业集聚论

20 世纪 90 年代，以保罗·克鲁格曼为代表的新经济地理学从产业集聚的全新角度探究了经济一体化的动因。新经济地理学将主流经济学长期忽视的空间因素纳入分析框架，在研究方法上主要借鉴了产业组织论和非线性动力学理论，尤其是迪克西特（A. K. Dixit）和斯蒂格利茨的垄断竞争理论。基于不完全竞争市场、规模经济和规模报酬递增假设的新经济地理学认为，无论国际空间还是经济体内部即使不存在外生差异，经济系统的内生力量也必然会促使经济空间发生演化分异，产业聚集不可避免，甚至形成极端的核心—边缘结构。在规模经济条件下，当历史的偶然因素或其他使得一个地区在某产业上具备生产优势时，出于对运输费用的考虑和对规模经济效益的追求，相关的上下游企业会在地理空间上集中向生产优势区聚集。即使在运费较低的情况下，企业为了获得规模经济效益也会留在工资成本较高的"核心"区而并非转向生产费更低的"边缘"区[③]。因此，产业的空间集聚效益是推动区域经济一体化的一股力量。

---

① R .H .Coase. The Nature of the Firm [J]. *Economist*, 1937.

② 彼得·J 巴克利，马克·卡森. 跨国公司的未来 [M]. 冯亚华等译，北京：中国金融出版社，2005.

③ 保罗·克鲁格曼. 空间经济学：城市、区域与国际贸易 [M]. 经济科学译库，北京：中国人民大学出版社，2005.

三、多学科视角下的动力机制

动力机制产生于自然科学而后被引入并广泛地应用于社会科学领域，因此，动力机制理论具有跨学科的特点，其中管理学、经济学和系统动力学的相关理论成果比较具有代表性。

（一）基于管理学视角的激励理论

管理学对于动力机制的研究一般以个体为研究对象，采用案例或实证的方法探析机制的各个环节对动力因素不同层次的激励作用，因此称之为激励理论。根据管理学中动力机制运行的主要步骤，激励理论大致可以分为动机激发理论、动机引导理论、动机约束理论。

动机激发理论基于美国心理学家马斯洛的需求层次理论探究动因的起源，从根本上激发动机的力量。按照需求层次理论的核心思想，需求是引发动机进而诱导个体行为的源泉，对需求的研究是调动个体积极性的基础。个体的需求从低到高依次分为五个层次[1]，对低层次需求的满足会促使个体采取一定的行为追求更高层次的需求。此后，诸多学者对基于需求层次理论的动机激发理论进行了补充和完善，克莱顿·阿尔德弗（C. Alderfer）、戴维·麦克利兰（David C. McClelland）细化了不同个体的需求特征，明确了在追求同层需求过程中，个体行为差异的原因[2]。维克托·弗鲁姆（Victor H. Vroom）将期望引入动机激发理论的分析框架，认为除需求外，期望也是引起动机的重要因素；弗鲁姆主张，预期的报偿或结果能够激励人的行为，激励力度的大小是目标效价与实现目标的概率的函数等[3]。

在动机激发环节，个体为了满足需要或实现期望等会采取一定的行为。然而，个体行为的结果与组织追求的目标是否一致在很大程度上取决于对动机的引导。动机引导理论正是对上述问题的探讨。根据弗雷德里克·赫茨伯格（Frederick Herzberg）的激励—保健理论，组织在激励个体行为的过程中，要同时兼顾激励因素和保健因素[4]。爱德温·洛克（E A. Locker）的目标设置理论则认为，清晰、明确的组织目标相比模糊、弹性的目标更能激发个体的工作动

① Abraham H Maslow. *Motivation and Personality*[M], New York: Harper&Row, 1954.

② 郝英奇，刘金兰. 动力机制研究的理论基础与发展趋势 [J]. 暨南学报（哲学社会科学版）[J]. 2006（6）.

③ Victor H Vroom. *Work and Motivation*[M]. New York: Wiley, 1964.

④ 大卫·李嘉图. 政治经济学及赋税原理 [M]. 郭大力等译，北京：商务印书馆：北京，1962.

力[①]。

很多时候，个体的利益与组织利益并不完全一致，为了尽可能地避免个体行为对组织利益的侵害，需要对动机进行约束。斯金纳（B F. Skinner）的研究发现，奖励会强化个体重复被奖励行为的动机，惩罚则会弱化相应行为的动机[②]。由此推断，组织可以通过奖罚措施对个体的行为进行约束，从而达到强化与组织目标及利益相一致的个体行为，削弱甚至消除与组织目标及利益相背离的个体行为的管理目的。

（二）基于经济学视角的激励机制理论

经济学对动力机制理论的主要贡献表现在激励机制的设计上。这一过程本质上与管理学中的激励约束环节相类似，但在研究方法上，运用了更为科学、严谨的数学逻辑加以分析。经济机制设计理论和委托代理理论是诸多相关研究成果中理论成就较高的两个。

20 世纪 70 年代，利奥·赫维茨（Leo Hurwicz）创立了经济机制设计理论，主要研究能否以及如何设计一个经济机制，在确保运行成本最小化的条件下，使得参与者的行为结果既能够获取自身利益的又能够符合机制设计者的预期目标[③]，因此，信息的有效性和激励相容性成为评价一个经济机制优劣的基本标准。

围绕该理论框架，诸多研究表明，信息不完全的情况下，分散决策的市场经济机制相较其他机制运行成本是最小的，而基于市场经济制度的激励相容问题，经济学家引入了一个包括经济环境、配置空间与社会目标、经济机制、个人自利行为策略均衡假设、社会目标的实施五大组成部分的基本模型进行考虑，在既定的环境中搜寻最优的激励机制，尤其在社会公共物品有效配置的机制设计中做出了突出贡献。

委托代理理论诞生于 20 世纪 30 年代，是新制度经济学契约理论最重要发展之一，一批经济学家（Wilson，1969；Spence and Zeckhauser，1971；Ross，1973；Mirrless，1974 等）深入研究企业内部信息不对称和激励问题而进入迅速成长期。该理论的中心任务是，研究在利益相冲突和信息不对称的情况下，委托人如何设计最优契约激励和约束代理人，目前已形成包括双边委托代理理

---

① 大卫·李嘉图. 政治经济学及赋税原理 [M]. 郭大力等译，北京：商务印书馆，1962.
② 大卫·李嘉图. 政治经济学及赋税原理 [M]. 郭大力等译，北京：商务印书馆，1962.
③ 田国强. 经济机制理论：信息效率与激励机制设计 [J]. 经济学（季刊），2003（2）：271—305.

论、多代理人理论、共同代理理论和多任务代理理论在内的理论体系[①]。

尽管委托代理理论已由传统的双边委托代理扩展出了更为高级的形式，但这些理论依然遵循相同的分析逻辑，即，在信息不对称的条件下，委托人将自己拥有的一部分权利转让给代理人，通过契约（激励约束）使得代理人的行为结果能够符合委托人的利益和目标，从而避免代理人因个人利益而损害委托人利益的代理问题发生。以双边委托代理为例，数学模型的表达如下：

委托人期望效用最大化：$max \int v(x-s)f(x|e)dx$

代理人参与约束：$\int u(s)f(x|e)dx - c(e) \geqslant ?$

代理人激励相容约束：$max \int u(s)f(x|e)dx - c(e)$

其中，e 为代理人付出的努力；$x = x(e)$ 为代理人获得的代理结果；$s = s(e)$ 为委托人支付给代理人的报酬；$u = u(s)$ 为报酬给代理人带来的效用，$\dot{u} > \ddot{u}$，$\ddot{u} < 0$；$c = c(e)$ 为代理人付出努力带来的成本；$x - s$ 为委托人得到的剩余的代理结果；$v(x,s) = v(x-s)$ 为委托人的效用，$\dot{v} > \ddot{v}$，$\ddot{v} < 0$。

双边委托代理问题转化为在参与约束和激励相容约束两个约束条件下，求委托人效用函数最大值的问题。

（三）基于系统科学视角的自组织理论

自组织与他组织相对，组织力量源自系统内部而非外来。自组织理论就是主要研究一个系统如何在内部机制的主导下协调各要素间的相互作用，通过与他组织与外界环境间的能力交换，自发地完成从简单向复杂、从无序向有序演进的一门科学。它最早产生于物理学中，1969 年，比利时科学家普利高津（I. Prigogine）及其科研团队在长期研究不可逆热力学的过程中发现当热力学系统远离平衡时，系统中的流和力进入非线性区域，在与外界进行物质、能量、信息交换的作用下，负熵流不断增加，降低了系统内部混乱无序的正熵流[②]，熵减发生后，处于临界值的系统失稳，系统内的涨落推动系统进入到一个新的状态。该发现被称为耗散结构理论[③]。几乎同一时期，德国斯图加特大学物理学家哈肯（H. Haken）在从事激光研究的工作中发现了同样的现象并将其纳入非平衡相变

---

① 刘有贵，蒋年云. 委托代理理论述评 [J]. 学术界，2006（1）：69—78.

② 根据热力学第二定律，在一个孤立封闭的系统中，能量的分布越混乱，熵值越大。

③ Nicolis, G., I. Prigogine. *Self-organization in Nonequilibrium Systems*[M].New York: John Wiley& Sons, Inc,1977.

的理论框架进行分析，引入序参量的概念作为衡量系统演化主导力量的判据[1]，独立开创了协同学理论。此后，进一步的研究认为，自组织现象广泛存在于物理、生物、化学等领域。目前，自组织理论已经形成了一个包括耗散结构理论、协同学、混沌理论、超循环理论等在内的理论体系。

随着研究的深入，科学家们发现，自组织系统不仅存在于自然界中，也广泛分布在社会领域。布鲁塞尔学派和斯图加特学派在这方面的研究中都做出了突出的贡献。普鲁塞尔学派首先将耗散结构应用在了探究都市的形成与管理、交通系统的设计、人口发展模型、市场模型以及欧洲生态经济系统模型等研究工作中。斯图加特学派受到普鲁塞尔学派的启发，也开始以系统科学的视角审视社会领域的问题，发展了基于协同学理论的人口动力学、投资者模式等并试图解决舆论的形成及发展、战争与和平等问题。

自组织系统并非在任何情况下都会出现，它的产生与演进需要满足开放性、远离平衡、非线性和涨落性四个基本条件。

开放性要求系统要与外界环境保持物质、能量、信息的交换。它是保障系统内部有序性的必然要求，而有序性则是自组织发挥作用的重要前提。自组织系统的演进并非处于完全封闭与独立的状态，而是与他组织和外界环境间相互联系、交互作用的，具有开放性的特点。开放的系统通过与外界沟通，使负熵流有机会进入系统从而降低内部混乱性产生的正熵流。只有当系统内的负熵累积超过正熵时，系统才能进入并维持有序状态。

远离平衡是系统发生非平衡相变的必要条件，只有在非平衡状态下，非线性机制才能发挥作用，形成巨涨落，驱使原有系统失稳的同时孕育一个新的有序结构。

非线性主要针对系统内外各要素之间的作用关系而言，非线性耦合是系统形成并维持有序性的作用方式，通过协调和加强系统内外各要素间的相互关系，促使熵减过程的发生和序参量的形成，从而推动系统向有序方向发展。涨落是系统的宏观量对其平均水平的偏离，被视为系统发生非平衡相变的直接驱动力。对一个远离平衡的系统而言，涨落的波动范围扩大，由平衡或近平衡状态时的小涨落变为大涨落甚至是巨涨落。当主宰系统演进的序参量引发的巨涨落破坏了原有系统的稳定性进而促成新结构与功能的产生时，系统便发生了一次

---

[1]　哈肯. 信息与组织 [M]. 成都 . 四川教育出版社, 1988.

演进。

四、经济一体化动力机制模式

综上所述，推动经济一体化的动力来自市场方面、要素及其组合方面、动机激发方面、自组织方面和制度方面。据此，我们可以将国际经济一体化动力机制的主要模式概括为：市场机制主导型、共同制度主导型以及市场与制度交替主导型。一般来说，不同发展阶段，动力机制的模式不尽相同，不同模式下，动力机制的运行与演进也各具特点。

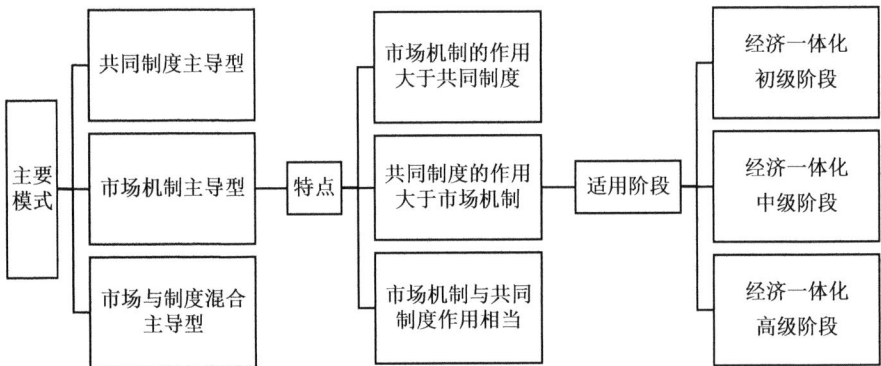

图 4.1 国际经济一体化动力机制的主要发展模式

资料来源：课题组整理

（一）市场机制主导型

所谓市场主导型经济一体化动力机制，是指在推动经济一体化的运行与演进过程中，市场始终占据主导地位，决定着动力机制的发展方向、发展速度等一系列关键问题，共同的制度安排虽然也发挥不可或缺的推动作用，但对动力机制的影响力度小于市场机制。换言之，各成员间微观经济主体的理性市场行为是形成和促进经济一体化发展的核心力量，政府干预则处于次要地位，作用效果弱于市场机制。

具体来说，在理论分析框架中，各种动力因素在市场自发的作用中于动力激发环节由对成员经济体的潜在的市场需求转化为现实需求；其次，成员经济体在合作利益驱动下自觉地加强了个体利益与经济一体化整体利益的联动性；第三，成员经济体为维护与扩展合作利益积极推动合作各方建立更紧密经贸关系，通过市场惩罚方式约束对方的行为，防止出现破坏经济一体化的各种违约。

在市场主导型经济一体化动力机制运行与演进的整个过程中，基于政府干预的制度力量扮演搭建制度性经济合作平台以及为市场作用的发挥清扫障碍的角色，虽然重要性不言而喻，但对经济一体化动力机制的影响力度弱于市场机制。

该模式主要适用于经济一体化的初级阶段。初级阶段是经济一体化的形成期、尝试期，制度安排尚处于探索中，一般所涉及的内容并不广泛与深入。在这种情况下，成员经济体间经济紧密度的加强主要依靠彼此间基于市场机制的自发的合作需求，否则，经济一体化将止于形式而无法获得更为长远的发展。

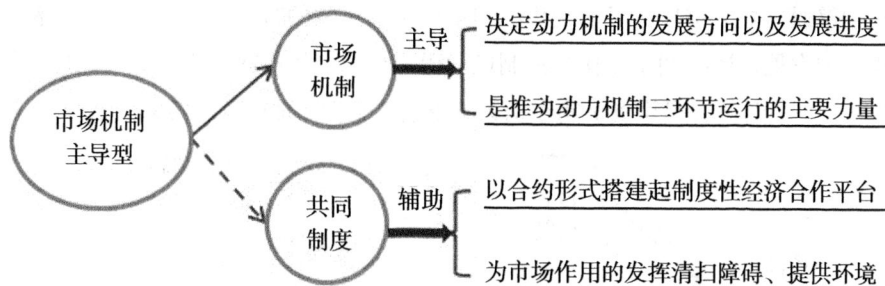

图 4.2 市场机制主导型发展模式

资料来源：课题组整理

（二）共同制度主导型

共同制度主导型经济一体化动力机制是与市场机制主导型相对的一种模式，指在推动经济一体化向前发展的运行与演进过程中，成员经济体共同达成的制度安排始终占据主导地位，决定着动力机制的发展方向、发展速度等一系列关键问题，市场机制虽然在推动经济一体化发展中发挥不可或缺的作用，但对动力机制的影响力度小于共同制度。换言之，基于各成员经济体的政府干预的制度力量是形成和促进经济一体化动力机制发展的核心力量，自发的市场力量在这种模式中则由于受到某些限制而对经济一体化动力机制的作用力度弱于共同制度。

首先，共同制度通过合约的形式为成员经济体间的经贸往来扫除贸易壁垒、投资障碍、金融合作限制等各种障碍，使得动力因素在动力激发环节能够顺利地由潜在需求转化为以实现需求为目的的经济行为；其次，成员经济体通过政府间的某些共同制度安排，特别是以超国家机构名义或共同名义发布的全局性政策引导单个成员经济体的利益与经济一体化整体利益相一致；第三，制定相关的法律、法规，约束和惩罚单个成员经济体违背经济一体化的行为。

从共同制度主导型经济一体化动力机制的特点来看，该模式主要适用于经济一体化中级阶段。中级阶段是经济一体化的巩固期，一方面，在前期制度安排的有限的开放范围内，微观经济主体的合作潜力挖掘殆尽，市场在动力机制中的作用效果开始减退，需要进一步释放市场的自由化程度；另一方面，随着合作的增加，由市场失灵或其他政治因素引起的各种有损经济一体化发展的行为增多，需要更加强有力的制度安排予以规范和约束。共同制度的主导作用不仅能够通过减少市场失灵的发生，约束成员经济体的行为等引导和巩固经济一体化的发展，还有利于尽快扫清制度障碍，规范市场秩序，为市场作用的发挥提供良好的环境，是市场机制在初级阶段陷入作用发挥瓶颈后的必然选择。

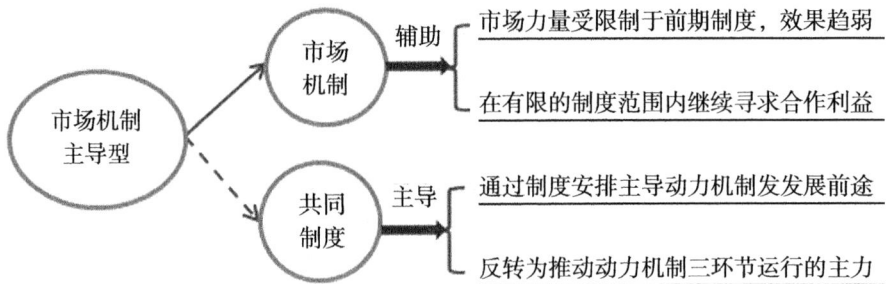

图 4.3　共同制度主导型发展模式

资料来源：课题组整理

（三）市场与制度混合主导型

市场与制度混合主导型是经济一体化动力机制的第三种模式。这种模式下，市场机制与共同制度的力量在动力激发、动力引导和激励约束三个环节平分秋色，共同主导经济一体化动力机制的运行与演进。

该模式的经济一体化动力机制更为适用于经济一体化高级阶段。高级阶段是经济一体化由经济领域向政治领域过渡的阶段，在这一时期，经济一体化发展相对成熟、共同的经济制度趋向完备、市场也基本实现了完全的自由化。一方面，市场障碍消失殆尽，市场作用得以充分发挥；另一方面，为了维持高水平经济一体化的生存与发展，维护经济一体化的整体利益，共同制度发挥更为显著的作用，除了不断地向纵深发展、完善经济领域的制度安排外，还开始向复杂敏感的政治领域扩展。市场力量与制度力量以动力机制为载体，齐头并进，合力推动完全的经济一体化的实现。

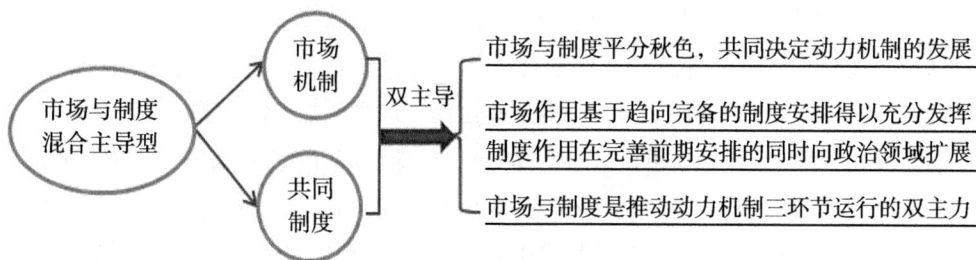

图 4.4　市场与制度混合主导型发展模式

资料来源：课题组整理

第二节　海峡两岸经济一体化动力机制形成与发展

一、海峡两岸经济一体化动力机制的形成背景

（一）大陆经济发展与对台政策

1978 年 12 月，中国共产党第十一届中央委员会第三次全体会议在北京召开，做出了实行对内改革对外开放的重大决定，开启了社会主义建设的新时代。改革开放仅一年的时间，国内生产总值由 3645.2 亿元人民币迅速增长到 4062.6 亿元，去除通货膨胀后增幅达 7.6%，是 1965 年国内生产总值（1716 亿元）的 2 倍多。随着改革开放的不断推进，大陆经济增长突飞猛进，年均增长率一度高达 14%，进入 21 世纪后，连续 5 年实现了两位数以上的增长（如图 4.5）。

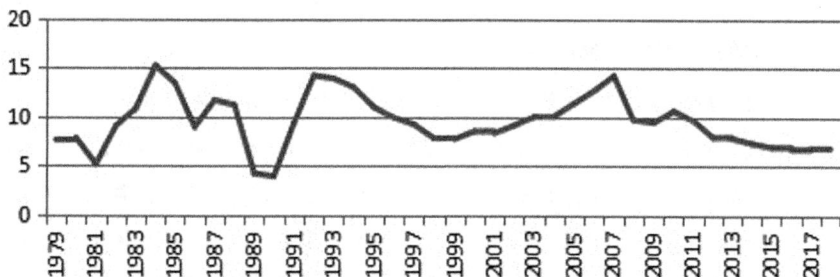

图 4.5　1979—2018 年大陆经济增长情况

资料来源：历年统计年鉴

在对台政策方面，1979 年元旦，全国人大常委会发表《告台湾同胞书》，宣布"和平统一"的基本方针，呼吁结束两岸隔离状态，随后提出通邮、通商、通航的"三通"倡议。同年 5 月，外贸部颁布《关于开展对台贸易的暂行规定》，对两岸商品贸易大开方便与优惠之门，成为两岸经贸联系从无到有的重要转折。暂行规定实行期间，不但大陆自台湾地区进口的日用品享受免税待遇，而且台湾地区购买大陆的货品在优先供给的基础上还给予八折优惠。受政策鼓励，1979—1981 年间，两岸贸易额由 8000 万美元上升到 4.87 亿美元，增长超过 5 倍，年均增长率达到 146% 的历史高点。尽管 1982 年取消免税优惠给两岸贸易带来了短暂的停滞，但 1984 年后又逐步恢复并进入快速增长期。自 1990 年有两岸官方统计数据以来[①]，尽管受两岸政策及国际环境的影响，两岸贸易增长波动较大，但总体表现良好，基本维持了正增长趋势，且多数年份突破 10%，甚至 20%（如图 3.6）。

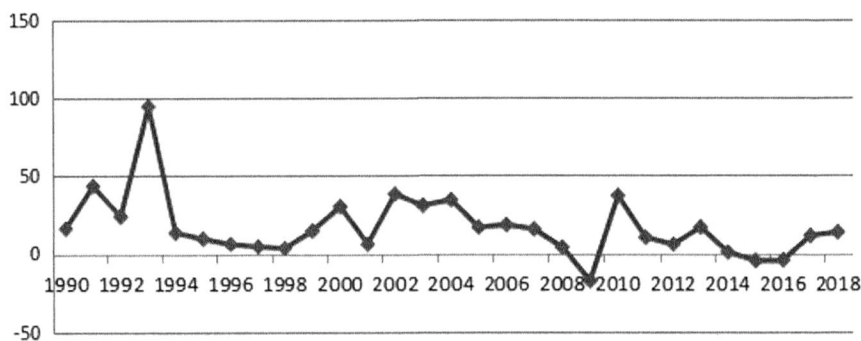

图 4.6　两岸贸易增长率

资料来源：中国海关统计数据

随着两岸经贸关系的日益密切，大陆在不断完善贸易政策的同时，开始开放投资领域。1988 年，国务院颁布了《关于鼓励台湾同胞投资的规定》，明确提出对于投资大陆的台商给予超过侨商、外商、港商 4 项优惠[②]，并对台商的合法权益及政治风险提供保障。1994 年，全国人大常务委员通过了《中华人民共和国台湾同胞投资保护法》，将保护台湾地区投资者的投资环境、合法收益等进

---

① 1990 年以前的数据基本来自香港海关统计，反映的是两岸香港转口贸易的情况，忽略了两岸贸易经其他国家和地区转口贸易的情况以及部分两岸直接贸易的情况。

② 4 项优惠：（1）投资地域不限于开放区内；（2）可自行提出投资项目意向；（3）可购置房产，经批准可在大陆定居（4）；独资企业经营期限不限制，合资或合作企业可不设定期限。

一步上升到法律高度。由此开启了台商投资大陆的黄金时期。

进入 21 世纪后，大陆综合实力和经济实力不断提升。2002 年，大陆与台湾地区先后加入世界贸易组织（WTO）的行为为两岸经贸往来提供了新机遇。由此可见，大陆经济的发展与对台政策，特别是对台经济政策的变化，是海峡两岸经济一体化动力机制形成的重要背景。

（二）台湾地区的经济对外扩张

自 1949 年起，经过十年左右的"进口替代"期，至 20 世纪 60 年代，台湾经济得到了恢复性发展。农业生产条件得以改善，生产水平大幅上升，工业发展迅速，自给率显著提高。然而，由于岛内市场狭小，出现了岛内商品，特别是工业品市场饱和、生产能力过剩的情况。与此同时，台湾地区经济正经历着由劳动密集型向资本和技术密集型的转变，不但新兴产业需要走出去寻找先进技术和发展机遇，岛内的过剩产能与夕阳产业也急需对外寻求生存及发展空间。

综合考虑后，台湾当局做出了改"进口替代"为"出口导向"的经济发展策略，经过六个"四年计划"、一个"六年计划"、一个"十年计划"，出台了一系列取消进口管制、降低关税和非关税壁垒、建立出口加工区、吸引外资和对外技术合作等政策，鼓励台湾地区参与国际市场竞争，发展"外向型"经济，在政策与市场的双重推动作用下，台湾经济对外贸易和投资有了很大发展。1984 年底，台湾地区开始推行"自由化、市场化、国际化"改革，加速了台湾地区经济对外扩张的步伐，进一步推动台湾地区"外向型"经济的形成。1985 年后，不但贸易总额十年内接连突破 1000 亿美元和 2000 亿美元大关，对外投资也结束了 20 世纪六七十年代发展缓慢的状态，进入快速发展期，仅 1990 年 1 年的投资额就超过过去 30 年的对外投资总额（如表 4.1）。

在两岸关系上，随着改革开放，大陆逐步对台湾开放，两岸经贸关系日益密切，台湾当局以往采取的保守的两岸经贸政策也开始松动。1987 年 11 月，台湾当局解除了两岸人员不得接触的禁令，允许台湾民众赴大陆探亲。1988 年 4 月，台湾地区经济主管部门公布了台商赴大陆从事间接贸易不予追究的三项原则[①]，同年 8 月和 1990 年 9 月，台湾当局又分别出台了"大陆产品间接输入处理原则"和"对大陆间接输出货品管理法"等，随后正式开放了 27 项大陆商品

---

① 不予追究三原则：（1）台商从事第三地间接贸易，官方无法管制，不予追究；（2）台商属于贸易层面的商务接触，不予追究；（3）台商自岛外输入的机器设备中含有大陆制半成品，不予追究。

输入台湾地区。1993 年 4 月颁布"台湾地区与大陆地区贸易许可办法",1996 年 7 月将进口大陆工业品的"正面列表"改为"负面列表"管理方式。

表 4.1　1960—2018 年台湾地区对外贸易和对外投资情况

时间	进出口总额（亿美元）	投资总额（万美元）	时间	进出口总额（亿美元）	投资总额（万美元）
1960	4.61	—	1990	1222.11	155220.7
1961	5.17	—	1991	1397.05	165603.0
1962	5.22	49.2	1992	1544.75	88725.9
1963	6.94	142.8	1993	1633.49	166093.5
1964	8.61	102.1	1994	1799.98	161676.4
1965	10.06	97.1	1995	2173.54	135687.8
1966	11.58	71.8	1996	2205.03	216540.4
1967	14.47	96.7	1997	2391.26	289382.6
1968	16.92	176.9	1998	2178.25	329630.2
1969	22.62	12.2	1999	2349.30	326901.3
1970	30.05	52.7	2000	2926.82	507706.2
1971	39.05	121.2	2001	2342.85	439165.4
1972	55.12	412.4	2002	2485.62	337004.6
1972	82.99	321.0	2003	2786.11	396858.8
1974	126.57	737.1	2004	3511.28	338202.2
1975	113.16	241.9	2005	3810.46	244744.9
1976	158.31	446.0	2006	4267.15	431542.6
1977	179.40	1378.9	2007	4659.29	646997.8
1978	238.05	519.6	2008	4960.77	446649.9
1979	309.67	936.4	2009	3780.45	300555.4
1980	396.41	4210.5	2010	5258.37	282345.1
1981	439.22	1076.4	2011	5896.95	369682.7
1982	412.19	1163.2	2012	5716.54	809864.1
1983	455.26	1056.3	2013	5753.38	523226.6
1984	525.74	3926.3	2014	5877.22	729368.3

续表

时间	进出口总额（亿美元）	投资总额（万美元）	时间	进出口总额（亿美元）	投资总额（万美元）
1985	509.59	4133.4	2015	5090	1074519.4
1986	641.25	5691.1	2016	5108.80	1212309.4
1987	887.54	10275.1	2017	5765.05	1157320.8
1988	1104.97	21873.6	2018	6222.4	1429456.2
1989	1187.49	93098.6			

注：对外投资额中不包括台湾地区对大陆投资

资料来源：进出口贸易额1960—1970年数据，对外投资额1960—2008年数据整理自：单玉丽《台湾经济60年》[M]. 北京：知识产权出版社，2010：190—226；进出口贸易额1971—2018年数据自台湾地区统计局，对外投资额2009—2018年数据自台湾地区"经济部投资审议委员会"

　　投资方面，迫于台资企业对投资大陆的愿望与需求，1990年7月，台湾当局正式开放台湾地区企业到大陆间接投资，规定以正面列表的方式核准赴大陆间接投资的企业类型，次月，颁布了"对大陆地区从事间接投资或技术合作管理办法"，开放了包括化工、纺织、机械、电机、资讯五大类产业共计3319项产品。2001年台湾地区加入WTO后，当局简化了赴大陆投资审查标准，允许台资企业直接向大陆投资而不必经过第三地转投，2009年开放了大陆企业赴台投资。在政策影响下，台资企业向大陆扩张的势头高涨。台湾地区对大陆的贸易顺差呈现指数增长，从1983年的不足1亿美元到1993年突破100亿美元，2000年突破200亿美元，2002年突破300亿美元，2003年突破400亿美元等，突破的时间不断缩短。2005年，大陆超越美国成为台湾地区第一大贸易伙伴，台湾地区也成为大陆前十大贸易伙伴，两岸贸易紧密程度逐渐攀升，台湾地区对大陆的贸易依赖更为突出。从数据来看，两岸贸易额占台湾地区对外贸易总额的比重最高时在2017年达到24.1%。投资领域，自台湾当局开放赴大陆间接投资后，就掀起了台企赴大陆投资热潮，1992年，台商赴大陆投资项目和金额较上年分别增长了271%和299%。此后，台湾地区成为大陆吸收外资的前十大国家和地区之一，大陆也成为台湾地区对外直接投资的首选（如图4.7）。由此可见，台湾经济的对外扩张是海峡两岸经济一体化动力机制的又一形成背景。

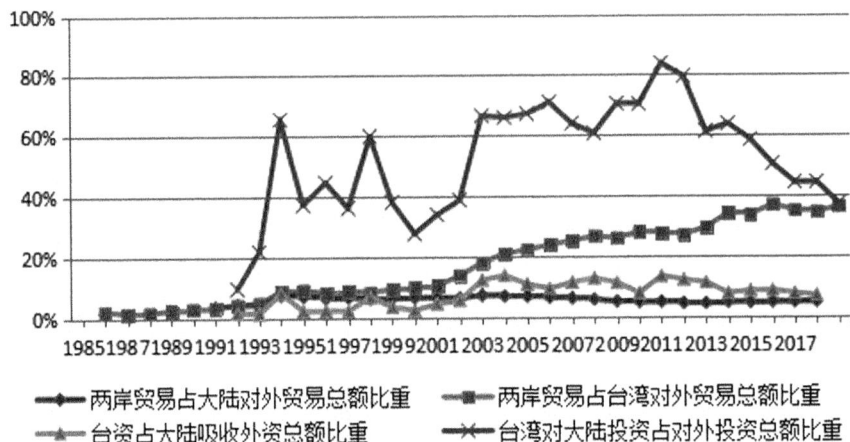

图 4.7　两岸贸易及投资情况

资料来源：两岸贸易占大陆对外贸易总额比重、两岸贸易占台湾对外贸易比重数据来自台湾"行政院大陆委员会"统计资料；台资占大陆吸收外资比重、台湾对大陆投资占对外总投资比重由课题组计算，其中，1992—2004 年台湾地区对大陆投资数据来自台湾"行政院大陆委员会"统计资料，2005—2018 年数据自台湾地区"经济部"投资审议委员会，1991—2017 年大陆对外投资总额数据来自《中国统计年鉴》。

（三）国际经济一体化的兴起

除了两岸各自经济发展的需求外，国际环境是形成海峡两岸经济一体化动力机制的重要外因。自 20 世纪 50 年代至今，国际社会主要掀起了两次经济一体化浪潮。第一次浪潮发生在冷战期间，各地区为了避免内战，增强与美苏的对抗能力，开始走上一体化道路。1952 年，欧洲煤钢共同体的建立标志着第一次浪潮的开端，此后 20 年世界各区域经济一体化盛行。第二次浪潮始于 20 世纪 80 年代末。这一时期，冷战结束，国际经济秩序面临重塑；乌拉圭谈判受阻，多边贸易自由化进展缓慢。为了应对新的国际形势，欧共体重新焕发活力，各区域纷纷投入到区域经济一体化的建设中。据统计，20 世纪 60 年代，全球共有 19 个区域经济一体化组织，70 年代增加至 28 个，80 年代再增至 32 个，进入 90 年代，全球经济一体化组织加速发展，达到 100 多个。这些经济一体化组织层次不同、规模各异，而且遍布欧洲、北美、拉美、非洲、亚洲等全球各大区域。来自世界贸易组织的统计资料显示[①]，截至 2016 年 2 月，向 WTO 登记备案的区域经济合作协定（EIA）已有 625 项，其中，419 项付诸实施。

区域经济一体化的兴盛给全球经济发展方式带来了新的变化，各组织区域内的经贸联系较区外的非成员经济体更为密切，且这种区域内的紧密程度呈现逐渐上升的态势。以欧盟的区域内贸易为例，自煤钢共同体成立至 1970 年不到 20 年的时间里，欧共体区内贸易占外贸总额的比例为已经高达 48.9%，到 1989 年，统一大市场建成之际，这一比例上升至 62.5%，目前，维持在 70% 以上。

随着国际经济一体发展趋势的日渐明朗以及经济交往方式的转变，世界正在走向一个区域间合作发展的新时期。尽管由于政治原因两岸制度性经济一体化道路无法一蹴而就，但是，互为重要经济合作伙伴的大陆与台湾地区也在寻求更为密切的合作，走一条具有两岸特色的经济一体化道路。

二、海峡两岸经济一体化动力机制模式的特点

与国际经济一体化动力机制的运行模式相比，海峡两岸经济一体化动力机制的运行模式主要呈现出三大特点：第一，市场机制处于稳定的主导地位；第二，独立制度发挥主要作用；第三，共同制度的作用不断增强。前两个特点贯穿于海峡两岸经济一体化的全程，第三个特点则主要出现在 ECFA 签订后。

（一）市场机制处于主导地位

从海峡两岸经济一体化动力机制的形成背景可以发现，两岸的经济发展及其对彼此的市场需求为海峡两岸经济一体化动力机制的形成与发展创造了机会，与此同时，在两岸特殊的政治关系背景下，推动两岸走上了一条以市场的自发力量为主导的非制度性经济一体化道路。

自 20 世纪 80 年代两岸恢复经贸往来以来，民间自发的合作需求成为推动海峡两岸经济融合的一股最强大力量。对合作利益的追求促使大陆与台湾地区的微观经济主体不断冲破制度障碍，达到合作的目的。纵然相比其他制度性经济一体化，两岸间经贸往来的障碍更多、市场自由化程度更低，但两岸间的贸易和投资依然表现出较高增长的趋势，多年保持两位数的增速，甚至超越同期其他制度性经济一体化。区内贸易占比从 20 世纪 90 年代初的不到 4% 发展到当前的 7% 左右，最高时接近 9%（两岸区内贸易占比的计算并未考虑海峡两岸

---

① WTO 网站，https://www.wto.org/english/tratop_e/region_e/region_e.htm

经济体量的悬殊问题）。

尽管历经 30 多年的发展经历多个发展阶段，在无法进入制度性经济一体化的情况下，市场机制在海峡两岸经济一体化动力机制的发展过程中一直处于主导地位。

（二）单独制度安排发挥重要作用

在本书所构建的经济一体化动力机制分析框架中，市场与制度各司其职，不可或缺，因此，海峡两岸经济一体化动力机制的形成与发展也离不开制度的作用。从对国际经济一体化动力机制主要模式的分析中可知，对于大多数制度性经济一体化而言，共同制度是制度在动力机制中发挥作用的主要形式，而对于两岸这种缺乏共同性制度安排的特殊的非制度性经济一体化而言，发挥制度作用的则是两岸单独、各自的制度安排。

单独的制度安排由于双方的发展偏好不同，本身就存在着不一致性，对经济一体化动力机制的激励、引导、约束作用自然弱于协商一致的共同制度，而且在两岸特殊的政治关系背景下，两岸当局缺乏沟通、政治互信不足，尤其是台湾地区方面对大陆既依赖又抵触的矛盾情绪和反复无常的两岸政策，使得两岸单独的制度安排更难以稳定地相互配合，进一步削弱了制度在推动海峡两岸经济一体化发展过程中的作用力度和效果。

（三）共同制度的作用不断增强

尽管 ECFA 只是一个框架协议，但是，它的签订为海峡两岸经济合作搭建起了一个制度化的平台，有利于促进两岸制度性经济合作长效机制的建立。随着 ECFA 早期收获计划的实施，基于两岸共同制度安排的关税减免为两岸的经贸往来扫除了诸多障碍，自 2011 年 1 月开始实施到 2013 年 1 月，早期收获计划中的 806 项货品全部实现免税，为两岸产业，特别是台商减轻了一定的负担，据台湾地区经济部门的统计数据显示，ECFA 早期收获计划为台商减免关税超过 5.5 亿美元，激发和引导两岸向制度性经济一体化方向迈进。因此，共同的制度安排较之前两岸单独的制度安排提供了更有效的制度保障和更有序的市场环境。由此推断，ECFA 后续协议的签订与实施势必进一步增强共同制度在海峡两岸经济一体化动力机制中的作用力度和效果。

三、海峡两岸经济一体化动力机制运行

在市场与制度相互配合的作用下，海峡两岸经济一体化动力机制逐渐形成

并发展起来。根据海峡两岸经济一体化动力机制的阶段性发展特征，本节将动力机制的发展细分为形成前期、起步阶段、发展阶段、推进阶段和转折阶段五个时间段来分别探讨海峡两岸经济一体化动力机制在发挥推动海峡两岸经济一体化向前发展的过程中的动态运行与演进情况。

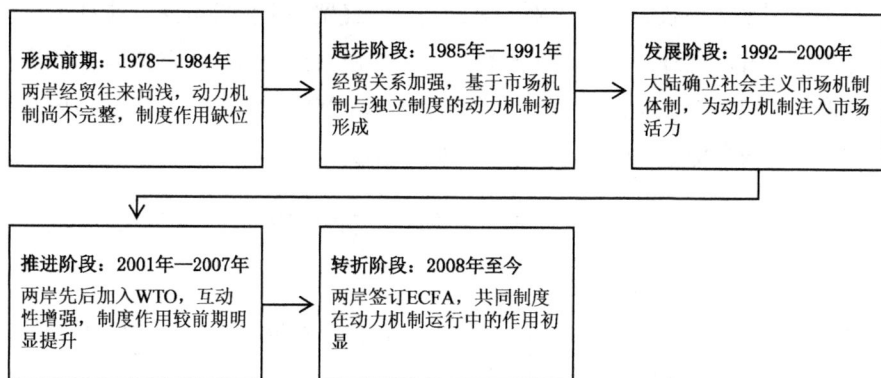

```
┌─────────────────────┐   ┌─────────────────────┐   ┌─────────────────────┐
│形成前期：1978—1984年│   │起步阶段：1985年—1991年│   │发展阶段：1992—2000年│
│两岸经贸往来尚浅，动力机│→ │经贸关系加强，基于市场机│→ │大陆确立社会主义市场机制│
│制尚不完整，制度作用缺位│   │制与独立制度的动力机制初│   │体制，为动力机制注入市场│
│                     │   │形成                 │   │活力                 │
└─────────────────────┘   └─────────────────────┘   └─────────────────────┘
           ┌──────────────────────────────────────────────────────┘
           ▼
┌─────────────────────┐   ┌─────────────────────┐
│推进阶段：2001年—2007年│   │转折阶段：2008年至今 │
│两岸先后加入WTO，互动 │→ │两岸签订ECFA，共同制度│
│性增强，制度作用较前期明│   │在动力机制运行中的作用初│
│显提升               │   │显                   │
└─────────────────────┘   └─────────────────────┘
```

图 4.8 海峡两岸经济一体化动力机制的发展阶段

资料来源：课题组整理

（一）形成前期：制度作用缺位，动力机制尚未形成

1978—1984 年，大陆开始拉开改革序幕，对台经贸政策发生了转变，出台了一系列优惠措施鼓励两岸进行经贸往来。这一时期，两岸的经贸往来以贸易为主，尽管台湾当局依然采取禁止发展两岸关系的态度，但通过转口贸易等各种途径，两岸经贸关系得到了很大的改善。贸易总额由 0.46 亿美元迅速上升到 4.25 亿美元，5 年增长了近 10 倍。由于两岸经贸往来处于刚刚起步阶段，加之大陆的贸易资本匮乏和台湾地区严格的贸易限制，两岸贸易的商品结构较为单一，台湾地区自大陆进口的产品以中药材为主，而向大陆出口的产品则主要集中在消费品上，因此，经济合作的类型也不清晰。这一时期，两岸经贸往来尚浅，经济一体化特征尚不明显，经济一体化动力机制并没有完全成型，只是基于市场作用，以比较优势和资源禀赋为主的动力因素和以大陆单方面降低关税及非关税壁垒为特征的政策因素，为潜在合作需求的实现提供保障的动力激发环节初现雏形。

（二）起步阶段：基于市场机制与独立制度的动力机制初形成

1. 形成背景与环境

20 世纪 80 年代中期，台湾地区经济进入转型期，岛内资本过剩、土地和劳动力成本上升使得传统产业的投资机会减少，劳动密集型产业生存环境恶化，急需向外转移，寻求新的低成本的生产和销售基地。在大陆积极鼓励两岸经贸往来的制度促进和台湾地区民间特别是工商界向台当局施压的双重作用下，台湾当局对两岸经贸往来的态度有所改善，相比原先的严格禁止和消极默许，经贸政策特别是贸易政策开始放松，使得两岸间经贸往来的障碍进一步减小，贸易额大幅上升。此外，在大陆鼓励台商投资的政策出台后，也迅速迎来了第一批台商投资热。得益于市场和政策的双重作用，海峡两岸经济一体化趋势逐渐显现，具有两岸特色的经济一体化动机也开始形成。①

表 4.2　1985—1991 年间台湾地区与大陆的两岸经贸政策

中国大陆			台湾地区		
时间	政策	主要内容	时间	政策	主要内容
1987 年 7 月	中央政府对台经贸政策调整	两岸贸易由外经贸部全面管理，贸易商品实行许可证制度，不与设在港澳地区之外的台商机构和公司进行贸易等。	1985 年 7 月	两岸贸易三原则①	符合三原则的台货经由转口贸易运往大陆，台当局不加干涉；但对经转口贸易自大陆进口的货物予以严厉禁止。
1988 年 7 月	《关于鼓励台湾同胞投资的规定》	给予台商超过侨、外、港商的 4 项优惠待遇并对台商的合法权益予以保障。	1987 年 7 月	开放 27 项农工业原料可以自大陆进口	矿石、兽毛等 27 项农工业原料可自大陆进口，确立了台湾地区自大陆间接进口的合法地位。
—	—	—	1988 年 4 月	台商赴大陆从事间接贸易不予追究的"三项原则"	凡是符合不予追究三原则的两岸贸易，台当局予以承认。
—	—	—	1988 年 8 月	"大陆产品间接输入处理原则"	以正面列表的方式开放大陆部分产品间接输入台湾。

---

①　两岸贸易三原则即：（1）不得与大陆官方直接贸易；（2）台商不得与大陆官方机构或人员接触；（3）台当局对转口贸易的基本立场不予干涉。

续表

中国大陆			台湾地区		
时间	政策	主要内容	时间	政策	主要内容
—	—	—	1990 年8 月	"对大陆地区从事间接投资或技术合作管理办法"	正面列表的方式开放五大类 319 项产业赴大陆间接投资
—	—	—	1990 年9 月	"对大陆地区间接输出货品管理办法"	规范台商大陆间接输出商品的管理。

资料来源：单玉丽. 台湾地区经济 60 年 [M]. 北京：知识产权出版社，2010 年.

2. 起步阶段动力机制的运行与演进

海峡两岸经济一体化动力机制形成与发展初期，大陆的改革开放正处于起步阶段，物质资本短缺，技术水平落后，但自然资源丰富，人力资本廉价。与大陆相比，经过"进口替代"期的发展，台湾地区已经建立了较扎实的工业基础，却受限于岛内物质资源匮乏，原材料成本较高，比较优势和资源禀赋差异产生了海峡两岸经济一体化动力机制早期的动力因素。

这些动力因素在大陆对台实施贸易和投资优惠政策以及台湾当局放松两岸经贸管制等两岸独立的制度保障或规范下，加快了由潜在需求转化为现实需求的步伐，组成了海峡两岸经济一体化动力机制的动力激发环节。仅 1985 年单年，两岸贸易总额就达到 11 亿美元，较前一年增长了将近 100%。不但贸易额度显著增加，贸易商品结构在逐渐多样化的同时也显现出了垂直型贸易的特点，台湾地区出口大陆的产品以机电产品、塑料原材料、纺织用原料及制成品、化工产品等为主，自大陆进口的产品主要是一些初级机械、初级加工品、手工具、工业原料等工农业原料和半成品。除了贸易，就投资情况而言，据商务部的统计数据显示，仅 1991 年，大陆实际利用台资约 4.66 亿美元，是 1985 年的 20 倍。这一时段，台对大陆的投资属于试探性投资，以传统农业、劳动密集型加工业等岛内生存和发展困难的夕阳产业为主，采取台商提供原材料和回收制成品的"两头在外"的来料加工形式，充分利用大陆的优惠政策和低廉的劳动力降低生产成本，带有显著的垂直型分工的特点。

然而，由于两岸官方在两岸经贸政策上均独立制定，并无交流与合作，因此，在动力引导环节，只有市场这只"无形的手"指引着两岸微观经济主体在追求个人利益最大化的同时促进两岸经济融合的发生与发展。至于制度引导方面，这一阶段双方只是出于各自的利益考虑利用政策工具对两岸经贸合作行为加以引导，使其符合自身发展的意愿而并未涉及对整体利益的考量。具体来说，大陆的政策基本以市场需求为导向，鼓励各种台商基于比较优势和资源禀赋差异的垂直型经贸合作的进行；台湾当局的政策则倾向于利用大陆低廉的生产要素并引导落后产业向大陆转移，严格限制高技术产品和产业向大陆出口与投资，加速了两岸这种垂直型经贸关系的建立。

激励约束方面，主要是通过市场的作用得以实现。两岸经贸合作的微观主体追求合作利益可持续及扩大化的愿望促进双方的合作范围在产业链上不断延展，激励两岸促进更紧密经贸关系的形成。此外，值得一提的是，大陆通过单方面的规则制定在一定程度起到了保护两岸经贸合作的微观主体特别是台商利益的作用。然而，一方面由于大陆的相关规则并没有上升到法律层面，另一方面台湾当局出台的一系列约束两岸经贸行为的原则或管理办法以限制两岸经贸关系的发展为主要目的，特别是严格管控大陆对台贸易和投资，与促进两岸经贸关系的制度约束背道而驰，因此，制度约束作用并不显著。

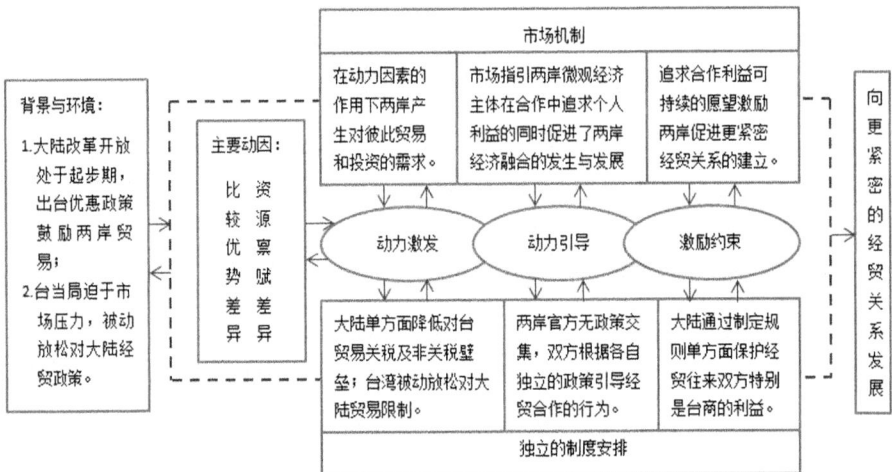

图 4.9　起步阶段海峡两岸经济一体化动力机制的运行与演进

资料来源：课题组整理

（三）发展阶段：大陆确立市场经济，为市场注入活力

1. 发展背景与环境

1992 年 2 月，邓小平"南方谈话"中指出了大陆社会主义市场经济的发展方向，同年 10 月中共第十四次全国代表大会报告中明确提出了大陆经济体制改革的目标是建立社会主义市场经济体制，加快了改革开放的步伐。在对台经贸政策上也有了新的发展（如表 4.3）。1992—2000 年间，大陆除了继续扩大两岸贸易与投资范围，降低经贸往来障碍以外，还针对两岸经贸特别制定了诸如《对台湾地区小额贸易管理办法》《中华人民共和国台湾同胞投资保护法》《关于台湾海峡两岸间货物运输代理业务管理办法》等，使对台政策走上了法制化的轨道。与此同时，台湾地区经济结构调整进入快速发展期，岛内劳动密集型产业对外扩张的需求继续扩大，特别是经历了前一阶段部分夕阳产业外移大陆后的成功逆转，台商对大陆市场的热情大增。为了顺应产业发展趋势和民间投资意愿，1992—1996 年，台湾对大陆的经贸限制进一步放松（如表 4.3），对台商赴大陆投资与贸易采取许可证管理办法并逐步开放台商赴大陆投资的范围与规模，引爆了台商投资大陆的第二轮热潮。然而，1996 年，李登辉上台后，采取"戒急用忍"的政策阻碍两岸经贸往来，特别是严格限制台商赴大陆投资[①]，使得台方批准投资大陆的台商数量出现下降，但加上通过第三地转投资或其他方式的投资，1996—2000 年间，台商对大陆的投资仍在增长。

表 4.3　1992—1996 年台湾地区与大陆的两岸经贸政策

大陆			台湾地区		
时间	政策	主要内容	时间	政策	主要内容
1993 年 9 月	《对台湾地区小额贸易管理办法》	对两岸小额贸易的金额、范围、方式、运输、申报、监管等做出了详细规定。	1993 年 4 月	《台湾地区与大陆地区贸易许可办法》	进一步规范了台湾地区与祖国大陆贸易的方式、范围、要求等。

---

① 1997 年 5 月，台湾"经济部"公布新的"企业对大陆地区投资审查办法"，依据产业竞争力、上下游关联效果、产业资本密集度等特征对赴大陆专案投资项目进行打分，以确定是否批准；此外，办法严格规定了单个企业赴大陆投资的上限，将重大基础建设列为禁止类项目，还限制一些大型企业赴大陆投资。

1994 年 3 月	《中华人民共和国台湾同胞投资保护法》	依法保护台湾地区同胞投资者的投资、投资收益和其他合法权益，对台商投资不实行国有化和征收，台商企业依照规定享有优惠待遇等。	1996 年 7 月	进口祖国大陆工业品"负面列表"管理	将进口祖国大陆工业品"正面列表"管理方式改为"负面列表"管理方式。
1994 年 8 月	《关于进一步发展海峡海峡两岸经济关系若干问题的决定》	提出对台投资的领域、项目、方法等采取"同等优先，适当放宽"的原则。			
1996 年 8 月	《关于台湾海峡两岸间货物运输代理业务管理办法》	对经营两岸间货物运输代理业务的公司进行了规范。			

资料来源：单玉丽. 台湾地区经济 60 年 [M]. 北京：知识产权出版社，2010 年.

2. 发展阶段动力机制的运行

1992—2000 年间，海峡两岸经济一体化动力机制较前一阶段在各个环节上都有所完善。随着大陆对台商合法权益保护力度的加大以及台湾当局对台商赴大陆投资的逐渐放开，台商赴大陆投资变得越来越容易。一些台商，特别是从事劳动密集型工业制成品生产的台商，投资大陆的目的除了利用大陆低价的工业原材料和廉价的劳动力降低生产成本外，还为了突破岛内狭小的生产空间，形成具有国际竞争力的规模经济。因此，这一时期，比较优势差异、资源禀赋差异再加上对规模经济的追求成为海峡两岸经济一体化动力机制主要的动力因素。

在大陆继续降低对台经贸壁垒及台当局进一步放松两岸经贸管制的单独制度作用下，基于动力因素的潜在需求通过两岸贸易与投资的互动行为很快转化为现实需求，在一定程度上提高了动力激发环节的运行效率。1992—2000 年间，年累计实际到资额达到 142.15 亿美元，是前 10 年累计到资额的 16.4 倍左右。投资的兴盛带动了贸易额的增长与贸易结构的变化，5 年间，两岸贸易总额较前 10 年翻了两番多。虽然投资类型依然以垂直型合作为主，但投资公司大量的内部贸易往来使得两岸贸易结构由垂直型的产业间贸易向水平型的产业内贸易转变。不但大陆出口台湾地区的商品由初级原料和低技术机械设备跃升为机电产品、精密仪器等工业制成品，而且两岸间主要贸易产品的产业内贸易指数明显增大（如表4.4）。

表 4.4　1993—2000 年两岸主要贸易产品产业内贸易指数

种类 年份	基本金属 及制品	化工产品	机电产品	纺织原料 及制品	光学医疗等 精密仪器	塑料、橡 胶及制品
1993	0.205	0.270	0.132	0.164	0.388	0.055
1994	0.347	0.368	0.192	0.178	0.503	0.052
1995	0.641	0.456	0.250	0.177	0.527	0.049
1996	0.438	0.408	0.226	0.152	0.429	0.041
1997	0.434	0.496	0.322	0.129	0.437	0.053
1998	0.447	0.470	0.400	0.150	0.424	0.060
1999	0.401	0.429	0.333	0.164	0.420	0.055
2000	0.428	0.374	0.281	0.222	0.329	0.062

资料来源：李保明 . 海峡两岸经济关系 20 年 [M]. 北京：人民出版社 2007 年第 1 版，第 55 页 .

　　然而，在动力引导环节，依然是以市场的自发力量在诱导两岸微观经济主体通过合作实现各自经济利益最大化的过程中无形推动了海峡两岸经济更大程度上的融合。两岸仍旧没有政策交集，如同上一期一样根据各自独立的制度引导海峡两岸经济合作行为向着利己的方向发展，而不考虑两岸功能性经济一体化整体的利益得失。在垂直型合作的后期，大陆继续凭借在劳动密集型产业生产上的成本优势形成与之相匹配的鼓励两岸贸易和台商投资的制度安排，台湾地区则接续前一阶段的做法，以获取大陆廉价生产资料以及加快劳动密集型制造业产业外移为目，形成了带有明显垂直型合作特征的两岸经贸制度安排。

　　激励约束方面，追求两岸经贸合作给双方带来丰厚利益的可持续性和扩大化依然是激励两岸建立更紧密经贸关系的重要的市场力量。而大陆通过制定一系列管理办法甚至法律，将两岸经贸行为的约束上升到了法制的层面，能够更好地规范双方行为，避免任何一方，特别是台商利益受到损害。遗憾的是，这一阶段，台当局的约束性制度安排还是以限制两岸经贸往来自由化为主要目的，使得约束性制度安排仍然处于"瘸腿"的非合作状态。

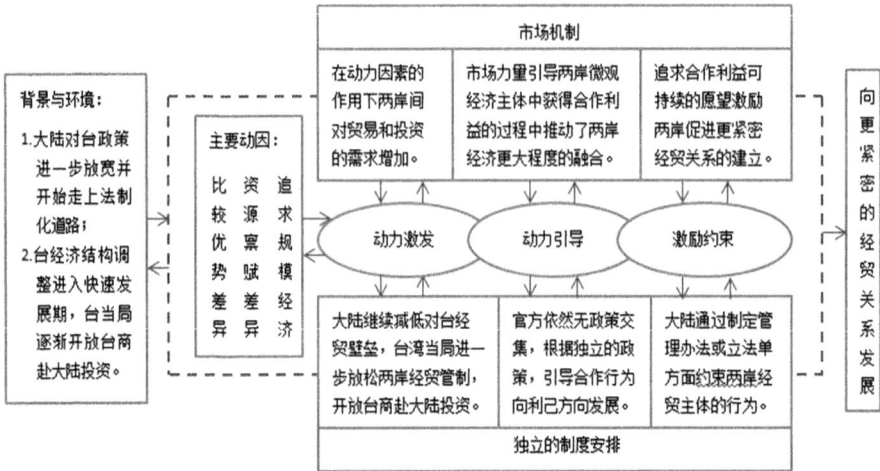

图 4.10 发展阶段海峡两岸经济一体化动力机制的运行与演进

资料来源：课题组整理

（四）推进阶段：两岸先后加入 WTO，制度互动性增强

1. 发展背景与环境

2001 年 12 月 11 日，中国正式加入世界贸易组织（WTO），次年 1 月 1 日，台湾地区以台、澎、金、马关税区的名义成为 WTO 的成员。在入世的前一年，外经贸部就颁布了《对台湾地区贸易管理办法》，就对台贸易的指导原则、管理方式、纠纷解决等问题进行了规范，以便入世后，为扩大两岸经贸合作提供便利。入世后，大陆不仅按照 WTO 规则给予台湾地区最惠待遇，还单方面给予更多超 WTO 的开放（如 4.5）。台湾地区面对入世后即将来临的激烈的"国际"竞争，对大陆也一改"戒急用忍"的限制政策转而以"积极开放、有效管理"的新政策代替，逐渐放宽两岸经贸往来的诸多约束。台当局不但允许台商企业对大陆直接投资、放宽投资上限、简化投资审查标准，还在一定程度上松绑了沿海局部直航和两岸金融往来，制定了两岸金融业、证券业往来许可办法等（如表 4.5）。

2001—2007 年，两岸贸易额和投资额再度攀升。在这一时期，大陆的改革开放继续深化，经济发展迅猛，产业升级开始萌芽，台湾地区完成了由劳动密集型经济向资本密集型经济的转化，岛内高新技术产业发达，因此两岸的经贸合作形式也开始由垂直型向水平型过渡。2006 年，虽然台当局降温海峡两岸经济关系发展，改"积极开放、有效管理"为"积极管理、有效开放"，加大了对台商赴大陆投资的审查和管理，但对两岸民间自发的经贸往来并没有太大影响。

表 4.5　2001—2007 年间大陆与台湾地区的两岸经贸政策

大陆			台湾地区		
时间	政策	主要内容	时间	政策	主要内容
2000 年12 月	《对台湾地区贸易管理办法》	就对台贸易的指导原则、管理方式、纠纷解决等问题进行了规范。	2001 年11 月	"积极开放、有效管理"取代"戒急用忍"	简化台商赴大陆投资审查标准；放宽投资上限；运行；允许台商不经过第三地中转而直接投资大陆；开放两岸海上直航；制定两岸金融、证券业往来办法等。
2001 年12 月	加入 WTO	基于 WTO 框架给予台湾地区最惠待遇甚至超过 WTO 的开放。	2002 年1 月		对大陆有限制地开放。

注：由于大陆 2000 年 12 月出台的《对台湾地区贸易管理办法》是为应对入世后两岸新形势而制定的，运行时效主要是在 2001 年后，因此，本章将其划归为 2001—2007 年间大陆的两岸经贸政策中。

资料来源：单玉丽. 台湾经济 60 年 [M]. 北京：知识产权出版社，2010 年；李保明. 海峡两岸经济关系 20 年 [M]. 北京：人民出版社，2007.

2. 推进阶段动力机制的运行与演进

前两个阶段，两岸经贸往来基本上是基于比较优势差异和资源禀赋差异的垂直型合作，大陆进口台湾地区的制造业产品，利用台湾地区的资金和技术提高生产能力，台湾地区则向大陆输出过剩产能，转移夕阳产业，通过大陆廉价的生产资料降低生产成本。进入 21 世纪后，经过 20 多年的积累，大陆改革开放的成效显著，产业发展开始孕育一个由劳动密集型向资本和技术密集型跃迁的新时代；与此同时，20 世纪 90 年代末，台湾地区的经济转型基本完成，已经由原来的劳动密集型经济转变为资本和技术密集型经济。在环境的影响下，两岸垂直型的合作方式逐渐发生变化，继上一阶段台商投资带动两岸贸易类型由产业间的垂直贸易向产业内的水平贸易转化后，本阶段，两岸发展需求的变化促使投资类型向垂直过渡并且继续推动贸易结构的升级。大陆对台商的投资不再全盘接受，而是更加鼓励技术合作，以期促进企业掌握先进技术，利用自身优势形成具有国际竞争力的规模经济；转型后以电子产业、晶圆制造业等高新技术产业为支柱的台湾地区为了集中精力发展核心竞争力，降低交易成本，也开始将非核心技术的生产安排在大陆，同时加强了产业投资的关联性，投资规模大幅扩大。因此，2001—2007 年间，追求规模经济和降低交易成本代替简单的比较优势差异和资源禀赋差异成为以大陆为平台的海峡两岸经济一体化的主要动因。

这一期间，由于两岸均加入了 WTO，对世界的开放程度大大提升，在WTO 条款的规定以及即将面临的激烈的国际竞争面前，两岸当局对两岸经贸的态度更加积极。大陆在 WTO 框架下给予台湾地区完全的甚至超 WTO 的开放度，台湾地区也以"积极开放、有效管理"的新政策继续放松台商与大陆贸易、赴大陆投资以及两岸金融合作等方面的限制，为海峡两岸经济更深层次的整合扫除障碍。大陆与台湾地区更为友好的两岸经贸制度使得基于动力因素的两岸贸易、投资与金融往来的潜在需求更大程度上被挖掘出来，促使海峡两岸经济一体化动力机制中动力激发环节的作用继续升级。

2001—2007 年间，两岸进出口贸易总额达到 5372.6 亿美元，占合作 30 多年两岸进出口贸易累计额的 74% 左右，2005 年，大陆更是超越美国成为台湾地区的第一大贸易伙伴；台商累计投资大陆约 400 亿美元，占台湾地区对外直接投资累计额的 50% 以上，在台当局继续放松台商投资大陆的管制、两岸同时加入 WTO 后所呈现出的新的合作机遇以及大陆经济吸引力不断增加等综合因素的作用下，台商赴大陆投资的产业结构进一步从劳动密集型产业向资本和技术密集型产业转变（如表 4.6），截止到 2007 年，台湾地区咨询电子业（含光电产业类项目）以合作或独资形式到大陆投资的份额占台商投资大陆总额的 35% 左右，而且金融业、物流业、房地产业等其他高技术产业也迅速发展。除了投资结构的变化外，在投资形式上，台商对大陆的投资更加注重产业链的整合，上、中、下游企业间的联合投资不断涌现，产业投资的关联度凸显。随着两岸投资结构和投资形式的转变，投资性贸易逐渐成为两岸贸易的主体，贸易结构的调整也越发明显。以电子电机设备为代表的高技术产品的产业内贸易不断扩大，据统计，2000 年以来，两岸产业内贸易已经超过 40% 甚至接近 50%，2007 年，两岸电子电机设备贸易额占当年台湾地区出口大陆商品总额的 42% 左右，占台湾地区自大陆进口商品总额的 32% 左右。此外，贸易对两岸特别是台湾地区的经济增长贡献巨大，据台湾地区"中华经济研究院"的研究显示，台湾地区对大陆的出口额每增加 1 美元，就能够直接或间接使台湾地区相关产业产值增加 2 美元。

就市场机制的作用而言，经贸紧密程度的再度攀升使得两岸利益更趋一致；制度方面，虽然本阶段，两岸经贸制度安排仍旧由两岸单独制定，尚未实现共同的制度安排，但是，两岸经贸政策趋向互动，例如，大陆在 WTO 框架下对台湾地区全面开放后，台当局以配合的态度很大程度上放宽了台商赴大陆投资的诸多约束，台湾当局还改变了过去 30 多年严格限制岛内技术向大陆转移的做法，2000 年后相继放松了电脑厂商等高科技产业赴大陆投资的行业限制和投资金额上限等，使得独立制度安排下的动力引导作用逐渐显现，开始促进两岸经贸行为符合经济一体化的发展要求。如此一来，海峡两岸经济一体化动力机制的动力引导环节在本阶段实现了基于市场和制度的共同引导作用。

再看激励约束环节，市场作用下，追求合作利益可持续和扩大化的愿望继续发挥着促进两岸建立更紧密经贸关系的激励作用，并在这种激励作用随着海峡两岸经济融合度的不断提升而越发强烈。而制度的约束效用本阶段也发生了明显变化，即大陆和台湾地区的经贸行为具有了共同的约束规则——WTO 协议。尽管台湾地区对大陆的经贸政策并没有完全遵守 WTO 规则，但相较前期以大陆单方制定的制度安排，基于 WTO 协定的共同约束已经取得了一定的进步。

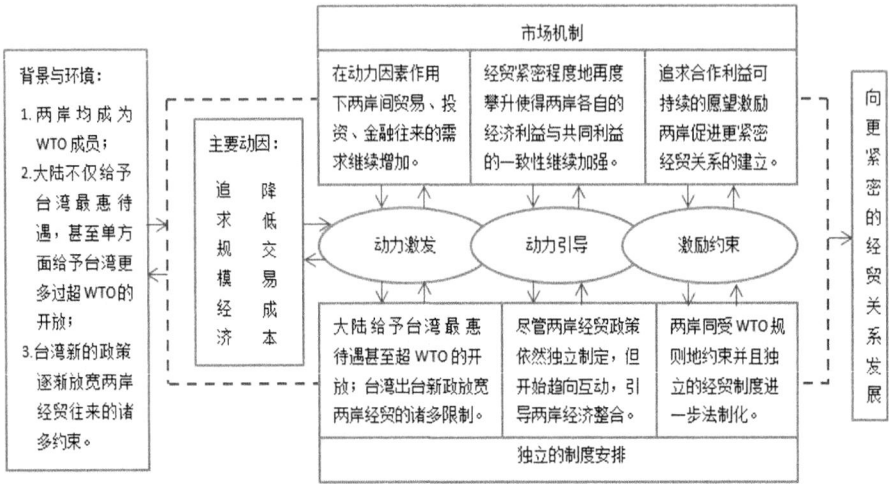

图 4.11　推进阶段海峡两岸经济一体化动力机制的运行与演进

资料来源：课题组整理

（五）转折阶段：两岸签订 ECFA，共同制度的作用初显

1. 发展背景与环境

2008 年，台湾地区政坛交替，马英九上台，国民党重新成为执政党。马政府在坚持"九二共识"的基础上采取了搁置争议、缓和矛盾，促进两岸经贸关系正常化的两岸政策，开启了两岸关系发展的新时期。2008 年 7 月，台湾地区正式开放大陆居民赴台旅游，同年 12 月，两岸实现直接通邮、海运直航和空运直航的"三通"，2009 年 4 月，海峡两岸关系协会（简称海协会）与台湾地区海峡交流基金会（简称海基会）签署了《海峡两岸空运补充协议》《海峡两岸金融合作协议》《海峡两岸共同打击犯罪及司法互助协议》并就大陆资本赴台投资达成共识，2009 年 6 月，台湾地区正式开放首批 100 个行业的大陆企业赴台投资，2010 年 6 月，"两会"又署了《海峡海峡两岸经济合作框架协议》（*Economic Cooperation Framework Agreement*，ECFA），同年 8 月，该协议在台湾地区"立法院"通过。包含若干早期收获协议的 ECFA 实质上是两个经济体之间的自由贸易协定谈判的初步框架安排，它的签署为海峡两岸经济合作搭建了一个制度化的平台，是两岸制度化合作的开端。2012 年 8 月，两岸货币管理机构签署《海峡两岸货币清算合作备忘录》，开始构建两岸货币清算机制。

表 4.6　2008 年至今两岸的主要经贸政策与合作

台湾地区			两岸		
时间	政策	主要内容	时间	政策	主要内容
2008 年 7 月	开放大陆居民赴台游	开放陆客团队游。	2008 年 12 月	《海峡两岸空运协议》《海峡两岸海运协议》《海峡两岸邮政协议》	两岸实现直接通邮、海运直航和空运直航。
2009 年 6 月	开放大陆企业赴台投资	以正面列表的方式分批次开放陆资入台投资。	2010 年 6 月	《海峡海峡两岸经济合作框架协议》	包括货物贸易和服务贸易的市场开放、原产地规则、早期收获计划、贸易救济、争端解决、投资和经济合作等。
2011 年 6 月	进一步开放大陆居民赴台游。	开放大陆居民赴台个人游。	2012 年 8 月	《两岸投资保护与促进协议》	一方应确保给予另一方投资者及其投资公正与公平待遇，并提供充分保护与安全，逐步减少或消除对相互投资的限制等。
			2012 年 8 月	《海峡两岸货币清算合作备忘录》	双方同意以备忘录确定的原则和合作架构建立两岸货币清算机制。

资料来源：课题组整理

2. 转折阶段动力机制的运行与演进

2008 年至今，两岸的经济发展不断出现新情况。2010 年，中国大陆的 GDP 总量超越日本，成为仅次于美国的全球第二大经济体，此后几年，尽管总量依然稳居第二，但增速放缓，开始进入经济发展的新常态，转方式、调结构成为大陆方面的重要任务。在推动经济发展方式由粗放型向集约型转变，调整国际经济各组成部分的资源配置更加优化的过程中，大陆越发重视对有助于域内产业向高端化迈进的资本与技术密集型外来商品与投资的吸收，以期加速提升产业的技术水平，在此基础上利用自身的资源禀赋于产业间广泛形成规模经济，提升大陆产业的综合竞争力。与此同时，世界经济论坛发布的《全球竞争力报告》①显示,台湾地区的经济发展已经由要素驱动和效率驱动阶段进入创新驱动阶段,2008—2014年间,除2012年外,创新排名均位居全球前十,在创新因素细分指标中,台湾地区人均专利权数量一度达到世界第一,科学家与工程师的可用性排名前十,企业创新能力、企业研发支出、研发产学合作等细项指标排名也都在全球前二十以内。然而,由于特殊的政治原因,在全球经济一体化和区域经济一体化并行的国际背景下,台湾地区的外向发展空间扩展困难,面临被边缘化的威胁,需要借助一个平台寻求区域经济合作的机会,成为轮轴辐条效应的中心经济体。新的变化为加强海峡两岸经济合作带来了新的契机。以追求高技术支撑下的规模经济和区域经济中心地位为主要动因的海峡两岸经济一体化动力机制开始运行。

在动力因素的作用下,两岸间贸易、投资、金融等经济往来的需求在质和量上继续增加。ECFA签订前,台湾当局相继放开大陆居民赴台旅游和大陆企业赴台湾地区的投资限制,使得大陆对台湾地区部分消费和投资需求得以实现。ECFA签订后,早期收获计划的实施计划表中列明的货物贸易和服务贸易分别实行了降税和减少或消除限制措施的安排,第一次实现了以共同制度安排的形式为两岸间经贸往来大强度扫除障碍。市场和共同制度的协作很大程度上提升了动力激发环节的作用效果。

早期收获计划实施一年后,2011年,两岸进出口贸易总额突破1600亿美元,同比增长10.1%;2013年,早期收货计划货物贸易的第三阶段降税启动,计划表中的806项货品全部实现零关税,当年,两岸货物贸易额突破1900亿美元,同比增长16.7%,台湾地区产品在大陆市场的占有率达到8.2%左右,超过日本和韩国,从贸易结构看两岸贸易中占据主体的电子产品类贸易大幅增长近18%,成为两岸贸易平稳增长的主要动力。

然而,随着ECFA早期收获计划效用的降低,ECFA框架下两岸货物贸易协议又迟迟未能完成,两岸货物贸易在2014年仅同比上升了0.6%并且2015年上半年出现小幅下降趋势。服务贸易方面,ECFA早收清单中,大陆对台湾地区服务业开放范围广、力度大,有力地促进了两岸服务业合作,2013年两岸服贸增速达到40%,其中,旅游业独占20%以上的份额,在贸易结构中,知识型服务项目和技术密集型服务项目的比重呈现不断上升的趋势。但是受到台湾地区

---

① 世界经济论坛自1979年起每年发布《全球竞争力报告》,公布各经济体竞争力的评比结果。评比方式分为总体全球竞争力指数、3个中项指数、12个支柱以及110多个细项指标。

反服贸运动的影响，2014 年，两岸服务贸易额下滑。投资方面，受 ECFA 的积极影响，2010 年，大陆实际使用台资金额 24.8 亿美元，同比上升 31.7%，2011年继续保持上升势头。投资产业分布方面，台商对大陆投资由制造业向服务业转移的趋势继续发酵，投资前 5 大行业基本保持在金融保险、电脑电子产品光学品制造、批发零售、电子零部件制造、化学材料制造业，其中，对电脑、电子产品、光学品制造及化学材料制造业的投资额增长较快。但是，受金融危机以及大陆人力资本成本上升等因素影响，2012 年后台商特别是从事劳动密集型制造业的台商在大陆撤资现象严重，致使台商投资大陆的金额有所减少。与此相反，2012 年，两岸签署《两岸投资保护与促进协议》，大陆赴台投资额猛涨，当年涨幅高达 4 倍之多，近两年维持趋势上升的态势。

值得关注的是，这一时段，从两岸货物贸易、服务贸易和投资的结构来看，两岸经贸合作不仅在产业链上向知识和技术密集型产业发展的趋势更加明显，而且产业间水平合作的特征也越发显著，大陆对台湾地区的出口结构与其自台湾地区的进口结构极其相似，台商对大陆投资的热门产业与两岸贸易结构也高度吻合，两岸经贸合作的形式基本进入了由垂直型向水平型全面转化的时期。

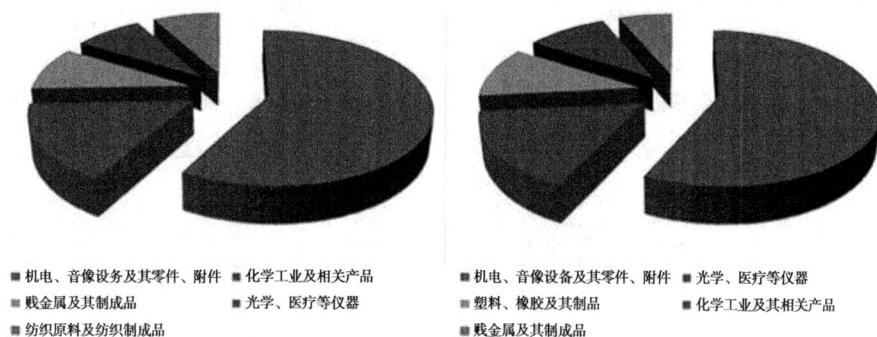

图 4.12　2008—2018 年大陆出口台湾地区（左）
与大陆自台湾地区进口（右）货品前五大类

资料来源：中国海关总署

表 4.7　2009—2018 年台商投资大陆产业前五名

年份排名	2009	2010	2011	2012	2013	2014	2015	2016	2017	2018
1	电子零组件制造业	电子零组件制造业	电子零组件制造业	电子零组件制造业	金融及保险业	金融及保险业	金融及保险业	电脑、电子产品及光学制品	电子零组件制造业	电子零组件制造业
2	电脑、电子产品及光学制品	电脑、电子产品及光学制品	电脑、电子产品及光学制品	金融及保险业	电脑、电子产品及光学制品	电子零组件制造业	电子零组件制造业	电子零组件制造业	非金属矿物制品制造业	电脑、电子产品及光学制品
3	批发及零售业	不动产业	金融及保险业	电脑、电子产品及光学制品	批发及零售业	电脑、电子产品及光学制品	电脑、电子产品及光学制品	金融及保险业	金融及保险业	金融及保险业
4	电子设备制造业	批发及零售业	批发及零售业	不动产业	电子零组件制造业	批发及零售业	非金属矿物制品制造业	化学材料制造业	电脑、电子产品及光学制品	批发及零售业
5	机械设备制造业	非金属矿物制品制造业	化学材料制造业	批发及零售业	电子设备制造业	非金属矿物制品制造业	批发及零售业	批发及零售业	批发及零售业	电力设备制造业

资料来源：课题组根据台湾地区"经济部投资审议委员会"数据整理

　　两岸产业间基于市场作用的广泛深度融合使得大陆与台湾地区各自的经济利益与两岸共同利益之间的界限越来越模糊，一致性更强。而作为两岸制度性合作的开端，ECFA 协议的内容无疑很大程度上引导着两岸的经贸利益趋于一致，并且向着建立海峡两岸经济的长效合作机制发展。这一阶段，市场机制和两岸共同的制度机制在动力引导环节开始联合发挥作用，以共同的制度捆绑各自的经济利益，更加明确地引导海峡两岸经济合作由功能性经济一体化走向制度性经济一体化的道路。

激励约束环节，在市场作用下，两岸微观经济体之间广泛而紧密的经贸关系所联动的经济利益依然是促进两岸在功能性和制度性上建立更紧密经贸关系的最重要的激励。制度约束方面，ECFA框架协议包括了货物贸易和服务贸易的市场开放、原产地规则、早期收获计划、贸易救济、争端解决、投资和经济合作等方面的内容，尽管单个议题的后续协商还在进行中，但它为两岸构建共同的制度性约束机制提供了一个平台，指明了发展方向，相较之前两岸建立的独立的制度安排或基于WTO框架下却难以发挥平等效用的共同制度，ECFA的签订实现了质的飞跃，是两岸在制度性经济合作上迈出的第一步，有利于推动海峡两岸经济一体化动力机制中的制度作用由独立制度向着作用效果更强的共同制度的方向发展。

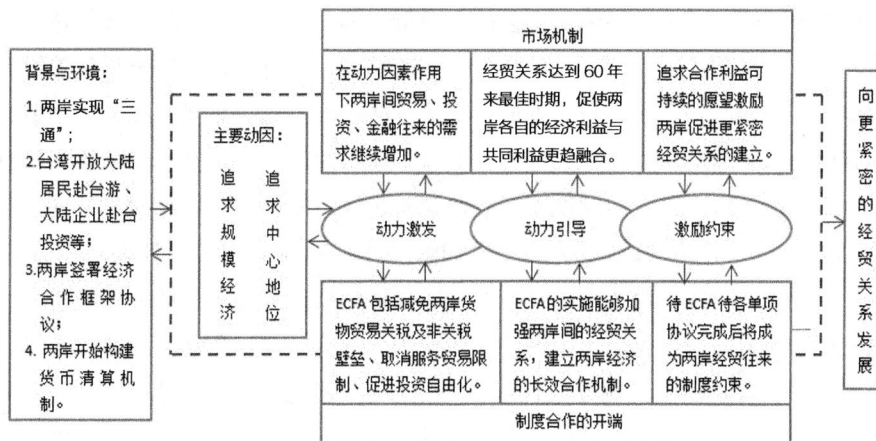

图4.13　转折阶段海峡两岸经济一体化动力机制的运行与演进

资料来源：课题组整理

第三节　海峡两岸经济一体化动力机制的效应与局限

一、海峡两岸经济一体化动力机制特点

海峡两岸经济一体化动力机制的发展特点体现在三个方面：第一，特殊政治关系下制度作用的滞后性；第二，制度作用滞后情况下，功能性经济一体化的创新性；第三，积极推进海峡两岸经济整合的过程中，大陆给予台湾地区更多非对等性让利。

（一）制度作用的滞后性

根据欧盟等较为成功的国际经济一体化的发展经验，当经济一体化动力机制经历了一段时间以市场为主导的运行后，随着前期制度的狭隘性对日益膨胀的市场作用空间的束缚，不断完善制度安排、提高经济一体化的制度化程度、加强制度在动力机制中的基础作用成为满足发展需求的有效途径。然而，由于特殊的政治关系，海峡两岸经济一体化的身份定位打破常规，经历的30多年的发展，至今仍未真正进入制度性经济一体化阶段，制度作用在海峡两岸经济一体化动力机制发展的各个阶段均表现出一定程度的滞后性。

动力机制形成时，尽管制度的作用不再是空白，但却是以独立制度安排的形式发挥作用，共同制度无法一蹴而就。这一阶段，相比独立主权国家间以签订协议为基础的经济一体化而言，两岸经济一体化并没有在两岸官方间达成共同的制度安排，甚至双方官方无任何谈判或沟通，经济一体化的发展一方面主要依靠互补的市场需求，另一方面则得益于两岸官方对两岸经贸往来所制定的具有推动或非抑制作用的独立的制度安排，使得两岸经济一体化动力机制带有以独立制度安排代替共同制度安排的两岸特色。由于独立制度相对于共同制度而存在的难协调、不稳定等短板，很大程度上影响了制度作用的效果。

进入发展阶段，由特殊的政治关系所导致的缺乏制度合作的两岸经济一体化依然没有走向制度化。尽管大陆和台湾当局对待两岸经贸往来的态度更加积极或放松，各自独立的制度安排都在一定程度上推动了两岸经贸关系的发展，但政治原因使两岸高层无法以互相认可的身份就海峡两岸经济一体化制度性合作的事宜组织谈判。相比制度性经济一体化而言，单独制度安排在动力机制的激发、引导和约束环节中作用力度与效果均显逊色。

推进阶段，WTO成员身份为两岸走向制度性经济一体化提供了良好的条件。但政治互信不足使得两岸仍旧无法走上制度性合作的道路。2001年，两岸先后加入WTO，尽管两岸独立的制度安排开始有所互动，台湾当局对待大陆的积极开放不再如之前一样严格管制或消极放松，而是主动配合大陆的两岸经贸政策，为两岸经贸往来提供了更多的便利，但是，这一时期，两岸官方并没有以一种互认的身份通过谈判达成协议，组建制度性经济一体化组织，形成共同的制度安排，各自仍旧独立构建两岸经贸制度，缺乏必要的沟通与交流。随着市场需求的扩张，在动力机制的运行过程中滞后的制度安排对市场作用的约束性越发显著。

ECFA 的签订被公认为是两岸制度性合作的平台，一定程度上提升了制度作用的高度。但 ECFA 签订后，后续单项协议的谈判或实施工作仍相当困难。2013 年 6 月，经过近两年的努力，两岸签署了《海峡两岸服务贸易协议》（简称"服贸协议"），协议规定了两岸服务贸易的基本原则、双方的权利义务，未来合作发展方向及相关工作机制等内容，明确了两岸服务市场开放清单，在早期收获基础上更大范围地降低市场准入门槛，为两岸服务业合作提供更多优惠和便利的市场开放措施。然而，2014 年 3 月，台湾地区发生"反服贸运动"，导致服贸协议被"立法院"雪藏，未能生效。同年 6 月，大陆宣布暂停各项两岸协商，包括两岸货品贸易谈判、争端解决机制以及航空、观光、海运与邮政协商等。2015 年 8 月，随着《海峡两岸避免双重课税及加强税务合作协议》及《海峡两岸民航飞行安全与适航合作协议》等两项协议的签署，两岸的制度性协商有所恢复，但 ECFA 框架下的后续协商的进度依然缓慢，这意味着，共同制度的作用若要达到与市场需求相适应的阶段并非朝夕之事。

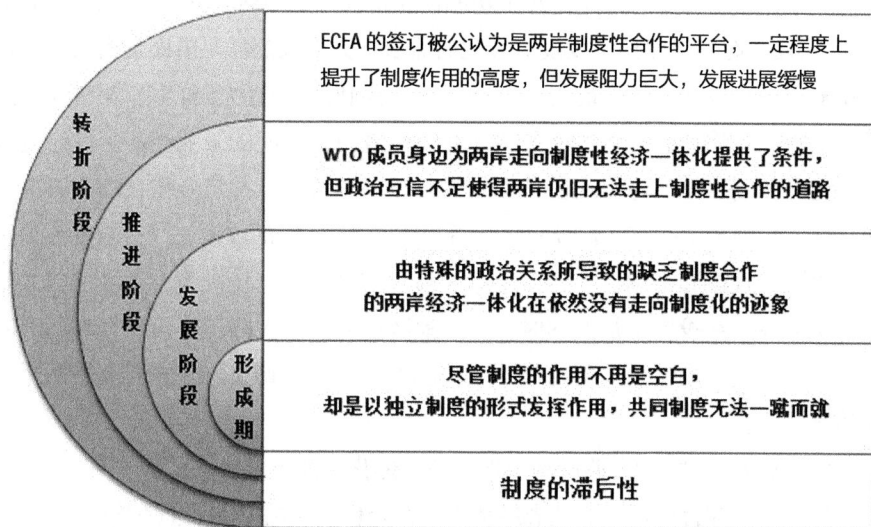

图 4.14　制度滞后性的表现

资料来源：课题组整理

（二）功能性经济一体化的创新性

伴随着动力机制的初形成，两岸的经济一体化走上了一条民间自发的功能性经济一体化道路。20 世纪 80 年代后，两岸在市场上逐渐显现出良好的互补合作空间，形成了经济一体化的天然需求。然而，由于缺乏共同的制度安排，各自独立的推动或放松限制的制度又难以起到"一加一大于二"的作用，因此，海峡两岸经济一体化无法以制度性经济一体化的形式形成并发展，只能另辟蹊径，走上了一条以民间自发合作为主的功能性经济一体化道路。在大陆率先打破两岸僵局，鼓励台商与大陆贸易后，两岸民间的工商界特别是台商就采取各种措施冲破台湾当局限制两岸往来的阻挠与大陆进行贸易合作。即使在台当局逐渐放松管制的情况下，台商依然先行一步，设法规避制度限制，利用大陆的优惠政策不断在深度和广度上扩大与大陆的经贸往来。1985—1992年间，不但两岸贸易持续高涨，大陆跃升为台湾地区重要的出口对象，台商对大陆的投资在大陆吸引对外直接投资实力不足的当时也成为大陆主要的外资来源之一。两岸间经贸关系的不断强化和产业发展的逐渐融合促使功能性经济一体化的形成与发展。功能性经济一体化动力机制的特点在于，市场始终主导着动机制的运行和经济一体化的发展。

得益于动力机制的推动，两岸功能性经济一体化也进入快速发展期。20世纪90年代，海峡两岸经济发展对彼此的需求扩大，大陆需要借助台商的投资提高技术水平和吸引外资的能力，台湾地区需要利用大陆的廉价生产资料和广阔的市场空间转移过剩产业。强劲的互补性使得两岸民间的微观经济主体通过各种渠道跨越制度上的障碍在贸易和投资领域展开合作，并且合作在产业链上不断延伸。特别是1996年台当局开始实行"戒急用忍"的政策，严格限制台商赴大陆投资的规模和范围后，台商通过在第三方设立公司转投等途径继续向大陆输出制造业，在投资增加的同时，台湾地区母公司与大陆子公司或合作商之间的贸易往来还带动了两岸贸易额的增长和贸易结构的调整，加强了海峡两岸经济的融合度。

两岸加入WTO后，两岸功能性经济一体化逐渐走向成熟。加入WTO的新机遇使得大陆和台湾地区的微观经济主体在合作利益的驱动下都不愿错失良机。虽然台当局一再放松管制，但面对大陆全面开放的商机，台商纷纷冲破台湾当局剩余的两岸经贸限制，奔赴大陆市场抢占先机，两岸基于市场作用的经济融合由此达到了新的高度。除了贸易和投资金额更上一层楼外，产业整合的力度加大，台商对大陆的投资由单一产业逐渐向上、中、下游产业延伸；投资结构更加优化，资本和技术密集型产业对台商资金的吸引力增加，电脑、通讯、电子业等高科技产业成为台商投资大陆的热门产业。新一轮投资浪潮的掀起还带动了产业内贸易更进一步的发展以及两岸贸易结构地深度优化。由此可见，尽管两岸制度性经济一体化尚未建立，但功能性经济一体化已经达到一定的高度，走向成熟的高峰。

　　面对 ECFA 带来的转折，对于膨胀的市场需求受严重滞后的制度约束而处于发展瓶颈期的功能性经济一体而言，虽然制度性经济合作的前景向好，短期内的地位几乎不会被取代，但 ECFA 还只是一个框架性协议，涉及实质性内容的两岸服贸协议和货贸协议均未生效或达成协商一致，即使未来，货物贸易、服务贸易以及投资开放的协议得以落实，海峡两岸经济的制度性合作也依然处于初级阶段，涉及的商品、服务、投资产业、开放程度等都是极其有限的。只能说海峡两岸经济一体化的形式开始由原来缺乏共同制度安排的功能性经济一体化向制度性经济一体化过渡。但是，考虑到两岸特殊的政治关系，岛内的政治更迭、西方大国的干涉以及前期合作中出现的至今难以逾越的障碍等原因，这一过渡期几乎不可能在短期内一蹴而就。因此，短时间里，以民间的自发性为主的功能性经济一体化依然是海峡两岸经济一体化最主要的存在形式。不过，随着制度合作的不断完善和强化，中长期推断，制度性经济一体化最终会取而代之。

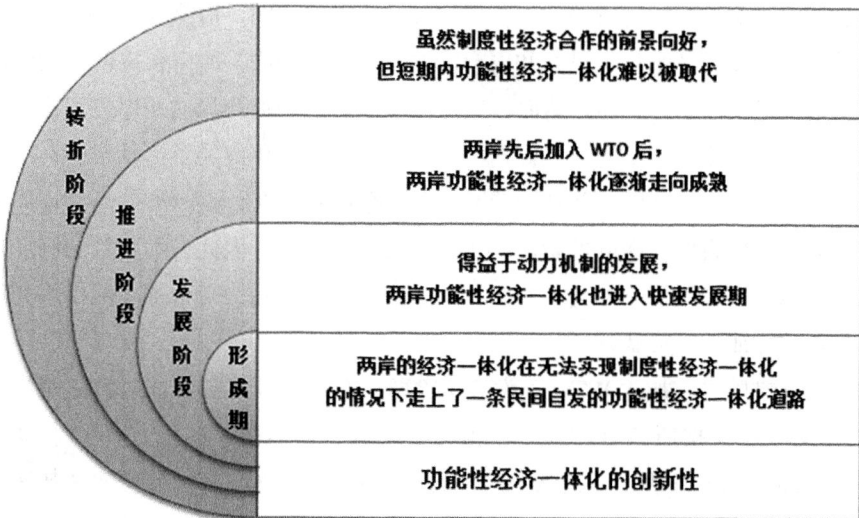

图 4.15　功能性经济一体化创新性的表现

资料来源：课题组整理

（三）市场开放的非对称性

纵观各类典型的国际经济一体化，凡是大经济体与小经济体之间的经济整合，考虑到小经济体的市场对于开放冲击的承受能力，通常情况下大经济体在开放程度上都会做出一定的让步，基于小经济体更长的缓冲时间，逐步实现对等开放。两岸经济体量悬殊，市场抵御外部冲击的能力差距较大，在海峡两岸经济一体化的过程中，大陆对台湾地区做出适当的优惠是必要的。

自海峡两岸经济一体化动力机制形成时起，由两岸各自的制度安排所决定的市场开放程度就存在着超越常态的非对称性。一方面，大陆对台湾地区的优惠超越与其他中小经济体在经济一体化中的优惠；另一方面，台当局被迫放松管制，但严格管制台商间接向大陆输出货物，只批准大陆少数初级加工品或原材料可进入台湾地区市场。两岸市场开放不对等的现象导致两岸经贸往来呈现出以大陆为平台的单向流动的特点。在海峡两岸经济一体化动力机制运行中这一特点主要表现为，推动海峡两岸经济一体化向前发展的市场和制度两股力量基本都是以大陆为中心发挥效能的，台湾地区的作用则相对较弱。

动力机制进入发展期以后，两岸独立的制度安排在开放程度上依然不对等。市场开放的非对称性继续影响着动力机制的运行。这一阶段，大陆继续以积极开放的态度对待两岸经贸关系，不但持续扩大经贸范围，清除往来障碍，一系列管理办法以及《中华人民共和国台湾同胞投资保护法》的出台更使得大陆的对台政策走上法制化道路。然而，1996年前，虽然台湾当局对两岸经贸往来的限制也逐渐减小，基本允许台商对大陆出口或投资的单向经贸流动，但对从大陆进口商品还是限制颇多并且严禁开放大陆企业赴台投资；1996年后，连原本已逐渐放开的台商对大陆的贸易与投资也再次被收紧。因此，不对等的制度安排使得海峡两岸经济一体化动力机制所呈现出的以大陆为平台推动两岸展开经贸合作的特征更加明显。

在推进阶段，加入WTO并没有消除两岸在市场开放上的不对称。两岸同为WTO成员，按照WTO规则，应给予对方最惠待遇。大陆基于WTO框架给予台湾地区最惠待遇甚至超WTO的开放。然而，一直以来，台湾地区却违背WTO规则，对同为WTO成员的大陆并没有给予同其他成员经济体一样的开放待遇，而是寻找各种理由继续采取限制开放的措施。限制负面列表中的大陆商品进入台湾地区市场，限制大陆企业赴台湾地区投资，限制台资企业向大陆的技术转移等。2006年甚至将"积极开放、有效管理"的两岸政策改为"积极管理、有效开放"并持续限制台商赴大陆的投资，再次增强两岸经贸限制。在大陆商人难以进入台湾地区市场的情况下，海峡两岸经济一体化动力机制以大陆为平台推动台两岸经贸融合的特征依然明显。

在转折阶段，两岸在搭建制度性合作平台的过程中，市场开放程度的差距逐渐缩小，但是依然存在。ECFA 早期收获计划实施后，在货物贸易方面，分三个阶段对 806 项货品实现免税，其中，大陆对台湾地区免税数量为 539 项，涉及台湾地区中小企业、传统产业的产品以及敏感的农产品，台湾地区对大陆减免税数量为 267 项，集中在台湾地区的优势产业或夕阳产业；服务贸易方面，大陆首批开放了会计服务、计算机及其相关服务、研究和开发服务、会议服务以及视听服务项下的进口电影片配额 5 个项目，后续又开放了专业设计、医院服务、民用航空器维修等非金融领域以及银行、证券、保险等金融领域，台湾地区则依然选择开放研发服务、会议服务、展览服务、特制品设计服务等优势项目且金融领域里管控严格，只对大陆有限地开放银行业。在两岸签订的服贸协议中，大陆承诺对台湾地区开放包括商业、通讯、建筑、分销、环境、健康和社会、旅游、娱乐文化及体育、运输、金融等领域的 80 个项目，开放高于此前对 WTO 承诺的水准，台湾地区承诺对大陆开放 64 项，其中有 27 项已开放陆资赴台投资专案。由此可见，即便是在制度合作的情况下，大陆仍旧是立足于对台"优惠、让利"的思维，两岸市场开放程度的不对等仍继续存在，动力机制依旧呈现以大陆市场为平台、以大陆制度为引导的特点。

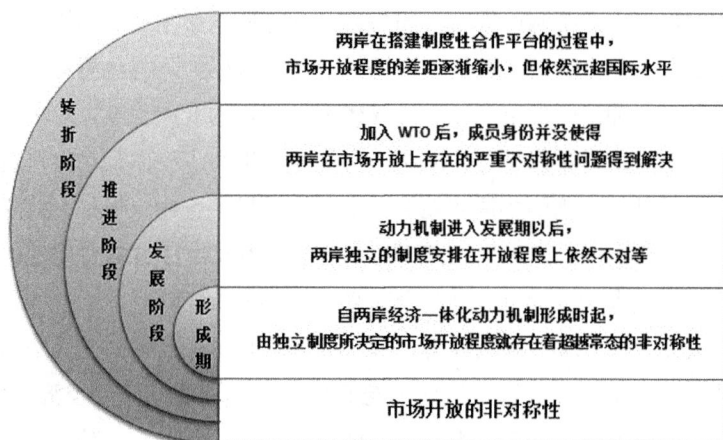

图 4.16   市场开放的不对称性的表现

资料来源：课题组整理

二、海峡两岸经济一体化动力机制发展局限

过去 30 多年时间里，尽管海峡两岸经济一体化动力机制对海峡两岸经济一体化的发展发挥了重大的作用，但是，在其自身的运行与演进过程中，依然存在许多现实困难，制约着市场和制度作用在动力机制中的有效发挥。总结起来，主要包括四个方面，市场规模悬殊、产业竞争加剧、政治互信不足、国际势力干扰。

（一）市场规模悬殊

从当前世界上较为成熟的经济一体化组织——欧盟的发展经验来看，市场规模是经济一体化形成与发展的一个有利条件（欧盟六大创始国的市场规模差距不大）。既有助于市场供需的平衡，又有助于尽早实现对等的市场开放程度。然而，两岸经济一体化却并不具备这样的有利条件。

从人口数量和域内生产总值两个市场规模的主要影响因素来看，大陆 960 万平方公里约占世界总面积的 30%，拥有 13 亿多人口，是世界总人口的 20% 左右，台湾地区则只有 3.6 万平方公里，2300 多万人口。相比之下，大陆地域辽阔、人口众多。此外，从生产总值来看，大陆的 GDP 总量远超过台湾地区（如表 4.8），与台湾地区之间是名副其实的较大经济体与较小经济体的关系。2010 年后，大陆域内生产总值（GDP）超越日本，成为仅次于美国的全球第二大经济体，扩大到台湾地区的近 20 倍。

两岸市场规模的悬殊不仅阻碍了市场机制作为动力机制的作用与效果，而且也成为海峡两岸经济制度性合作的一大客观障碍，影响制度作用的发挥。原因主要包括以下几个方面，首先，市场规模悬殊造成大陆与台湾地区的市场在面对外来力量的冲击时的抗压能力差异较大。同样的开放程度，对大陆影响甚微，对台湾地区却是难以承受。因此，在海峡两岸经济一体化动力机制中，需要对两个市场进行恰当的协调才能够有效发挥市场的作用，但是，对于相差较大的两个经济体之间，这种协调并不容易达成。其次，一方面台湾地区担心与大陆这一"庞然大物"的对等开放会对岛内狭小的市场造成巨大冲击，引发产业外移、失业率高升等一系列经济、社会问题，使得合作的利益无法弥补酿成的损失；另一方面，在台湾地区尚未与其他经济体建立制度性经济合作机制、地位得以巩固之时，由于对"大吃小"的政治担忧，不敢与大陆走得太近，仅想借助两岸协议的优惠政策为台湾地区携手跨国公司进入大陆市场提供便利以及以大陆为跳板向国际市场进军，对两岸制度性经济一体化的态度并不积极。

因此,在很大程度上造成两岸共同制度的缺乏或低效以及独立制度的互动性不强等缺陷,致使制度在海峡两岸经济一体化动力机制中的作用受到较大限制,难以成为经济一体化的主导力量。

表 4.8 大陆与台湾地区经济体量的比较

年份	大陆 GDP (亿美元)	台湾地区 GDP (亿美元)	大陆 GDP/ 台湾地区 GDP
1980	3037.64	422.96	7.181861
1981	2873.63	489.86	5.866227
1982	2817.9	495.45	5.687557
1983	3024.59	541.62	5.58434
1984	3114.73	610.88	5.098759
1985	3078.29	636.41	4.83696
1986	2985.64	782.34	3.816295
1987	3251.44	1050.4	3.09543
1988	4057.15	1264.61	3.208222
1989	4539.14	1527.27	2.972061
1990	3925.05	1668.45	2.352513
1991	4113.07	1873.51	2.195382
1992	4908.48	2231.23	2.199899
1993	6165.27	2351.66	2.621667
1994	5622.77	2564.38	2.192643
1995	7319.73	2792.7	2.621023
1996	8608.43	2926.81	2.941233
1997	9581.56	3037.06	3.15488
1998	10253	2804.07	3.656471
1999	10894.5	3041.74	3.581667
2000	12052.6	3314.07	3.636797
2001	13322.5	3002.23	4.437535
2002	14619.2	3088.83	4.732925
2003	16499.2	3183.64	5.182496

年份	大陆 GDP（亿美元）	台湾地区 GDP（亿美元）	大陆 GDP/ 台湾地区 GDP
2004	19417.5	3484.07	5.573223
2005	22686.2	3757.87	6.036984
2006	27297.5	3885.47	7.025534
2007	35232.8	4082.21	8.630815
2008	45589	4170.38	10.93162
2009	50597.2	3921.06	12.90396
2010	60395.5	4461.41	13.53731
2011	74925.3	4856.71	15.42717
2012	84615.1	4959.19	17.06228
2013	94908.5	5112.79	18.56296
2014	103565.1	5295.97	19.55545
2015	112261.8	5256.01	21.35874
2016	112218.3	5306.08	21.11490
2017	120146.1	5725.94	20.73980
2018	134572.67	6026.78	22.329116

资料来源：美元计价的大陆与台湾地区 GDP 数据自 IMF World Economic Outlook Databases 2019

（二）产业竞争加剧

海峡两岸经济合作之初，双方经济发展水平差距较大，台湾地区自 20 世纪 50 年代经历了近 30 年的政策改革与快速发展后，到 80 年代已经建立起一定的工业基础，第三产业占 GDP 的比重超越 50%，人均 GDP 超越 1 万美元，成功跨越中等收入陷阱；而当时大陆结束了 20 年发展停滞期开始改革开放，工业基础薄弱，依然停留在农业时代，工业和服务业在 GDP 中的比重较低，人民生活贫困。基于差距巨大的发展水平和产业结构，两岸间建立起了以垂直分工为基础的产业合作为关系，产业间的竞争性并不明显。

随着改革开放的不断深入，大陆的经济发展迅猛，特别是进入 21 世纪后，工业化步伐加快，工业和服务业在 GDP 中的比重迅速提升，产业结构由 "一二三" 变为 "二三一" 再到 "三二一"（第一产业、第二产业、第三产业）与台湾地区的产业结构趋同。与此同时，两岸的出口结构也开始趋同。在出口的工业制品中，机电产品后来居上，于2000年左右替代纺织品成为出口的主力，出口占比连续增长，2014年达到57%以上。台湾地区方面，工业制品的出口于20世纪70年代就超越了出口总额的80%，进入新世纪后，机械设备同样占据着出口的半壁江山。此外，台湾地区经济在经历了20世纪后30年的增长奇迹后，发展速度开始放缓，其支柱产业制造业的技术水平领先大陆的程度逐渐缩小。趋同的出口结构与缩小的技术差距无疑加剧了两岸产业间的竞争。近年来，随着台湾地区产业优势的进一步流失以及大陆产能过剩的压力，两岸产业竞争更加激烈，在个别行业，竞争现象甚至多于合作。

对于经济一体化成员而言，产业竞争的加剧不利于市场发挥在经济一体化动力机制的作用，甚至严重影响其作用效果。具体到两岸，产业间的互补合作是海峡两岸经济一体化动力因素中的核心思想，是市场需求的来源，也是经济一体化动力机制得以运行的起点和必备条件。产业竞争的加剧一定程度上释放出了两岸互补性趋弱和市场需求减少的信号，使得市场机制赖以发挥作用的基础条件被削弱甚至丧失。此外，产业竞争加剧对制度发挥海峡两岸经济一体化动力机制的作用也会产生负面影响。主要原因是，产业竞争的加剧会恶化两岸微观经济主体间的关系，而微观经济主体间非合作的行为和意愿在很大程度上能够影响其所在经济体的官方对于经济一体化的态度。就两岸这种缺乏共同制度安排的功能性经济一体化来说，独立制度更容易发生改变，变得消极甚至向着违反经济一体化的方向发展。

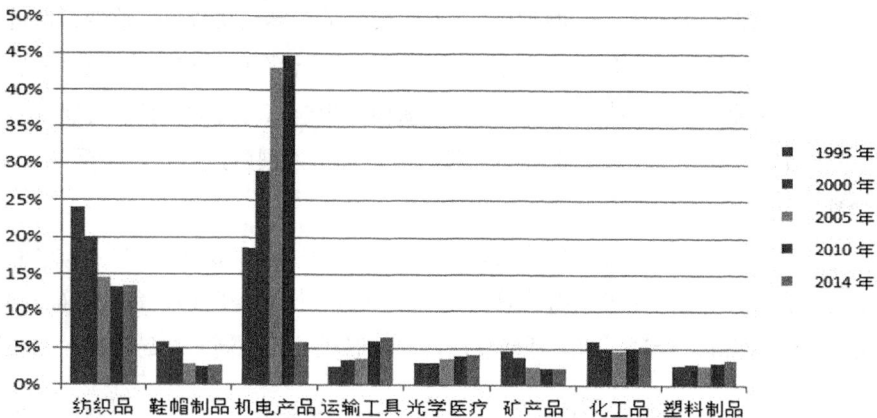

图 4.17 大陆工业制成品出口结构变化图

资料来源：课题组整理绘制

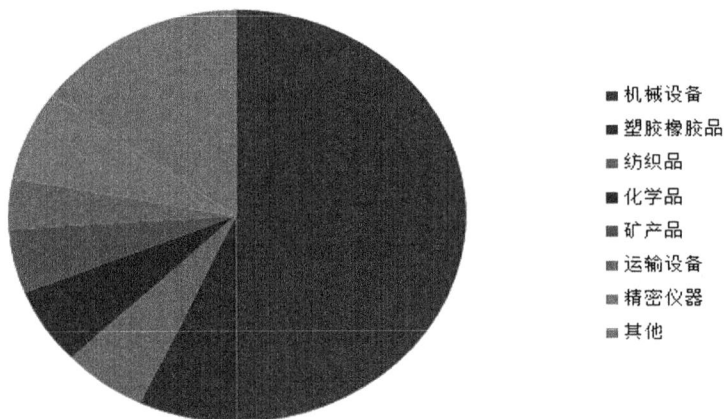

- 机械设备
- 塑胶橡胶品
- 纺织品
- 化学品
- 矿产品
- 运输设备
- 精密仪器
- 其他

图 4.18　2000 年后台湾地区出口结构的平均情况

资料来源：课题组整理绘制

（三）岛内"台独"势力干扰

2008 年以来，在两岸共同努力下，初步建立了政治互信，在一些重大政治问题上取得共识与默契（如表 4.9）。例如，2008 年国民党重新上台以来，马当局摒弃了陈水扁的"台独"政策，坚持一个中国原则基础上的和平发展路线，两岸一致认同在坚持"九二共识"①的基础上开展两岸对话协商、推动两岸关系发展；两岸还多次表达推动两岸关系和平发展的诚意与决心，特别是台湾地区"反服贸运动"爆发后，两岸高层均态度鲜明地指出个别事件不会影响两岸关系的进展，两岸将继续努力推进两岸关系和平发展的意愿与决心没有改变；此外，大陆方面公开表示，在不造成"两个中国""一中一台"的情况下，愿意协助台湾地区参与国际组织活动，通过两岸务实协商做出合情合理的安排。毋庸讳言，两岸在诸多重大政治问题上也存在分歧，两岸和平发展的进程也不断受到岛内"台独"势力的干扰（见表 4.9）。

这一时期，大陆积极推动就宣布结束两岸敌对状态、建立两岸军事互信机制、签订两岸和平协议等在内的政治议题尽早展开协商与对话，台湾方面反复不定，消极回避，错过了两岸开展政治协商谈时机。与此同时，岛内的"台独"

---

① "九二共识"是指 1992 年 11 月两岸关系协会与台湾的海峡交流基金会就解决两岸事务性商谈中如何表明坚持一个中国原则的态度问题所达成的以口头方式表达的"海峡两岸均坚持一个中国原则"的共识。

势力暗潮涌动，不但继续公开挑衅一个中国原则，而且以岛内的青年学生为对象，进行误导，挑动学生投入所谓"太阳花学运"，反对《海峡两岸服务贸易协议》并使之胎死腹中，极大影响了两岸经济的进一步融合。

表 4.9　两岸政治互信的表现

两岸初步政治互信建立的主要表现	两岸政治互信不足的主要表现
1. 两岸就坚持"九二共识"达成一致； 2. 两岸当局均表达出了推动两岸关系和平发展的意愿与决心； 3. 两岸在台湾地区"国际空间"问题上达成谅解，祖国大陆协助台湾地区以"中华台北"的名义加入世界卫生组织，允许台湾地区政治人物出席亚太经济合作会议等； 4. 台湾当局以"外交休兵"代替"烽火外交"不再挑衅一个中国原则，也不再高调推动台湾地区"重返联合国"活动，祖国大陆方面则拒绝与台湾地区的"邦交国"建交。	1. 两岸在"一个中国"的表述上各执己见，坚持中华人民共和国是代表中国的唯一合法政府，台湾地区则将"一中"定义为"中华民国"； 2. 两岸在台湾地区的政治定位上存在分歧，目前仍属于被搁置的敏感问题； 3. 台湾当局对祖国大陆积极推动的两岸政治协商谈判态度消极，以时机不成熟为由拖延谈判开展的时间； 4. 两岸推动和平发展的目的尚未达成共识，祖国大陆以实现和平统一为目的，台湾地区则意图借助祖国大陆提升自身综合实力，加强台湾地区的"独立性"； 5. 两岸在共同维护海洋主权权益上缺乏交集。 岛内态度实力暗潮汹涌，不但继续公开挑衅一个中国原则，而且以更为隐秘的方式煽动分裂。

资料来源：董玉红. 两岸政治互信的现状、问题与思考，现代台湾地区研究 [J]. 2014（5）：23—27.

（四）国际势力干扰

台湾问题一直都是以美国为首的国际势力用以牵制中国的工具。为确保自己在亚太地区的主导地位以及在台海问题中的最大战略利益，美国既不希望两岸达成和平统一的协议，也不愿看到二者通过武力解决统一问题，而是维持"不独、不统、不战"的现状，一定程度上影响了台湾地区在两岸制度性经济一体化上的态度，间接削弱了制度在经济一体化动力机制中的作用。

例如，近年来，特别是民进党执政后，台湾当局积极致力于推动加入新的国际经济协议。2015 年 10 月，美国、加拿大、日本、新加坡等 12 国经济部长在亚特兰大发表联合声明，宣布历时 5 年多的 TPP 第一轮谈判结束后，台湾当局便积极发声，表达在 TPP 开放第二轮谈判时申请加入的强烈愿望。尽管当前 TPP 搁浅，但美国为防止两岸经济关系过度紧密，对台湾地区申请加入 TPP 的行为的欢迎和支持仍说明，只要有机会，美国以及其他国际势力会想方设法制约两岸关系的发展。因以美国为首的国际势力长期对台湾问题的干涉及其在亚太区域经济整合中的布局无疑是两岸进行制度性经济一体化的绊脚石。

表4.10   美国对两岸关系的主要干扰

涉及领域	主要内容
政治方面	1.引导台湾地区的政治体制走上"西化"道路； 2.左右台湾当局在两岸关系上的态度； 3.影响台湾地区岛内的"大选"等。
军事方面	1.向台湾地区售卖军火； 2.指导台湾地区的军事训练； 3.参与台湾地区的军事演习等。
经济方面	1.是台湾地区重要的经贸对象，曾长期维持台湾地区第一大贸易伙伴地位； 2.为台湾地区提供经济援助； 3.疏离两岸间的经贸关系。
文化方面	1.输入美式的意识形态； 2.以美国文化影响台湾地区文化的发展； 3.弱化青年一代对中华民族的认同感。

资料来源：课题组整理

第四节   新时期海峡两岸经济一体化动力机制

一、新时期海峡两岸经济一体化动力机制背景

（一）大陆综合实力不断增强，经济发展进入"新常态"

所谓"新常态"是指，大陆经济经历了多年的高速发展后，逐渐趋于平衡发展的状态。在"新常态"下，包括经济发展的速度、结构、动力三个方面将会出现变化调整。具体而言，大陆原本粗放型的经济发展方式以及依靠要素驱动和投资驱动的经济增长方式难以继续提供足够的发展动力，经济增速将由高速逐渐放缓为中高速，为维持正常的经济发展，需要优化经济结构、促进产业升级，寻找新的经济增长点。

大陆经济在进入"新常态"前，一直保持着10%左右的年均增速，远超同期全球经济增速（如图4.19），域生产总值（GDP）在20世纪90年代末首次

突破 1 万亿美元，进入 21 世纪后，更是突飞猛进，2005 年超越意大利和法国，跻身世界前五，2008 年超越德国，排行世界第三，仅两年后超越日本，成为仅次于美国的全球第二大经济体。即使在已经进入"新常态"的情况下，2014 年，大陆的 GDP 也依然突破 10 万亿美元，与美国之间的差距逐步缩小。尽管如此，伴随"新常态"而来的经济增速的下降以及一系列发展中的问题引起了大陆的高度重视，在以往的经济发展方式无法适应"新常态"下经济发展需求的情况下，提出了优化经济结构，促进产业升级，培养创新驱动，提高市场活力的经济改革方向。

2015 年 10 月，中共第十八届中央委员会第五次全体会议通过了《中共中央关于制定国民经济和社会发展第十三个五年规划的建议》，简称"十三五"规划。规划将保持经济中高速增长、培育发展新动力、构建产业新体系等作为未来五年发展的重要目标。与此同时，中央还提出了"供给侧改革"的新思路，在适度扩大总需求的同时，着力加强供给侧结构性改革，着力提高供给体系质量和效率。当前，大陆供给侧改革的主要任务是，化解过剩产能，促进产业优化重组；降低成本，帮助企业保持竞争优势；化解房地产库存，促进房地产业持续发展；防范金融风险，加快形成融资功能完备、基础制度扎实、市场监管有效、投资者权益得到充分保护的股票市场等。此外，共建"一带一路"倡议、"互联网 +"等一系列新时期的政策也在有序的部署和实施中。由此可见，"新常态"下，大陆经济发展从方式到内容都将面临新的变化。

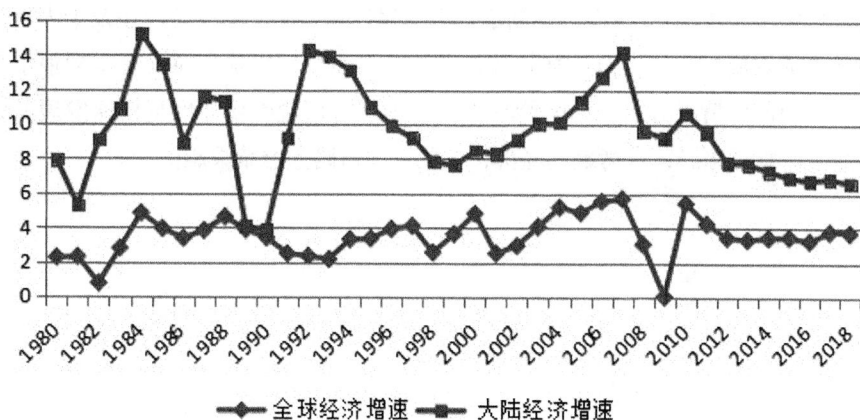

图 4.19　1980—2018 年全球经济增速情况与大陆经济增速情况

资料来源：IMF World Economic Outlook Databases 2019

（二）台湾地区经济发展动力不足

台湾地区经济在 20 世纪末缔造了经济发展的"亚洲传奇"后，进入 21 世纪，发展形势却出现了逆转。经济增速不但与 20 世纪六七十年代连续 20 年的高速增长相去甚远，就连八九十年代持续了 20 年的中速发展也难以继续维系，进入了经济的低速增长时期，甚至有些年份出现了经济增长的负值，其表现在"亚洲四小龙"排列倒数第一。与低增速一起到来的还有生产萎缩、投资消极、消费不足、工资增长停滞、失业率上升、贫富差距扩大等一系列经济和社会问题。

通过相关数据分析，2000 年后，台湾地区的工业生产指数波动较大，增速明显放缓，还出现了 50 多年来的最大下降，降幅超过 8%，尽管 2010 年出现过 24% 的强反弹，但依然难以扭转增长的疲软态势；投资不足，固定投资增长率萎靡不振，相比八九十年代普遍两位数的增长，2000 年后除个别年份增幅达到两位数外，其他时段的增幅均低于 5% 甚至低至 –9%；民众资产缩水、消费意愿降低，消费增长率呈下降趋势，增幅最高不超过 4%，难现昔日 10% 以上的高增长；工资水平连续十几年增幅平缓，在 2% 上下徘徊；结构性失业严重，失业率打破 20 世纪 60 年代以来维持的 3% 的低失业水平甚至攀升至 5% 以上，最高时逼近 6%。此外，台湾地区官方公布的象征贫富差距的基尼系数①也呈现上升趋势，逐年逼近 0.4 的警戒线。

尽管台湾当局采取了一系列措施提振岛内经济，例如，实行两岸产业搭桥计划，提出"三业四化"（即"制造业服务化、服务业科技化与国际化、传统产业特色化"）的转型升级方向，制定六大新兴产业、四大智慧性产业及十大重点服务业的发展方案等，但大都收效甚微，市场不景气的状态尚没有得到根本改变。从当前的情况分析，未来能够带动岛内经济摆脱困境并恢复快速发展的新引擎依然难觅踪影，台湾地区经济将在脱困的道路上继续艰难前行。

---

① 基尼系数，是 1943 年美国经济学家阿尔伯特·赫希曼，根据劳伦茨曲线所定义的判断收入分配公平程度的指标，是国际上用来综合考察居民内部收入分配差异状况的一个重要分析指标。基尼系数的数值介于 0—1 之间，数值越小则收入分配越平均，越大则收入分配越不平均。国际上通常把 0.4 作为贫富差距的警戒线，大于这一数值容易出现社会动荡。

表 4.11 1980—2018 年台湾地区主要经济指标情况

年份	工业生产指数变动率（%）	固定资产形成变动率（%）	居民消费支出变动率（%）	平均工资变动率（%）	失业率（%）
1981	—	8.60	11.04	20.74	1.36
1982	—	1.35	5.71	7.45	2.14
1983	—	−0.17	7.27	5.67	2.71
1984	—	5.84	7.76	10.62	2.45
1985	—	−3.51	1.02	4.26	2.91
1986	—	12.16	4.95	8.14	2.66
1987	—	20.38	6.43	9.11	1.97
1988	—	18.10	9.85	11.54	1.69
1989	—	17.41	11.47	15.48	1.57
1990	—	12.02	9.93	14.45	1.67
1991	—	11.53	11.19	10.54	1.51
1992	—	20.37	8.13	9.55	1.51
1993	—	15.01	13.23	7.67	1.45
1994	—	7.44	8.30	6.16	1.56
1995	—	9.99	8.25	5.13	1.79
1996	—	0.27	3.96	3.70	2.6
1997	6.16	9.76	3.26	4.88	2.72
1998	3.41	11.26	1.87	3.08	2.69
1999	7.35	2.34	1.38	2.95	2.92
2000	6.71	7.15	1.14	2.49	2.99
2001	−8.41	−17.78	−0.73	0.24	4.57
2002	7.45	2.10	2.24	−1.02	5.17
2003	9.10	3.50	−0.93	1.29	4.99
2004	9.29	20.63	3.94	1.47	4.44
2005	3.32	2.47	1.22	1.12	4.13
2006	4.80	4.76	1.70	0.76	3.91
2007	7.76	4.63	0.43	2.12	3.91

年份	工业生产指数变动率（%）	固定资产形成变动率（%）	居民消费支出变动率（%）	平均工资变动率（%）	失业率（%）
2008	−1.15	−4.98	−1.49	0.02	4.14
2009	−7.91	−9.32	0.04	−4.84	5.85
2010	24.17	20.79	−0.48	5.35	5.21
2011	4.44	0.33	3.80	2.18	4.39
2012	−0.25	−1.94	−0.18	0.18	4.24
2013	0.65	2.94	2.78	0.16	4.18
2014	6.37	3.12	0.97	3.58	3.96
2015	−1.28	−0.02	1.95	2.52	3.78
2016	1.97	2.62	3.15	0.62	3.92
2017	5.00	−0.14	2.37	2.46	3.76
2018	3.65	—	2.98	3.82	3.71

数据来源：台湾地区"行政院主计处"统计资料库

作为典型的出口导向型经济体，在岛内经济发展面临困境之际，对外寻求国际市场无疑是缓解内部经济压力的最有效的措施。因此，台当局一直积极致力于寻求"国际空间"，希望通过参与更多的"国际"经济合作，特别是签订自由贸易协议来帮助台湾地区企业进一步打开"国际市场"。然而，受到两岸特殊政治关系的影响，台湾寻求"国际空间"的进展并不顺利。2008 年前，只与中美洲的 5 个"邦交国"签订了 4 份自由贸易协议（如表 4.12），涉及贸易额仅占台湾地区对外贸易总额的 0.2%。尽管 2008 年国民党上台后促成了台湾地区与其第十二大贸易伙伴新西兰以及第四大出口市场新加坡的自由贸易协定，但对对外贸易的贡献依然十分有限。

反观台湾地区最大的竞争对手韩国的情况，目前，韩国已与美国、欧盟、东盟、印度以及中国大陆等主要贸易伙伴签署了自由贸易协定，协定生效后，与台湾地区出口结构颇为相似的韩国必然挤占台湾地区产品的国际市场份额。此外，据测算，台湾地区每 100 美元贸易额中，可以获得的自由贸易协议免税或优惠的金额为 9.65 美元，而同期韩国这一金额为 36.1 美元，同为"亚洲四小龙"的新加坡更是高达 70.7 美元。台湾地区在寻求"国际空间"上的成果已经远不如同类经济体。当前，台当局正试图通过"新南向政策"参与亚太地区的经济合作，防止台湾经济被边缘化。然而，从目前的进展情况来看，形势不容乐观。

表4.12 台湾地区签署的自由贸易协定

时间	成员经济体	合作形式
2004 年 1 月	台湾地区、巴拿马	"双边"自由贸易协定
2005 年 9 月	台湾地区、危地马拉	"双边"自由贸易协定
2006 年 6 月	台湾地区、尼加拉瓜	"双边"自由贸易协定
2007 年 5 月	台湾地区、萨尔瓦多、洪都拉斯	"双边"自由贸易协定
2013 年 7 月	台湾地区、新西兰	"双边"自由贸易协定
2013 年 11 月	台湾地区、新加坡	"双边"自由贸易协定

资料来源：课题组整理

（三）世界经济格局面临重构，新兴经济体力量不断壮大

进入 21 世纪后，以中国、巴西、印度、俄罗斯、南非等"金砖国家"[①]为代表的新兴经济体[②]发展迅速。特别是 2008 年的金融危机后，美国、欧盟、日本等发达经济体的经济遭受重创，陷入低增长甚至负增长的困境，难以继续承担推动世界经济增长的重任，新兴经济体转而成为世界经济增长的引擎，经济增速远超过发达国家，带动世界经济逐渐走出危机。其中，亚洲新兴经济体的表现最为强劲，位居各区域之首。有"金砖国家之父"之称的吉姆·奥尼尔宣称，危机后"金砖四国"将走向全球决策中心，并将从各个领域改变世界。国际货币基金组织预测，未来，世界经济增长的中心将从西方国家转移到亚洲，尤其是亚洲新兴经济体，从而改变世界经济格局。由此可见，未来世界经济格局面临重构，由美国独大的单极化状态向多极化方向发展，以东亚为首的新兴经济

---

① 2001 年，美国高盛公司首席经济师吉姆·奥尼尔（Jim O'Neill）首次提出"金砖四国"这一概念，特指新兴市场投资代表。"金砖四国"（BRIC）引用了俄罗斯（Russia）、中国（China）、巴西（Brazil）和印度（India）的英文首字母。由于该词与英语单词的砖（Brick）类似，因此被称为"金砖四国"。2010 年南非（South Africa）加入后，其英文单词变为"BRICS"，并改称为"金砖国家"。

② 新兴经济体，是指某一国家或地区经济蓬勃发展，成为新兴的经济实体。目前并没有一个准确的定义。英国《经济学家》将新兴经济体分成两个梯队：第一梯队为中国、巴西、印度和俄罗斯、南非，也称"金砖国家"；第二梯队包括墨西哥、韩国、南非、菲律宾、土耳其、印度尼西亚、埃及等"新钻"国家。

体或将成为世界经济格局中重要的一极。

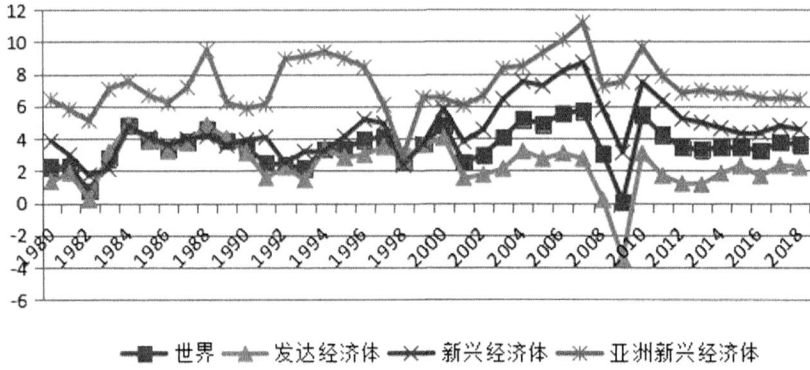

图 4.20　1980—2018 年全球及各主要经济体的经济增速

数据来源：IMF World Economic Outlook Databases 2019

二、新时期海峡两岸经济一体化动力机制前景

面对新的时代，两岸在实现制度性经济一体化的发展道路上面临三种可能的路径选择，第一，制度性经济合作协议维持现状或部分失效；第二，制度性经济合作取得进展但进度缓慢；第三，制度性经济合作出现新突破，发展步伐加快，最终实现完全的经济一体化。我们尝试将两岸制度性经济合作的发展路径设想为短期、中期、长期三个时段，结合两岸各自的发展需求及国际形势对各时段的路径选择做出具体的判断。

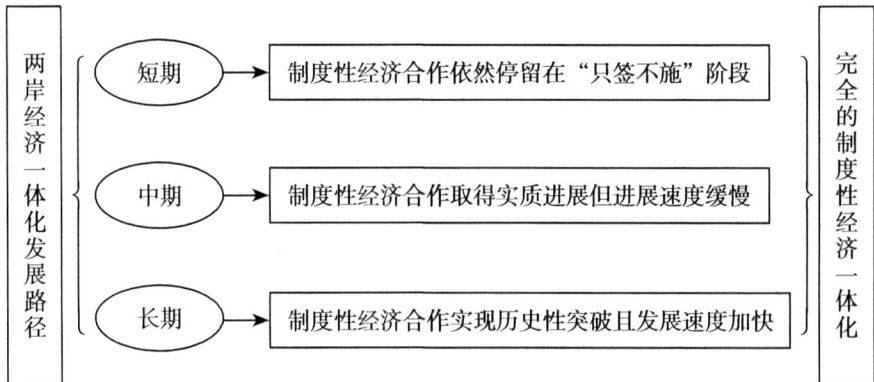

图 4.21　海峡两岸经济一体化可能的发展路径

资料来源：课题组整理

三、新时期海峡两岸经济一体化动力机制

根据上文的分析，不同时期，海峡两岸经济一体化动力机制的运行与演进有所不同，须适应每个阶段两岸经济合作的客观需要，未来在海峡两岸经济一体化的进程中，动力机制将按以下形式运作：

短期：深挖两岸功能性经济合作潜力，维护已有协议的持续运作；中期：深化两岸制度性经济合作成果，进一步以协议方式扩宽合作领域；长期：构建两岸制度性经济一体化体系，推进一体化程度不断向更高层次发展，实现两岸经济的融合。

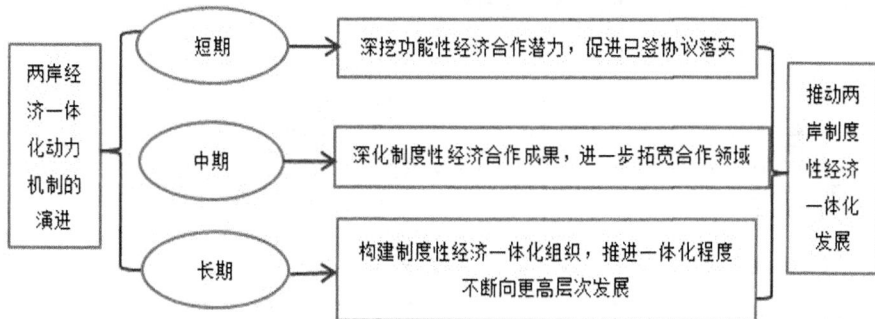

图 4.22 海峡两岸经济一体化动力机制的演进方案思考

资料来源：课题组整理

（一）短期：巩固存量成果，深挖合作潜力

在新的背景下，海峡两岸经济一体化动力机制的动因也随之发生了变动。除以往传统的五大动力因素（比较优势差异、资源禀赋差异、追求规模经济、降低交易成本、追求产业集聚的利润）继续发挥作用外，还要持续深化两岸合作。在动力激发环节，通过市场机制将引导微观经济主体于现状中继续深挖两岸功能性经济合作的潜力。在这一过程中，培养高附加值的优势产业和增长动力不仅是未来全球经济发展的主流趋势，也是大陆和台湾地区经济改革的核心内容。大陆的七大战略性新兴产业[①]（节能环保、新兴信息产业、生物产业、新

---

① 2012年5月国务院讨论并通过了《"十二五"国家战略性新兴产业发展规划》（以下简称《规划》），提出了节能环保、新一代信息技术、生物、高端装备制造、新能源、新材料以及新能源汽车等七大战略性新兴产业的重点发展方向和主要任务。

能源、新能源汽车、高端装备制造业、新材料）和台湾地区的六大新兴产业 ①
（绿色能源、生物科技、观光旅游、健康照料、精致农业、文化创意）应该成为
未来海峡两岸经济合作的重点。

在动力引导环节，除了市场这只"无形手"的力量外，在两岸制度性经济
合作陷入僵局时期，大陆方面可以市场为导向，政策为抓手，为两岸资金、人
才、信息、货品的流动提供更为便利的条件，深挖功能性经济合作潜力，引导
各方的微观经济主体避开政治障碍。

在激励约束环节，由于两岸原有的垂直型分工已开始为水平分工所替代，
两岸经济合作更靠近价值链的高端，两岸微观经济主体均进入收益更高、前景
更好的新阶段，合作利益更加丰厚，两岸微观经济主体的合作也将产生更大的
红利，从而有助于维护两岸经济既有的现状与格局。

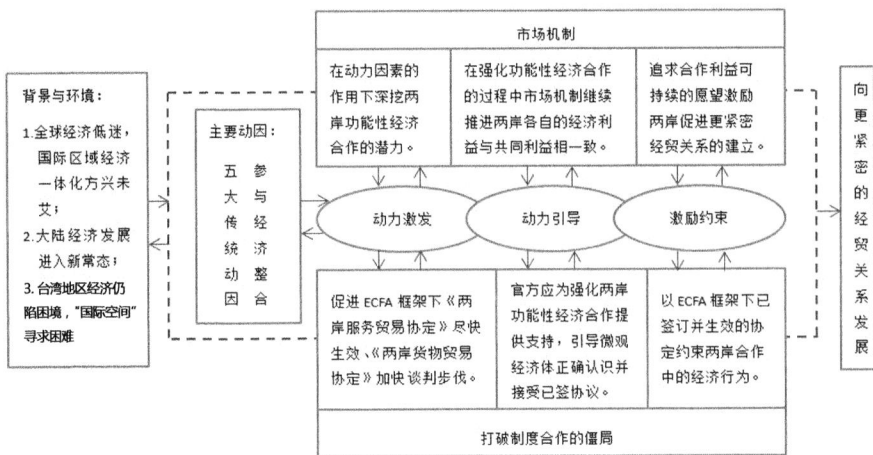

图 4.23　未来短期海峡两岸经济一体化动力机制的运行与演进方案

资料来源：课题组整理

（二）中期：深化两岸制度性合作成果，拓宽合作领域

这一时期是全面落实 ECFA 协议的时期。就 ECFA 内容而言，如其能全面
落实，两岸经济合作将进入经济一体化进程中相当于自由贸易区的阶段。从国
际经济一体化发展轨迹看，在自由贸易区阶段，其动力机制一般属于市场主导
型，然而，由于海峡两岸经济一体化特殊的发展路径，在长期的功能性经济一

————————

　　① 2009 年 3 月至 5 月，为推动岛内产业转型升级，台湾"行政院"陆续推出了包括绿色能
源、生物科技、观光旅游、健康照料、精致农业、文化创意在内的六大新兴产业。

体化过程中，市场机制的作用受到制度的限制，作用空间接近饱和，相比正常的制度性经济一体化初级阶段，其作用力度和效果已经很难继续承担主导的任务，需要在基于 ECFA 各项协议的共同制度的支持下逐渐恢复活力。因此，未来中期海峡两岸经济一体化动力机制的发展模式由市场主导型向共同制度主导型转变，签署更多的相关协议保证两岸经济合作的深化。

在动力激发环节，通过深化两岸高端产业间优势互补的水平型合作、巩固中低端产业间转型升级必需的垂直型合作，促进研发、销售等高附加值环节的合作，精简制造、加工等低附加值环节的合作，立足两岸市场，协助参与国际竞争，共同开拓国际市场，基本形成一个覆盖全产业类型，涉及生产经营全过程，布局全球市场而又错落有序、主次分明的两岸产业合作格局。

在动力引导环节，两岸应通过 ECFA 框架下签署和实施及其他新的制度性合作，如通过更为广泛的降低关税、增加开放领域、简化贸易通关或投资审批手续、为对方企业提供保护等传统方式以及就两岸共同参与"一带一路"建设、亚洲自由贸易区等亚太区域整合甚至国际经济整合达成共识或制定合作制度规划等新兴方式为两岸经贸往来和合作开拓国际市场提供制度保障及更高的自由化程度，共建心灵相通、利益相连、彼此信任、相互依赖，共同谋求发展的命运共同体[①]。

激励约束环节，ECFA 框架下各项已签协议的有效实施、两岸共同参与区域经济整合计划的阶段性制度规划的推行将必然给两岸合作的微观经济主体带来更大的往来便利和合作利益，与此同时，还需要以 ECFA 框架下已生效的协议内容及其他新的制度合作约束两岸合作中的经济行为，两岸官方应各自做好协议的实施、监督以及相互间的沟通、协作等辅助制度协议顺利发挥约束作用的工作。

---

① 2015 年 5 月 4 日，习近平总书记在北京会见朱立伦时提出，面对新形势，国共两党和两岸双方要坚定信心、增进互信，维护两岸关系和平发展进程，携手建设两岸命运共同体。

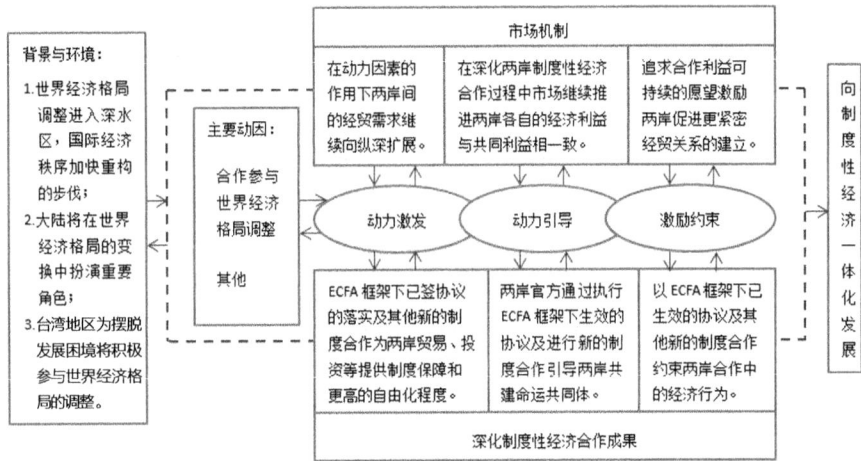

图 4.24　未来中期海峡两岸经济一体化动力机制的运行与演进

资料来源：课题组整理

（三）长期：推进两岸制度性经济一体化不断向更高层次发展

从长期来看，就海峡两岸经济一体化动力机制的发展模式而言，我们认为，在共同制度的水平达到国际经济一体化高级阶段之前，由于市场机制的作用空间尚处于被逐渐释放，海峡两岸经济一体化动力机制依然维持制度主导型发展模式；待共同制度水平使得市场机制的作用空间得到充分释放后，市场的活力进一步发挥，将是市场机制的主导。此时，倘若制度作用外溢至政治领域，海峡两岸经济一体化动力机制的发展模式则转变为市场与制度混合主导模式，若制度作用止于经济领域，再无重大突破发生，则为市场主导机制作用更大。

小　结

国际经济一体化动力机制主要包括三种模式，即市场机制主导型、共同制度主导型以及市场与制度交替主导型。自 1978 年至今，海峡两岸经济一体化进程不断演进，其演进历程可划分为不同的发展阶段，动力机制也随之不断变化。总的看来，海峡两岸经济一体化动力机制呈现出三大发展特点：一是，市场机制处于稳定的主导地位；二是，单独制度安排作为动力机制发挥作用；三是，共同制度的作用效果不断增强。然而，基于两岸关系的特殊性，海峡两岸经济一体化动力机制，相较于其他程度的国际经济一体化，也存在明显的弱点，包括制度作用的滞后性、对功能性经济一体化的过度依赖以及市场开放的非对称性。上述弱点主要源自两岸市场规模悬殊、产业竞争加剧、政治互信不足、国际势力干扰等原因，制约了市场与制度在海峡两岸经济一体化动力机制中的有效发挥。

　　近年来，大陆经济进入新时代，两岸关系也呈现出一些新的特征，加之，台湾经济的长期不振以及世界经济格局面临重构，新兴经济体力量不断壮大等，海峡两岸经济一体化动力机制也必须随之调整。本章提出，未来在短期，应不断巩固存量成果、深挖两岸合作潜力；在中期，深化两岸制度性合作成果，拓宽合作领域；在长期，应推进两岸制度性经济一体化不断向更高层次发展。

第五章 海峡两岸经济一体化福利效应

福利效应是研究经济一体化的核心问题。如果说，衡量经济体之间一体化的发展程度需要依靠经济一体化指标体系，那么，判断经济体之间一体化的绩效则需要测度一体化成员的福利水平，就此评判推进区域一体化的成效。目前，随着经济一体化理论的日趋完善，经济一体化福利效应的实证方法也愈发成熟，包括静态福利效应与动态福利效应。本章将从静态和动态两方面构建海峡两岸经济一体化福利效应的理论框架，在此基础上，运用科学成熟的计量方法对海峡两岸经济一体化的静态福利效应与动态福利效应进行实证研究，客观评价两岸经济一体化的绩效水平，为未来制定两岸经济一体化的路径选择提供依据。

第一节 区域经济一体化福利效应的理论基础

一、区域经济一体化静态效应的理论基础

经济一体化静态福利效应理论中最核心的是 Viner 的关税同盟理论。Viner（1950）创新性地提出了贸易创造和贸易转移效应的概念，他认为，关税同盟带来的成员国之间的关税下降，使得一国的国内生产被来自其他成员国的低成本进口替代，这就发生了贸易创造。同时，成员国对外实行统一关税，对第三国的歧视导致从外部进口减少，使得一国与非成员国之间的低成本贸易被与成员国之间的高成本贸易取代，这就发生了贸易转移。关税同盟所带来的总贸易效应取决于贸易创造和贸易转移的相对大小，其净福利变化情况是不确定的。此后，这一概念逐渐被学者应用到对自由贸易区、优惠贸易安排等所带来的贸易效应的研究中，包括不同的区域一体化组织形式下贸易效应的相对大小、区域一体化组织中大小规模经济体所获贸易效应的差异、区域经济一体化对非成员国贸易量的影响等。

关税同盟理论以若干理论假设为前提，包括：市场完全竞争；将关税作为贸易管制的唯一形式；不考虑运输成本；成员国是小国，无法影响世界市场价格，从而世界市场供给弹性无穷大等。

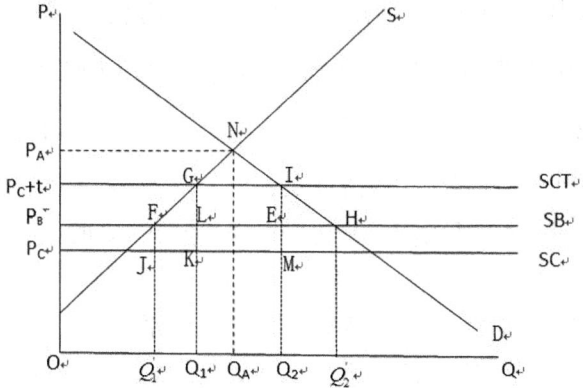

图 5.1　关税同盟理论下的静态福利效应

资料来源：根据张彬、王胜、余震（2009）绘制

图 5.1 给出了关税同盟下贸易创造效应和贸易转移效应以及福利效应的情况。

假定 A 国和 B 国组成关税同盟，C 国代表同盟外的世界其他经济体。同时，假设成员国 A、B 的价格均高于世界市场价格，且 A 国的生产率最低。

如图 5.1 所示，D 为 A 国国内需求曲线，S 为 A 国国内供给曲线，SB 为成员国 B 的价格，SC 为世界市场价格。A 国在开放国内市场之前，商品完全由国内生产供给，国内价格为 P_A，高于 B 国和 C 国的价格。在开放国内市场之后，A 国会从其他经济体进口部分商品。因为 B 国生产率低于 C 国，征收从量税 t 之后的 B 国进口价格要高于 C 国进口价格（$P_C+t<P_B+t$），故 A 国选择全部从 C 国进口。此时，A 国国内消费额为 Q_2，国内生产额为 Q_1，供求之间的缺口 Q_1Q_2 从 C 国进口，政府关税收入为 $t×Q_1Q_2$，即区域 GKMI。显然市场开放之后，部分生产者剩余向消费者剩余转移，消费者剩余额外增加了区域 NGI，政府收入也额外增加了区域 GKMI，（NGI+GKMI）就是对外贸易给 A 国带来的净福利所得。显然在国内生产率较低的情况下，开展对外贸易会提升一国福利。

当 A 国和 B 国进一步组建关税同盟之后，两国实现自由贸易，对内关税为零，对外征收共同的从量关税，不妨假设这一共同关税仍为 t。此时，A 国从 B 国进口的价格小于从 C 国进口的价格（$P_B<P_C+t$），A 国会转而从 B 国进口。在 P_B 的价格水平下，A 国的国内消费额为 Q_2'，国内生产额为 Q_1'，$Q_1'Q_2'$ 的缺口则从 B 国进口。增加的进口额为（$Q_1'Q_1+Q_2Q_2'$），其中 $Q_1'Q_1$ 是进口对国内生产的替代，这部分的生产成本由 $GFQ_1'Q_1$ 降低到 $LFQ_1'Q_1$，增加了面积为 GFL 的福利，被称为生产效应；Q_2Q_2' 为商品价格由（P_C+t）降低到 P_B 后，消费者需求增加带来的进口额的扩大，这部分进口额带来的消费者剩余为面积 IEH，这就是消费效应。关税同盟带来的贸易创造效应为进口额的扩张带来的生产效应和消费效应的总和（GFL+IEH）。

就贸易转移效应而言，组建关税同盟后，A 国原先自 C 国的进口 Q_1Q_2 被来自同盟国 B 的进口替代，因为 B 国的生产成本要高于 C 国，故贸易转移效应带来的福利损失就由 Q_1Q_2 引起的成本增加来衡量。C 国和 B 国生产 Q_1Q_2 的商品的成本分别为 MKQ_1Q_2、ELQ_1Q_2，故 LKME 就反映了关税同盟带来的贸易转移效应。

显然，无论是贸易创造效应还是贸易转移效应都会带来 A 国和 B 国之间贸易额的增长，增长额分别为（$Q_1'Q_1+Q_2Q_2'$）、Q_1Q_2，但由此带来的净福利情况是不确定的。根据 Viner 的观点，关税同盟带来的福利效应为贸易创造效应和贸易转移效应的总和，即（GFL+IEH-LKME），只有当（GFL+IEH）大于 LKME 时，才会带来净福利所得。

据此，可以进一步对影响贸易创造效应和贸易转移效应的因素进行初步分析。第一，SB 与 SC 越接近，贸易创造效应（GFL+IEH）越大，贸易转移效应 LKME 越小，也就是说组建关税同盟前成员伙伴国 B 的生产率越高，与非成员国 C 的成本差距越小，组建关税同盟后产生的净福利越大；第二，S 越向上移动，贸易转移效应 LKME 越大，即 A 国生产率越低，与 B 国组成关税同盟后带来的贸易转移效应越大；第三，SCT 越向上，贸易创造效应（GFL+IEH）越大，也即组建关税同盟前 A 国对其他经济体（包括 B 国）征收的关税越高，组建关税同盟后越可能产生贸易创造效应；第四，组建关税同盟之前 A 国、B 国之间开放程度越低，组建关税同盟后产生的净福利所得越高。不妨考虑在组建关税同盟前，A 国完全封闭的情形，这时组建关税同盟产生的净福利所得为面积 NFH，完全为贸易创造效应。

目前已经有不少学者对关税同盟所带来的贸易效应的影响因素进行研究，如张彬、王胜、余震（2009）指出关税同盟建立之前成员国的生产率高低、经济结构相似性、贸易流量、相互之间的进口关税和开放程度等因素，以及关税同盟建立之后对外征收的共同关税、对非成员国产品的需求弹性等，都会影响关税同盟的净福利。陈媛媛、李坤望、王海宁（2010）采用引力模型和跨国数据实证研究了自由贸易区下贸易效应的影响因素，认为一国应选择近距离、伙伴国一体化水平高、市场规模大的那些经济体组建自贸区。

对于区域经济一体化带来的贸易效应，国内学者大多是基于关税同盟理论展开研究的。其中，实证研究方面的文献众多，包括张彬和张澎（2005）、郎永峰和尹翔硕（2009）、张光南等（2012）、姬艳洁和董秘刚（2012）、曹小衡和徐永慧（2016）等。张彬和张澎（2005）扩展了 Magee（2004）的模型，采用似不相关回归方法和反事实估计研究了北美自由贸易区（NAFTA）在 1994—2003 年间给美国带来的贸易创造和贸易转移效应。研究发现国际贸易标准分类（SITC）下的 10 类商品中有 9 类明显存在净贸易创造效应，由此作者认为 NAFTA 给美国带来了净福利所得，同时该文还发现美国从 NAFTA 中获得的贸易效应整体呈逐渐减弱趋势。郎永峰和尹翔硕（2009）采用扩展的引力模型研究了 1999—2007 年间中国—东盟自贸区（CAFTA）的贸易效应，发现 CAFTA 明显拉大了区内贸易，但并不存在贸易转移效应，也就是说 CAFTA 带来了净贸易创造效应。与此同时，曹亮等（2013）结合倍差法和贸易引力模型，量化研究了 1995—2010 年间 CAFTA 给中国带来的贸易效应。该文基于 HS–6 分位数产品层次的相关数据进行研究，结果发现 CAFTA 为中国的进口贸易带来了贸易创造效应，但没有发现贸易转移效应的存在。理论分析方面的文献包括，宋岩和侯铁珊（2005）回顾了关税同盟理论的发展历程和未来拓展方向。任志新（2006）采用类似图 5.1 的方式，阐述了关税同盟理论下的贸易效应以及成员国数量对福利的影响。王卓（2009a）梳理了区域经济一体化贸易效应的实证研究内容，并在此基础上评析了贸易效应研究内容和研究方法的现状和趋势。王卓（2009b）对区域经济一体化贸易效应的实证模型进行简述，主要是巴拉萨模型、引力模型、一般均衡模型和全球贸易分析模型（GTAP），并就此进一步探讨如何提高研究方法的创新性。张彬、王胜、余震（2009）在对国际经济一体化福利效应的论述中，详细阐述了关税同盟理论下的贸易效应及其对发展中国家的适用性。

二、区域经济一体化动态效应的理论基础

（一）投资效应

对于区域经济一体化的投资效应，现有研究主要从两个视角进行探讨，一是从引资方视角，探讨区域经济一体化对成员国 FDI 流量的影响；二是从投资方视角，探讨区域经济一体化对投资主体即跨国公司（投资行为）的影响。

从引资方视角展开的研究主要以传统的区域经济一体化理论为基础。Kindleberger（1966）借鉴 Viner 的贸易创造和贸易转移理论，首次将区域经济一体化带来的投资效应划分为投资创造效应和投资转移效应，从而奠定了区域经济一体化投资效应研究的基本理论框架。区域经济一体化的投资创造效应是指区域经济一体化带来成员国相互之间直接投资的增加以及区域外经济体对成员国直接投资的增加。投资转移效应是指区域经济一体化带来区域内部投资格局的调整，或者区域内经济体直接投资的增加伴随着区域外经济体直接投资的减少。杜群阳和宋玉华（2004）根据区域内外经济体对区域内经济体的直接投资，首次用一个两层次投资创造和投资转移模型来详细阐述中国 - 东盟自贸区 FDI 效应的产生机制和过程。这一两层次区域经济一体化投资效应的分析框架因其简洁清晰而被国内学者广泛引用。这里我们也借助这一分析框架对区域经济一体化投资效应的产生过程进行阐述，具体如图 5.2 所示。

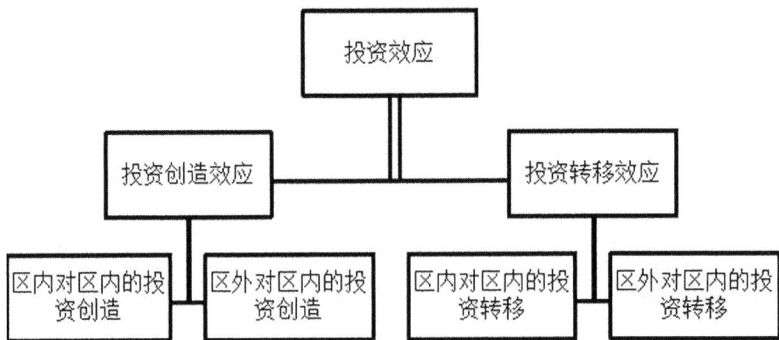

图 5.2　区域经济一体化的投资效应分析框架

资料来源：课题组整理

图 5.3 进一步给出了区域经济一体化投资效应的产生机制模型。不妨假设

区域一体化组织由成员国 A 和成员国 B 构成。一体化之前，区域外投资国对 A、B 两国的直接投资分别为 F_A、F_B，区域外投资国对区域外东道国的直接投资为 F_C，A 国对 B 国的直接投资为 f_B，B 国对 A 国的直接投资为 f_A；一体化之后，区域外投资国对 A 国、B 国、区域外东道国的直接投资分别为 F_A'、F_B'、F_C'，A 国、B 国相互间的直接投资分别为 f_B'、f_A'。借助图 5.2 和图 5.3 我们对区域经济一体化前后投资效应的产生机制进行详细分析。

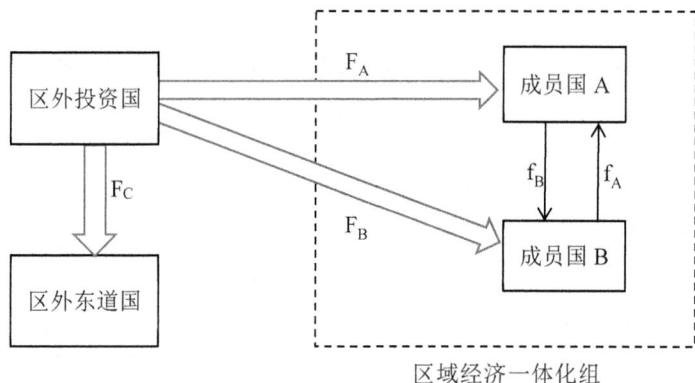

图 5.3　区域经济一体化的投资效应模型

注：粗箭头代表区外 FDI 流动方向，细箭头代表区内 FDI 流动方向

资料来源：课题组整理

1. 区内对区内的投资创造效应

指区域经济一体化引起的成员方相互之间直接投资的增加。原因在于区域经济一体化会降低成员间熟练劳动力、技术等生产要素流动的障碍，但对于土地、廉价劳动力等不具有流动性或流动性相对有限的生产要素，企业通过在当地投资设厂才能更好地利用相对低廉的生产资源；区域经济一体化带来的区域内资本管制的放开、投资风险的降低，会引起区域内企业为捕获更高的资本获利机会而大幅增加直接投资。此外，市场规模的扩大、企业利润的增加、宏观环境的稳定等良好的经济前景也会引起区域内企业相互之间直接投资的增加，在图 5.3 中可表达为：$f_A' \geqslant f_A$，$f_B' \geqslant f_B$，且 $f_A' + f_B' > f_A + f_B$。

2. 区外对区内的投资创造效应

指区域经济一体化带来区域外经济体对区域内直接投资的增加，但这种增加并没有降低区域外东道国的直接投资流入。这种投资创造主要源于区域外跨国企业基于防御性动机和进攻性动机而增加对区域内的直接投资。一方面，区域经济一体化建立后，成员间将进一步削减关税、取消各种非关税壁垒，但对外仍维持相对较高的关税，这相当于降低区域内企业的成本、增加其竞争优势，区域外跨国企业为了维持原来的市场份额不得不由向区域内出口转向在区域内直接投资生产。另一方面，区域经济一体化带来的贸易自由化为区域内企业带来了更大的市场，要素的自由流动也会提高整个区域的资源配置效率、降低企业的生产成本，从而给在区域内生产经营的企业带来更高的利润。受此吸引，区域外跨国企业会主动增加对区域内的直接投资，试图进一步提高其市场份额。在图 5.3 中可表达为：$F_A' \geqslant F_A, F_B' \geqslant F_B$，且 $F_A' + F_B' > F_A + F_B$。

3、区内对区内的投资转移效应

指区域经济一体化带来区域内部直接投资布局的重新调整，表现为区域内获得的直接投资流入量总量不变，但投资目的地发生变化，由一些成员国向另一些成员国转移。原因在于区域经济一体化带来的要素自由流动会使得区域内经济体按照各自的比较优势进行专业化分工和资源重新配置，由此引起各成员的生产结构和区位优势发生变化，最终表现为直接投资流入由区位优势变小的成员方向区位优势变大的成员方转移。在图 5.3 中，由于假设只存在两个成员国，所以不存在成员国相互之间直接投资的重新布局[①]，只存在区域外经济体对成员国 A、B 的直接投资的重新调整。不妨假设一体化使得区域外经济体对成员国 B 的直接投资降低，对成员国 A 的直接投资增加。那么，区内对区内的投资转移效应可表达为：$F_A' > F_A, F_B' < F_B$，且 $F_A' + F_B' = F_A + F_B$。

4.区外对区内的投资转移效应

指区域经济一体化带来区域内直接投资流入量的增加，但这种增加同时降低了区域外经济体的直接投资流入，也即区域内经济体直接投资的增加来自区域外潜在东道国直接投资的减少。因为区域经济一体化带来的更大的消费市场、更自由化的经贸环境、旨在吸引外资的优惠政策等都会对跨国企业产生

---

① 在存在三个及以上成员国的情况下才会出现成员国相互之间直接投资的重新布局。如存在 A、B、D 三个成员国，且成员国 A 对成员国 B、D 进行直接投资，若区域一体化后，成员国 D 的区位优势提高，成员国 A 就可能将原先对成员国 B 的部分直接投资转移到成员国 D，即 $f_B' < f_B, f_D' > f_D$，且 $f_B' + f_D = f_B + f_D$，这也是区内对区内的投资转移。

较大的吸引力，当这种吸引力大于对区域外东道国直接投资预期所获的利润或现有投资的沉没成本的情况下，跨国企业就会将直接投资由区域外东道国向区域内东道国转移。在图 5.3 中可表达为：$F_A' + F_B' > F_A + F_B$，$F_C' < F_C$，且 $F_A' + F_B' + F_C' = F_A + F_B + F_C$。

从投资方视角展开的研究以国际生产理论为基础，旨在探讨区域经济一体化对跨国公司对外投资决策的影响。邓宁于 1977 年提出的国际生产折中理论（The Eclectic Theory of International Production）综合了之前的多种国际生产理论，全面分析了国际生产的决定因素、所采取的形式等诸多内容，历经多次修正和补充，是目前解释跨国公司对外投资行为的主流理论。国际生产折中理论认为只有当企业同时具备所有权优势（Ownership）、内部化优势（Internalization）和区位优势（Location）时，才完全具备对外直接投资的条件，即所谓的三优势范式（OLI Paradigm）。其中，O 解释了企业为何展开跨国经营，I 解释了跨国企业以何种方式进入他国市场，L 解释了跨国企业选择在何处进行生产经营。如东艳和李国学（2006）将一体化因素纳入国际生产折中范式中，通过定性分析指出区域经济一体化协定会影响跨国企业的区位优势，并促进 OLI 三优势更好的结合，从而促使跨国企业增加对一体化成员国的直接投资。

跨国公司是对外直接投资的主体，区域经济一体化对 FDI 流量的影响最终可归因于对跨国公司投资决策的影响，如区域经济一体化带来的更大的市场会吸引潜在的新投资者，对跨国企业在区域内的投资决策产生正效应。

（二）经济增长效应

根据边际生产率理论，增长核算方程将经济增长的源泉分为投入要素的增加和技术进步。当只考虑劳动和资本这两种投入要素时，产出增长 = 劳动份额 × 劳动增长 + 资本份额 × 资本增长 + 技术进步。区域经济一体化可通过对该方程右侧的五个变量的作用而影响到产出增长。首先，区域经济一体化带来生产要素的自由流动，提高了区域资源的配置效率，增加了要素所有者的收入。相对于资本，劳动力的流动性有限，尤其是低技术的劳动力，因此资本丰富的经济体更多的是通过在劳动力禀赋丰富的经济体进行直接投资设厂来利用其廉价的劳动力资源。与此同时，区域经济一体化也会带来新的管理经验和生产技术，从而提高资本匮乏经济体的人均资本和技术水平，带动其经济增长。而投资国也因自身生产成本的降低获取了高投资收益。其次，区域经济一体化带来各国产业结构的调整，引起劳动和资本要素收入份额的变化。区域经济一体化使得各国根据自身的比较优势进行专业化分工，通过贸易实现产品的销售，由于生产资源在不同生产部门间流动，产业结构发生调整，从而引起要素所有者收入的重新分配，最终影响产出增长。

Badinger（2005）基于增长核算框架，指出经济一体化可以从技术和物质资本两个渠道影响经济增长。首先，经济一体化会影响一国的整体经济效率。经济一体化会提高区域内要素的流动性、带来更低的交易成本、更大的经济规模和更激烈的竞争，这些变化均会提升一国的经济效率（Baldwin,1993；Romer,1990）。其次，经济一体化有助于改善区域内资本配置效率、促进风险分散、激发企业家活力，最终带来就业增加和经济增长。同时，经济一体化也会带来一些潜在的风险，包括经济体更易受到区域经济冲击的影响、国内部分产业受到冲击、拉大区域收入差距等。因此，区域经济一体化理论上是否有利于一国经济增长是不确定的。

（三）规模经济效应

规模经济包括内部规模经济和外部规模经济。内部规模经济指的是微观视角下的企业通过生产规模的扩大带来平均成本的下降，进而引起单位产品收益的提升。外部规模经济指的是整个行业或部门的生产规模扩大、专业化分工更趋合理、产业集聚等带来的经营环境的改善，给行业内部企业带来的诸多好处。区域经济一体化带来规模经济效应的一个主要原因是自由贸易情况下的市场规模扩大和专业化分工。区域经济一体化带来商品自由流动和市场规模扩大，基于比较优势或规模经济的分工使得厂商选择在一国生产并向其他成员国出口，这种要素流动和生产集中既会促进企业实现内部规模经济，又进一步强化了包括外部规模经济、范围经济等在内的区域产业分工。

根据传统的国际贸易理论，要素禀赋的差异引起国家间按照比较优势进行产业分工和贸易，从而使得拥有绝对优势或相对优势的国家的生产成本下降，带来规模经济效应。在区域经济一体化的早期，基于比较优势的分工占主导，但到一定时期后，国家间的分工形式会逐渐向规模经济分工转变（孟庆民、杨开忠，2001）。以保罗·克鲁格曼为代表的"新贸易理论"认为要素禀赋相似的经济体、同类产品之间贸易量的增加所依据的分工基础不是比较优势，而是不同区位生产的规模经济。根据新贸易理论，当经济体在资源禀赋和技术水平上并没有太大差距的情况下，产业分工主要以获得规模经济为目的，而非基于比较优势。

日本教授小岛清提出了协议性国际分工理论，即在规模报酬递增的部门，国家间通过签署协议实现分工，各自只生产协议性商品，从而都获得规模经济。以两个国家（A 国、B 国）、两种商品（商品 1 和商品 2）为例，协议性国际分工意味着，A 国放弃商品 1 的生产并把国内市场提供给 B 国，B 国放弃商品 2 的生产并把国内市场提供给 A 国，从而使得 A 国在商品 2 的生产、B 国在商品 1 的生产中都获得规模经济。协议性国际分工以国家间的制度性安排为前提。小岛清指出实现协议性分工需要满足三个条件：一是国家间的要素禀赋和经济发展水平类似，都能生产作为协议性分工对象的商品，否则国家间更倾向于根据比较优势理论进行分工；二是只能针对规模报酬递增的部门，这样协议分工后各国才能获得规模经济的好处；三是各国无论生产哪种协议性分工对象商品所获得的利益都相差不大，否则国家间很难达成一致协议。

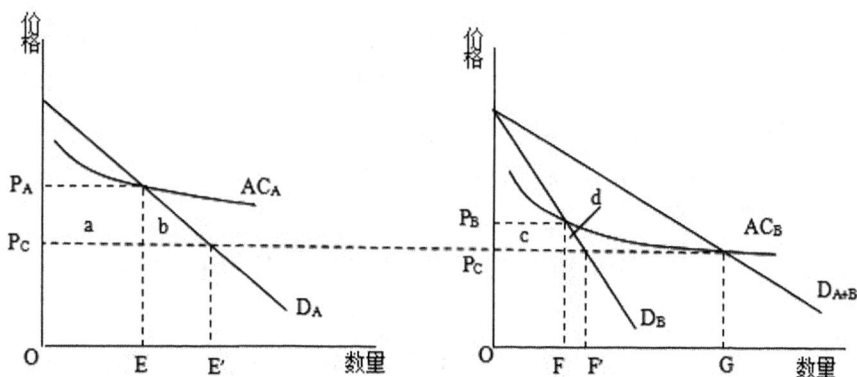

图 5.4　贸易自由化带来的规模经济效应

图 5.4 给出了 A 国和 B 国展开自由贸易的规模经济效应。为了简化分析，我们暂不考虑 A 国、B 国和世界其他经济体之间的贸易往来。在图 5.4 中，D_A 为 A 国国内需求曲线，AC_A 为 A 国国内平均成本曲线，D_B 为 B 国国内需求曲线，AC_B 为 B 国国内平均成本曲线。由于 A 国生产率低于 B 国，在 A 国和 B 国展开自由贸易之前，A 国国内价格 P_A 高于 B 国国内价格 P_B。

两国展开自由贸易之后，两国将实现专业化分工，A 国将用 B 国的低成本进口来替代国内的高成本生产，也就是说 B 国的厂商将供给两国的市场需求，B 国厂商的生产规模扩大会带来平均成本的下降，市场价格也会降低到 P_C。

对比两国展开自由贸易前后的福利变化情况。展开自由贸易后，B 国厂商面临更大的市场规模，需求曲线变为 D_{A+B}，市场价格也会降低到 P_C，总产量变为 OG，其中 OF' 为 B 国国内消费，$F'G$ 为 B 国对 A 国的出口。就 A 国的福利变化而言，A 国以更低的价格 P_C 从 B 国进口后，国内消费者增加消费 EE'，这部分消费量增加带来的消费者剩余为三角形面积 b，这就是 A 国的消费效应；同时，A 国用进口来代替原先的高成本生产 OE，由此降低了国内生产成本，带来的生产效应为矩形面积 a，这就是 A 国的生产效应。就 B 国的福利变化而言，厂商生产规模扩大带来平均成本和价格的下降，B 国国内消费者增加消费量 FF'，由此带来消费效应 d；同时，B 国以更低的平均成本生产原先的产量 OF，由此带来生产效应 c。可见，在不考虑与其他经济体贸易往来的情况下，A、B 两国的贸易自由化将通过实现规模经济给两国分别带来净福利所得（a+b）、（c+d），这就是规模经济效应。

在考虑与其他经济体有贸易往来的情况下，尤其是在世界市场价格低于 A、B 两国价格的情况下，两国贸易自由化也可能会引起 A、B 两国从世界其他经济体的低成本进口转向由 B 国生产，从而带来一定的福利损失。但本节的简化情形已足以阐明区域经济一体化如何带来规模经济效应，故在此不再详细分析。

第二节　静态视角下海峡两岸经济一体化的福利效应

经济一体化的静态福利效应，旨在考察经济一体化对成员国总体贸易额、以及各个成员国贸易额的影响，具体还可分为贸易转移效应与贸易创造效应。本节试图通过构建理论框架，运用引力模型、巴拉萨模型[①] 测算海峡两岸经济一体化所带来的贸易效应、贸易转移效应、贸易创造效应等一系列静态福利效应，以此作为评价海峡两岸经济一体化绩效的重要考量。

一、理论框架

自由贸易情况下，一国能将国内产品出口到世界市场上获得更高的价值，也能用低成本的进口来替代国内更高成本的生产，从而获得更高的经济福利。

---

① 对于引力模型，我们选择建立误差修正模型来研究短期、长期中两岸经济一体化所带来的贸易效应，属于动态模型；巴拉萨模型则是静态模型，无法反映贸易效应随时间的变化情况。

但若一国实施的贸易自由化或者关税减免只针对少数贸易伙伴，该国所获得的净福利就不确定了。如 Viner（1950）指出，只针对成员国的关税同盟所带来的净福利取决于贸易创造和贸易转移的相对大小。

下面，我们用开放经济条件下台湾地区某产品的供求图分析在两岸实现完全一体化的情况下，台湾地区自两岸贸易自由化中获得的净福利。

如图 5.5 所示，D 为台湾地区对某产品的内部需求曲线，S 为内部供给曲线。SC 为大陆对台湾地区的出口供给曲线，SW 为世界其他区域对台湾地区的出口供给曲线。

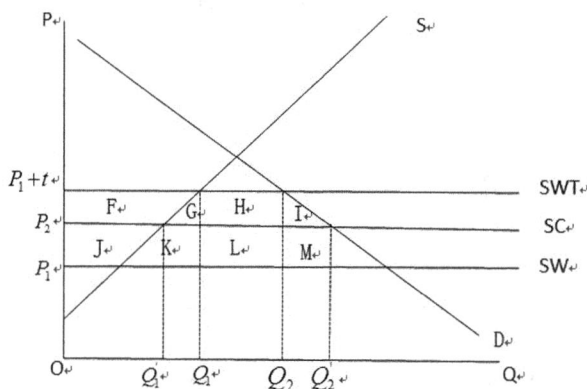

图 5.5 大陆产品不具有竞争性情形下台湾地区某产品供求图

资料来源：根据 Bhagwati et al.(1996) 和 Victor Gauto(2012) 绘制

由图 5.5 考察在两岸实现自由贸易前，大陆产品不具有竞争性的情形。此时，SC 位于 SW 上方，即大陆供给价格较高，生产效率低。台湾地区会选择从世界其他经济体进口，SWT 为世界其他区域对台湾地区的含关税出口供给曲线。在从价税下，征收进口关税后的均衡价格为 P_1+t，台湾地区内部消费量 Q_2，内部生产量 Q_1，从世界其他区域进口量 Q_1Q_2，台湾地区征收的进口关税为区域 H、L 面积之和。

在两岸实现自由贸易之后，大陆产品的免税价格 P_2 低于世界其他区域的含关税价格 P_1+t，这种歧视性关税使得台湾地区会用来自大陆的进口取代来自世界其他区域的进口。这种情况下，均衡价格为 P_2，台湾地区内部消费量 Q_2'，

内部生产量 Q_1'，自大陆进口量 $Q_1'Q_2'$，其中包含贸易创造引起的进口量 $Q_1'Q_1$ 和 Q_2Q_2'，贸易转移引起的进口量 Q_1Q_2。

将以上两种均衡情形进行对比后可以发现：两岸实现自由贸易后，台湾地区消费者剩余增加量为区域（F+G+H+I），生产者剩余减少量为区域 F，关税收入减少量为区域（H+L），整体福利变动量为（G+I−L），其中（G+I）为贸易创造的结果，L 为贸易转移的结果。显然，台湾地区净福利变动是不确定的，取决于贸易创造效应和贸易转移效应的相对大小。

接下来考察两岸实现自由贸易之前大陆产品具有竞争性的情形，如图 5.6 所示。

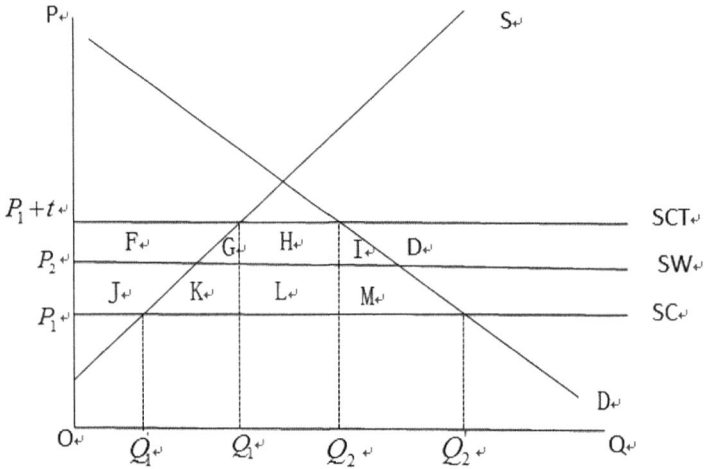

图 5.6　大陆产品具有竞争性情形下台湾地区某产品供求图

资料来源：根据 Bhagwati et al.（1996）和 Victor Gauto（2012）绘制

图 4.6 中，大陆供给曲线 SC 位于世界其他区域的供给曲线 SW 下方。非歧视关税下，台湾地区选择从大陆进口，SCT 为大陆对台湾地区的含关税出口供给曲线。均衡价格为 P_1+t，台湾地区内部消费量 Q_2，内部生产量 Q_1，自大陆进口量 Q_1Q_2，台湾地区征收的进口关税为区域 H、L 面积之和。

两岸实现自由贸易后，台湾地区仍然选择从大陆进口。均衡价格为 P_1，台湾地区内部消费量 Q_2'，内部生产量 Q_1'，从大陆进口量 $Q_1'Q_2'$。

将以上两种均衡情形进行对比后可以发现：两岸实现自由贸易后，台湾地区消费者剩余增加量为区域（F+J+G+K+H+L+I+M），生产者剩余减少量为区域（F+J），关税收入减少量为区域（H+L），整体福利变动量为（G+K+I+M），完全为贸易创造的结果，台湾地区自两岸贸易自由化中获得福利提升。

以上供求分析模型给出了两岸实现自由贸易后理论上可能出现的结果。显然，在大陆产品具有较强竞争性的情况下，两岸贸易自由化更可能为台湾地区带来净福利。同样的分析方法可以用于两岸实现自由贸易情况下，大陆自两岸贸易自由化中获得的净福利。由此，我们可以得出在两岸产品相对于世界其他经济体具有较强竞争性的情况下，两岸贸易自由化更可能带来净福利所得，即净贸易创造效应[①]。同时，以上供求分析模型进一步引出两个实证问题：一是海峡两岸经济一体化对促进两岸贸易增长的程度如何；二是海峡两岸经济一体化带来的贸易增长有多大程度上源于贸易创造，即海峡两岸经济一体化的静态福利效应如何。

二、基于引力模型的两岸经济一体化贸易效应

（一）模型设定

在引力模型的基本设定中，两个经济体之间的贸易量与其经济规模成正比，与二者之间的距离（贸易成本的代理变量）成反比。在用引力模型来研究区域经济一体化所带来的贸易效应时，通常会在引力模型中纳入政策虚拟变量或其他代理经济一体化水平的指标（Frankel 和 Wei，1993；Hassan，2001；Soloaga 和 Winters，1999，2001；Sheng，Tang 和 Xu，2012；申皓，杨勇，2008）。此外，促进或阻碍双边贸易的一些因素通常也会作为控制变量加进来，如人均收入、是否用同一种语言、汇率等。因截面数据无法满足我们的研究需求，故而将时间因素纳入引力模型，设定如下基本形式的引力模型：

$$lnX_{ijt} = \beta_0 + \beta_1 ln\left(GDP_{it} * GDP_{jt}\right) + \sum_{k=1} \varnothing_k z_{ijt}^k + \sum_{\sigma=1} \phi_\sigma P_{ij}^\sigma + \mu_{ijt} \quad \cdots\cdots\cdots(5.1)$$

其中，X_{ijt} 为两岸贸易额，$GDP_{it} * GDP_{jt}$ 为大陆和台湾地区的名义 GDP 之乘

---

① 如 Viner（1950）指出，只针对成员国的关税同盟所带来的福利变动取决于贸易创造和贸易转移的相对大小。虽然贸易创造和贸易转移都能带来贸易增长，但是仅当贸易创造效应大于贸易转移效应时，才能产生净福利所得；当贸易创造效应小于贸易转移效应时，会带来净福利损失。

积，$\sum\limits_{k=1}^{} \emptyset_k z_{ij}^k$包括海峡两岸经济一体化指标和其他影响两岸贸易往来的时变变量，

$\sum\limits_{\sigma=1}^{} \phi_\sigma P_{ij}^\sigma$包括大陆和台湾地区之间的距离变量以及其他非时变变量。

接下来本节从海峡两岸经济一体化背景出发，探讨如何设定符合两岸背景的引力模型。

首先，引力模型的因变量通常为两个经济体之间的贸易流，即进口额、出口额或进出口总额，也有些少数研究用贸易份额做因变量。鉴于两岸进出口贸易的不平衡，单一的进口或出口难以全面反映两岸贸易往来情况，我们选用两岸进出口总额做因变量。

其次，对于时变变量，我们首先考虑海峡两岸经济一体化的代理变量。根据之前的研究，2001 年大陆和台湾地区加入 WTO 后，两岸一体化水平明显加速提升，由此我们认为 2001 年可以看作两岸贸易自由化的开端。在此基础上构建贸易政策虚拟变量：将 2001 年及以后的年份虚拟变量赋值为 1；将 2001 年之前的年份虚拟变量赋值为 0。

为了对海峡两岸经济一体化所带来的贸易创造和贸易转移效应进行定性分析，我们借鉴 Clausing（2001），在引力模型中纳入滞后一期的贸易份额指标。根据 Clausing（2001），关税自由化所带来的贸易创造效应大小取决于成员伙伴最初的竞争性，若关税自由化之前贸易伙伴就具有较强竞争性，那么关税削减就更可能带来贸易创造效应。而滞后一期的贸易份额指标可以定性的反映产品竞争性的相对大小。此外，消费者偏好、出口企业的沉没成本等因素通常会导致贸易流变动存在惯性，这会引起引力模型残差项存在自相关。纳入滞后一期的贸易份额指标还有助于减弱残差项的自相关性，提高模型估计效果（Clausing，2001）。

最后，由于两岸仅包含两个个体，不适合面板分析，故而所设定的引力模型中不再考虑非时变因素。

最终选择设定的引力模型如下：

$$lnTrade_t = \alpha_0 + \alpha_1 Integration_t + \alpha_2 Share_{t-1} + \alpha_3 ln\left(GDP_{Mainland,t} * GDP_{Taiwan,t}\right) + \mu_t$$

$$\cdots\cdots\cdots\cdots\cdots(5.2)$$

（5.2）式研究了海峡两岸经济一体化对两岸进出口贸易总额所带来的效应。其中：

$Trade_t$ 为两岸进出口贸易总额。

$Integration_t$ 为海峡两岸经济一体化代理指标。若其系数估计值为正，就反映了海峡两岸经济一体化会促进两岸贸易往来。

$Share_{t-1}$ 为滞后一期的贸易份额指标，即大陆与台湾地区进出口贸易总额占大陆对外贸易总额的比重。由于上一期两岸贸易总额占大陆贸易总额的份额提升，可以看作两岸产品竞争力的增强。这种竞争力的增强所带来的两岸贸易增长更可能源于贸易创造，因此，若贸易份额指标系数估计值显著为正，就意味着海峡两岸经济一体化所带来的贸易创造效应更可能大于贸易转移效应。

$GDP_{Mainland,t} \times GDP_{Taiwan,t}$ 为大陆和台湾地区的名义 GDP 的乘积项，反映了海峡两岸经济规模对两岸贸易的影响，其系数估计值的符号预期为正。ln 表示对变量取自然对数。

引力模型（5.2）实际上是个时间序列模型，本节选择建立误差修正模型，来研究海峡两岸经济一体化所带来的贸易效应。原因主要有以下三个：一是由于消费者偏好、出口企业为进入境外市场支付的沉没成本以及累积的政治和文化等无形资产都容易导致双边贸易流表现出黏性行为。贸易流存在的这种惯性现象通常导致其由非均衡状态向均衡状态调整缓慢，这种情况下静态模型无法反映出调整过程的信息（De Benedictis 和 Vicarelli，2004；Mordonu，2006）。二是海峡两岸经济一体化是一个渐进的过程，用动态模型能够更好的捕获其所带来的短期和长期贸易效应。三是宏观时间序列通常是非平稳的，误差修正模型有助于解决虚假回归问题。因此，在引力模型（5.2）的基础上，本节对相关变量进行单位根检验和协整检验，通过建立误差修正模型来捕获两岸贸易流由短期波动向长期均衡的调整过程，并借此研究海峡两岸经济一体化所带来的贸易效应。

（二）变量选择和描述

1. 研究时期的确定

一体化的贸易效应研究的时期必须是在两岸加入 WTO 所可能发挥效用的时期内。本章将 2001 年视为转折点，以此构建贸易政策虚拟变量来代理海峡两岸经济一体化。1994 年中共中央首次明确了两岸经贸交流的性质，即"中国主体同其单独关税区之间的经贸交流，纳入对外经贸管理体系进行管理"。自此，两岸经贸合作才开始快速推进，故我们将 1994 年作为研究的起点。而 2015 年后，在岛内政局变动的影响下，两岸制度性合作再次进入停滞期，两岸功能性经济一体化也在大陆经济新常态、海峡两岸经济竞合性增强、岛内政局变动给两岸关系带来不确定性等因素的影响下进入新一轮调整期，在新的经济政治背景下，两岸先后加入 WTO 对海峡两岸经济一体化的驱动作用已经不再是进一步深化海峡两岸经济一体化的主要力量，如何发掘新动力、更好地利用 ECFA 和 MOU 等已签署的两岸经贸协议来深化海峡两岸经济一体化已经成为两岸政界和学界面临的主要研究课题。2015 年后海峡两岸经济一体化和贸易往来受到太多非经济因素或外界随机因素的干扰，难以反映海峡两岸经济一体化与两岸贸易往来的真实关系。因此，我们最终选择 1994—2014 年作为研究海峡两岸经济一体化贸易效应的时期 [①]。

2. 数据来源和描述

本节主要使用了贸易政策虚拟变量以及两岸进出口贸易总额、两岸名义域内生产总值、贸易份额指标这四个指标。具体的数据来源和处理方式如表 5.1 所示，原始数据见附录 B.1。其中贸易政策虚拟变量的构建方式是在 1994—2000 年各年将该变量赋值为 0，在 2001—2014 年各年将该变量赋值为 1。贸易份额指标的时间区间是 1993—2013 年，其他指标的时间区间均是 1994—2014年。

表 5.1 数据来源表

指标	所用变量	处理方式	来源
$ln\left(GDP_{Mainland,t} \times GDP_{Taiwan,t}\right)$	大陆、台湾地区名义 GDP（百万美元）	乘积，取对数	UNCTADstat
$ln\left(Trade\right)$	两岸进出口贸易总额（百万美元）	取对数	商务部台港澳司
$Share$	两岸进出口贸易总额（百万美元）、大陆对全球的贸易总额（百万美元）	两岸进出口贸易总额占大陆对全球的贸易总额的百分比	商务部台港澳司

---

① 在后续福利效应实证研究中，包括第五章采用巴拉萨模型进行的贸易效应研究、第六章的投资效应研究以及经济增长效应研究，鉴于研究所需数据的可得性，我们将研究起点定为 1995 年。但无论以 1994 年还是 1995 年为起点并不会影响研究结果。

指标	所用变量	处理方式	来源
Integration_t	贸易政策虚拟变量	1994—2000 年间将该变量赋值为0，在 2001—2014 年间该变量赋值为 1	自行构建

图 5.7 给出了 1978 年大陆改革开放以来两岸货物贸易进出口总额及同比增速的变化。纵观两岸贸易额的变动，可划分为五个阶段。

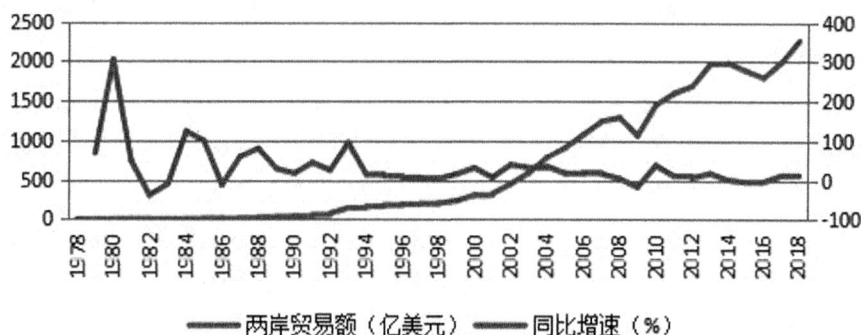

图 5.7　两岸货物贸易往来情况

数据来源：两岸贸易额数据来自商务部台港澳司，同比增速为课题组自行计算

第一个阶段为 1978—1986 年间的试探阶段。1978 年大陆在十一届三中全会上提出实施"对内改革、对外开放"的政策，开始全面经济建设的新阶段。次年元旦，全国人大常委会委员长叶剑英发表《告台湾同胞书》，首次正式提出结束两岸军事对峙、开放两岸"三通"等方针，呼吁两岸发展贸易、互通有无，直接促进了两岸经贸交流的开启。1979 年 5 月原国家外贸部颁布《关于开展对台湾贸易的暂时规定》，指出"对台湾贸易是台湾回归祖国过渡时期的一种特殊形式的贸易"。受大陆改革开放释放的商机以及对台优惠政策吸引，一些台湾地区工商界人士暗地通过香港等地与大陆展开间接贸易往来。但台湾当局仍坚持"不接触、不谈判、不妥协"的立场，这一阶段两岸贸易仅限于海上小额贸易和经香港转口的间接贸易。1978—1986 年间，除了在 1985 年两岸贸易额达到 11 亿美元，其余年份始终低于 10 亿美元。

第二个阶段为 1987—1992 年间的初步成长阶段。1987 年 7 月台湾当局宣布解除自 1949 年 5 月开始实施的"戒严时期",并于 10 月宣布开放部分台湾地区居民到大陆探亲,至此,两岸打破了 1949 年以来长达 38 年的冰封期,被称为"破冰 1987"。自此两岸经贸交流逐步活跃,开始由暗到明。新形势下为了促进台商与大陆的经贸交流,大陆方面陆续发布《关于台湾同胞到经济特区投资特别优惠办法》《关于鼓励台湾同胞投资的规定》等法令,为台商到大陆投资和展开贸易提供诸多优惠。这一阶段两岸货物贸易总额由 1987 年的 15.2 亿美元提升到 1992 年的 74.1 亿美元。

第三个阶段为 1993—2000 年的平稳发展阶段。1992 年邓小平南方谈话和十四大的召开为大陆的改革开放开启了新阶段,掀起 90 年代新一轮改革开放浪潮,为两岸经贸交流提供了诸多市场机遇。1992 年海协会和海基会达成了"九二共识",为两岸后续协商铺平了道路。1993 年第一次"汪辜会谈"就加强两岸经贸交流进行协商,并签署了《两岸公证书适用查证协议》《两会联系与会谈制度协议》等四项协议,作为两岸高层人士的首次接触商谈,"汪辜会谈"对两岸关系发展的有着重大意义,推动了两岸各方面交流的蓬勃发展。1994 年国务院召开全国对台经济工作会议,首次明确两岸经贸交流的性质,并将推动两岸经贸交流作为对台工作的重点。1993 年两岸贸易额首次突破 100 亿美元,大陆成为仅次于美日的台湾地区第三大贸易伙伴,到 2000 年两岸贸易额达到 305.3 亿美元,1993—2000 年整个时期的年均增速达到 11.3%。

第四个阶段为 2001—2007 年间的快速增长阶段。2001 年 12 月、2002 年 1 月大陆和台湾地区先后成为世界贸易组织(WTO)的正式会员,WTO 下两岸经贸关系既是 WTO 平等成员之间的经贸关系,又是同一主权国家内部不同关税区之间的关系。以此为拐点,两岸贸易规模呈现加速攀升的特点,到 2007 年两岸贸易总额已经达到 1244.8 亿美元,2001 年—2007 年间的年均增速达到 25.2%。究其原因,在 WTO 的经贸规则下,大陆大幅降低产品进口关税、取消多项非关税壁垒,市场进一步放开,引起台商对大陆的直接投资增加,由此带来两岸产业内贸易迅速增长;作为 WTO 成员方,台湾地区方面也被迫放松对大陆的各种限制性经贸政策,尽管放松幅度仍有限,但两岸经贸关系已经在由大陆单方面的开放向 WTO 平等成员之间的开放转变,两岸政治因素对经贸往来的阻挠力量减弱;WTO 的争端解决机制为解决两岸经贸争端和纠纷提供了依据,在官方合作欠缺的情况下,为两岸贸易大规模的持续增长提供了保障,开启了两岸经贸合作的新局面。

第五个阶段为2008—2018年间的波动增长阶段。2008年后，在全球金融危机、欧洲债务危机、大陆经济增速放缓、台湾地区反服贸抗争、岛内政局变动等诸多因素的影响下，两岸贸易额波动性较大。虽然整体仍表现出规模扩张态势，但增速和稳定性都不如2008年前。首先，2007年美国次贷危机引发出全球性的金融危机，受此影响，2007—2009年两岸贸易额的同比增速是逐年下滑的，到2009年两岸贸易额变为负增长，比2008年下降了229.9亿美元，为历史增幅最低水平；随后，随着两岸签署《海峡两岸金融合作协议》《海峡两岸经济合作框架协议》（ECFA）、《海峡两岸海关合作协议》等一系列协议，两岸贸易恢复增长态势，2010—2014年间以年均8.1%的低增速平稳演变。与此同时，两岸产业结构调整引起海峡两岸经济竞合性增强，经贸模式面临调整，贸易额增速逐渐降低，由图5.7可看出2010年后两岸贸易额的同比增速是呈下滑态势的。到2015年和2016年两岸贸易额变为负增长，部分由两岸产业结构竞争性增强以及两岸经贸合作驱动力转变导致，部分则源于2016年岛内政局变动带来的不确定性对两岸贸易往来的负作用。

3. 实证结果与分析

我们采用以上时间序列数据来研究海峡两岸经济一体化所带来的贸易效应。对于非平稳时间序列，直接采用传统的回归方法进行估计可能会产生伪回归问题，故我们首先对以上时间序列进行单位根检验。

（1）平稳性检验

用Eviews7.0对以上除了贸易政策虚拟变量以外的其他4个指标进行ADF单位根检验。

检验结果如表5.2所示。ADF单位根检验的原假设是"序列存在单位根"，在5%的显著性水平下，若P值小于0.05，则拒绝原假设，即认为时间序列是平稳的。由表5.2可看出，在5%的显著性水平下，贸易份额指标为平稳的，两岸进出口贸易总额和两岸名义域内生产总值两个变量为一阶单整。

表 5.2　单位根检验结果

变量	检验结果			临界值		
	检验形式 （C，T，N）	ADF 值	P 值	1%	5%	10%
$ln(Trade)$	（0，0，N）	4.2977	0.9999	−2.6857	−1.9591	−1.6075
$\Delta ln(Trade)$	（C，0，0）	-3.9122	0.0085	-3.8315	-3.0300	-2.6552
$ln(GDP_{Mainland,t} * GDP_{Taiwan,t})$	（0，0，N）	8.1644	1.0000	-2.6857	-1.9591	-1.6075
$\Delta ln(GDP_{Mainland,t} \times GDP_{Taiwan,t})$	（C，0，0）	-3.7122	0.0128	-3.8315	-3.0300	-2.6552
$Share$	（0，T，0）	-3.9807	0.0329	-4.6679	-3.7332	-3.3103

　　注：检验形式（C，T，N）中，C代表检验方程中有常数项，T代表有常数项和趋势项，N代表没有常数项也没有趋势项

　　资料来源：根据 EViews7.0 处理结果整理

　　（2）协整检验和 ECM

　　协整概念于 20 世纪 80 年代首先由 Engle-Granger 提出，目前已经成为对非平稳变量建模的主要工具。对于两个变量，只有单整阶数相同才可能存在协整关系。但对于三个或更多变量，即使单整阶数不同，也可能存在长期均衡关系，只需要其较高阶单整变量之间存在协整关系，且其相应非均衡误差序列的阶数与较低阶单整变量的阶数相同。下面，我们对模型（5.2）中的变量进行协整检验。根据 Granger 定理，若非平稳变量之间存在协整关系，则必然可以建立误差修正模型（Error Correction Model，ECM）。

　　首先，我们用贸易政策虚拟变量来代理海峡两岸经济一体化，此时模型（5.2）变为如下形式：

$$lnTrade_t = \alpha_0 + \alpha_1 Dummy_t + \alpha_2 Share_{t-1} + \alpha_3 ln(GDP_{Mainland,t} * GDP_{Taiwan,t}) + \mu_t$$

$$\cdots\cdots\cdots\cdots\cdots(5.3)$$

　　对模型（5.3）中的四个变量进行 Johansen 协整检验，发现在 5% 的显著性水平下存在协整关系。根据 Granger 定理，如果变量之间存在协整关系，那么

其短期非均衡关系总能由一个误差修正模型表述。下面我们用 EG 两步法建立误差修正模型，同时进一步验证这四个变量是否的确存在协整关系。

以两岸进出口贸易总额做因变量，我们对模型 5.3 进行 OLS 回归，得到协整关系式如表 5.3 中的部分 A 协整回归结果所示。

对以上协整关系式的残差进行 LM 自相关检验和 White 异方差检验，发现在 5% 的显著性水平下模型不存在自相关和异方差。

调整后 R^2 的高达 0.9893，说明协整方程拟合效果非常好。F 统计量对应 P 值为 0，小于 0.05，反映出 5% 的显著性水平下整个模型是统计显著的。

由协整回归估计结果，我们可以得到协整方程的残差项：

$$\mu_t = lnTrade_t + 16.4329 - 0.2966Dummy_t - 0.3437Share_{t-1}$$

$$-0.9169ln\left(GDP_{Mainland,t} \times GDP_{Taiwan,t}\right) \cdots\cdots\cdots\cdots(5.4)$$

接下来，我们对模型残差序列 μ_t 进行 EG 协整检验，在（0，0，N）的检验形式下，我们得到 EG 统计量为 –5.2417。在 5% 的显著性水平下，我们计算得到麦金农协整检验临界值为 –4.6606[①]，因 EG 统计量值小于麦金农临界值，因此我们进一步得出以上四个变量间的长期均衡关系是成立的。

根据 EG 两步法，我们将以上协整方程的残差项赋值给误差修正项 ECM，建立如下形式的误差修正模型：

$$\Delta lnTrade_t = \beta_1\Delta Dummy_t + \beta_2\Delta Share_{t-1} + \beta_3\Delta ln\left(GDP_{Mainland,t} * GDP_{Taiwan,t}\right) +$$

$$\beta_4 ECM_{t-1} + \epsilon_t \cdots\cdots\cdots\cdots\cdots\cdots\cdots(5.5)$$

对（5.5）式进行 OLS 回归，得到估计结果如表 5.3 中的部分 B 误差修正模型估计结果所示。可以看出，在 5% 的显著性水平下，误差修正项 $ECM(t-1)$ 的系数显著为负，符合反向修正机制。模型调整后的 R^2 达到 0.6924，拟合效果较好。F 统计量对应的 P 值小于 0.05，说明模型整体通过显著性检验。同时，对以上估计结果进行残差 LM 自相关检验和 White 异方差检验，发现在 5% 的显著性水平下模型不存在自相关和异方差。这说明本节所构建的研究海峡两岸经济一体化视角下的贸易效应的误差修正模型是可以接受的。

---

① 麦金农临界值计算公式：$C_{0.05} = \emptyset_\infty + \emptyset_1 T^{-1} + \emptyset_2 T^{-2}$，T 为时期数，这里 T=21，$\emptyset_\infty$，$\emptyset_1$，$\emptyset_2$ 可由麦金农协整检验临界值表得到，这里分别为 –4.1、–10.745、–21.57。

表 5.3　基于政策虚拟变量得到的引力模型估计结果

变量	系数估计值	标准误	T 统计量值	P 值
A 协整回归结果				
Dummy	0.2966	0.0900	3.2973	0.0043
Share	0.3437	0.0639	5.3804	0.0000
$ln\left(GDP_{Mainland,t} \times GDP_{Taiwan,t}\right)$	0.9169	0.0702	13.0601	0.0000
常数项	−16.4329	2.2347	−7.3536	0.0000
相关统计量	调整 R^2	F 统计量值	F 统计量对应 P 值	DW 统计量值
	0.9878	542.3929	0.0000	2.2380
B 误差修正模型估计结果				
ΔDummy	0.1534	0.0830	1.8487	0.0843
ΔShare	0.2277	0.0466	4.8850	0.0002
$\Delta \ln\left(GDP_{Mainland,t} \times GDP_{Taiwan,t}\right)$	1.1451	0.2115	5.4148	0.0001
$ECM(-1)$	-1.2729	0.2414	−5.2735	0.0001
常数项	-0.0489	0.0415	−1.1789	0.2568
相关统计量	调整 R^2	F 统计量值	F 统计量对应 P 值	DW 统计量值
	0.6924	11.6899	0.0002	1.5289

资料来源：根据 EViews7.0 处理结果整理

下面我们根据表 5.3 对海峡两岸经济一体化视角下的贸易效应进行分析。

协整方程估计结果中，两岸名义 GDP 系数估计值显著为正，符合预期，反映出海峡两岸经济规模增长在长期中会促进两岸贸易，即两岸 GDP 增加 1% 会引起两岸进出口贸易增长 0.9169%。在 5% 的显著性水平下，政策虚拟变量

*Dummy*对两岸进出口贸易带来显著的正向影响，说明由加入 WTO 助推的海峡两岸经济一体化的确促进了两岸贸易增长。从系数估计值来看，政策虚拟变量由 0 变动到 1 会引起两岸进出口贸易总额提高 1.35 百万美元[①]。贸易份额指标的系数估计值也显著为正，因为上一期两岸贸易总额占大陆贸易总额的份额提升可以看作两岸产品竞争力的增强，由前面的理论分析可知这种竞争力的增强所带来的两岸贸易增长更可能源于贸易创造，基于此我们认为长期中海峡两岸经济一体化会带来净贸易创造，这与现有文献普遍认为海峡两岸经济一体化会形成净的贸易创造效应、提升两岸福利的结论是一致的。

　　根据误差修正模型估计结果可以看出，各变量的符号和显著性与长期效应估计结果基本保持一致，只是政策虚拟变量的系数估计值在 10% 的显著性水平下才显著。将协整方程估计结果与误差修正模型估计结果相比较，我们发现：两岸名义 GDP 所带来的短期效应略大于长期效应，这意味着除了资本和劳动力增加、生产率提升等影响长期经济增长的因素外，旨在提振短期经济增长动力的刺激性或暂时性政策也会对两岸贸易往来产生正效应；政策虚拟变量带来的短期效应在影响大小和统计显著性方面都不如长期效应，反映出以加入 WTO 衡量的海峡两岸经济一体化对两岸进出口贸易的促进作用具有时滞性；从贸易份额指标的系数估计值可以看出，该指标所带来的短期效应不如长期效应大，反映出两岸贸易具有的"惯性"在长期中更明显，基于此我们还可以推断出海峡两岸经济一体化在长期中可能产生更多的净贸易创造效应。此外，协整方程（5.3）的调整后可决系数达到 0.9878，远高于误差修正模型（5.5）的 0.6924，这意味着长期中两岸 GDP、贸易份额、政策虚拟变量对两岸进出口贸易的解释能力要远高于短期，由此可以判断出短期中两岸贸易较容易受到各种其他因素的扰动，但在长期中海峡两岸经济增长、一体化水平加深和导致两岸贸易往来表现出"惯性"行为的诸多因素是决定两岸贸易往来的主导因素。

　　综上所述，通过构建符合海峡两岸经济一体化背景的引力模型，我们得出以下主要结论：第一，海峡两岸经济一体化深化、海峡两岸经济规模扩张都对两岸进出口贸易增长具有显著正效应；第二，海峡两岸经济一体化对两岸贸易增长的促进作用表现出明显的时滞性，而两岸 GDP 的暂时性扩张和长期增长都

[①]　当政策虚拟变量由 0 提高到 1 时，因变量（两岸进出口贸易总额的自然对数）会提高 0.2966，也即两岸进出口贸易总额的水平值提高 $e^{0.2966}$ 百万美元。

会拉动两岸贸易往来；第三，贸易份额指标始终带来正效应，结合前面的理论阐述，从产品竞争性角度分析，我们预期海峡两岸经济一体化更可能带来贸易创造效应。为了从定量角度证实第三点，下面我们用巴拉萨模型来研究海峡两岸经济一体化所带来的贸易效应。

三、基于巴拉萨模型的两岸经济一体化贸易效应

巴拉萨模型为定量研究贸易创造效应和贸易转移效应的存在提供了一种可行的方法。目前已经有学者采用巴拉萨模型来研究海峡两岸经济一体化的贸易效应问题。如赵琛和钟昌元（2012）将常规的巴拉萨模型简化为 LnM=bLnY 的形式，其中 b 为进口需求收入弹性，M 为进口额，Y 为地区生产总值，借此考察了 2009—2011 年间大陆和台湾地区的进口需求收入弹性的变化。研究发现对大陆来说，相比于 2009 年，2011 年的总进口需求收入弹性和区域外进口需求弹性明显增大，区域内进口需求收入弹性减小，由此作者认为 ECFA 并没有给大陆带来总贸易转移、净贸易转移效应，也不存在净贸易创造效应。与赵琛和钟昌元（2012）类似，李九领（2014）也用 LnM/LnY 直接估计了 2000—2012 年间大陆的进口需求收入弹性。根据 2011 年、2012 年进口需求弹性值相对于之前年份的变动，作者认为对大陆来说，ECFA 并没有带来总贸易转移、净贸易转移，但带来了净贸易创造效应。

相比于赵琛和钟昌元（2012）和李九领（2014）等的研究，我们采用标准的巴拉萨模型和统计计量方法来估计进口需求收入弹性的变化，所得结果更为科学；同时基于近 20 年间的相关数据考察大陆和台湾地区进口需求收入弹性的变化，从研究时期和研究对象来看，较之前的研究考虑得更为全面、所得结果也更为可信；此外，我们认为 2001、2002 年两岸相继加入 WTO 对海峡两岸经济一体化的推动作用要远大于 ECFA 已经发挥的作用，故而将 2001 年作为海峡两岸经济一体化的重要转折点来构建虚拟变量，以此来捕获进口需求收入弹性的变化，我们认为这比以 2010 年为转折点更能捕获海峡两岸经济一体化的实际贸易效应。

（一）模型构建

巴拉萨模型的基本方程为：$M_i = \alpha Y_i^\beta \mu$，其中，$M_i$ 为经济体 i 的进口额，Y_i 通常为国内生产总值或人均国内生产总值，α 为常数项，μ 为模型误差项，β 为

进口需求收入弹性。

实证应用中通常对基本方程两端取对数，得到：

$$lnM_i = \alpha + \beta lnY_i + \mu \cdots \cdots \cdots \cdots \cdots \cdots \cdots \cdots (5.6)$$

进一步，根据因变量的不同得到总进口需求方程、区域内进口需求方程、区域外进口需求方程，如下：

$$lnM_i^1 = \alpha^1 + \beta^1 lnY_i + \mu^1 \cdots \cdots \cdots \cdots \cdots \cdots (5.7)$$

$$lnM_i^2 = \alpha^2 + \beta^2 lnY_i + \mu^2 \cdots \cdots \cdots \cdots \cdots \cdots (5.8)$$

$$lnM_i^3 = \alpha^3 + \beta^3 lnY_i + \mu^3 \cdots \cdots \cdots \cdots \cdots \cdots (5.9)$$

其中，M_i^1，M_i^2，M_i^3分别为经济体 i 的总进口额、自区域内的进口额、自区域外的进口额。若实施区域一体化后，若β^2有所提升，说明存在总贸易创造效应；β^1和β^2均有明显提升，说明存在净贸易创造效应，即 Viner 的贸易创造效应；若β^3下降，说明存在总贸易转移效应；若β^2提升、β^3下降，说明存在净贸易转移效应，即 Viner 的贸易转移效应。

现有实证研究大多通过纳入时间虚拟变量来捕获区域经济一体化前后进口需求收入弹性的变化。上述三式进一步变为：

$$lnM_i^1 = \alpha^1 + \beta^1 lnY_i + \gamma^1 DlnY_i + \mu^1 \cdots \cdots \cdots \cdots \cdots (5.10)$$

$$lnM_i^2 = \alpha^2 + \beta^2 lnY_i + \gamma^2 DlnY_i + \mu^2 \cdots \cdots \cdots \cdots \cdots (5.11)$$

$$lnM_i^3 = \alpha^3 + \beta^3 lnY_i + \gamma^3 DlnY_i + \mu^3 \cdots \cdots \cdots \cdots \cdots (5.12)$$

其中，D 为虚拟变量，通常设定为在区域一体化之前，D=0；区域一体化之后，D=1。在本节的研究中，i 分别代表大陆、台湾地区。当 i 代表大陆时，lnM_i^j为对数形式的大陆进口总额、大陆自台湾地区进口总额、大陆自台湾地区外的其他经济体进口总额；lnY_i为对数形式的大陆名义 GDP。当 i 代表台湾地区时，lnM_i^j、lnY_i的定义类似。β^j、$\beta^j + \gamma^j (j = 1, 2, 3)$分别为海峡两岸经济一体化前、经济一体化后的进口需求收入弹性，当γ^j大于 0 时，就意味着两岸区域经济一体化后进口需求收入弹性增加。这样，若γ^1、γ^2大于 0，就意味着两岸区域经济一体化为经济体 i（大陆或台湾地区）带来了净贸易创造效应，即 Viner 定义的贸易创造效应；若 γ^2 大于 0、γ^3 小于 0，就意味着两岸区域经济一体化为经济体 i（大陆或台湾地区）带来了净贸易转移效应，即 Viner 定义的贸易转移效应。

（二）变量选取和来源

两岸名义 GDP（Y_i）、两岸进口总额（M_i^1）、区域内进口额（M_i^2）均直接来自 UNCTADstat，两岸区域外进口额（M_i^3）用进口总额减去区域内进口额得到，单位百万美元。根据 UNCTADstat 所公布数据的可得性，这里我们将研究时期限定在 1995—2014 年间，旨在探讨该期间海峡两岸经济一体化所带来的贸易创造效应和贸易转移效应的存在性。类似引力模型（5.3）中虚拟变量的设定，将 2001 年两岸相继加入 WTO 看作两岸之间通过 WTO 间接达成的一种贸易自由政策，据此设定虚拟变量 D，即 1995—2000 年间，D=0；2001—2014 年间，D=1。除了虚拟变量 D，建模过程中所用数据均进行对数处理。

（三）实证结果与分析

采用 STATA13.0 对样本数据进行最小二乘回归。从回归结果来看，检验模型整体显著性的 F 统计量对应的 P 值均小于 0.05，说明在 5% 的显著性水平下各模型整体都是统计显著的；各模型调整 R^2 均大于 0.90，反映出模型的整体拟合能力均较好。名义 GDP 系数估计值均显著为正，符合预期。大陆和台湾地区的进口需求收入弹性具体估计结果如表 5.4 所示。

从台湾地区方面看，总进口需求收入弹性系数的变化（0.0033）为正，但统计上并不显著。区域内进口需求收入弹性系数的变化（0.0579）显著为正，说明存在显著的总贸易创造效应。从总进口需求收入弹性系数和区域内进口需求收入弹性系数的变化及其统计显著性来看，我们认为海峡两岸经济一体化虽然给台湾地区带来了净贸易创造效应，也就是说存在用来自中国大陆的进口品来代替原先在岛内的生产的现象，但比较微弱。区域外进口需求收入弹性系数的变化（0.0004）为正，说明海峡两岸经济一体化并没有给台湾地区带来总贸易转移效应、净贸易转移效应，这意味着海峡两岸经济一体化并没有使得台湾地区用岛内自行生产来替代原来的区域外进口，也没有用大陆进口品来替代原来的区域外进口。

从大陆方面来看，2001 年后大陆总进口、区域内进口、区域外进口对应的进口需求收入弹性的变化均显著为正，分别为 0.0332、0.0449、0.0319，说明海峡两岸经济一体化给大陆带来总贸易创造效应、净贸易创造效应，但并没有带来总贸易转移效应、净贸易转移效应。从净贸易创造和净转移效应的存在性可知，海峡两岸经济一体化使得大陆用台湾地区进口品来代替原先在域内的生产，但并没有引起大陆用台湾地区进口品来替代原先来自区域外经济体的进口品。

表 5.4　巴拉萨模型回归结果

		2001 年前的进口需求收入弹性（β^j）	2001 年后的进口需求收入弹性（$\beta^j + \gamma^j$）	进口需求收入弹性的变化（γ^j）
台湾地区	总进口	1.7208***	1.7241	0.0033
	区域内进口	3.3175***	3.3754	0.0579***
	区域外进口	1.5255***	1.5259	0.0004
大陆	总进口	0.9054***	0.9386	0.0332***
	区域内进口	0.6371***	0.682	0.0449***
	区域外进口	0.9340***	0.9659	0.0319***

注：***，**，* 分别表示在 1%、5%、10% 的显著性水平下显著

资料来源：根据 STATA13.0 回归结果整理

综上所述，在巴拉萨对贸易创造和贸易转移效应的定义下，我们发现海峡两岸经济一体化并没有带来总贸易转移效应、净贸易转移效应，而是带来了总贸易创造效应、净贸易创造效应，尽管给台湾地区带来的净贸易创造效应在统计上不显著。也就是说，按照 Viner 对贸易创造和贸易转移的定义[①]，海峡两岸经济一体化引起了大陆和台湾地区用区域内进口来替代自身的生产，但并没有引起大陆或台湾地区用区域内进口来替代原本来自其他经济体的进口，也即海峡两岸经济一体化在没有损害其他经济体出口贸易的情况下，进一步密切了两岸贸易往来。整体来看，并没有发现贸易转移效应的存在性，故而我们认为海峡两岸经济一体化对大陆和台湾地区带来的贸易效应主要由贸易创造效应构成，会给两岸带来净福利所得。

[①] 巴拉萨的净贸易创造和净贸易转移效应与 Viner 的贸易创造和贸易转移效应是对应的。

第三节　动态视角下海峡两岸经济一体化的福利效应

经济一体化的动态福利效应的核心内容是，通过一体化的构建，使得生产资料在更广阔的市场范围内实现优化配置、进而不断提升资源效率，具体包括刺激投资、促进增长、提升规模收益等。因此，经济一体化的动态福利效应包括，投资效应、增长效应、规模经济效应，本节将针对海峡两岸经济一体化的动态福利效应逐一展开讨论。然而，在方法上，动态福利效应并没有形成静态福利效应那样统一的分析框架，仅能针对不同的效应、借助影响驱动进行动态福利效应的实证研究。

一、海峡两岸经济一体化的投资效应

过去 20 年间，随着大陆和台湾地区先后加入 WTO、启动两岸"三通"、签署海峡两岸经济合作架构协议（ECFA）及其诸多后续协议，海峡两岸经济合作的密切程度得到前所未有的增强。与此同时，台湾地区核准对大陆直接投资由 1991 年的 1.74 亿美元提升到 2018 年的 84.97 亿美元，大幅增长了近 50 倍。两岸投资联系的增强反过来进一步推动了两岸关系发展，提升了海峡两岸经济一体化水平。更重要的是，台湾地区对大陆直接投资拉动了两岸贸易往来，促进了两岸人口流动、文化沟通等方面的交流，给大陆和台湾地区带来了诸多好处。具体来看，就大陆方面而言，台湾地区对大陆的直接投资弥补了大陆的资金缺口，同时带来了先进技术、管理经验等溢出效应，促进了大陆经济增长和就业增长（张传国，2004；韩峰，隋杨，曹清峰等，2011）；就台湾地区方面而言，这种直接投资降低了台企的生产成本，增强了台企的竞争力，并拉动了台湾地区对大陆的出口贸易，促进了台湾地区产业结构调整，带动了岛内经济增长（张冠华，2003；张传国，2004；连正世，毕玉江，朱钟棣，2011）。可以预期，台湾地区对大陆的直接投资在整体上是提升了两岸整体福利的。

目前，对海峡两岸经济一体化的水平、演变及其经济效应的研究已经成为政界和学界关注的一个重点课题。海峡两岸经济一体化的投资效应作为经济效应的一个重要组成部分，对其实证研究有助于进一步推进与海峡两岸经济一体化相关的理论研究的发展，并为深化两岸投资联系提供理论思考。相对于东盟、北美自贸区等区域一体化组织，日益深化的海峡两岸经济一体化是否显著增强了大陆对台资的吸引力？如果是，这种投资促进作用对两岸以及其他经济体的

福利影响又如何？

本节首先借助图表对 20 余年间两岸直接投资关系和台商在大陆投资结构的演变进行分析，以总结两岸投资关系的发展历程和未来趋势；继而通过构建一个扩展的引力模型，定量研究了 1995—2014 年间海峡两岸经济一体化的投资效应，并通过考察投资转移效应和投资创造效应的相对大小，探讨了其对两岸和其他经济体福利变化的可能影响。本节还进一步研究了一体化下的两岸直接投资和贸易之间的关系。

（一）区域经济一体化投资效应的理论分析

1. 基本概念

根据传统区域经济一体化理论，区域经济一体化的投资效应指的是区域一体化对成员国 FDI 流量带来的影响，可以进一步区分为投资创造效应和投资转移效应（Kindleberger，1966）。投资创造效应包括成员国相互之间直接投资的增加（区内对区内的投资创造）以及区域外跨国企业出于防御性或进攻性动机而增加对区域内部的直接投资（区外对区内的投资创造）。投资转移效应包括区域内部按照比较优势重新进行专业化分工和资源配置带来的区域内投资格局调整，表现为某成员国 FDI 流入增加，同时其他成员国 FDI 流入减少，产生区内对区内的投资转移，或者是成员国 FDI 流入的增加是从区域外其他经济体转移而来的，即区域内 FDI 流入的增加伴随着区域外经济体的 FDI 流入减少，产生区外对区内的投资转移。

就海峡两岸而言，长期以来两岸直接投资呈现单向流动、不对称的格局，直到 2009 年台湾地区方面放开大陆资本赴台投资，两岸才开启直接投资双向流动阶段。但这几年陆资入台仍面临诸多限制，根据台湾地区"投资审议委员会"的数据显示，2018 年台湾地区核准陆资到台金额为 23124.2 万美元，对大陆投资核准金额为 849773 万美元，因此两岸投资关系主要表现为台湾地区对大陆的直接投资。针对两岸投资关系的这种特殊情况，本节的研究集中在海峡两岸经济一体化对台商赴大陆直接投资的影响上，对应的投资创造和转移效应分别为区内对区内的投资创造和区外对区内的投资转移。具体来说，海峡两岸经济一体化下区内对区内的投资创造效应指的是随着海峡两岸经济一体化的深化，台商通过投资设厂将原来在岛内进行的生产活动转移到大陆，以利用大陆相对廉价的劳动力、土地等生产要素。而在两岸关税较高和资本流动受限的情况下，这种直接投资和生产转移并没有发生。这种投资创造会优化大陆和台湾地区的资源配置，提升两岸整体福利。另一方面，大陆廉价的生产要素，再加上大陆方面持续对台商推出的诸多优惠政策，对台商形成了巨大吸引力，这也可能会导致部分台商将本来对其他经济体的直接投资转移到大陆，这就是海峡两岸经济一体化下区外对区内的投资转移效应。这种投资转移会降低其他经济体的 FDI 流入。因为 FDI 流入通常可以直接增加投资地的国民收入和就业率，并带来技术转移、新的管理经验和生产技术等溢出效应（Bassem Kahouli 和 Samir Maktouf,2015；Cheong 和 Plummer，2009），因此区外对区内投资转移效应的存在会对其他经济体的福利带来一定损失。

2. 区域经济一体化投资效应研究现状

区域经济一体化的经济效应研究主要集中在贸易效应，但贸易和直接投资之间的密切联系意味着区域经济一体化的投资效应也是重要的。更重要的是，投资便利化是经济体之间签署 FTA 的一个重要考量，也是私企始终关注的重点（Naya 和 Plummer，1997；Kreinin 和 Plummer，2008；Cheong 和 Plummer，2009）。根据 UNCTAD（2006），国际投资规则正逐渐成为自由贸易协议和其他经济合作协议的一个基本组成。下面我们首先对区域经济一体化投资效应的现有研究进行简要综述。

从研究对象来看，早期区域经济一体化投资效应的研究主要针对欧盟，之后随着区域经济一体化浪潮的掀起，逐渐扩展到北美自由贸易区（NAFTA）、东盟（ASEAN）、南方共同市场（MERCOSUS）等区域一体化组织。

从研究方法来看，可划分为事前研究方法和事后研究方法。前者包括可计算一般均衡（Computable General Equilibrium，CGE）和全球贸易分析模型（Global Trade Analysis Project，GTAP）。 如 CsillaLakatos 和 TerrieWalmsley(2012) 采用动态 CGE 模型研究了东盟 – 中国自贸协议的投资创造和投资转移效应，发现 CAFTA 对成员国带来了正的投资效应，并对非成员国带来了明显的投资转移效应。这类事前研究方法主要用于对政策效果进行预测和评估。但海峡两岸经济一体化的特点是功能性经济一体化和制度性经济一体化水平并不同步，并且双方政策不对称，采用事前研究方法难以真实反映海峡两岸经济一体化的投资效应。

事后研究方法包括引力模型和一些特殊的技术方法。引力模型主要是以直接投资为因变量，用区域经济一体化虚拟变量来捕获投资效应。如 Kreinin 和 Plummer（2008）采用一个扩展的引力模型研究了 1982—1999 年间欧盟、北美自贸区、南方共同市场、东盟四个区域一体化组织的投资效应，发现区域经济一体化带来了正的投资效应，而投资转移效应在大多数区域一体化组织中都是存在的。BassemKahouli 和 Samir Maktouf（2015）将经济一体化的内生性考虑在内，采用静态和动态引力模型研究了 FDI 的决定因素。赵滨元（2012）选取40 个经济体 2000—2010 年度的数据做研究样本，通过在引力模型中纳入多个虚拟变量来代表不同的区域一体化组织，以研究南南区域一体化的投资效应，研究发现各南南区域一体化组织对成员方 FDI 流入的影响方向存在差异，但整体来看增加了发展中成员方的 FDI 流入。刘志雄（2011）基于改进的引力模型研究了中国 – 东盟自由贸易区（CAFTA）的建立对东盟对华直接投资带来的效应，以东盟 10 国对华直接投资做因变量，纳入一个虚拟变量来捕获 CAFTA 的建立对东盟对华投资的影响，非平衡面板估计结果显示这种影响并不显著。尽管引力模型因缺乏坚实的理论基础被批评，但因其在实证分析中的良好表现和可扩展性仍被广泛使用。

特殊的技术方法包括直观对比一体化前后直接投资流量、份额等指标的变化，或采用计量统计方法识别 FDI 流量的突变点。如陈霜华和查贵勇（2008）通过直观对比 1995—2002 年、2003—2006 年两个时期中国和东盟的 FDI 流量绝对值和占比情况的变化，探讨 CAFTA 带来的投资效应。赵青松和李钦（2014）研究了 2010 年开始实施的俄白哈关税同盟的投资效应，通过对 2010 年前后 FDI 流量和增速的对比，认为区外对区内的投资创造和投资转移效应都不明显，区内对区内的投资创造和投资转移较为明显。Alvaro et al.（2012）采用Vogelsang（1997）的 SupWald 检验识别出过去 15 年间 FDI 流量的突变点，发现大多数突变与全球化、区域经济一体化、经济增长等因素相关，且突变后FDI 流量显著增强。但这类方法难以剔除除了区域经济一体化之外其他因素对FDI 的影响，并且难以识别投资创造和投资转移效应的相对大小，从而无法对经济一体化带来的福利变化情况进行判断。

从研究结论来看，绝大多数理论和实证研究均认为区域经济一体化会增加区域内的 FDI 流量（DorotheeJ.Feils 和 Manzur Rahman，2011；Csilla Lakatos和 TerrieWalmsley，2012；Kreinin 和 Plummer，2008）；但也有少数学者认为这种影响并不显著，因为区域经济一体化影响 FDI 的可能途径早已经被跨国企业利用了，或者关税削减的刺激不足以弥补跨国企业现有投资的沉没成本（Rugman 和 Verbeke，1994）；此外，也有学者指出这种影响取决于其他经济环境（Magnus Blomström 和 Ari Kokko，1997；Magnus Blomström et.al.，1998）。就两岸而言，自 1991 年台湾当局正式允许台商赴大陆投资，之后随着两岸先后加入 WTO、福建沿海与金门马祖地区直接往来和"三通"的开启、ECFA 及其后续协议的签署等一系列经贸自由化进程，台湾地区对大陆直接投资是呈逐渐增强趋势的。2009 年台湾地区正式放开陆资入台后，大陆对台投资也有了明显增长。由此我们可以预期海峡两岸经济一体化也是会增加区域内 FDI 流量的。

3. 海峡两岸经济一体化投资效应研究现状

通过对两岸直接投资相关的文献进行梳理，我们发现现有研究大多是针对台商在大陆的投资模式（李红，2000；张传国和俞天贵，2005），两岸直接投资的制度化安排（彭莉，2012；季烨，2013；肖冰，2014），台商投资在加强两岸经贸联系中发挥的作用（张传国和李非，2005），台商投资与两岸贸易之间的互动关系（张传国，2004；胡敏和李非，2015）等。总体来看，大多数研究认为近 20 年台商对大陆的直接投资规模在不断扩大、对两岸经贸联系的推动作用也在不断增强。但针对两岸经济一体化对两岸直接投资所带来影响的相关文献屈指可数，仅包括张静静（2010）、曹小衡和徐永慧（2016b）等。如张静静（2010）从定性角度分析了海峡两岸经济一体化的投资效应，认为海峡两岸经济一体化会促进双方投资，由此进一步增强两岸贸易往来。由于海峡两岸经济一体化定量研究的匮乏以及功能性一体化和制度性一体化严重不同步的特点，目前针对海峡两岸经济一体化投资效应的研究主要以理论、定性分析为主，这种背景下采用实证方法对海峡两岸经济一体化的投资效应进行研究就显得更为有意义。

虽然对两岸投资关系的现有研究和相关数据均反映出，随着近 20 年来海峡两岸经济一体化的深化，台商对大陆投资呈日益增强的趋势，但这一结论并没有得到实证研究的证实，而且这种投资联系增强所带来的整体福利变化也不一定为正。

此外，在两岸经贸往来中，投资带动两岸贸易是一大特征（张冠华，2003；盛九元，2011）。鉴于二者之间的紧密联系，在研究投资效应的基础上，我们进一步探讨了台商直接投资和两岸贸易之间的关系。理论上，台商直接投资和两岸贸易之间的关系有两种：一是替代关系，即台商通过投资直接在大陆进行生产、销售，从而代替之前在岛内生产后对大陆的出口。这种台商投资属于水平型 FDI。二是互补关系，即台商在大陆进行直接投资，将产品返销回岛内，从而增加台湾地区自大陆的进口，或者是在大陆投资生产过程中从岛内购置中间产品，以带动台湾地区对大陆的出口。这种台商投资主要属于垂直型 FDI[①]。国内现有的研究大多认为台商投资与两岸贸易呈互补关系。张冠华（2003）发现1990—2002 年间台商投资对两岸贸易的替代作用并不明显，整体来看要比台商赴大陆投资对两岸贸易的拉动作用小得多。李保明和刘震涛（2004）通过对1989—2002 年相关数据的实证分析发现台商投资和两岸贸易之间呈显著互补关系。连正世、毕玉江、朱钟棣（2011）将协整检验和格兰杰因果检验方法用于1991—2009 年间的两岸相关数据，发现台湾地区对大陆的直接投资与两岸进出口之间都存在互补关系。胡敏和李非（2015）采用贸易引力模型探讨了2000—2012 年间台商投资和两岸贸易之间关系的阶段性变化，发现台商投资对两岸进出口贸易都有促进作用，但分阶段的实证研究发现这种促进作用在减弱。

鉴于引力模型在实证分析中的良好表现，我们选择以台湾地区为直接投资来源地，以包括大陆在内的 21 个台湾地区对外直接投资目的地为研究样本，利用 1995—2014 年间的面板数据，采用引力模型实证研究了海峡两岸经济一体化带来的投资创造和投资转移效应以及由此带来的两岸和其他经济体的福利变化情况。

相比于围绕两岸直接投资的现有研究，本节的创新点在于：将定性和定量分析方法相结合，对近 20 年间两岸投资关系和投资结构的发展和趋势进行探讨，有助于全面认识两岸投资关系的发展历史和未来发展态势；直接探讨海峡两岸经济一体化对台商赴大陆投资的影响，有助于推动海峡两岸经济一体化投资效应研究的实质性进展。

（二）两岸投资关系的演变

1. 两岸直接投资关系的演变

图 5.8 给出了近 20 年间的两岸相互间直接投资演变图，很明显看出两岸相互间直接投资以台商对大陆直接投资为主，这是两岸相互间开放政策不对称在投资关系上的表现。就台湾地区核准对大陆投资来看，可以划分为三个阶段：

---

① 水平型 FDI 是用在投资地当地的生产代替原来对投资地的出口，旨在占领投资地的市场，与贸易呈替代关系；垂直型 FDI 是将产业价值链的某一环节转移到投资地，旨在利用投资地相对廉价的劳动力和自然资源，会增加投资来源地与投资地之间的贸易，与贸易呈互补关系（Paul Brenton et al., 1999；Valeriano et al., 2016）。

1999 年及之前年份的初步发展阶段，该阶段台湾地区核准对大陆投资规模较小、增长缓慢；2000—2011 年间的强劲增长阶段，两岸先后加入 WTO 带来的经贸规则调整、两岸制度性合作机制的建立等都发挥了重要作用，其中 2009 年台湾地区核准对大陆投资出现了前所未有的大幅下滑，主要是受到 2007 年美国次贷危机引发的全球金融危机的影响；2012 年后的调整阶段，台湾地区核准对大陆投资规模明显下滑，且波动性较大，原因是多方面的，诸如两岸产业结构互补性减弱、大陆经济新常态、台湾地区积极吸引台商返台投资、岛内政局变动影响海峡两岸经济关系等。就台湾地区核准陆资入台来看，自 2009 年台湾地区方面放开大陆资本赴台投资后，大陆资本赴台投资额逐渐增长，并在 2013 年达到历史最高水平 349.48 百万美元，但近两年台湾地区核准赴台陆资金额又出现明显下滑迹象。整体来看，近 20 年来两岸相互间直接投资都有了较大进展，但目前陆资入台规模远不及台湾地区对大陆的直接投资，两岸直接投资双向、对称格局的出现尚需一定时日。

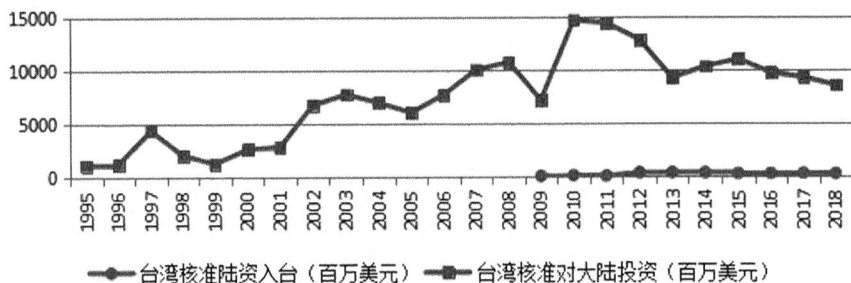

图 5.8 两岸相互间直接投资折线图

资料来源：根据台湾地区"经济部投资审议委员会"的相关数据绘制

2. 台商对大陆直接投资结构的演变

我们根据台商对大陆的分业投资数据来分析台商对大陆投资结构的演变。图 5.9 给出了 2000 年后台商对大陆投资整体结构的变化，可以看出，过去十几年间台商在制造业领域对大陆的直接投资始终占到台商对大陆投资的一半以上，对第三产业的投资占比次之，对第一产业的投资占比始终低于 1%。从投资结构的变化来看，以 2008 年为分界点，台商对大陆的投资结构发生了明显变化，即台商对大陆制造业的投资占比明显下滑，对服务业的投资快速增长。

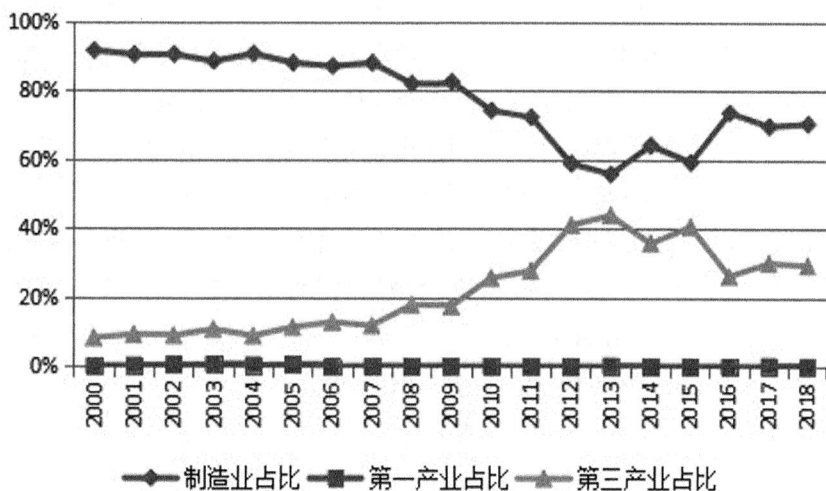

图 5.9　台商对大陆投资结构变化

资料来源：根据台湾地区"经济部投资审议委员会"公布的"台商核准对中国大陆投资分业"数据计算并绘制

　　具体来看，在 2008 年之前台湾地区在制造业领域的直接投资占台湾地区对大陆总投资的比重始终在 90% 左右徘徊，相比于 2000 年制造业投资比重，2007 年的降幅仅为 3.53%；自 2008 年始台商在制造业领域的投资迅速下滑，相比于 2008 年，2015 年的降幅达到 22.8%。究其原因，2000 年后台商在制造业领域的直接投资主要集中在电子电器、化品品、基本金属等资本、技术密集型制造业领域，旨在利用大陆廉价的劳动力、土地等要素禀赋、对环保的低要求以及大陆给予台企的超国民待遇。但是，近几年大陆经济结构调整迫在眉睫，法治化建设逐渐加强，台商享有的各种优惠政策也面临调整，导致传统台商大多面临转型升级的挑战，同时大陆成本优势的降低也使得大陆对制造业领域新台商的吸引力减弱，结果表现为 2008 年后台湾地区在制造业领域对大陆的投资占比迅速下降。

　　与此同时，台商对第三产业的投资占比表现出与制造业相反的趋势。2000—2007 年间台商对大陆第三产业的投资占比始终在 10% 左右徘徊，2008 年后这一比重迅速提高，2008 年为 14.8%，2015 年为 40.23%，2018 年为 29%。从细分行业来看，2008 年后台商在第三产业投资占比的提升主要源于对服务业投资占比的提升，除了不动产业，台商对各细分行业的投资占比超过 1% 的几乎始终集中在服务业，主要是批发及零售业，金融及保险业，资讯及通讯传播业，专业、科学及技术服务业。图 5.10 给出了台商在这四大行业投资占比的变化，由图 5.10 还可以看出，作为现代服务业代表的金融及保险业的发展尤其值得关注，2008 年前台商对该行业的投资占比始终不足 2%，到 2018 年该行业的投资占比达 7%，显然金融服务业已成为两岸投资关系发展的一个重要走向。究其原因，2009 年后两岸相继签署的《海峡两岸金融合作协议》、《海峡两岸金融业监督管理合作谅解备忘录》(MOU)、《海峡两岸经济合作架构协议》(ECFA)、《海峡两岸货币清算合作备忘录》等一系列协议，使得两岸在金融合作领域不断取得良好进展，金融服务业已经成为两岸新的投资热点。

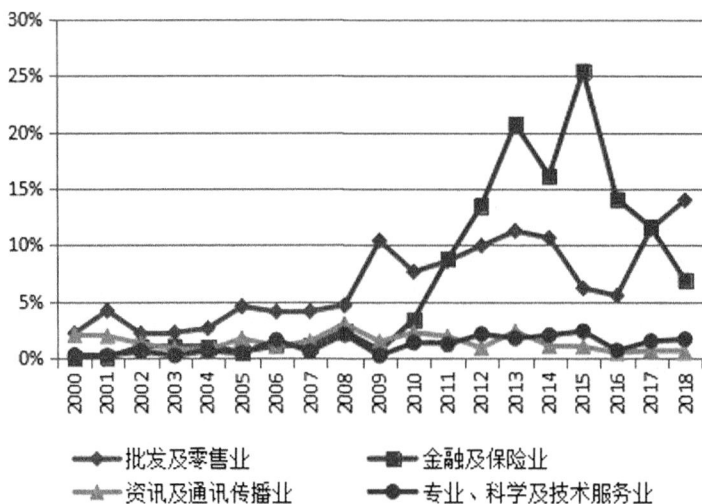

图 5.10　台商对大陆服务业领域投资结构

资料来源：根据台湾地区"经济部投资审议委员会"公布的"台商核准对大陆投资分业"数据计算并绘制

通过以上分析，我们主要得到以下两个结论：第一，近 20 年间台商对大陆的投资规模不断扩大，大陆赴台投资也取得了实质性进展，但两岸投资关系仍以台商对大陆投资为主，双向、对称流动格局的出现尚需时日。我们还发现，近几年两岸投资关系发展进入新一轮调整期，新形势下如何继续深化两岸投资联系尚面临诸多挑战。第二，制造业始终是台商对大陆投资的主要领域，但 2008 年以来台商对大陆的服务业投资呈现快速增长态势，目前金融服务业已经成为两岸投资关系发展的一个新趋势。

（三）海峡两岸经济一体化投资效应的实证分析

1.模型设定和变量选取

鉴于引力模型在实证分析中的良好表现，选择将海峡两岸经济一体化虚拟变量纳入引力模型中来研究整体投资效应，这是用引力模型来研究区域经济一体化的贸易效应和投资效应的传统方法。进一步，为了比较投资创造效应和投资转移效应的相对大小，借鉴Kreinin和Plummer（2008）提出的扩展引力模型，构建竞争关系二元变量来考察海峡两岸经济一体化是否带来了投资转移效应。

就因变量而言，只考虑台湾地区作为直接投资来源地，探讨海峡两岸经济一体化对大陆吸引台湾地区直接投资产生的影响。如前所述，长期以来两岸直接投资呈现单向流动、不对称的格局，直到2009年台湾地区方面放开大陆资本赴台投资，两岸才开启直接投资双向流动阶段。但这几年陆资入台仍面临诸多限制，根据台湾地区"经济部投资审议委员会"的数据显示，2017年台湾地区核准陆资来台金额为265.71百万美元，核准对大陆直接投资金额为8743.19百万美元。这种政策方面的单向阻碍导致大陆对台直接投资是人为扭曲的，难以反映海峡两岸经济一体化的真实投资效应。同时，为了验证海峡两岸经济一体化的投资转移效应是否存在，我们还考虑了台湾地区对其他20个经济体[①]的直接投资流出量。下面我们就针对台湾地区对包括大陆在内的21个投资地的直接投资流出量进行建模。

在引力模型中，我们以台湾地区对外投资流量做因变量，纳入传统引力模型中的经济规模、地理距离等变量，并根据现有研究指出的对外直接投资的决定因素考虑了投资地的经济增速、服务业发展水平、法律规范、官僚质量等（Kreinin和Plummer，2008；Alvaro et al.，2012；邱立成，马如静，唐雪松，2009），同时在兼顾数据可得性的基础上设定引力模型的初始形式如下：

$$FDI_{it} = \alpha_0 + \alpha_1 INT_i + \sum_{k=1} \beta_k X_{it}^k + \sum_{n=1} \gamma_n Z_i^n + \mu_{it} \quad \cdots\cdots\cdots\cdots\cdots(5.13)$$

其中，FDI_{it}为第t年台湾地区对经济体i的直接投资流量；INT_i为海峡两岸经济一体化指标，当i为大陆时，该指标值为1，否则该指标值为0；$\sum_{k=1} \beta_k X_{it}^k$

[①]　这20个经济体包括英国、越南、泰国，菲律宾，香港，印度尼西亚，美国，韩国，日本，新加坡，马来西亚，巴拿马，德国，荷兰，澳大利亚，法国，加拿大，印度，捷克，巴西。在研究期间（1995—2014），这20个经济体累计所吸引的台湾直接投资占到台湾累计对外投资流量的近60%。

包括经济体 i 的经济规模、服务业发展水平等控制变量；$\sum_{n=1} \gamma_n Z_i^n$ 包括我们构建的其他两个区域经济一体化指标，包括东盟、内地和香港，以与海峡两岸经济一体化指标进行比较分析，同时还包括竞争关系二元变量[①]。最终选择的变量及其来源如表 5.5 所示，时间区间均为 1995—2014 年。

表 5.5　变量定义和描述

变量		定义	处理方式	来源
FDI_{it}		台湾地区对经济体 i 的直接投资流量（千美元）	取对数	台湾地区"投资审议委员会"
INT_i		海峡两岸经济一体化虚拟变量	i 代表祖国大陆时，值为 1；否则值为 0	自行构建
$\sum_{k=1} \beta_k X_{it}^k$	GDP_{it}	经济规模代理变量	经济体 i 的名义 GDP 占全球名义 GDP 的比重，%	UNCTADstat
	$dist_i$	经济体 i 与台湾地区的首都地理距离（公里）	取对数	CEPII 数据库
	$service_{it}$	服务业增加值占 GDP 比重（%）	取对数	UNCTADstat
	$growthrate_{it}$	年均经济增速（%）		UNCTADstat
	$trade_{it}$	经济体 i 与台湾地区的货物贸易进出口总额（千美元）	取对数	UNCTADstat

---

① 借鉴 Kreinin 和 Plummer(2008)，我们将 21 个样本经济体中的发展中经济体看作在吸引台资方面与大陆存在竞争关系的经济体，基于此设定竞争关系二元变量。

续表

变量		定义	处理方式	来源
$\sum_{n=1} \gamma_n Z_i^n$	$ASEAN_i$	东盟经济一体化指标	经济体 i 属于东盟成员国时，值为1；否则值为0	自行构建
	MHK_i	内地和香港经济一体化指数	经济体 i 为祖国大陆或香港时，值为1；否则值为0	自行构建
	LDC_i	竞争关系二元变量	经济体 i 为发展中经济体时，值为1；否则值为0	自行构建

注：这里 ASEAN 包括六个经济体，即印度尼西亚、泰国、新加坡、菲律宾、马来西亚、越南。

由于宏观经济变量通常存在较强的相关性，这容易导致回归模型中出现多重共线性问题，引起系数估计值符号异常、经济含义不明确、模型估计结果不稳定等问题。这里我们给出五个控制变量的两两相关系数，如表5.6所示，显然除了经济规模和双方贸易流指标的相关系数达到0.5028，其他所有的相关系数绝对值均小于0.5，相关性并不是特别高，我们认为对这些变量进行面板建模出现严重多重共线性问题的可能性较低。

表 5.6　变量相关性分析

	GDP_{it}	$dist_i$	$service_{it}$	$growthrate_{it}$	$trade_{it}$
GDP_{it}	1	—	—	—	—
$dist_i$	0.2334	1	—	—	—
$service_{it}$	0.2611	0.4063	1	—	—
$growthrate_{it}$	−0.1719	−0.2610	−0.4371	1	—
$trade_{it}$	0.5028	−0.4698	0.0783	−0.0248	1

资料来源：根据 STATA13.0 计算结果整理

根据模型（5.13）和表5.5，我们设定的研究海峡两岸经济一体化整体投资效应的引力模型具体形式如下：

$$FDI_{it} = \alpha_0 + \alpha_1 INT_i + \beta_1 GDP_{it} + \beta_2 dist_i + \beta_3 service_{it} + \beta_4 growthrate_{it} + \gamma_1 ASEAN_i +$$
$$\gamma_2 MHK_i + M'_{it} \quad\cdots\cdots\cdots\cdots\cdots\cdots(5.14)$$

检验海峡两岸经济一体化是否带来了投资转移效应的扩展引力模型如下：

$$FDI_{it} = \alpha_0 + \alpha_1 INT_i + \beta_1 GDP_{it} + \beta_2 dist_i + \beta_3 service_{it} + \beta_4 growthrate_{it} + \gamma_1 ASEAN_i +$$
$$\gamma_2 MHK_i + \gamma_3 LDC_i + M''_{it} \quad\cdots\cdots\cdots\cdots\cdots(5.15)$$

研究经济一体化下的直接投资和贸易之间关系的扩展引力模型如下：

$$FDI_{it} = \alpha_0 + \alpha_1 INT_i + \beta_1 GDP_{it} + \beta_2 dist_i + \beta_3 service_{it} + \beta_4 growthrate_{it} + \beta_5 trade_{it} +$$
$$\gamma_1 ASEAN_i + \gamma_2 MHK_i + M'''_{it} \quad\cdots\cdots\cdots\cdots\cdots(5.16)$$

2. 实证结果和结论

对于面板数据，通常是建立固定效应模型和随机效应模型。但固定效应模型在估计过程中会剔除非时变变量，无法得到 INT、LDC 等变量的系数估计值，难以实现我们的研究目的。因此，我们对 1995—2014 年间 21 个样本经济体的年度面板数据建立随机效应模型，采用 GLS 随机效应估计方法对模型（5.14）—（5.16）进行估计。

表 5.7 给出了 1995—2014 年间海峡两岸经济一体化投资效应的估计结果。其中，模型（5.14）为整体投资效应估计结果。在 1% 的显著性水平下，INT_i 系数显著为正，说明海峡两岸经济一体化对大陆吸引台湾地区对外直接投资产生了强烈的正效应，这是投资创造和投资转移带来的整体效应；$ASEAN_i$ 和 MHK_i 的系数也为正，说明东盟经济一体化、内地和香港的经济一体化均对于其成员吸引台湾地区对外直接投资起到了促进作用，尽管 MHK_i 的系数并不显著。由这三个虚拟变量的系数估计值可以看出，相比于东盟经济一体化、内地和香港的经济一体化，海峡两岸经济一体化带来了更大的整体投资效应。当海峡两岸经济一体化代理指标由 0 变动到 1 时，会引起台湾地区对大陆直接投资提高 1258.66 千美元 [1]，而东盟一体化指标 ASEAN 由 0 提高到 1 仅仅引起台湾地区对东盟直

[1] 模型（5.14）中 INT 指标系数估计值为 7.1378，当 INT 由 0 提高到 1 时，因变量 FDI 的对数会提高 7.1378，从而 FDI 水平值提高 $e^{7.1378}$。

接投资提高 14.20 千美元。

就台湾地区对外直接投资的其他决定因素来看，在 1% 的显著性水平下，投资地经济规模和服务业增加值占比的系数均显著为正，反映出经济规模越大、服务业发展水平较高的经济体更容易受到台商的青睐；经济增速的系数估计值也为正，但并不显著；距离变量系数估计值为负，即以距离代表的交易成本的提高不利于经济体吸引台湾地区对外投资，但统计上也不显著。由此，我们认为投资地的经济规模和服务业发展水平均是台商对外投资的重要决定因素。

为了研究海峡两岸经济一体化是否带来了投资转移效应，我们进一步纳入竞争关系二元变量 LDC，若 LDC 显著为负，就可以认为海峡两岸经济一体化带来的投资效应中是存在投资转移效应的。我们得到如表 5.7 中的模型（5.15）所示的估计结果，LDC 指标系数估计值符号为正，由此我们认为海峡两岸经济一体化并没有降低台湾地区对其他东道国的直接投资，也就是说海峡两岸经济一体化并没有带来投资转移效应。由此我们认为，模型（5.14）识别出的海峡两岸经济一体化的正向投资效应主要源于投资创造效应，会提升两岸整体福利，同时不会对其他经济体带来福利损失。

表 5.7 中的模型（5.16）进一步纳入了台湾地区与投资地之间的双方贸易流，以研究区域一体化下直接投资和贸易之间的关系。与模型（5.14）估计结果相比，在 5% 的显著性水平下，模型（5.16）中的贸易指标和 INT_i 均显著为正，说明海峡两岸经济一体化下的直接投资和贸易是互补关系。与现有研究大多认为"台商直接投资拉动两岸贸易"的结论相一致。由此反映出过去 20 年间台商对大陆投资主要是寻求成本降低，旨在利用大陆相对廉价的劳动力、土地等要素，表现为两岸产业上下游合作，属于垂直型 FDI。究其原因，过去 20 年间台湾地区对大陆直接投资主要集中在制造业领域，在 2009 年及之前的年份台湾地区在制造业领域的直接投资占台湾地区对大陆总投资的比重始终在 80% 以上，2010—2014 年间这一比重有所下降，但仍高于 55%。而台商在制造业领域的直接投资主要集中在电子电器、化学品、基本金属等资本、技术密集型制造业领域，旨在利用大陆廉价的劳动力、土地等要素禀赋、对环保的低要求以及大陆给予台企的超国民待遇，其生产经营模式要么是回购回销，要么是通过台商自身的区域聚集来构建自身的产业链，对应的投资类型主要是垂直型 FDI。

将模型（5.14）—（5.16）进行比较分析，发现各变量的符号和统计显著性基本保持一致，反映出本节所设定的模型稳健性较好。但值得注意的是，模型（5.16）中经济规模变得不再显著，这可能源于该变量与贸易指标之间相对较高的相关性（相关系数 0.5028），但这种多重共线性问题并没有对估计结果造成大的影响。

表 5.7　海峡两岸经济一体化投资效应估计结果

变量	模型（5.14）	模型（5.15）	模型（5.16）
	系数估计值	系数估计值	系数估计值
INT_i	7.1378***	7.8052***	6.2781***
$ASEAN_i$	2.6530***	2.1176**	2.3999***
MHK_i	0.3108	−0.0044	0.6570
GDP_{it}	0.0852***	0.0862***	0.0402
$dist_i$	−0.6198	−0.7713	−0.1926
$service_{it}$	5.0914***	5.7899***	3.8463***
$growthrate_{it}$	0.0121	0.0108	0.0020
LDC_i	—	0.9540	—
$trade_{it}$	—	—	0.3700**
常数项	−7.1115	−8.9203	−11.0696*
Wald chi2(N)（P- 值）	61.65（0.0000）	60.39（0.00）	65.35（0.00）
Obs	407	407	407

注：*，**，*** 分别表示相应变量在 15%、10%、5%、1% 的显著性水平下是显著的。N 为模型中自变量的个数

资料来源：根据 STATA13.0 估计结果整理

综上所述，借鉴 Kreinin 和 Plummer(2008)，我们设定了一个扩展的引力模型，来研究海峡两岸经济一体化的投资效应，并进一步探讨了区域一体化下直接投资和贸易之间的关系。通过采用扩展的引力模型对 21 个投资地在

1995—2014 年间的面板数据进行实证分析，我们主要得到以下结论：

（1）海峡两岸经济一体化为大陆吸引台湾地区对外投资带来了显著的正向促进作用，而且从横向比较来看，这种正效应远大于东盟经济一体化、内地和香港经济一体化对台湾地区对外投资带来的影响，反映出海峡两岸经济一体化进程有利于两岸投资联系的不断增强。

（2）在整个研究时期，我们并没有发现投资转移效应的存在。由此我们认为近 20 年来，海峡两岸经济一体化带来的投资效应主要源于投资创造，会在不损害其他经济体利益的情况下提升两岸福利。

（3）两岸的直接投资和贸易呈显著的互补关系，由此我们认为台湾地区对大陆直接投资主要属于垂直型 FDI，表现为两岸产业上下游合作，旨在利用大陆相对廉价的生产要素。但是，随着近几年大陆出现的劳动力成本提高、土地日益紧张等现象，大陆要素成本优势明显减弱，同时改革开放 40 年来积累的巨大的市场容量使得大陆开始从"世界工厂"的角色向"世界市场"的角色转变。在此背景下，越来越多的台商积极应对大陆经济新常态下的转变，在转型升级中将目标集中在占领大陆市场上。因此，我们预期以两岸产业融合为表现形式的水平型 FDI 在台湾地区对大陆直接投资中的重要性将逐渐增强。此外，我们还发现东道国的服务业发展水平和经济规模也是吸引台湾地区对外投资的重要因素。

二、海峡两岸经济一体化的增长效应

（一）文献回顾

目前对海峡两岸经济一体化所带来经济效应的研究主要集中在贸易效应，包括汪威毅（2005）、廖玫和唐春艳（2010）、张静静（2010）、李九龄（2014）、曹小衡和徐永慧（2016a）等。研究海峡两岸经济一体化增长效应的文献非常少，下面介绍几个具有代表性的研究成果。蔡洪杰（2010）基于协整和 Granger 因果检验方法，对 1988—2008 年间两岸贸易与台湾地区经济增长之间的关系进行了实证分析，发现在短期和长期两岸贸易对台湾地区经济增长均有显著的推动作用，其中台湾地区对大陆的出口对台湾地区经济增长有较强推动作用，而自大陆的进口对台湾地区经济增长有一定的抑制作用。李秋正和黄文军（2011）将两岸贸易量、台商直接投资、往来人口三个变量直接纳入 C-D 生产函数形式的经济增长模型中，用来评估 1992—2010 年间海峡两岸经济一体化对大陆和台湾地区经济增长的影响，发现这三个因素都显著促进了台湾地区的经济增长，但对大陆经济增长的作用尚不确定。黄新飞、翟爱梅、李腾（2012）基于1993—2009年间大陆28个省区和台湾地区的面板数据进行研究，结果发现海峡两岸经济一体化能显著提升两岸的经济增长潜力，并且台湾地区受益更大。蒋含明和李非（2012）基于GTAP模型预测了ECFA对两岸实际GDP、就业、贸易等方面带来的效应，发现长期中ECFA拉动了大陆和台湾地区的实际GDP、就业、福利的增长，对两岸是双赢的。张光南、陈坤铭、杨书菲（2012）基于GTAP模型模拟了ECFA"早期收获"和"全面实施"两种降税安排对两岸暨香港的影响，发现长期中ECFA"早期收获"将显著促进海峡两岸经济增长，ECFA"全面实施"的影响幅度要大于早期收获计划，而且台湾地区方面的获益程度要高于大陆方面。蔡世峰和郑振清（2016）认为鉴于两岸经贸关系的特殊性，很难选择合适的理论模型来探讨两岸经贸合作的增长效应，他们采用向量自回归模型实证研究了1996—2013年间海峡两岸经济合作对台湾地区经济增长和波动的影响。研究发现两岸整体经贸往来对台湾地区GDP增速带来了正效应，进一步分解来看，发现台商对大陆的投资对台湾地区GDP增速的贡献最大，而两岸进出口贸易对台湾地区GDP增速的贡献不高。

综上所述，现有文献表明区域经济一体化可能对一国的经济增长带来多重效应。其中，关于海峡两岸经济一体化增长效应的研究，大多认为海峡两岸经济一体化会对台湾地区带来积极影响，但对大陆的影响尚不明确。从研究方法上来看，多是从某一个侧面或基于假设情形进行定量研究，无法捕获海峡两岸经济一体化整体水平所带来的真实增长效应。

（二）促进台湾地区和大陆经济增长的主要渠道分析

在现有研究的基础上，这里我们试图进一步从定性角度探讨海峡两岸经济一体化促进台湾地区和大陆经济增长的主要渠道。由于两岸在资源禀赋、发展阶段、政治体制等方面都有较大不同，可以预期海峡两岸经济一体化影响大陆和台湾地区经济增长的具体渠道有很大差异。

1. 促进台湾地区经济增长的主要渠道

第一，为台商带来巨大的投资收益。海峡两岸经济合作的日益密切推动台商对大陆直接投资的持续增长。从投资额度来看，1991年到2015年间，台湾地区核准对大陆投资总额累计为1549亿美元，早年主要集中在电子电器、化学品、基本金属等资本、技术密集型制造业领域，近几年逐渐向批发及零售业、金融及保险业等服务业领域扩展。而 1952—2015 年间，台湾地区核准对外投资总额约为 1007 亿美元（不含对大陆投资），还不及 1991 年到 2015 年间台湾地区核准对大陆投资总额。从投资主体来看，根据台湾地区经济部投资审议委员会的数据，1991 年到 2016 年间赴大陆投资的台湾地区上市柜公司总计 4731 家，其中分布在广东省、江苏省、上海市的上市柜公司分别有 1143 家、1218 家、731 家，占赴大陆投资全部上市柜公司的 65% 以上，反映出台商自发地集聚在大陆经济发展水平高、开放性高的地区。而 1952—2016 年间台湾地区"经投资审议委员会"核准对外投资的上市柜公司共计 3386 家（不含对大陆投资，但含对香港投资）。上市柜公司对外投资行为源于趋利的动机，对比赴大陆投资和赴其他经济体投资的投资额度和上市柜公司数量，我们可以推断赴大陆投资的确给台商带来了较大的投资收益。

通过台商对大陆投资这一渠道拉动台湾地区经济增长，目前已经有学者从实证角度证实了这一点。如李隆生（2005）发现 1991—2003 年间台商大陆投资对台湾地区经济成长、就业带来促进效应，但对台湾地区制造业薪资带来一定负效应。李秋正和黄文军（2011）发现台商对大陆投资增长 1% 会带动台湾地区实际 GDP 增长 0.045%。蔡世峰和郑振清（2016）发现在两岸经贸往来中，相比于进出口贸易，台商对大陆投资对台湾地区经济增长率的贡献最大。

第二，为台湾地区提供了稳定的出口市场。台湾地区市场狭小，经济发展缺乏腹地，属于外向型经济发展模式。随着海峡两岸经济一体化的深化，两岸贸易依存性不断增强，大陆日益增长的消费需求为台商提供了大规模的消费市场。自 2003 年起大陆就成为台湾地区最大贸易顺差来源地，据商务部统计，2018 年大陆对台湾地区贸易逆差高达 1289.51 亿美元。

进一步，从国民收入恒等式来看，按支出法衡量的台湾地区域内生产毛额 = 民间消费 + 行政消费 + （固定资本形成 + 存货变动） + （商品及服务输出 − 商品及服务输入）。我们计算出这四个项目占 GDP 的比重，如图 5.11 所示。从水平值来看，民间消费始终是拉动台湾地区 GDP 扩张的主要动力，其次是投资和行政消费，而净出口占比一直是最低的。但从发展趋势来看，民间消费一直较为稳定的充当着拉动台湾地区经济增长的最大驱动力，而投资和行政消费占 GDP 比重呈平缓下滑趋势，净出口对台湾地区 GDP 的贡献逐渐提升，到 2000 年后这种趋势愈发明显。2015 年净出口对 GDP 的拉动作用已经逼近行政消费，占比接近 13%。由此反映出近几十年来贸易顺差在台湾地区经济增长中的作用越来越大。据此，我们认为与大陆的贸易往来在拉动台湾地区经济规模扩张中发挥了重要作用。

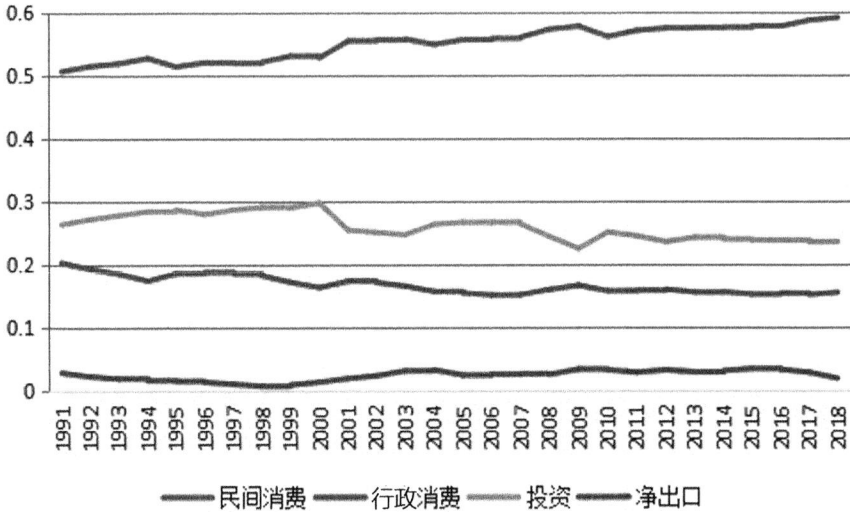

图 5.11　台湾地区 GDP 来源

数据来源：台湾地区统计资讯网：http://www.stat.gov.tw/ct.asp?xItem=37407&CtNode=3564&mp=4

第三，通过成本削减和规模经济，提高了台企的竞争力。海峡两岸经济关系主要表现在投资和贸易往来上。早期台商赴大陆投资设厂的主要动机是利用大陆廉价的劳动力、土地等生产要素、对环保的低要求以及给予台商的特殊优惠政策，由此带来的各种成本削减提高了台企的竞争优势，并使得台企有更多的资本扩大生产，实现规模经济；近些年越来越多的台商进驻大陆，以抓住大陆改革开放、"一带一路"倡议、创新驱动发展战略以及两岸制度性合作中不断涌现出的各种商机，尤其是台湾地区中小企业，大陆巨大的市场空间和开放性政策将为其发展壮大提供前所未有的机遇。贸易联系方面，自 2003 年起大陆一直是台湾地区最大的出口目的地和贸易顺差来源地，大陆居民日益增加的消费能力，为台企和相关行业的规模扩大提供了强大支撑。

此外，大陆经济新常态下的开放性政策也为台商和台湾地区居民提供了诸多发展机遇，如大陆"一带一路"倡议为两岸产业合作创造了新空间，创新驱动发展战略为台商转型升级提供了新动力。而两岸制度性合作框架的建立也为台湾地区经济提供了新的增长点，比如2008年台湾地区放开大陆居民赴台旅游后，赴台陆客的急剧增加带动了台湾地区观光旅游业的发展，为台湾地区带来大额观光收入。

2. 促进大陆经济增长的主要渠道

第一，为大陆提供大规模资本要素。由以上回归结果，我们发现资本始终是大陆经济增长的重要因素之一，而且相比于劳动力，资本存量的提升能更有效地拉动大陆经济增长。但人均资本存量低一直以来都是大陆面临的重要问题。根据佩恩表9.0版（Penn World Table，Version 9.0），我们计算出1991年大陆实际人均资本存量为9522.13美元[①]，而同期美国的实际人均资本存量为大陆的近26倍。尽管近20多年间大陆资本存量有了较大积累，到2014年已经达到84660.32美元，但仍不足美国同期的四分之一。由此反映出大陆存在严重的资本存量匮乏问题。反观台湾地区，1991年台湾地区实际人均资本存量为大陆的近12倍，2014年仍高出大陆2.5倍，与美国的人均资本存量较为接近。两岸在资本存量方面的差距一方面为台商寻找资本输出地提供了机遇，另一方面台商带来的资金也缓解了大陆的资金短缺问题，促进了大陆资本积累。

第二，引入新的组织模式和生产技术，提升大陆生产效率。企业不仅仅输出产品，更会输出技术、人才和文化。两岸经贸交流和人口流动主要通过以下途径提升大陆生产效率：一是通过台商在大陆投资设厂，将更先进的技术和经营管理模式引入大陆。台商对大陆的直接投资初期集中在劳动密集型产业，2000年后主要集中在电子零组件制造业、电脑电子产品及光学制品制造业、电力设备制造业等资本、技术密集型产业，由此带来的技术和管理经验外溢促进了大陆的生产率提升和产业结构升级；二是台商对大陆的出口贸易带来新的产品，培育了大陆的市场需求，更重要的是为大陆同行企业提供了示范效应；三是人才在两岸之间以及台企与大陆企业之间的流动，传播了先进的管理经验和技术，增加了大陆的人才储备，有助于提升科技创新能力。

第三，创造新的就业机会，提高大陆居民收入。台商对大陆的投资大多集中在劳动密集型的制造业领域，为大陆大规模的富余劳动力创造了就业机会。一方面吸引了大批农村劳动力向第二产业转移，有助于大陆产业结构调整升级；另一方面也为大陆居民增收提供了额外的途径，提高了大陆居民的收入和消费

---

① 人均实际资本存量＝实际资本存量／劳动力总数。用PWT9.0中的变量rkna除以变量emp得到。

水平，进而通过国民收入扩张效应拉动大陆 GDP 增长。但台商对大陆投资对大陆就业的影响取决于台商对大陆的投资动机、投资类型、对大陆企业造成的竞争压力等诸多因素，也可能导致台商以资本代替劳动力，从而对大陆就业带来不利影响。这就需要各地主管部门在吸引台资的过程中全面考虑到台商对当地就业的直接和间接影响。

综上所述，海峡两岸经济一体化通过各种途径促进了大陆和台湾地区的经济增长。但与此同时，两岸经贸往来也难以避免的会给海峡两岸经济带来一些负面影响，如台商对大陆投资造成岛内产业空洞化、失业率提升和制造业薪资下降，大陆企业赴台投资对台湾地区产业的暂时性冲击等。而大陆自台湾地区进口也可能对大陆就业产生挤出效应，台企的技术优势也会给大陆相关企业带来一定的竞争压力。为了进一步明确海峡两岸经济一体化带来的经济增长效应如何，下面我们从定量角度来研究海峡两岸经济一体化对大陆和台湾地区的经济规模、经济增速带来的影响，以及哪些方面的一体化最可能拉动海峡两岸经济规模扩张。

（三）海峡两岸经济一体化的经济增长效应实证研究

在渠道分析的基础上，本节将进一步对海峡两岸经济一体化所带来经济增长效应进行实证分析。在前述海峡两岸经济一体化指标体系构建的基础上，以海峡两岸经济一体化综合指标来代理海峡两岸经济一体化水平，采用偏最小二乘回归模型来量化评估海峡两岸经济一体化对海峡两岸经济增长的影响。

1. 模型设定和数据来源

基于以上文献回顾，我们选择设定线性经济增长模型来研究海峡两岸经济一体化的增长效应，并试图从经济增速和经济规模两方面对海峡两岸经济一体化带来的经济增长效应进行全面研究。一方面，设定 C-D 生产函数形式的增长模型来研究海峡两岸经济一体化对海峡两岸经济规模的影响；另一方面，借鉴 Barro 和 Sala-IMartin(2003)、Hali et al.(2002)、Jinzhao et al.(2014) 等的研究，采用标准的经济增长模型来研究海峡两岸经济一体化对海峡两岸经济增长所带来的影响。

首先，以经济规模为因变量，在 C-D 生产函数中纳入海峡两岸经济一体化指标，设定模型如（5.17）式。

$$lnGDP_t = \alpha_0 + \alpha_1 INT_t + \alpha_2 lnk_t + \alpha_3 lnlabor_t + M_t \quad\cdots\cdots\cdots(5.17)$$

其中，$lnGDP_t$代表经济规模，INT_t为海峡两岸经济一体化指标，lnk_t为资本存量，$lnlabor_t$为劳动力指标，M_t为误差项。

其次，以经济增长率为因变量，并根据现有文献所得稳健结果选取初期收入水平、资本存量、劳动力作为控制变量，具体模型如（5.18）式。

$$Growth_t = \beta_0 + \beta_1 INT_t + \beta_2 lnk_t + \beta_3 lnGDP_{t-1} + \beta_4 lnlabor_t + \mu_t \cdots\cdots\cdots\cdots (5.18)$$

其中，$Growth_t$代表经济增长率，$lnGDP_{t-1}$代理初期经济发展水平，INT_t、lnk_t、$lnlabor_t$的定义如同（5.17）式，μ_t为误差项。

具体数据来源见表 5.8，以上时间序列的时间区间均为 1995—2015 年。

表 5.8　数据来源表

指标	所用变量	处理方式	来源
$Growth_t$	实际 GDP 的年均增长率（%）	—	UNCTADstat
$lnGDP_t$	实际 GDP（百万美元，2005 年不变价）	取对数	UNCTADstat
lnk_t	固定资本形成总额（百万美元，2005 年不变价）	取对数	UNCTADstat
$lnlabor_t$	劳动力总数（千人）	取对数	UNCTADstat
INT_t	海峡两岸经济一体化综合指标	—	自行构建

2. 实证方法选择

由简单的相关分析得知，经济增速、实际 GDP、资本存量、劳动力、海峡两岸经济一体化指标这五个变量之间存在较强的多重共线性，对这样的变量运用简单的线性回归建模，将使得模型极其不稳定，且模型往往出现与事实相反的结论，因此，本节采用偏最小二乘回归方法（Partial Least Squares Regression，PLS）进行建模分析（徐永慧、李月，2016）。PLS 方法于 20 世纪 80 年代提出，主要研究的是多因变量对多自变量的回归建模，特别是当各变量集合内部存在较高程度的相关性、且样本数量较少时，用该方法进行回归建模，比对因变量逐个进行多元回归更加有效，其结论更为可靠。

假定有 M 个自变量、N 个因变量，对于有 L 个观测值的自变量矩阵

$X = \{x_1, x_2, \cdots, x_M\}_{L \times M}$ 和因变量矩阵 $Y = \{y_1, y_2, \cdots, y_N\}_{L \times N}$，PLS 方法是将 X、Y 分别投影到新空间形成得分矩阵 $T = \{t_1, t_2, \cdots, t_\alpha\}_{L \times \alpha}$，$U = \{u_1, u_2, \cdots, u_\alpha\}_{L \times \alpha}$，从而通过选择能最大化自变量得分 T 和因变量得分 U 的协方差的正交化因子来实现，α 为提取的潜在因子个数。

PLS 模型形式如下：

$$Y = UQ' + F = \sum_{j=1}^{\alpha} u_j q'_j + F \cdots\cdots(5.19)$$

$$X = TP' + E = \sum_{j=1}^{\alpha} t_j q'_j + E \cdots\cdots(5.20)$$

其中，Y 为因变量矩阵（响应矩阵），U 为 Y 的得分矩阵，Q 为 Y 的载荷矩阵，F 为 Y 的残差矩阵，u_j 为得分向量（U 的第 j 列），q_j 为载荷向量（Q 的第 j 列）。X 为自变量矩阵（预测矩阵），T 为 X 的得分矩阵，P 为 X 的载荷矩阵，E 为 X 的残差矩阵。

通常，令 $u_j = b_j t_j$，b_j 为回归系数，则有

$$U = TB \cdots\cdots(5.21)$$

$$Y = TBQ' + F = (X - E)(P')^{-1} BQ' + F \cdots\cdots(5.22)$$

确定潜在因子的个数 α 也是一个重要问题。若提取的潜在因子过少，原始变量中的部分有用信息可能会丢失，影响模型拟合优度和预测能力；若提取的潜在因子过多，可能会引入无关的噪声，并最终导致预测精度降低。目前最常用的是采用交叉验证法（Cross Validation）来确定使得模型预测能力最大化的潜在因子个数。

要判断哪些自变量可以剔除，可以通过观察回归系数和 VIP 值（Variable Importance in Projection，VIP）实现。VIP 指标反映的是每一个自变量在解释因变量组时的重要性，数值较大则表示变量比较重要。若某个自变量的系数估计值绝对值相对较小，且 VIP 值较小，那么就可以考虑剔除该自变量。

目前 SPSS、Minitab、SAS 等软件都提供了相应的工具包来实现偏最小二乘回归。本节主要采用 SPSS19.0 进行 PLS 回归分析。

3. 海峡两岸经济一体化对海峡两岸经济规模的影响

为了研究海峡两岸经济一体化对台湾地区经济规模的影响，模型（5.17）变为如下形式：

$$lnTGDP_t = \alpha_0 + \alpha_1 INT_t + \alpha_2 lnTk_t + \alpha_3 lnTlabor_t + u_t \cdots\cdots(5.23)$$

其中，$lnTGDP_t$、$lnTk_t$、$lnTlabor_t$ 分别代表台湾地区实际 GDP、台湾地区资本存量、台湾地区劳动力数量。

为了研究海峡两岸经济一体化对大陆经济规模的影响，模型（5.17）变为如下形式：

$$lnMGDP_t = \alpha_0 + \alpha_1 INT_t + \alpha_2 lnMk_t + \alpha_3 lnMlabor_t + u_t \cdots\cdots(5.24)$$

其中，$lnMGDP_t$、$lnMk_t$、$lnMlabor_t$ 分别代表大陆实际 GDP、大陆资本存量、大陆劳动力数量。

表 5.9 给出了在自变量和因变量的变异中，潜因子累计解释了多大比重。可见，对于模型（5.23），前两个潜因子能够解释 98.5% 的自变量变异的信息和 98.6% 的因变量变异的信息；对于模型（5.24），前两个潜因子能够解释 99.8% 的自变量变异的信息和 99.7% 的因变量变异的信息。此外，对于因变量，累计方差贡献率相当于未调整的 R^2。特别是如果自变量累计方差贡献率为 1.0，那么，R^2 与调整后的 R^2 则与最小二乘回归中的数值统一。由表 5.9 可见，模型（5.23）和模型（5.24）调整后的 R^2 分别达到 0.997、0.998，表明模型的拟合优度较高。进一步，表 5.10 还给出了台湾地区实际 GDP 和 PLS 拟合值、大陆实际 GDP 和 PLS 拟合值，实际值和 PLS 拟合值非常接近，由此也能反映出我们设定的模型和选择的 PLS 方法很好地解释了海峡两岸经济规模扩张。

表 5.9 变量的累计方差贡献

潜在因子	模型（5.23）			模型（5.24）		
	自变量的累计方差	因变量的累计方差（可决系数 R^2）	调整的可决系数 R^2	自变量的累计方差	因变量的累计方差（可决系数 R^2）	调整的可决系数 R^2
1	0.84861	0.97281	0.97138	0.98062	0.98406	0.98322
2	0.98514	0.98576	0.98417	0.99774	0.99716	0.99685
3	1.00000	0.99756	0.99713	1.00000	0.99855	0.99830

注：采用交叉验证来确定最优的潜在因子个数。Minitab 提供了四个选项
"无""逐一剔除法""成组剔除个数""剔除值所在的列"，分别对应不执行交叉验
证，执行交叉验证剔除一个观测值、剔除多个观测值（组）、剔除组标识符指定剔除
的观测值。根据逐步剔除法，模型（5.23）、模型（5.24）均提取了 3 个潜在因子

资料来源：根据 SPSS19.0 计算结果整理得到

表 5.10　大陆、台湾地区实际 GDP 和 PLS 拟合值

年份	$lnTGDP_t$	$lnTGDP_t$拟合值	$lnMGDP_t$	$lnMGDP_t$拟合值
1995	12.3513	12.3716	13.7678	13.7652
1996	12.4112	12.4139	13.8622	13.8544
1997	12.4706	12.475	13.9503	13.9372
1998	12.5118	12.5351	14.0254	14.0334
1999	12.5768	12.5768	14.0986	14.1143
2000	12.6391	12.6409	14.1793	14.1532
2001	12.6264	12.6098	14.259	14.2435
2002	12.6806	12.6611	14.3461	14.335
2003	12.721	12.698	14.4414	14.4786
2004	12.784	12.7878	14.5376	14.5593
2005	12.8368	12.8345	14.6447	14.6684
2006	12.8915	12.8805	14.7642	14.7872
2007	12.9546	12.9426	14.897	14.8662
2008	12.9616	12.9527	14.9887	14.9514
2009	12.9458	12.9484	15.0767	15.1228
2010	13.0469	13.0438	15.1775	15.1899
2011	13.0842	13.0778	15.2682	15.2592
2012	13.1046	13.1082	15.3424	15.34
2013	13.1267	13.1507	15.4166	15.4064
2014	13.1637	13.174	15.487	15.4683
2015	13.1712	13.1773	15.5535	15.5502

注：实际 GDP 和拟合值均是对数形式

根据 SPSS19.0 计算结果，我们得到模型（5.23）和模型（5.24）的系数估计值和标准化的系数估计值，如表 5.11 所示。

表 5.11 海峡两岸经济一体化与海峡两岸经济规模的 PLS 回归模型

变量	模型（5.23）		模型（5.24）	
	系数估计值	标准化的系数估计值	系数估计值	标准化的系数估计值
lnk_t	0.2553	0.103424	0.7456	0.911099
$lnlabor_t$	3.0942	0.885028	1.7474	0.170002
INT_t	0.0066	0.039384	−0.0315	−0.084465
常数项	−18.6950	0.0000	−19.2274	0.0000

注：系数估计值与自变量相结合能得到因变量的拟合值；但当自变量的度量单位不一致时，由系数估计值无法看出自变量对因变量的影响大小，这时标准化系数就提供了一种比较自变量相对重要性的方法

资料来源：根据 SPSS19.0 计算结果整理得到

根据表 5.11 中的标准化系数估计值，我们可以对海峡两岸经济一体化对海峡两岸经济规模带来的影响方向和影响大小进行分析。

（1）海峡两岸经济一体化综合指标对台湾地区实际 GDP、大陆实际 GDP 的标准化影响系数分别为 0.039、−0.084，也即海峡两岸经济一体化为台湾地区经济规模扩张带来了促进效应，但对大陆经济规模的扩张产生了负面效应。此外，标准化系数估计值反映出，海峡两岸经济一体化带来的增长效应仍是小于资本存量、劳动力这两种要素带来的影响。

（2）根据模型（5.23）的估计结果，对台湾地区经济规模扩张影响最大的是劳动力，其影响系数为 0.885，远大于资本存量的影响系数 0.103。由此反映出过去 20 余年间台湾地区资本存量充裕，并不是制约其经济规模扩张的主要因素，在边际收益递减规律下，资本存量的持续提升对拉动台湾地区经济规模的扩张所发挥的作用有限，边际生产力较低。反之，劳动力对于拉动台湾地区 GDP 的边际影响力较大，这部分反映了研究期间台商对大陆和越南等劳动力廉价的地区进行大量投资不仅仅是台商自身的趋利现象，也是官方试图弥补依靠

自身劳动力拉动经济增长的动力不足的问题。

（3）根据模型（5.24）的估计结果，对大陆经济规模扩张影响最大的是资本存量，影响系数达到 0.911，远大于大陆劳动力的影响系数 0.17，说明 1995—2015 年间资本存量的提升能给大陆实际 GDP 的扩张带来最大的边际效用，从而为大陆各地区的招商引资政策以及宏观的对外开放政策提供了实证支持。

下面我们结合变量投影重要性指标 (Variable Importance in Projection，VIP)，对海峡两岸经济一体化对大陆和台湾地区经济规模的影响显著性进行分析。通常，VIP 值小于 1 表明该变量对因变量的影响不是很重要。如表 5.12 所示。

表 5.12　变量投影重要性指标分析

变量	模型（5.23）			模型（5.24）		
	潜在因子			潜在因子		
	1	2	3	1	2	3
lnk_t	1.09750	1.09524	1.09829	1.01697	1.01502	1.01534
$lnlabor_t$	0.83535	0.84610	0.84120	1.01196	1.00715	1.00751
INT_t	1.04771	1.04146	1.04409	0.97043	0.97744	0.97676

资料来源：根据 SPSS19.0 计算结果整理得到

由表 5.12 给出的 VIP 值我们可以看到，在台湾地区实际 GDP 的扩张中，台湾地区资本存量和海峡两岸经济一体化指标影响显著，台湾地区劳动力数量影响显著性较弱，反映出过去 20 余年间资本存量和两岸经贸合作对于台湾地区经济规模扩张起到了重要拉动作用；在解释大陆实际 GDP 中，大陆资本存量和大陆劳动力影响显著，但海峡两岸经济一体化指标对应的 VIP 值约为 0.97，显著性相对较弱，反映出 1995—2015 年间大陆经济规模扩张主要依靠资本存量的积累和大规模的劳动力。

结合表 5.11 和表 5.12，我们得出结论：1995—2015 年间，海峡两岸经济一体化对台湾地区实际 GDP 产生了显著的促进效应，对大陆实际 GDP 则产生了负面效应，但鉴于大陆体量较大，这种负面效应并没有显著的抑制大陆经济规模扩张。

4.海峡两岸经济一体化对海峡两岸经济增速的影响

为了研究海峡两岸经济一体化对台湾地区经济增速的影响，模型（5.18）变为如下形式：

$$TGrowth_t = \beta_0 + \beta_1 INT_t + \beta_2 lnTk_t + \beta_3 lnTGDP_{t-1} + \beta_4 lnTlabor_t + \mu_t \cdots\cdots\cdots(5.25)$$

其中，$TGrowth_t$代表台湾地区经济增速。

为了研究海峡两岸经济一体化对大陆经济增速的影响，模型（5.18）变为如下形式：

$$MGrowth_t = \beta_0 + \beta_1 INT_t + \beta_2 lnMk_t + \beta_3 lnMGDP_{t-1} + \beta_4 lnMlabor_t + \mu_t \cdots\cdots\cdots(5.26)$$

其中，$MGrowth_t$代表大陆经济增速。

表5.13给出了变量的累计方差贡献。对于模型（5.25），前两个潜在因子能够解释98.0%的自变量变异的信息和39.5%的因变量变异的信息，前三个潜在因子能够解释99.9%的自变量变异的信息和65.8%的因变量变异的信息，当自变量累计方差贡献率为1.0时，调整后的R^2为0.821；对于模型（5.26），前两个潜在因子能够解释99.7%的自变量变异的信息和30.6%的因变量变异的信息，前三个潜在因子能够解释近100%的自变量变异的信息和55.3%的因变量变异的信息，当自变量累计方差贡献率为1.0时，调整后的R^2为0.523。由调整后的R^2可以看出，与模型（5.23）和模型（5.24）相比，模型（5.25）和模型（5.26）的拟合优度较差。

表5.13 变量的累计方差贡献

潜在因子	模型（5.25）			模型（5.26）		
	自变量的累计方差	因变量的累计方差（可决系数R^2）	调整的可决系数R^2	自变量的累计方差	因变量的累计方差（可决系数R^2）	调整的可决系数R^2
1	0.83778	0.13956	0.09427	0.97698	0.02057	−0.03098
2	0.97952	0.39526	0.32806	0.99706	0.30555	0.22839
3	0.99908	0.65760	0.59718	0.99976	0.55308	0.47422
4	1.00000	0.85674	0.82092	1.00000	0.61863	0.52329

注：采用交叉验证来确定最优的潜在因子个数。Minitab 提供了四个选项"无""逐一剔除法""成组剔除个数""剔除值所在的列"，分别对应不执行交叉验证、执行交叉验证剔除一个观测值、剔除多个观测值（组）、剔除组标识符指定剔除的观测值。根据逐步剔除法，模型（5.25）、模型（5.26）均提取了 4 个潜在因子

资料来源：根据 SPSS19.0 计算结果整理得到

根据 SPSS19.0 计算结果，我们整理得到模型（5.25）和模型（5.26）的系数估计值和标准化的系数估计值，如表 5.14 所示。

表 5.14　海峡两岸经济一体化与海峡两岸经济增长率的 PLS 回归模型

变量	模型（5.25）		模型（5.26）	
	系数估计值	标准化的系数估计值	系数估计值	标准化的系数估计值
lnk_t	24.97	0.88628	11.83	4.56171
$lnlabor_t$	201.06	5.0379	147.08	4.51528
$lnGDP_{t-1}$	−73.36	−6.67859	−29.55	−9.3703
INT_t	1.27	0.66378	0.2	0.16905
常数项	−1201.19	0	−1714.2	0

资料来源：根据 SPSS19.0 计算结果整理得到

根据表 5.14 中的标准化系数估计值，我们可以对海峡两岸经济一体化对海峡两岸经济增速带来的影响方向和影响大小进行分析。从影响方向来看，海峡两岸经济一体化对台湾地区经济增速和大陆经济增速均带来了促进效应。从影响大小来看，模型（5.25）的估计结果显示，劳动力对台湾地区经济增速影响最大，回归系数达到 5.038，资本存量和海峡两岸经济一体化对台湾地区经济增速的影响大小比较接近，分别为 0.886、0.664；模型（5.26）的估计结果显示，大陆经济增速的提升主要来源于资本存量和劳动力的增长，这两种要素对大陆经济增速的标准化回归系数分别为 4.562、4.515，而海峡两岸经济一体化对中国大陆经济增速的影响则远低于前两者，标准化回归系数仅为 0.169。可见由于大陆体量较大，海峡两岸经济一体化对大陆经济增速的促进效应还是比较小的，相对来说，对台湾地区经济增速的促进效应更大。此外，与模型（5.23）、模型

（5.24）针对海峡两岸经济规模的估计结果相比，模型（5.25）、模型（5.26）中各要素对海峡两岸经济增速影响的相对大小是不变的，对台湾地区而言，劳动力的边际影响力最大、海峡两岸经济一体化的影响最小，对大陆而言，资本存量的边际影响力最大、海峡两岸经济一体化的影响最小，由此反映出我们所得的估计结果是稳健的。

下面我们结合变量投影重要性指标（VIP），对海峡两岸经济一体化对大陆和台湾地区经济增长率的影响显著性进行分析。由表 5.15 给出的 VIP 值我们可以看到，在解释台湾地区经济增速中，海峡两岸经济一体化指标只有对应第三个潜因子的 VIP 值大于 1，对应其他潜因子的 VIP 值均低于 1。由表 5.13 可知第三个潜因子仅能解释 26.2% 的因变量变异。而在解释大陆经济增速中，对应第二、第三、第四个潜因子的两岸一体化指标 VIP 均大于 1，这三个潜因子能解释 59.8% 的因变量变异。由此我们认为 INT 对台湾地区和大陆经济增速的影响显著性并不高。

表 5.15　变量投影重要性指标分析

变量	模型（5.25）				模型（5.26）			
	潜在因子				潜在因子			
	1	2	3	4	1	2	3	4
lnk_t	0.27819	1.63415	1.26865	1.11148	1.19137	0.76967	0.63140	0.77904
$lnlabor_t$	1.17884	0.83338	0.67743	0.95184	0.68389	0.45228	1.25369	1.18560
$lnGDP_{t-1}$	1.37104	1.14750	1.25058	1.26678	1.44996	1.33495	1.22481	1.23418
INT_t	0.80821	0.51378	1.13169	0.99824	0.10273	1.63711	1.23788	1.17178

资料来源：根据 SPSS19.0 计算结果整理得到

综上所述，由模型（5.23）、模型（5.25）可知海峡两岸经济一体化对台湾地区经济规模和经济增长率均带来了促进效应，由模型（5.24）、模型（5.26）可知海峡两岸经济一体化对大陆经济规模扩张带来负面效应，对大陆经济增长率提升带来促进效应，由此我们认为海峡两岸经济一体化对台湾地区带来正的经济增长效应，而对大陆带来的经济增长效应到底是正是负尚难以确定。但是，鉴于大陆巨大的经济体量，我们认为大陆经济增长率和经济规模扩张很难受到

续表

海峡两岸经济一体化的较大影响，而台湾地区经济则更容易对海峡两岸经济一体化做出响应。这一点也得到了模型回归结果的证实。据此我们认为海峡两岸经济一体化更可能促进了两岸整体的经济增长。

5.海峡两岸经济一体化对海峡两岸经济规模扩张的影响渠道分析

由表5.9和表5.13中累计方差贡献的对比来看，模型（5.17）的解释能力更好。基于此，下面我们选择以两岸实际GDP做因变量，以第三章得到的七大方面的单项指标作自变量，进行偏最小二乘回归，试图探讨哪方面的一体化更容易拉动大陆和台湾地区的经济规模扩张。

模型如下：

$$lnTGDP = \rho_0 + \rho_1 Trade + \rho_2 FDI + \rho_3 POP + \rho_4 Fin$$

$$+ \rho_5 macro + \rho_6 deve + \rho_7 Policy + \tau \cdots\cdots\cdots (5.27)$$

$$lnMGDP = \gamma_0 + \gamma_1 Trade + \gamma_2 FDI + \gamma_3 POP + \gamma_4 Fin$$

$$+ \gamma_5 macro + \gamma_6 deve + \gamma_7 Policy + \epsilon \cdots\cdots\cdots (5.28)$$

其中，$Trade$、FDI、POP、Fin、$macro$、$deve$、$Policy$分别代表第三章测算的两岸贸易一体化指标、两岸投资一体化指标、两岸人口流动一体化指标、两岸金融一体化综合指标、两岸宏观经济联动性综合指标、两岸发展差异性综合指标、两岸制度一体化指标。

我们用SPSS19.0对模型（5.27）和模型（5.28）进行偏最小二乘回归，表5.16给出了自变量和因变量的方差和累计方差贡献。可见，前五个潜在因子能够解释98.9%的自变量变异的信息和99.2%的因变量变异的信息，此时调整的R^2达到0.989，表明模型的拟合优度较高。

表5.16　变量的累计方差贡献

潜在因子	自变量的方差	自变量的累计方差	因变量的方差	因变量的累计方差（可决系数 R^2）	调整的可决系数 R^2
1	0.69883	0.69883	0.93815	0.93815	0.93489
2	0.06608	0.76491	0.05010	0.98825	0.98694

续表

潜在因子	自变量的方差	自变量的累计方差	因变量的方差	因变量的累计方差（可决系数 R^2）	调整的可决系数 R^2
3	0.11057	0.87548	0.00148	0.98973	0.98792
4	0.07878	0.95426	0.00169	0.99142	0.98928
5	0.03440	0.98866	0.00037	0.99179	0.98906

注：根据逐步剔除法，提取了 5 个潜在因子

资料来源：根据 SPSS19.0 计算结果整理得到

表 5.17 还给出了台湾地区实际 GDP 和 PLS 拟合值、大陆实际 GDP 和 PLS 拟合值，可以看出，实际值和 PLS 拟合值非常接近，由此也能反映出我们建立的模型很好的解释了海峡两岸经济规模的扩张。

表 5.17　两岸实际 GDP 和拟合值

年份	Mgdp	Mgdp 拟合值	Tgdp	Tgdp 拟合值
1995	13.7678	13.7671	12.3513	12.3674
1996	13.8622	13.8571	12.4112	12.4258
1997	13.9503	13.9322	12.4706	12.4621
1998	14.0254	14.0179	12.5118	12.5032
1999	14.0986	14.0841	12.5768	12.5461
2000	14.1793	14.2225	12.6391	12.6234
2001	14.259	14.2428	12.6264	12.6279
2002	14.3461	14.3568	12.6806	12.6846
2003	14.4414	14.5236	12.721	12.772
2004	14.5376	14.5617	12.784	12.7884
2005	14.6447	14.6433	12.8368	12.8286
2006	14.7642	14.8301	12.8915	12.9213
2007	14.897	14.86	12.9546	12.9307
2008	14.9887	14.8316	12.9616	12.9139

年份	Mgdp	Mgdp 拟合值	Tgdp	Tgdp 拟合值
2009	15.0767	15.075	12.9458	12.9963
2010	15.1775	15.1994	13.0469	13.0321
2011	15.2682	15.2436	13.0842	13.0552
2012	15.3424	15.3959	13.1046	13.1195
2013	15.4166	15.4335	13.1267	13.1371
2014	15.487	15.5126	13.1637	13.1673
2015	15.5535	15.4936	13.1712	13.1578

注：实际 GDP 和拟合值均是对数形式

根据 SPSS19.0 计算结果，我们得到模型（5.27）、模型（5.28）的系数估计值和标准化的系数估计值如表 5.18 所示。根据表 5.18 中的标准化系数估计值，我们可以对不同方面的海峡两岸经济一体化对海峡两岸经济规模的影响方向和影响大小进行分析。从回归系数的符号来看，除了投资一体化指标，其他方面的海峡两岸经济一体化单项指标的系数估计值均为正，也就是说有助于促进大陆和台湾地区经济规模的扩张。投资一体化指标的系数符号为负，更多的源于投资一体化指标的构建方法。虽然过去 20 余年间两岸直接投资规模和经济规模都是不断扩张的，但我们构建的投资一体化指标考量的是两岸直接投资方面的相互依存性，测算出来的指标波动性特别大且在 2010 年后呈明显下滑趋势。此外，通常在经济金融危机时期两岸投资依存性反而提升，与海峡两岸经济增长趋势相反。这些原因最终引起海峡两岸经济规模和投资一体化指标呈现负向关系，但并不能由此简单得出两岸投资往来不利于海峡两岸经济增长的结论。

从标准化回归系数的大小来看，人口流动一体化、发展差异性缩小、贸易一体化和关税削减对两岸实际 GDP 带来较大的边际影响，投资一体化、宏观经济联动性和金融一体化对两岸实际 GDP 的边际影响较小。为了更清楚的分析各方面一体化带来的影响大小，我们给出变量投影重要性指标 VIP，如表 5.19 所示。

可以看到，在解释两岸实际 GDP 中，贸易一体化指标、人口流动一体化指标、发展差异性指标、制度一体化指标对应的 VIP 值始终大于 1，反映出过去 20 余年间这四大方面的海峡两岸经济一体化对于海峡两岸经济规模扩张起到了显著的促进作用；而投资一体化指标、金融一体化指标和宏观经济联动性指标对应的 VIP 均低于 1。这与表 5.18 中各指标的系数估计值相对大小相一致，由此我们认为，海峡两岸经济一体化主要是通过贸易往来、人口交流、发展差异性缩小、关税削减这四个渠道来促进海峡两岸经济规模扩张。值得注意的是，宏观经济联动性和金融一体化指标的标准化系数估计值和 VIP 值均排在末位，反映出这两方面对海峡两岸经济增长的影响微乎其微，这是很符合现实的，两岸金融市场曾长期隔绝，2009 年才正式开启金融往来。而受政治因素影响，两岸宏观层面的互动程度也一直不高。

表 5.18　海峡两岸经济一体化影响渠道的 PLS 回归模型

	系数估计值		标准化的系数估计值	
	TGDP	MGDP	TGDP	MGDP
Trade	0.0153	0.0374	0.226948	0.249493
FDI	−0.0037	−0.0061	−0.09273	−0.06839
POP	0.0119	0.0349	0.327479	0.432335
Fin	0.0034	0.0036	0.012928	0.00611
macro	0.0122	0.0286	0.032313	0.034093
deve	0.061	0.1165	0.323746	0.278409
Policy	0.0039	0.0053	0.242417	0.148522
常数项	12.3691	13.7606	0	0

资料来源：根据 SPSS19.0 计算结果整理得到

表 5.19　变量投影重要性指标分析

变量	潜在因子				
	1	2	3	4	5
Trade	1.17283	1.14444	1.14367	1.14270	1.14264
FDI	0.86859	0.92731	0.92666	0.92650	0.92666

续表

POP	1.08335	1.10312	1.10344	1.10337	1.10338
Fin	0.74863	0.74367	0.74593	0.74631	0.74656
macro	0.72028	0.73485	0.73433	0.73809	0.73804
deve	1.20034	1.18423	1.18367	1.18268	1.18254
Policy	1.08457	1.05818	1.05867	1.05839	1.05842

资料来源：根据SPSS19.0计算结果整理得到

（四）研究结论

本节对海峡两岸经济一体化所带来经济增长效应的现有研究进行综述，从定性和定量角度全面探讨了1995—2015年间海峡两岸经济一体化所带来的经济增长效应，具体是在现有研究的基础上定性分析了海峡两岸经济一体化所带来经济增长效应的产生机制，并采用偏最小二乘回归方法研究了海峡两岸经济一体化对大陆和台湾地区经济规模、经济增速的影响大小和方向以及哪些方面的经济一体化更可能推动海峡两岸经济规模扩张。本节研究所得的主要结论如下：

第一，1995—2015年间海峡两岸经济一体化对台湾地区带来显著的正向经济增长效应，而对大陆带来的经济增长效应到底是正是负尚难以确定。基于柯布-道格拉斯生产函数，我们以实际GDP做因变量，纳入海峡两岸经济一体化综合指标，来研究海峡两岸经济一体化对大陆和台湾地区经济规模的影响。偏最小二乘回归结果显示，海峡两岸经济一体化对台湾地区实际GDP带来了显著的促进效应，对大陆实际GDP则带来负面效应，但鉴于大陆体量较大，这种负面效应并不显著，影响程度也较小。基于标准的经济增长模型，我们研究了海峡两岸经济一体化对大陆和台湾地区经济增速的影响，回归结果显示海峡两岸经济一体化对大陆和台湾地区的经济增速均带来促进效应，但显著性均不高。因此我们得出结论，海峡两岸经济一体化的确有助于台湾地区经济增长，而对大陆带来的经济增长效应如何尚无法证实。进一步，鉴于两岸巨大的经济体量差距，我们认为大陆经济增长率和经济规模扩张很难受到海峡两岸经济一体化的较大影响，而台湾地区经济则更容易对海峡两岸经济一体化做出响应，据此我们认为海峡两岸经济一体化会促进两岸整体经济增长。

此外，对于海峡两岸经济一体化对大陆经济规模和经济增速带来的不同影响，我们可以用经济增长理论来解释。首先，根据国民收入恒等式，决定一个国家／地区实际 GDP 的为消费、投资、政府购买、净出口。海峡两岸经济一体化主要通过消费、投资和净出口来影响大陆实际 GDP。显然，台商对大陆投资增加了大陆居民的收入和消费，促进了大陆投资存量的积累，但由于大陆对台湾地区存在大额贸易逆差，这会引起大陆净出口的降低，当这种降低幅度大于消费、投资的提升幅度时，海峡两岸经济一体化就会拉低中国大陆实际 GDP。其次，根据新古典增长理论，只有技术进步才能解释一个国家／地区的长期经济增长。根据内生增长理论，储蓄、投资和技术进步都会引起一个国家／地区经济长期增长。显然海峡两岸经济一体化的确增加了大陆投资率，并有利于引入先进技术、经营管理经验和生产组织模式。无论新古典增长理论还是内生增长理论，都可以解释海峡两岸经济一体化促进大陆经济增长的现象。

第二，从劳动和资本两种要素对海峡两岸经济增长的贡献来看，就台湾地区方面而言，1995—2015 年间资本存量对台湾地区经济规模扩张起到显著促进作用，劳动力发挥的促进作用显著性较弱。同时，我们发现台湾地区资本存量的边际生产率远小于劳动力，原因在于台湾地区资本更为充裕，在边际收益递减规律下，相比于资本存量增长，这种情况下提升劳动力会带来更大的边际效应。对大陆方面而言，过去 20 余年间资本存量和劳动力都显著促进了大陆实际 GDP 增长。但大陆资本存量的边际生产率要远高于劳动力，反映出资本匮乏是制约大陆经济增长的主要因素，这一发现为大陆各地区的招商引资政策以及宏观的对外开放政策提供了实证支持。而过去 20 余年间大陆充裕的劳动力资源以低技能劳动力为主，尽管劳动力对拉动大陆实际 GDP 扩张发挥了重要作用，但边际生产率较低。进一步，随着 1973 年始的计划生育政策的长期实施、人口老龄化以及相对较高的经济发展水平下生育率的自发下降，近几年大陆劳动力短缺现象开始出现，劳动力成本明显上升，引起政企学各方的关注。2014 年后大陆陆续出台放开二孩政策，以应对劳动年龄人口下滑趋势。综合来看，依靠廉价劳动力拉动大陆经济规模扩张和吸引外资的作用难以持续，未来大陆应全方面提高劳动力素质，通过培训、终身教育等方式培育高技能劳动力，积累人力资本，提高劳动力要素的边际生产力。

第三，两岸贸易往来、人口交流、发展差异性缩小、关税削减这四个方面在推动海峡两岸经济规模扩张中起到了主导作用。以两岸实际 GDP 做因变量，七大方面的一体化测算结果做自变量，PLS 回归结果显示，两岸贸易一体化、人口流动一体化、发展差异性、制度一体化四个指标对大陆和台湾地区的实际GDP起到了显著促进效应，且影响力最大。由此我们提出以下建议：①落实海峡两岸经济合作框架协议（ECFA）和其他协议，取消各种非关税壁垒，并在早收计划的基础上继续降低两岸相互间进口关税，以此加强两岸贸易联系，继而通过收入扩张机制促进两岸GDP扩张。根据第四章的研究结论，海峡两岸经济规模扩张会进一步拉动两岸进出口贸易，由此形成两岸贸易增长和经济增长的良性循环。②加大对两岸旅游市场、就业市场的放开力度并降低两岸学子相互间的求学门槛，以加强两岸人口交流。根据给出的海峡两岸经济一体化测算结果的国际比较，相比于欧盟，两岸人口一体化是七大方面中最大的一个短板，亟待补齐，实证分析结果表明两岸人口一体化对大陆和台湾地区经济增长带来的边际影响最大。因此无论是就提升海峡两岸经济一体化整体水平而言，还是就促进海峡两岸经济增长的目的而言，加强各种形式的两岸人口交流都是迫切的。③缩小两岸在管理文化、价值观念等软实力方面的发展差距。由表5.18可看出，发展差异性指标对两岸GDP的影响仅次于人口一体化指标，但两岸发展差异性已经有了较大的缩减，为七大方面中与欧盟最为接近的一个方面，表面看来单纯依靠发展差异性指标的提升来拉动海峡两岸经济规模扩张的空间并不大。但值得注意的是，我们仅仅用工业化水平和教育支出两个方面考量了两岸发展差异性的缩小，并没有考虑两岸在经济制度、管理文化、技术水平、创新氛围等方面的差距，尤其是那些难以具体衡量的软实力方面。虽然大陆经济的迅猛增长已经大幅缩小了海峡两岸经济实力方面的差距，但在看不见的领域两岸仍存在较大差距，并可能成为两岸进一步密切往来的沟通障碍。

三、海峡两岸经济一体化规模经济效应

现有的专门针对两岸经贸合作所带来规模经济效应的相关研究很少。王蔚（2006）以新贸易理论为基础，定性分析了两岸共同市场的外部规模经济效应。高莎莎（2010）针对克鲁格曼提出的"规模经济是产业内贸易发生的唯一成因"，以两岸机电产业内贸易为例进行实证，发现规模经济的确影响两岸产业内贸易的发展水平，但作者发现规模经济并非是唯一成因。

由于目前学界尚没有较好的方法量化评估一体化带来的规模经济效应，故我们尝试从以下几点就海峡两岸经济一体化所带来的规模经济效应进行定性阐述。第一，台商在大陆的集聚现象带来显著的内部、外部规模经济。一方面有

助于台企降低宣传、研发等生产成本，并通过兼并、联合等方式扩大规模，带来平均成本的下降；另一方面聚集地完整产业链的构建为台商提供良好的外部环境，包括更完善的基础设施、技术溢出效应、人力资本的聚集和积累，带来外部规模经济。第二，台商赴大陆投资生产带来成本的大幅下降。早期台商对大陆投资集中在电子电器制造业、电子产品制造业等劳动力密集型领域，以出口贸易和中间品返岛生产为主，这主要是基于大陆在劳动力密集型产业方面的相对优势以及各种优惠政策，由此台商可以大幅降低自身的生产成本。而随着大陆相对优势的变化，台商对大陆投资逐渐向资本、技术密集型产业转变，但仍集中在制造业领域，在大陆生产的成本远低于在岛内生产成本；第三，台湾地区对大陆的大规模出口贸易意味着海峡两岸经济合作给岛内企业大规模生产提供了巨大机会。根据台湾地区方面的统计，自 2004 年开始，台湾地区对大陆出口额始终占台湾地区对外出口总额的 20% 以上，2017 年台湾地区对大陆出口额数据达到 889.8 亿美元，海峡两岸经济合作为台湾地区企业提供了巨大需求市场，为其获得规模经济的收益提供机会。

从理论视角看，传统的国际贸易理论指出要素禀赋的差异引起国家间按照比较优势进行产业分工和贸易，协议性国际分工理论和新贸易理论则指出生产中的规模经济是引发资源禀赋相似的经济体之间展开产业分工和贸易的主要原因。在海峡两岸经济一体化的初期阶段，海峡两岸经济互补性较强，海峡两岸经济往来主要基于比较优势理论，台湾地区利用大陆廉价的劳动力、土地以及优惠政策，大陆则利用台湾地区的资本、技术和先进管理经验。基于比较优势进行分工是两岸产业合作和贸易往来的主要方式。但随着两岸一体化水平的加深以及大陆经济的崛起，两岸产业竞合性增强，仍基于传统国际贸易理论、以两岸产业互补性为基础来实现两岸产业合作已经不具有可持续性。进一步，由于目前大陆、台湾地区仍处于不同的经济发展阶段，海峡两岸经济发展水平仍有一定差距，而且在民进党上台执政的背景下，两岸仅仅依靠签署协议展开分工的可行性也不高，更无法协调从不同商品生产中所获得的利益，不满足协议性国际分工理论的基本条件。因此，我们认为以新贸易理论为基础展开两岸分工合作可能是新形势下提升两岸产业竞争力的更重要途径。

小　结

本章以传统的区域经济一体化理论、经济增长理论、新贸易理论等作为分析的理论基础，从静态和动态两方面构建了海峡两岸经济一体化福利效应的理论框架，并运用科学成熟的计量方法，对海峡两岸经济一体化的静态福利效应与动态福利效应进行了实证研究。

关于海峡两岸经济一体化的静态福利效应，本章构建了引力模型与巴拉萨模型。通过引力模型发现，海峡两岸一体化水平对两岸贸易总额具有正向促进作用，这意味着两岸经济一体化的正向静态福利效应；然而，这种正向静态福利效应具有明显的时滞性。为进一步将一体化对贸易的影响区分为贸易转移效应与贸易创造效应，本章构建了巴拉萨模型。经研究发现，海峡两岸经济一体化并没有产生总贸易转移效应、净贸易转移效应，仅形成了总贸易创造效应、净贸易创造效应。这意味着两岸之间随着一体化程度的不断深入，促进了两岸间贸易的增长，与此同时，却并没有削弱两岸与外部贸易伙伴的经济交流。我们由此得出结论，海峡两岸经济一体化的静态福利效应主要为贸易创造效应，会给两岸带来净福利所得。

关于海峡两岸经济一体化的动态福利效应，本章将其细化为投资效应、增长效应、规模经济效应。首先，借鉴 Kreinin 和 Plummer（2008）构建扩展的引力模型，实证分析海峡两岸经济一体化的投资效应。经研究发现，海峡两岸经济一体化对大陆吸引台湾地区对外投资具有正向动态福利效应；且该效应大于东盟经济一体化、内地和香港经济一体化对台湾地区对外投资的动态福利效应；进一步分解投资效应发现，海峡两岸经济一体化对投资的影响主要在于投资创造效应，并没有产生投资转移效应，这意味着两岸经济一体化会在不损害其他经济体利益的情况下提升两岸福利。

其次，采用偏最小二乘回归方法对海峡两岸经济一体化的增长效应进行实证分析。经研究发现，1995—2015 年间海峡两岸经济一体化对台湾地区的经济增长效应显著为正，而对大陆的经济增长效应较为模糊；进一步，将海峡两岸经济一体化综合指数分解为两岸贸易一体化指标、两岸投资一体化指标、两岸人口流动一体化指标、两岸金融一体化综合指标、两岸宏观经济联动性综合指标、两岸发展差异性综合指标、两岸制度一体化指标七个子指标，发现两岸贸易一体化、人口流动一体化、发展差异性、制度一体化对于大陆与台湾地区的经济增长具有正向动态福利效应，且影响力较为突出。

最后，本章探讨了海峡两岸经济一体化的规模经济效应，因为缺乏成熟的量化方法，本章对此效应并没有进行实证研究。通过台商在大陆的集聚效应、投资成本下降、需求市场广阔等定性分析，得出了海峡两岸经济一体化对两岸规模经济具有正向动态效应的结论。

第六章　海峡两岸经济一体化路径选择

就理论而言，经济一体化理论研究核心是不同关税区之间的经济一体化，因而也适用于研究一个中国之内的不同关税区之间的经济一体化安排。另外，从实践层面而言，2008年以来，大陆已经与台湾地区先后签署23项协议，其中《海峡海峡两岸经济合作框架协议》（ECFA）的签署和实施开启了海峡两岸经济合作的制度化进程。本章就此展开分析和讨论，借鉴经济一体化路径安排的主要实践，依据经济一体化路径选择的基本理论，结合海峡两岸经济合作与一体化演进历程，探讨新形势下推进海峡两岸经济一体化的可行路径与具体举措。

第一节　经济一体化路径选择的理论与实践

路径这个概念包括两层含义，一是指到达目的地的路线，二是实现既定目标的方式和方法。前者侧重于全方位的规划与设计，后者侧重于达到目的的举措与方法。

纵观区域经济一体化的实践历程，不同时期不同国家和地区参与经济一体化的目标是不同的，其参与的方式与路径也不尽相同。此外，不同区域经济一体化组织也呈现出不完全相同的运行模式，有的甚至差距很大。统一区域经济组织，其经济一体化路径在空间扩展过程中以及随着时间的推移，具体形式也发生着变化，在一定时空阶段以某一种特定的发展方式为主。

因此，本章研究海峡两岸经济一体化的路径选择，包含两个层面的内容：一是探讨海峡两岸经济一体化进程的路径选择、各个阶段的主要目标及可行的路线图。二是立足现状，分别从短期、中期、长期等时间维度来探讨推进海峡两岸经济一体化的具体举措。

一、经济一体化路径理论

区域经济一体化理论是伴随着区域经济一体化现象而出现和完善，雅各布·维纳（Jacob Viner，1950）的著作《关税同盟理论》，为区域经济一体化理论发展奠定了基础，经济一体化理论也由此逐步成形。此后，关于区域经济一体化的研究日益繁荣，并涌现出诸多流派。

（一）经济一体化路径的一般选择

实现自身福利的最大化是不同经济体之间推动经济一体化的基本动力，按照什么样的运行机制、沿着什么样的路径来推动，才能实现这个目标？一些学者对此进行了探索。不同区域内经济体之间的一体化进程总要通过某种制度性的安排才能得以实现，而区域内的不同经济体要维系其一体化同盟的各种制度性的安排则需要通过某种特定的路径选择来实现。同时，不同经济体在面对形式多样而且性质不同的多种区域经济合作组织时，要以实现该经济体社会福利最大化为标准来选择参加何种区域经济一体化的合作组织。以欧洲为例，主要国家间的经济边界逐渐消失，政策高度协调，各种开创性的政策实施和功能性区域组织不断形成，将欧洲区域合作推向更高的层次，使欧洲成为商品、服务、资本和劳动力流动自由、政策高度协调、货币统一的经济共同体。

区域经济一体化的形成具有多样性和灵活性，经济主体可以根据自身的经济发展和对外交往需要，在区域合作过程中选择伙伴、合作方式和合作目标等。就目前已有文献来看，在区域经济一体化的制度性建设及其路径选择主要有以下两种观点[1]：一是区域内不同经济体之间通过政府之间的谈判来构建区域经济一体化的制度性安排。日本经济学家小岛清的协议性国际分工原理相信，如果不同的经济体之间仅仅依据各自的比较优势来实现各自的规模经济，这样则容易产生企业的过度集中和垄断，而仅依靠区域内各经济体政府之间的协议方式来实现一体化组织内部经济体之间的国际分工，也可能实现企业长期成本递减条件下的规模经济递增。但是，小岛清还认为采取协议的方式实现一体化的路径选择不是无条件的。首先，协议各相关方的要素禀赋比率的差异不能太大，各经济体的经济发展水平大体相当。其次，作为协议所涉及的商品必须是能产生规模报酬的行业或领域。最后，协议各方在生产协议所涉及的商品在利益上也是基本相当的。

---

① 聂元贞.区域经济一体化的路径选择理论评介 [J].经济学动态，2005（8）：98—103.

二是小经济体是否参与区域一体化组织以及选择参加哪一种区域一体化组织的路径选择也是有差异的。克瓦尔孜克的研究已经证明，在商品可相互替代的条件下，如果除了某一小经济体以外的其他经济体都是该区域 FTA 组织的成员，则该小经济体的明智选择是通过相互等比例的关税减让来选择加入该区域内任何一个 FTA 组织。

就现状而言，以欧盟为代表的区域经济一体化组织在选择一体化路径时，其基本方式是由一体化的低级形态逐步向高级形态不断发展，并由此出现了自由贸易区理论、关税同盟理论、共同市场理论、经济同盟理论和完全经济一体化理论等诸多一体化组织形式和理论学派。瓦伊纳的关税同盟理论受到诸多学者的高度评价，关税同盟理论明确了亚当·斯密、大卫·李嘉图等古典经济学家提出的关税互惠给双方当事经济体带来的"利益"及"损失"的具体内涵，并第一次提出了贸易创造和贸易转移两个在经济一体化当中最基本而又最重要的经济学概念，并以此基础构建了瓦伊纳准则，作为评价和测得关税同盟的资源配置效应和福利作用的单一准则。

米德（J.Meade）以自由贸易区的形成和发展为研究对象，构建自由贸易区理论。该理论基本上是建立在瓦伊纳的关税同盟理论的基础之上，分析自由贸易区的建立给各个成员经济体所带来的影响。由于与关税同盟的形式和特征存在差异，自贸区与关税同盟的建立，给区域内相关经济体所导致的各种影响有所不同。按照米德的分析，两者所产生最大的不同就在于，自由贸易区会产生"贸易偏斜"的现象，即当自由贸易区内高关税成员的需求弹性较大，以至于自由贸易区内部其他经济体的价格一旦下降，该高关税经济体的需求量就会激增，从而导致自由贸易区内部供给失衡时，则该自由贸易区内的低关税经济体就会可能会采取转口贸易的方式向区域外经济体进口该产品再向该高关税经济体进行再出口。这样一来，原本要以较高的进口关税才能进入该高关税经济体的域外经济体的产品可以通过域内低关税经济体的转口贸易进入到高关税经济体。

正是由于存在着"贸易偏斜"现象，米德得出了自由贸易区不如关税同盟的结论。为了消除自由贸易区的"贸易偏斜"效应，通常都会要求在区域内实行"原产地规则"。如 NAFTA 的"原产地规则"要求，一种商品增加值的 65% 以上在 NAFTA 域内发生，才能被认定为是区域内生产，享受相应的待遇。米德的 FTA 理论正是自由贸易区推行"原产地规则"措施的主要理论依据。

西托夫斯基（T.Scitovsky）和德纽（J.F.Deniau）等学者认为建立共同市

（common market）的最主要的目的就是要通过域内资本以及劳动力由边际产品低的地方向边际产品高的地方的自由流动来实现域内生产性资源更有效的配置。而域内生产要素市场一体化理论的主要内容就是讨论域内要素市场一体化进程到何种程度才能使得域内各种生产要素的边际产品趋同，从而使得域内的利益实现均衡分配。为了实现这一目的，西托夫斯基和德纽等学者最先分析了生产要素的流动效应。他们研究发现，域内生产要素的流动效应起初是通过价格集聚效应和完全均衡效应来体现的，也就是说允许域内劳动力和资本等生产性要素在域内共同市场自由流动，最终实现域内劳动力价格和资本价格等趋同或相等。

表6.1 区域经济一体化的组织类型及内涵

一体化组织	优惠关税	商品的自由流动	共同对外关税	要素自由流动	经济政策协调	超国家经济组织
PTA	♦	—	—	—	—	—
FTA	♦	♦	—	—	—	—
关税同盟	♦	♦	♦	—	—	—
共同市场	♦	♦	♦	♦	—	—
经济同盟	♦	♦	♦	♦	♦	—
经济完全一体化	♦	♦	♦	♦	♦	♦

资料来源：课题组整理绘制

在区域一体化谈判的初期，区域内各个经济体会首先将较为成熟的货物贸易纳入域内贸易关税减免等相关的谈判内容中，而后随着域内经济体之间的相互贸易以及投资关系的深化，到一定程度以后，再将区域内各个经济体都比较关注或较为敏感的产品和服务贸易等相关内容逐步纳入区域经济一体化谈判的进程中。

此外，随着经济一体化的不断发展，区域经济一体化组织形式也在不断创新。相邻经济体间建立的经济一体化组织，地理位置上不相邻国家和地区之间根据某种目的而建立一体化组织、单个国家与一个国家集团之间建立一体化组织，以及不同区域经济组织之间通过签订一体化协定等诸多沿着不同路径前行的一体化组织先后出现，对这些区域经济一体化路径安排的理论分析尚在不断深化之中。

（二）经济一体化路径选择的主要理论依据

1."中心—外围理论"。以普雷维什（Prebisch，R.）为代表的结构主义学派提出了"中心—外围理论"，该理论主要建立在对发展中国家和地区出口的初级产品相对于发达国家和地区出口的制成品的价格贸易条件存在长期恶化趋势分析的基础上。"中心—外围理论"认为，世界经济的整体是由"中心"和"外围"两个层级构成的，该理论两个层级的生产结构都有各自独有的特征。"中心"层级一般被看作同质性的、多样化的生产结构，而"外围"则被看作异质和专业化的生产结构。正是由于"中心"层级和"外围"层级的经济结构存在较大程度的差异，形成"中心"和"外围"互不相同的国际产业分工体系，而国际分工体系中的每一个环节的差异反过来又能强化"中心"和"外围"两者之间经济结构差异，使得两者密切结合、互为条件。

虽然"中心—外围"理论体系内分为"中心"和"外围"两个层级，彼此之间的差异较大，但该理论仍强调这两者之间的整体性，以"中心"和"外围"二者的结构差异作为"中心—外围"理论研究的核心，强调"中心国"经济体与"外围国"经济体的动态统一和相互依存关系，这两种类型的国家在很长时间内都是动态统一和相互依存的关系。但在"中心国"并非总是一成不变，由于国家外部环境的变迁（如技术的变革等）和国家自身的发展，在特定条件下有些"中心国"经济体可能会下降为"中心国"的边缘，甚至变成该区域组织的"外围国"，而部分的"外围国"也有可能打破原有约束，逐步升级为"中心国"经济体。目前在世界经济整体的动态演变过程中，"中心"和"外围"的总体格局尚未发生根本性的改变。

另一方面，不同经济体之间的经济发展水平和发展阶段无法实现完全一致，区域内贸易的发展通过比较优势的传导会不断增加"中心"和"外围"之间的差异，从而逐渐促使"中心国"经济体与"外围国"经济体之间形成依附关系。一是"中心国"经济体可能主动去建立起"中心"和"外围"之间的这种依附关系，"中心国"经济体可以运用自身在政治经济上的先发优势，操控世界经济价值链的终端，然后通过各种途径来剥削"外围国"经济体达到满足本国的需要，进而发展并维持"中心国"经济体在世界经济体系分工中的地位。二是"外围国"经济体处于被动地位，建立一个依附于"中心国"经济体的经济关系重要手段之一就是在贸易中实行不等价的交换，从而促使剩余价值由"外围国"

经济体向"中心国"经济体转移。普雷维什提出,"外围国"经济体应当放弃通过出口初级产品的"出口导向"外向型发展战略,而应该采取"进口替代"的内向型发展战略,通过采取有针对性的经济贸易政策,逐步建立和完善本国的工业体系,通过"进口替代"来满足国民对原本需进口的工业品的需要,从而降低本国对"中心国"经济体的经济依赖。

2."轮轴—辐条理论"由不同类型、不同规模的"轮轴—辐条"结构组成的错综复杂的 FTA 网络成为区域经济一体化的新模式。该模式包括一个处于中心地位的轮轴国和多个环绕在轮轴国周围的辐条国,轮轴国与每个辐条国分别签订区域贸易协定,而辐条国之间彼此无贸易协定。

大国经济体由于其庞大的经济实力和巨大的国际影响力而较容易成为轮轴国,如欧盟就是目前世界上最大的轮轴国,它与几乎所有的其他非欧盟成员国的欧洲国家、地中海国家分别签订了区域贸易协定,而这些国家之间基本上都没有签署区域贸易协定(Schiff & Winters,2002)。大国经济体的轮轴国地位一般是自发形成的,更多地考虑轮轴国地位带来的非经济收益,如美国也处于轮轴国的地位,但美国追逐"轮轴—辐条"体系经济利益转移的目的相对不显著。而小国经济体轮轴国地位的获取则是主动出击的结果,如新加坡通过主动出击,与诸多国家和经济组织签署 FTA,成为享有轮轴国地位的一个小国经济体。

由于大国经济体之间彼此竞争,小国经济体在特定情况下可能成为两个甚至更多个大国经济体缔结区域贸易协定(RTAs)的竞争对象。作为大国经济体彼此竞争时的争取对象,小国经济体也可以借此获得额外收益(Hufbauer & Schott,1994)。当一个国家与多个国家轮轴国分别签署区域贸易协定时,该国轮轴国就像一个"轮轴",而与该国轮轴国签署 RTAS 的各国轮轴国就像"辐条",因这些国家轮轴国之间一般没有相互签署 RTAs。

Wonnacott & Ronald(1996)探讨了在区域经济合作中处于"轮轴"地位的国家可在域内投资和域内贸易方面能够获得独特的优势。在域内贸易方面,轮轴国的产品可以通过域内的 RTAs 进入所有辐条国的市场,而各辐条国的产品可能受到"原产地规则"的限制而无法进入彼此的市场。在域内投资方面,轮轴国的独特优势可以吸引轮轴国外部的资本,甚至包括辐条国轮轴国的资本。虽然小国经济体的劣势地位决定了它们很难获得轮轴国地位,只有小国经济体成为其他国家特别是轮轴国的争取对象时,小国经济体才有很小的可能性获得轮轴国地位。

研究表明，H—S 模式提高了轮轴国和辐条国的福利水平，而且轮轴国与辐条国家之间的经济结构差异性越大，区域内相关国家和地区的国民福利水平提高得越多。由于轮轴国拥有独特的优势地位，使得其国民福利水平提高的幅度要高于辐条国。此外，辐条国产品的市场份额越高，就越能提高轮轴国的消费者剩余和社会福利水平[①]。

（三）国际经济合作新规则的分析

进入 21 世纪以来，经济一体化组织出现一些新的特征。如自由贸易区中，成员之间不仅实现了商品的自由流动，也逐步实现了生产要素的自由流动。这些较低级的一体化形式即便具备了更高一级一体化形式的某些特征，只要不具备全部特征，在具体的形式划分时，仍采取"就低不就高"的原则，将其归入较低级的一体化形式，而没有再划分出新的一体化形式。此外，进入 21 世纪以后，TPP、TTIP、RCEP、TISA 等经济一体化组织形式先后进入谈判阶段，并取得一定的成果，经过一段时间的充分协商后有望付诸实践。

与此相对应，关于不同经济体参与区域经济一体化的动力与目标的研究也逐渐深入。Femandez & Porters（1998）认为区域贸易协定会给成员国带来提高国际可信度和信息域内传递、增强针对域外国家的谈判议价能力、为域内国家提供保险、促进域内国家之间的协调发展等非传统收益。Andria-mananjara & Schiff（2001）认为，较小的经济体之间推进区域经济合作的动机也并非基于传统的贸易一体化收益，而更重要的是着眼于提高针对域外国家谈判议价的能力、进而降低同域外国家的谈判成本。而对规模较大的经济体而言，区域贸易协定（RTAs）可以带来贸易利益，但其加入 RTAs 的更重要的动机是为了提高在同域外多边贸易谈判中的议价能力，以期在世界经济秩序变革中拥有更大的话语权。

二、经济一体化路径比较

经济全球化和区域经济一体化的并行发展，世界经济相互依赖的程度也越来越高。与此同时，经济一体化也非一帆风顺，在一些特定的时段和区域，经济一体化会出现停滞和反复，但从长远来看，由于经济发展的需求，世界范围内的经济一体化发展态势将会持续，各国和地区之间的经贸往来与经济合作，会随着经济一体化的推进而日益密切。

---

① 邓慧慧、桑百川 .FTA 网络化发展中的"轮轴—辐条"模式：福利效应与中国的参与战略 [J]. 财贸经济，2012（7）：88—94.

（一）世界经济一体化路径选择

1. 基本模式。世界经济一体化，是以 WTO[①] 为平台的多边贸易体系为依托，以跨国公司的发展与壮大作为动力，不断消除贸易和非贸易壁垒，构建全球多边贸易体制，不断推动贸易和投资便利化，从增强国家之间经济联系、增进经济利益出发，从政策和制度上进行调整，以达到全球范围内的资源优化配置。

1947 年关税和贸易总协定（GATT）成立，成为全球贸易领域第一个多边规则体系，先后主持 8 轮多边贸易谈判，达成包括降低关税、扫除非关税壁垒、推动服务贸易开放和投资自由化等多项成果（详见表 6.2），为国际范围内的贸易和投资等经济行为提供了极大便利。尽管多哈回合谈判没有取得预期进展，但世界范围内的经济一体化进程还是必须借助该平台。WTO 第九次部长会议经过多次协商之后，最终还是达成了以贸易便利化为主要成果的早期收获等共识。

从经济全球化的动力来看，在一段时期内，主要是跨国公司的兴起和规模的不断扩大，所形成的一种市场力量。这种力量促进包括普通商品、各种服务业以及人才、资本等各类生产要素在世界范围内的流动限制被不断消除，企业生产与经营的国际化战略得以实施。同时，这种路径安排，也得益于发达国家推动区域和世界范围内贸易和投资的自由化，来为本国企业特别是有对外投资和扩张意图的企业提供优质服务，从而力求实现各种资源在世界范围的优化配置，也促成了大量国际经济合作和协调组织的出现，经济一体化在世界范围不断发展。

表 6.2　关贸总协定主持的八次多边贸易谈判

时间	地点	主要内容	备注
1947.4—10	日内瓦	占进口值 54% 的商品平均降低关税 35%	
1949.4—10	法国安纳西	占应征税进口值 56% 的商品平均降低关税 35%	
1950.9—1951.4	英国托基	占进口值 11.7% 的商品平均降低关税 26%	—
1956.1—1956.5	日内瓦	占进口值 16% 的商品平均降低关税 15%	—

① WTO 前身是关税与贸易总协定（1947 年 10 月 30 日在日内瓦签订，1948 年 1 月 1 日开始临时适用）。1995 年 1 月 1 日，世界贸易组织成立，"关贸总协定"与世界贸易组织并存 1 年。

续表

时间	地点	主要内容	备注
1960.9—1961.7	日内瓦	占进口值 20% 的商品平均降低关税 20%	称为"迪龙回合"
1964.5—1967.6	日内瓦	从 1968 年起的 5 年内，美国品关税平均降低 37%，而西欧各国则平均削减 35%；同时内容开始涉及非关税	称为"肯尼迪回合"
1973.9—1979.4	日内瓦	谈判的重心已从关税转移到非关税壁垒上，并达成七个非关税壁垒方面的守则	称为"东京回合"
1986.9—1994.4	乌拉圭埃斯特角城	除传统货物贸易议题外，涉及服务贸易、知识产权和与贸易有关的投资等新议题	称为"乌拉圭回合"

资料来源：课题组整理

2.形成原因。世界贸易组织通过搭建多边和双边平台，降低和消除成员体之间的关税和非关税壁垒，监管各成员体的贸易政策。各成员体之间因为倾销、补贴等方面存在纠纷时，将通过 WTO 平台解决作为首选。在微观层次，以跨国公司为载体的产业跨国大转移为基础，在产品流动方面表现为贸易全球化，在要素流动方面表现为资本全球化以及资本流动而带来的劳动要素配置的全球化。2008 年由美国次贷危机所引发的国际性金融危机对全球经济的发展态势造成了一定的冲击，全球范围内的国际贸易与对外直接投资规模有所下降。但在这种情形下，跨国垄断资本仍然具有强大的经济、金融实力，生产要素在不同国家和地区之间的流动也在持续进行。经济全球化赖以演进的内生机制、运行条件和路径等仍将在调整和变化中继续发挥作用[①]，经济全球化的格局并没有发生根本性变化。因此，在世界范围内，经济一体化仍然表现为区域经济一体化与经济全球化的并行不悖。

作为以建立完整、更具有活力和永久性的多边贸易体制为目标的全球性经济合作组织，世界贸易组织在经济全球化和世界经济一体化进程中的作用仍是无可替代的，是当前唯一具有全球性的经济一体化组织和全球性经济对话、解决经济纠纷的平台。全球大多数国家和地区已经成为世界贸易组织正式会员，或者正在积极申请加入。自 2016 年 7 月 29 日起，世界贸易组织共有 164 名成员加入，世贸组织成员数占全世界国家和地区总数的 80% 以上，成员体进出口

---

① 裴长洪 . 后危机时代经济全球化趋势及其新特点、新态势 [J]. 国际经济评论，2010（4）：27—45.

贸易额在全球进出口贸易总额中所占比例更大。同时，科技水平的提升和跨国资本的推动使各国和地区之间的经贸往来日益频繁，经济联系也更为密切。但不同经济体之间经济实力、经济规模、经济运行方式等诸多方面仍存在较大差异，不同国家和地区政府所追求的目标也不尽相同，因此，在较长的一段时间内，世界经济一体化仍需以区域经济一体化为载体，逐渐扩大到世界范围。

（二）区域经济一体化路径的主要模式

不同国家和地区经济内在机制上的趋同和统一是经济一体化的最终体现，其终极目标是实现不同经济体之间的经济融合。在特定区域，由于各国和地区间地理上的毗邻、需求相似、经济发展水平相近等原因，推动经济一体化成为现实的选择。二战后，特别是 20 世纪 70 年代以来，以推动双边合作、多边合作为目标的区域经济一体化组织先后成立并付诸实践。截至 2015 年 3 月，已有406 个区域自由贸易协议（RTA）付诸实施。

关于区域经济一体化在世界范围内兴起的基本原因，Johnson、Cooper & Massell（1965）等学者从公共产品的视角对此做出解读。他们认为，区域经济一体化的发展可以为域内国家提供的具有公共产品性质的域内经济贸易制度性的安排，可以使得所有经济行为主体同时受益，例如区域内的关税同盟具有相对较高的效率。Krugman、Bhagwati & Panagariya 等学者认为，GATT 背景下乌拉圭多边谈判的不顺利和美国的态度转向支持双边贸易以及地区经济合作是新一轮区域经济合作的两大主要动因。而 Baldwin（1997）认为"多米诺骨牌"效应才是新一轮区域经济合作潮流的根本原因，第一张多米诺骨牌就是欧盟1992 年的单一市场计划和随后美国牵头成立了 NAFTA，这成为区域经济合作与一体化扩大的第一轮效应。

在具体路径选择方面，由于区域、文化、制度等方面的差异，不同区域经济组织推进方式不尽相同[①]。经济一体化的实践中，不同经济体之间所签订的大量的 RTAs 在某一特定地区相互交错与重叠，区域主义呈现出无序发展现象。仅就亚太地区而言，截至 2014 年底已经签订 144 个贸易协定，正在协商与谈判中的自贸区协议也超过 100 个。纷乱无章的 RTAs 像一碗理不清的面条，Bhagwati（2002）将其形象的形容为"意大利面条碗"现象。当然，不同经济一体化组织均需遵循一定的发展规律，为实现预期的经济一体化目标，按照一定

---

① 戴淑庚. 海峡西岸和其他台商投资相对集中地区的经济发展——基于两岸经济整合的视角 [M]. 北京：北京大学出版社，2012.

的路径向前推进，在此过程中提升经济一体化水平。从现状来看，区域经济一体化的路径选择可以分为以下三种模式：

1.渐进式的经济一体化安排。这种模式下，各参与国家和地区依据经济一体化经典理论，结合区域内各国和地区发展现状，从低到高逐渐推动经济一体化进程。作为一种较为经典的模式，这种路径安排在实践中为较多经济一体化组织所采用，其中欧盟是比较成功的一个范例。从其经济一体化的实践来看，欧洲经济一体化从煤钢共同体开始，历经自由贸易区、关税同盟，然后建成欧共体，1999 年以欧元作为统一货币是实现货币市场一体化的标志，整个经济一体化的历程呈现阶梯式递进发展态势，经济一体化水平不断提升。

2.跨越式的经济一体化安排。主要体现在由发展中国家和地区之间所组建的经济一体化组织，如1991 年由阿根廷、巴西等国建立的南方共同市场，以共同市场为目标，1998 年又提出建立货币联盟的建议，但由于各国经济水平差异、宏观经济政策各异等不对称因素的存在一直没有实现[1]。1981 年成立的海湾经济合作组织在成立之初将建立货币联盟设为目标，其经济一体化已经历经自由贸易区（1983 年）、关税同盟（2003 年）、共同市场（2008 年）[2]。原计划于 2010 年发行单一货币，由于阿联酋、阿曼先后宣布暂不参加，加上国际性金融危机及欧债危机等因素的影响，货币联盟尚未实现。

3.既定目标式的经济一体化安排。如，建立自由贸易区是美国、墨西哥、加拿大三个国家在成立北美自由贸易区时就确定的目标。相比共同市场、关税同盟等较高层次的经济一体化形式而言，自由贸易区相对处于较低层次，但也较易操作。三国将此作为一体化的目标，通过自由贸易区的建立，逐渐实现三国之间在贸易、投资等方面的自由化发展，对其他拟将自由贸易区作为发展目标的经济合作组织而言，具有较高的参考价值。

（三）区域经济一体化路径选择实践

1.欧洲联盟（European Union，EU 欧盟）。从全球范围来看，经济一体化层次最高、一体化绩效最为显著的当属欧洲联盟。自 1958 年成立欧洲经济共同体以来，通过渐进的方式推动区域内国家和地区建成关税同盟，然后逐渐升级为共同市场，再通过区域内货币的统一来促进货币和金融一体化，并在欧盟内

---

[1] 左品.南方共同市场货币一体化进程与前景分析 [J].拉丁美洲研究，2010（2）:47—53.

[2] 梁柱.海湾合作委员会经济与货币一体化进程及其经济趋同性分析 [J].亚太经济，2010（2）：14—18.

部绝大多数国家范围内建立欧元区。

欧盟的经济一体化之路，大体是沿着"以产业为载体、以各类条约为基础、由核心国家推动的渐进、全面一体化"的路径推进。建成无边界的经济空间，加强社会与经济的协调有序发展，最终成立经济货币联盟，是欧盟成立之初就明确的宗旨。在这些目标中，经济一体化的地位凸显，也是欧盟建立、发展的起点和基石。具体推进经济一体化的路径，则是从选择共同利益切入。首先选择煤炭、钢铁两种产业，建立欧洲煤钢共同体，逐渐发展到欧洲经济共同体、六国关税同盟，后又实施共同的农业政策。从 20 世纪 70 年代中后期开始，欧洲货币体系的建立使共同体各成员国经济一体化水平提升到更高的水平。1993 年 1 月，欧洲共同体统一大市场启动，标志着欧共体成员国之间的"经济边界"消失。1999 年，欧元启用及经济货币联盟的成立，使欧共体各成员国之间形成了一个联盟意义上的共同市场，欧盟经济一体化的路径选择如图 6.1 所示。

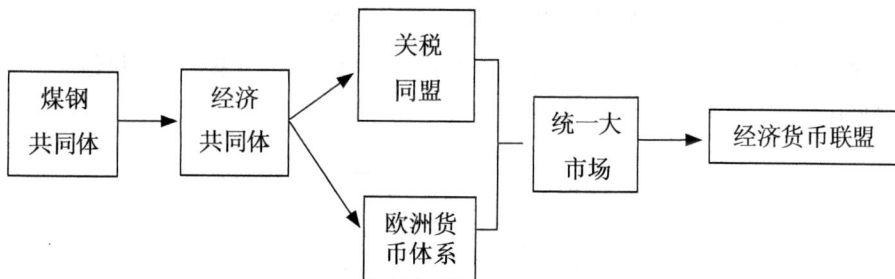

图 6.1 欧盟经济一体化路径选择的历程

资料来源：课题组整理

作为已经统一货币的经济一体化组织，欧盟成为目前世界范围内经济一体化程度最高的区域。因此，经济一体化的后续发展、财政政策的协调和统一是重要的方向之一。就此来看，未来欧洲经济一体化水平的提升将考虑以下几种方式：一是各国和地区之间财政纪律和财政之间的协调和统一，约束各国财政政策行为，使其逐步与金融一体化进程相适应，沿着逐步强化财政纪律的方向发展，渐进推向财政政策的一体化和成员国的财政主权让渡，最终恢复经济增长，并推动政治经济一体化进程的加深和成熟[1]；二是为各国宏观经济政策的协调提供更为便利的条件，逐步实现欧盟范围内各国和地区之间的完全经济一体化。

---

[1] 周燕、佟家栋.欧洲主权债务危机与欧盟经济一体化进程深化 [J]. 南开学报（哲学社会科学版）2012（5）：12—17.

欧洲经济一体化的主要举措一是以个别产业合作为突破口，后不断拓展至其他产业。1950 年，著名的"舒曼计划"在让·莫内为首的极力推动欧洲一体化进程的知名人士共同努力下诞生，计划决定将煤钢部门这个法德两国争端聚焦多年的焦点部门实行统一的监管与联合经营。1951 年，联邦德国、法、比、意以及卢森堡和荷兰等国共同签署《建立欧洲煤钢共同体条约》，标志着"欧洲煤钢共同体"的成立。成员国把煤炭与钢铁生产和经营的统筹权力转交给煤钢共同体来行使，并在成员国之间建立一个自由流动、自由竞争的煤钢共同市场。1957 年 3 月，上述六国在罗马又共同签署了《建立欧洲经济共同体条约》和《欧洲原子能条约》，统称为《罗马条约》，于 1958 年 1 月起正式生效，产生了欧洲经济共同体和欧洲原子能共同体，合作范围不断拓展。

二是以法、德等为核心国家，后不断扩充。经过几十年的发展，欧共体以及后来的欧盟进行了 7 次扩张，成员国从成立之初的 6 个增至 2013 年的 28 个，如表 6.3 所示。其中，2004 年欧盟东扩，其成员国一次性增加 10 个，是范围扩大最大的一次。从成立之初的煤钢共同体，到成员数量不断增加的欧盟，法、德两国始终是其核心成员，其地位一直没有动摇。

表 6.3　欧洲一体化组织成员国变迁历程

时间	新进成员国	备注
1952 年	法国、卢森堡、荷兰、德（联邦）、意大利、比利时	欧洲煤钢共同体成立
1973 年	英国、丹麦、爱尔兰	—
1981 年	希腊	—
1986 年	葡萄牙、西班牙	—
1995 年	奥地利、瑞典、芬兰	—
2004 年	马耳他、斯洛文尼亚、波兰、匈牙利、捷克、立陶宛、斯洛伐克、爱沙尼亚、拉脱维亚、塞浦路斯	欧盟东扩
2007 年	罗马尼亚、保加利亚	—
2013 年	克罗地亚	第 28 个成员国

资料来源：课题组整理

三是以契约为依托，通过制度建设推动经济一体化进程的不断深入。欧洲经济一体化的推动得益于一系列条约的签署和实施。从 1951 年签署《建立欧洲煤钢共同体条约》开始，经过各成员体协商，《罗马条约》《单一欧洲文件》《欧洲联盟条约》等条约相继签署并得到有效实施，使经济一体化的制度性基础更为牢靠，以上条约成为是欧盟经济一体化能够顺利推进的关键所在，也为经济一体化指明了各个阶段的目标及应解决的具体问题。其中，《巴黎条约》的签署和实施构建了煤钢经济体，开启了欧洲经济一体化进程，《罗马条约》是欧洲经济共同体成立的法律基础，《马斯特里赫条约》则使欧洲迈入进入货币一体化进程，具体见表 6.4。

表 6.4　欧盟为推动经济一体化进程签署的主要条约及相应措施

条约名称及签署时间	主要措施
《巴黎条约》 （1951.4）	取消煤钢产品的进出口税及产品流通量的种种限制，实现煤钢市场的自由流动、自由竞争，建立欧洲煤钢共同体
《罗马条约》 （1957.3）	成立欧洲经济共同体和欧洲原子能共同体； 建立关税同盟，废除阻挠人员、劳务和资本自由流动的各种障碍，实施共同农业政策，逐步协调经济和社会政策
《布鲁塞尔条约》 （1965.4）	建立部长理事会和执行委员会等单一共同体管理机构的建立，欧共体正式成立
《单一欧洲文件》 （1986.2）	到 1992 年实现在欧共体范围内的人员、商品、劳务以及资本自由流动，建立单一市场
《马斯特里赫条约》 （1992.2）	实施"德洛尔计划"，建立经济与货币联盟。在规定的期限内，积极协调成员国之间经济与财政政策，建立欧洲中央银行，发行欧洲统一货币
《阿姆斯特丹条约》 （1997.10）	将"高度就业"作为目标；建立欧洲公民身份制度，凡成员国的国民都是联盟的公民
《经济货币联盟稳定、协调与治理条约》（2012.3）	结构性财政赤字不得超过 GDP 的 0.5%，如果该国政府的债务水平显著低于 60% 且公共财政长期可持续风险低，则结构性赤字最多可达到 1%。一旦赤字或债务超标，将启动自动制裁机制
《增长与就业契约》 （2012.6）	允许欧元区救助工具直接注资银行业并可以购买努力削减赤字和债务的国家的国债

资料来源：课题组整理

四是在关税同盟基础上，经共同市场阶段后升至货币一体化。作为经济一体化的关键阶段，关税同盟使各国和地区的关税统一，也相应会使其他税收乃

续表

至整个制度的协调进入制度化阶段，从而为其他领域的一体化进程奠定基础，以此为突破口，逐步将经济一体化推向更高阶段。在这个阶段，首先废除了组织内各个国家中限制商品自由流动的关税数量及各种相应的限制性措施，促成区域内各个成员体的商品在区域内各个国家之间的流动基本不再有过多限制，然后取消限制诸如劳动力、资本等生产要素在区域内自由流动的障碍，从而建成共同市场。

五是以发达国家之间一体化为基础，经过扩充后又兼有南北合作的特性。欧洲经济一体化之初，其成员均为发达国家，故为发达国家之间的经济一体化，是典型的"北—北"型经济一体化组织。2004 年，随着东欧及独联体部分国家的加入，欧盟实现了东扩，由于诸多发展中国家的加入，其经济一体化进程则又呈现出"南—北"型经济一体化组织的特征。

综上所述，欧洲经济一体化通过"先易后难、先经后政"的方式，在各成员国充分讨论和协商的基础上，由于经济和政治的良性互动，经济一体化得以顺利推进。究其原因，作为两次世界大战的发源地和主战场，欧洲在近期饱受战争的摧残，因此通过协调成员国之间利益来实现经济的共同发展，避免下一场战争，是战后初期众多社会精英的共识。欧洲经济一体化进程，其根本出发点是通过欧洲联合，避免"一战""二战"这样造成巨大人员伤亡和财产损失的悲剧再次发生的政治动机。但由于各国错综复杂的政治环境以及美苏争霸的外部形势，政治一体化的推进面临的困难非常大。因此，各国特别是法、德等国家的政治精英通过讨论，在没有放弃对政治一体化的追求下将一体化的切入点转向产业和经济领域。在经济一体化的过程中，各个成员国遵循先易后难的方式，从符合各国共同利益的切合点出发，制订阶段性目标，据此提出切实可行的具体任务。

作为欧洲经济一体化的集大成者，欧共体及欧盟的出现，也正是沿着这一轨迹运行，从最初的煤钢联营共管，到关税同盟的成立及后来的共同农业政策的出台，一步一步消除分歧，走向共同市场，并于 20 世纪末开始向货币一体化迈进。在此过程中，经过各成员国的充分讨论和协商，以条约形式消除各种贸易和投资障碍，推动生产要素的跨界流动，实现资源配置的优化和经济共同繁荣在经济和货币联盟建成后，朝着完全一体化的方向发展，形成经济一体化路径安排的"欧洲模式"。

2.北美自由贸易区（North American Free Trade Area，NAFTA）。以美国为核心，"北—北"合作与"南—北"合作的结合，是北美自由贸易区这一区域经济一体化组织的典型特征。美国、加拿大、墨西哥三国之中，无论是从经济发展水平还是综合国力来看，美国都占据绝对优势，因而在自贸区中发挥主导作用，扮演着举足轻重的角色。

北美自由贸易区的经济一体化，走的是以大国为主导、逐步推进投资贸易便利化的南北合作之路。北美自由贸易区建立的初衷，就是要实现贸易、投资在三个国家之间的全面流通，并以此为平台促进整个北美地区的贸易和经济自由化。第一阶段是美国与加拿大在1988年达成自由贸易协定，并在1989年建立了美加自由贸易区，第二阶段是美国、加拿大和墨西哥进行谈判，达成《北美自由贸易协定》，于1994年1月建成北美自由贸易区，将取消贸易壁垒、创造公平的条件、增加投资机会，促进三边和多边合作作为组织成立的宗旨。从运行方式来看，区域内自由贸易通过签订契约来逐步推进。美、加、墨三国之间签订了诸多双边协议以及一些三边协议，降低大多数商品的关税，去除非关税壁垒，促进商品与资本在整个区域内的自由流动。

北美自由贸易区的建立和发展基于三大支柱，即第一支柱：签订了《北美自由贸易协定》并作为该组织制度建设的基础。该条约将取消贸易壁垒，创造公平竞争的条件明确为北美自由贸易区的宗旨，力求商品和生产要素在三国之间基本实现自由流动，从而建成一个影响贸易的各种障碍被完全取消的自由贸易区。在此基础上，美、加、墨三国间还签订了一系列有关海关和口岸方面的协议，使通关手续大大简化，通关效率迅速提升，促进三国之间国际贸易的便利化。作为NAFTA的基础性制度安排，该条约还规定了温和的争端解决机制。根据该条约的规定，一旦出现三国之间出现争端，其解决方式主要有三种，即协商、自贸会主持的友好解决方式以及仲裁专家组程序。根据规定，这三种方式之间存在先后关系，友好解决方式是协商程序的后置程序，仲裁专家组程序则是SDR程序的后置程序，专家组的报告不具有司法强制性。

第二支柱：成立了管理机构协调自贸区内部事务。北美自由贸易区的组织机构主要分为自由贸易委员会、秘书处、专门委员会、工作组和专家组几个部分，这些组织机构没有立法权和司法权，其主要工作职责是监督自贸区条约中权利和义务的落实状况，并对其中可能会引起争议的一些条约进行解释和说明。由美、加、墨三国贸易部长和内阁级官员组成的三边自由贸易委员会，则是 NAFTA 组织的核心机构。该组织包括 25 个三边工作委员会、工作小组和其他辅助机构等下设机构，定期召开专项会议，负责自贸区协定在该区域内的执行和实施。该委员会在处理日常工作及重要专项事务时，坚持协商一致的原则。秘书处作为常设机构，主要是处理三国之间在贸易方面的分歧以及贸易争端，确保自由贸易区的正常运行。

第三支柱：建立了争端调解机制，推动具体问题的解决。NAFTA 还设立了仲裁法庭和保护仲裁法庭程序特别委员会，其主要目的同样是有效处理三国之间的贸易冲突与争端。其中，特别委员会主要是要确保仲裁法庭能够按照预定的方式和程序运转。某一领域内出现的专业问题，则主要由自贸委员会下属的工作组 ① 和专家组负责处理，他们需要向自由贸易委员会、专门委员会和仲裁庭等机构提供具体的咨询意见。

NAFTA 还通过条约规定，要求各成员经济体在投资的各个阶段，包括开业、收购、扩张、经营等，对其他成员体不能实施各种不合理的限制或要求，保障企业在区域内实施投资行为时具有一定的自主权。

至于北美自由贸易区的形成主要原因有两点：第一是作为区域内经济实力和综合国力占绝对优势的国家，美国是以发起国身份来促成北美自由贸易区的建立，同时，也是 NAFTA 正常运转的主力军。作为世界头号经济强国，在区域经济一体化组织不断出现和发展的新形势下，为了能够继续主导世界经济运行格局，美国需要将一些与自身利益密切联系的新问题及解决方法在一个特定的区域内进行试验，等方案成熟后再推广到世界多边体系之中。因此，北美自由贸易区中许多经济政策所体现的，就是美国欲通过区域合作完成对发展中国的改造。以墨西哥为例，为在争端解决、知识产权保护等问题上达成协议，墨西哥不得不承诺修改本国相关的法律，在其他一些问题上也向美国妥协，在石油化工产业等美国意欲进入的领域，修改原有规章制度，制定新的法律，为外资特别是为美国资本进入消除了障碍。

第二是北美三国之间经济具有互补性。物质基础决定上层建筑，南北共存性这一北美自贸区显著的特点，决定了美、加、墨三国之间尽管存在利益上的矛盾与冲突，但经济领域特别是优势产业存在一定的互补性以及扩充外国市场的强列需求，使得三国最终能够求同存异，加强经济合作、共谋本国及区域的

---

① 根据 NAFTA 的相关规定，工作组主要包括原产地规则工作组、农业工作组、美国和墨西哥双边工作组、加拿大和墨西哥双边工作组、贸易工作组、临时入境工作组。

共同发展，在经济收益、制度建设等方面成果丰硕，不仅为美国、加拿大这两个发达经济体的经济增长增添动力，而且也促进了区域内唯一的发展中国家墨西哥经济的发展，也是北美自由贸易区一直运行至今的重要经济基础。

3. 东南亚国家联盟（Association of Southeast Asian Nations，ASEAN 东盟）。作为亚洲最早启动经济一体化进程的组织，东盟逐渐成为区域经济一体化的重要力量[①]。1967 年 8 月，印尼、马来西亚、泰国、菲律宾和新加坡四国发布《曼谷宣言》，标志着东南亚国家联盟成立。随后，文莱于 1984 年初加入东盟，20世纪 90 年代中后期，越南、老挝、缅甸和柬埔寨亦先后加入。20 世纪 70 年代早期的能源危机以及区域内外政治局势的变化，使东盟成员国希望加快合作。

东盟的经济一体化的基本动因是源自 20 世纪 60 年代中期，东南亚国家之间争端不断，一些国家之间还出现了较为严重的冲突。因此，东盟建立之初是以政治和安全问题为导向的。此后，各国逐渐意识到经济合作的重要性，受到欧洲经济一体化的启发，开始推动经济一体化进程。但由于东盟成员国之间经济发展水平仍有较大差异，且发展模式和政治体制不同，只能一步步向前推动，但无论如何东盟国家经济一体化进程为参与国所带来的经济成果和政治效应对世界各国都具有重要的榜样力量。

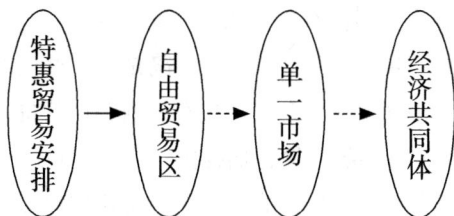

图 6.2　东盟经济一体化的路径变迁

东盟的区域经济一体化，经过了从特惠贸易安排到自由贸易区的发展历程，并以经济共同体为目标，如图 6.2 所示，其中虚线箭头表示正在建设中。自 1978 年起，东盟特惠贸易安排实施了 15 年的时间。东盟自由贸易区的进程从 1993 年正式启动，此后这一进程迅速发展，不断有新成员加入东盟自由贸易区，并且涵盖的领域不断拓宽。1976 年，东盟签署《东盟国家协调一致宣言》，宣言意在建立东盟区域内特惠贸易制度。随后，1977 年 2 月，《东盟特惠贸易安排协定》的签署，意味着东盟区域一体化迈出至为关键的一步，东盟内部开

---

① 王勤. 东盟区域经济一体化的格局及其影响 [J]. 南洋问题研究，2013（4）：1—9.

始按照特惠贸易安排的要求，开启经济一体化进程。1992年，《关于推动东盟经济合作的框架协定》的签署与实施，表明东盟着手建立自由贸易区（AFTA）。正在建设中的东盟自由贸易区，以共同有效优惠关税计划作为主要机制，不断降低关税水平和非关税壁垒，最终将把关税降到0—5%。近年来，"东盟经济共同体"则成为东盟各国经济一体化进程的主要目标。

东盟国家的经济一体化进程有三大主要支撑，其一是将经济共同体为东盟的远景目标。2008年12月，《东盟宪章》①正式生效。《东盟宪章》确立了东盟以一个目标、一个身份和一个声音，共同应对未来挑战的目标。建立"单一市场"和生产基地是东盟经济共同体的主要追求，在该市场中东盟各国的货物、服务、资本和技术人员基本上实现自由流动。同时，推动东盟内部解决一体化与国际经济一体化进程相衔接，与其他区域经济组织及国家进行FTA谈判，并采取多项措施参与国际生产网络。

其二是不断改进和优化执行及决策机构。在调节各成员国的利益上，东盟没有建立超国家的机构。此外，对具体运作也没有明确的条约加以规定，各成员国希望让东盟成为一个灵活有效和松散的组织。事实上，虽然东盟自成立以来进行了多次机构改革，但是其松散型组织的特点尚未发生实质性改变。根据《曼谷宣言》的规定，东盟最高级的决策机构是外长会议，外长会议是这一阶段东盟唯一的决策主体，由此而引发的一些缺陷是在某些问题上，东盟的最终决定权并不能由外长会议做出，还需得到政府首脑会议的批准。随着国际形势的变化，东盟意识到减少对外部依赖、加强内部合作的重要性，从而采取相关措施来推进决策机制的改变，由此首脑会议的决策作用得以凸显。此外，经济部长会议和其他部长会议也逐渐成为东盟的决策机构，各个决策主体共同发挥作用。20世纪90年代后，首脑会议地位得到进一步强化，成为东盟的最高决策机构，但是外长会议、部长会议的决策职能仍然保持，形成了一种多样化的决策主体。因此，相对欧盟而言，东盟的决策权较为分散。

其三是持续不断促进合作领域的延伸。东盟的经济一体化进程，从推动实现"特惠贸易安排"开始，到此后的"自由贸易区"以及"经济共同体"，伴随着不断提升的发展目标，表明东盟逐步实现商品、服务、资本和人员的相对自由流动，同时也标志着东盟的经济一体化不断向更高层次的迈进（如表6.5所示）。

---

① ASEAN Secretariat. Cebu Declaration on the Acceleration of the Establishment of an ASEAN Community by 2015, www.Aseansec.org.

表 6.5　东盟经济一体化进程中签署的条约及主要举措

条约名称	主要举措
《东盟特惠贸易安排协定》（1977.1）	规定各国采取一系列特惠贸易安排，如签订长期贸易合同、提供关税优惠和优惠利率贷款
《关于推动东盟经济合作的框架协定》（1992.1）	从 1993 年 1 月 1 日起开始推行自由贸易区计划
《共同有效优惠关税计划》（1992.1）	在 2008 年前建成东盟自由贸易区，通过分阶段实施，2008 年将在区域内贸易的工业制成品的关税减到 5% 以下；原东盟六国于 2010 年 1 月 1 日以前取消所有的敏感产品和高度敏感产品的非关税壁垒和数量限制，新成员中越南是 2013 年 1 月 1 日前、老挝和缅甸是 2015 年 1 月 1 日前、柬埔寨 2017 年 1 月 1 日前取消所有敏感和高度敏感产品的非关税壁垒和数量限制。
《东盟服务业框架协议》（1995.12）	在 WTO《服务贸易总协定》的规定外，寻找加强各成员国服务业的合作，消除服务贸易限制以及扩大区域服务贸易自由化的新途径
《东盟宪章》（2007.11）	通过《东盟经济共同体蓝图》，提出经济共同体"路线图"，确保"实现单一市场与生产基地""形成竞争力强的经济区域""维护地区经济平衡发展"和"推动与国际经济体系融合"四大目标

资料来源：课题组整理

1976 年东盟国家首脑会议上，各国领导人做出了在成员国之间开展经济合作的决定，其涵盖的范围主要在经贸关系和产业等领域，其目的是在区域市场中发展规模经济，积极推进各成员国的工业化。在 2003 年 10 月召开的第九次领导人会议上，东盟决定在 2020 年建立东盟经济共同体，以实现全面推进和落实 FTA、服务贸易协定等相关方案。2008 年签署生效的《东盟宪章》，通过《东盟经济共同体蓝图》，提出经济共同体"路线图"，以深化经济一体化为基础，通过构建以东盟为轴心的东亚区域合作网络，维护东盟在本地区和全球范围内的竞争力与话语权。

三、经济一体化路径特点

（一）经济一体化路径安排与成员体经济实力相关

纵观世界范围内区域经济一体化的演进历程，不同阶段、不同经济体、不同区域之间的经济组织的经济一体化路径安排均有所不同。欧盟是以法、德等核心国家为原动力，北美自由贸易区是以美国为主导，这两个区域经济组织经济一体化进程的顺利推进，与核心国家的推动是分不开的。由于各国之间经济实力与综合国力没有明显的差距，东盟经济一体化的进程则是依赖于相关国家之间的平等协商与合作。

　　无论是何种形式，区域经济一体化进程都是与各经济体政府强力介入政策选择分不开的，虽然区域经济一体化存在客观的动力机制，如国际贸易的福利效应、有利于促进经济增长等诸多方面，但是缺少经济主体的主观动力，特别是核心国家的推动，最终导致经济一体化只能作为一种构想停留在规划阶段。其中，以核心国家决定经济一体化路径的模式，无论是典型区域经济一体化的演变历程，还是世界范围内经济一体化的推动，都离不开核心国家的推动。欧洲经济一体化，法、德是核心，也正是由于法、德两国联合推动，尽管存在不同声音[①]，但以欧盟为主体的欧洲经济一体化绩效显著，也成为其他推行经济一体化的国家和地区效仿和学习的对象。北美自由贸易区的建设，则是在核心主体美国的推动下不断完善。

　　（二）经济一体化进程需要有坚实的制度基础

　　市场作用在经济一体化进程中的作用不言而喻，但制度建设是经济一体化得以顺利推进的基础。形成有效的组织机制，首先是要签订一个各方都能接受并能顺利执行的条约作为行为准则。区域经济合作组织在推进一体化进程中，均签订了相关条约，如欧洲经济一体化中，《巴黎条约》《马斯特里赫条约》等一系列条约的签署和实施，为其奠定了坚实的制度基础。而美、加、墨三国《北美自由贸易协定》的签署和实施，就宣告了北美自由贸易区的正式运转，条约的具体名称如表 6.6 所示。这些条约的签署和实施，是上述一体化组织得以顺利运转的基础，也为这些区域合作组织未来阶段的发展方向及下一阶段目标的制定做了很好的制度榜样。

---

　　① 欧洲在欧共体之外，还存在其他区域经济一体化组织，如 1960 年由挪威、瑞士等国发起成立的欧洲自由贸易联盟。

表6.6　部分经济一体化组织所签订的主要条约

一体化组织	条约名称	备注
欧盟	《巴黎条约》（1951）	建立欧洲煤钢共同体
	《罗马条约》（1957）	建立关税同盟
	《马斯特里赫条约》（1993）	欧盟成立
北美自由贸易区	《北美自由贸易协定》（1994）	自贸区成立
东盟	《东盟特惠贸易安排协定》（1977）	标志东盟开始走向一体化
	《关于推动东盟经济合作的框架协定》（1992）	东盟经济深入合作的制度性规定
	《东盟宪章》（2007）	确定建立东盟共同体

资料来源：课题组整理

（三）政治诉求是经济一体化进程重要推动力

在不同模式下的经济一体化路径，政治上的诉求均为经济一体化推动的重要动力。20世纪50年代，在经历两次世界大战的洗礼后，欧洲才走上了经济一体化的道路。无论是20世纪50—70年代的迅速发展阶段，还是80年代中期开始的缓慢期，政治因素始终影响甚至左右欧洲经济一体化的进程，欧洲安全及提高在全球的地位始终是欧盟经济一体化的原动力。同样，东盟成立的动力，起初也是因为基于国家安全的考虑，由于单纯推动政治合作阻力过大，因而借鉴欧盟从特惠贸易安排开始推动经济一体化进程。因此，贸易自由化是区域经济一体化的重要动力，但远非经济层面的范畴，一旦实现贸易自由化，其后的经济一体化进程安排离不开政府之间的协调，政治诉求以及因此而做出的制度化协商和安排就成为经济一体化的动力所在。

（四）不同经济组织经济一体化目标选择不尽相同

由于不同国家和地区之间经济发展水平、经贸关系等各不相同，因此，在推动经济一体化过程中，其预期目标也不尽相同。表6.7列出了部分代表性组织的一体化目标模式，可以看出，北美自由贸易区将自由贸易区作为目标模式，东盟将经济共同体作为目标模式，海湾经济区和南方共同市场将统一货币作为目标模式。欧盟的目标则处于动态调整中，在货币统一后，完全经济一体化则是下一个预期目标。

表 6.7　不同经济一体化组织目标模式的选择

	PTA	FTA	关税同盟	共同市场	统一货币	经济共同体
欧盟	√	√	√	√	√	√
北美自贸区	—	√	—	—	—	—
东盟	—	√	—	√	—	√
海湾经济区	—	—	—	√	√	—
SADC	—	√	√	√	—	—

资料来源：课题组整理

（五）经济合作新规则逐渐引入经济一体化制度体系中

进入 21 世纪，国际经济合作的规则悄然发生变化。除传统的降低关税外，服务贸易和投资准入等方面需要提供更加宽泛的国民待遇，这点无论是 TPP、TTIP 还是 TISA 或美国《2012 年双边投资协定范本》，都鲜明地体现出来。此外，还需要以负面清单形式提出对不符措施的保留。在 TPP 的谈判过程中，美国几位贸易代表均在不同场合指出，TPP 具有自身的特色，不是其他已经生效的各种 FTA 协定的复制。美国在其中引入的规则已经超越了传统贸易议题，一旦被其他国家接受，将可能成为全球性标准。因此，包括准入前国民待遇与负面清单等新议题将会纳入国际经济合作新规则体系之中，已经成为以欧美为主的发达国家重新塑造国际贸易与世界经济格局的重要手段。

在这种背景下，规则重构的路径呈现多元化并行的发展趋势，各类区域合作竞相打造符合自身诉求的规则新版本，并借此谋求引导全球经贸规则的变迁趋势[①]。无论是中日韩自贸区谈判中，还是 RCEP 谈判中，中国大陆都要面临这些国际贸易新规则的挑战。在亚太地区已经签署的经济一体化协定中，准入前国民待遇以及负面清单等内容纷纷被采用[②]。中国大陆在上海自贸区推出的一些举措中，也结合经济发展现状将其中的一些措施加以试行。因此，世界贸易和经济合作规则的变迁已经成为大势所趋，争夺国际贸易和经济一体化的新规则已经成为主导世界经济秩序的重要手段和方式。

---

① 陈德铭等.经济危机与规则重构 [M].北京：商务出版社，2014.

② 赵玉敏.国际投资体系中的准入前国民待遇：从日韩投资国民待遇看国际投资规则的发展趋势 [J].国际贸易，2012(3):48—53.

第二节　当前海峡两岸经济一体化概况

一、两岸经济一体化背景

（一）大陆经济进入高质量发展新阶段

大陆经济经过 40 年的高速增长，经济实力不断增强，GDP 值 2000 年首次突破 1 万亿美元，2005 年突破 2 万亿美元，2009 年超过 5 万亿美元，2010 年 GDP 超过日本成为世界第二大经济体。2018 年 134572.67 亿美元，成功突破 10 万亿美元大关，经济总量为日本的两倍还多，与美国之间的差距也在逐渐缩小。

但由于经济增长方式尚未实现实质性转变，在经济持续高速增长的过程中，产业结构、需求结构、区域结构等结构性问题进一步暴露。传统产业产能过剩，新兴产业尚未形成新的经济增长点，长期依靠制造业、房地产投资和外需拉动经济的发展方式难以为继，大陆经济发展的条件和环境已经或即将发生诸多重大转变。经济增长的下行压力增大，经济增长速度由高速转为中高速，经济结构优化升级，经济发展方式由要素驱动、投资驱动转向创新驱动，与传统的不平衡、不协调、不可持续的高速增长模式基本告别，经济进入高质量发展新阶段。

（二）台湾地区经济寻求发展新机遇

2008 年国际金融危机后，台湾地区尽管也采取了诸多刺激经济的措施，但经济复苏势头并不稳固，就业、实质薪资等多项民生经济指标未有明显改善。对于台湾岛内经济持续停滞不前，表现低于预期，台湾地区各项经济刺激政策均无明显成效，一些岛内学者纷纷提出批评。尽管 2013、2014 年台湾地区经济总量指标开始向好，但岛内总体经济形势持续低迷、市场不景气的状况没有根本改变。

为摆脱经济增长的困境，台湾地区着眼于世界经济的深刻变化，在产业发展上提出"三业四化"（即"制造业服务化、服务业科技化与国际化、传统产业特色化"）的转型升级方向，实施六大新兴产业、四大智慧性产业及十大重点服务业等发展方案，加快推动对外经济合作协议签署，为此积极实施自由经济示范区建设。

台湾地区经济要持续发展，必须扩大并强化物质基础。一方面要靠台湾地区加强基础投资，包括硬件建设、软件的人力资本以及研发投资。另一方面，作为出口导向的经济体，台湾地区需要扩大市场与生产基地，对外贸易是台湾地区经济发展的主要动力。此外，在经济全球化时代，台湾地区也是全球产业链的一个重要环节，台湾地区经济的发展离不开全球产业链。台湾地区与大陆经济的互补性使得台湾地区经济的发展离不开大陆，在当前，如何使台湾地区经济与大陆经济高质量发展新阶段紧密连接，是攸关台湾地区经济摆脱困境、走出一条新路的重大课题。

（三）区域经济一体化进程加快

区域经济一体化进程的不断加快，促进了不同经济体之间的经贸往来和经济合作，加速不同国家和地区彼此之间经贸的分工与互赖，全球市场也因此大大扩张了规模。全球范围内一些原本经济较为落后，与其他国家和地区经济联系很少的国家和地区，也通过参与各种区域经济合作组织，逐渐搭上了经济一体化这趟"列车"，世界范围内国际间和区域间贸易发展迅速，并形成彼此依赖、同步性强、分工也越来越多元、精细的市场体系。每个经济主体，特别是经济外向型的国家和地区，都需要集中力量，发展核心能力，加强与其他国家和地区之间的经济合作，才能在全球市场上争一席位[①]。

2010—2013 年，世界经济分别增长 5.1%、3.9%、3.4% 和 3.3%，增速低于危机前 5 年 4.9% 的平均水平。发达经济体经济增速有所提升，但仍低于 2%，新兴经济体尽管增速有所回落，但仍高于发达国家。在此背景下，二战以来由西方发达国家为主导的国际经济秩序，自 2008 年由美国次贷危机引发的国家金融危机后，由于不同经济体之间的经济实力发生了"此消彼长"的变化，正面临前所未有的调整压力，国际经济规则的重新制定已经在所难免，而在国际新秩序形成之前争夺话语权成为各个主要国家和区域经济组织的目标所在，TPP、RCEP、TTIP、TISA 等区域经济合作与一体化组织纷纷应运而生，并且均提出面向新世纪的贸易、投资及经济合作准则。

二、两岸经济一体化概况

2008 年以来，面对影响范围涉及全球的国际金融危机以及随后出现的欧债危机，大陆和台湾地区都遭受到不同程度的损失，特别是对以出口为导向、对外部市场依赖性较强的台湾地区，更是带来了较为严重的负面影响。为摆脱困境，2008 年马英九上台执政后，强化了两岸经济合作，推进了两岸经济一体化

---

① 萧万长 . 一加一大于二 : 迈向两岸共同市场之路 [M]. 台北：天下远见出版股份有限公司，2005.

进程。

（一）ECFA 的签署奠定了两岸制度性一体化的基础

经过多轮协商之后，2010 年，两岸两会①在重庆签署《两岸经济合作框架协定》（ECFA），海峡两岸经济制度性合作正式开启。早期收获计划中，大陆对自台湾地区进口的 539 项商品减免关税，台湾地区对自大陆进口的 267 项商品减免关税，这些商品自协议实施之日起三年内全部实现零关税（见表 6.8 与6.9）。

表 6.8　大陆对台湾地区早期收获计划产品的降税安排

2009 年进口关税（%）	早期收获产品		协议税率（%）		
	项目	比重（%）	第 1 年	第 2 年	第 3 年
0—5	76	14.1	0	—	—
5—15	433	80.3	5	0	—
>15	30	5.6	10	5	0

表 6.9　台湾地区对大陆早期收获计划产品的降税安排

2009 年进口关税（%）	早期收获产品		协议税率（%）		
	项目	比重（%）	第 1 年	第 2 年	第 3 年
0—2.5	67	25.1	0	—	—
2.5—7.5	187	70	2.5	0	—
>7.5	13	4.9	5	2.5	0

资料来源：课题组整理

（二）海峡两岸经济合作进入一个新的阶段

在两岸贸易方面，2018 年大陆与台湾地区实现贸易额 2262.4 亿美元，同比增长 13.5%。其中，大陆对台湾地区出口和自台湾地区进口分别为 486.47 亿美元和 1775.98 亿美元，同比上升 10.6% 和 13.9%。大陆对台湾地区贸易逆差1289.51 亿美元。台湾地区是大陆第五大贸易伙伴和第三大进口来源地，大陆是台湾地区最大的贸易伙伴和贸易顺差来源地。

---

① 即"海协会"（全称：海峡两岸关系协会）和台湾"海基会"（全称：财团法人海峡交流基金会）。

在投资方面，自 2002 年台湾地区对大陆投资占台湾地区对外投资的比重过半，达到 53.4% 以来，该比重一直保持在 50% 以上，大陆成为台湾地区最重要的投资市场。据商务部统计，大陆对台投资方面，自 2009 年 7 月起台湾地区允许大陆资金进入岛内投资，当年核准 23 个项目，核准大陆对台投资金额 0.375 亿美元，此后呈现逐年递增态势。截至 2018 年 12 月底，大陆累计批准台资项目 107190 个，实际使用台资 678.1 亿美元。若在此基础上加上第三地转投资，大陆累计实际使用台资金额 1300 多亿美元。目前，台湾地区是大陆第二大外资来源地，大陆是台湾地区最大的投资目的地。

在两岸产业合作方面，在 ECFA 框架下，两岸产业合作形成民间交流、"搭桥计划"与"产业论坛"会议、建立试点等合作模式。双方产业合作在开拓新兴市场、制定产业共同标准、合作研发生产等方面达成许多共识。近年来，两岸产业合作出现了一些新的发展态势，一是两岸产业合作重点开始由制造业转向高科技产业和服务业，从台资的投资结构来，电子信息等产业近几年新增投资不断上升；二是海峡两岸的产业合作方向开始呈现两极化态势，根据产业类别的不同，台湾地区资本的投资方向分别趋向于资本密集型产业与知识密集型产业为主；三是台商投资目的地的重点逐步从大陆的沿海地区开始向内陆腹地扩张，这种变化的一个典型特征是企业规模的扩张而非简单的生产车间的转移，这也显示海峡两岸的产业合作正在不断地深化①。

（三）两岸较为全面的经济合作制度框架较快推进

2008 年以来，两岸签署了包括 ECFA 在内的 23 项协议，在两岸贸易合作制度化方面，海关程序遵循国际规范、一致性、透明性，服务贸易和相互投资方面而言，在两岸货物、服务和要素流动的需求快速增加的基础上，共同搭建经济一体化制度框架，逐渐消除两岸货物、服务和要素流动过程中存在的各种障碍。

值得一提的是，为率先同台湾地区同胞分享大陆发展的机遇，大陆自 2018 年 2 月 28 日发布实施《关于促进海峡两岸经济文化交流合作的若干措施》，切实回应台胞台企的诉求和期盼，促进在投资和经济合作领域加快给予台资企业与大陆企业同等待遇，为深入提供海峡两岸经济一体化进程提供更为良好的外部环境。

---

① 盛九元．从 ECFA 到制度性一体化—两岸经济合作的性质、特征及走向 [D]. 上海社会科学院博士学位论文，2011.

三、两岸经济一体化的动力与阻力

（一）海峡两岸经济一体化的动力

两岸之间日益频繁的经贸往来和密切的经济合作，主要取决于两个方面：一是两岸人民期盼两岸关系和平发展的愿望；二是大陆经济是全球经济中最为活跃、成长最快的经济体，台湾地区投资者与企业期待通过经济合作分享大陆经济增长的红利和成果。

1.海峡两岸经济具有较强的互补性。从海峡两岸经济发展的进程来看，大陆正处于工业化加速推进后期的重要阶段，台湾地区则进入"后工业化"阶段，海峡两岸经济之间的互补性较强，因此，实现海峡两岸经济的合作与一体化，对推动海峡两岸经济共同发展、实现海峡两岸经济利益最大化具有重要的意义。

台湾地区高度依赖国际市场，缺乏自然资源且本身市场较为狭窄，在国际经济竞争加剧的形势下，需要与大陆市场紧密结合在一起，增强竞争能力。两岸要素禀赋的差异性和经济的互补性，是推动海峡两岸经济一体化的原动力之一，为两岸之间实现产业的梯度转移以及结构升级提供了物质基础。图6.3显示两岸进出口贸易额及增长率的变化趋势，除2009年外，两岸进出口总额一直呈现上升趋势。随着两岸不同企业之间生产网络的建立与升级，打破各种阻挠、实现制度性一体化就成为客观需求，经济一体化进程将进一步完善两岸之间现有的分工体系，进一步提高两岸之间经济互动水平。市场化带来的相互依赖，推动功能领域的合作不断外溢，推动一体化不断向前发展。

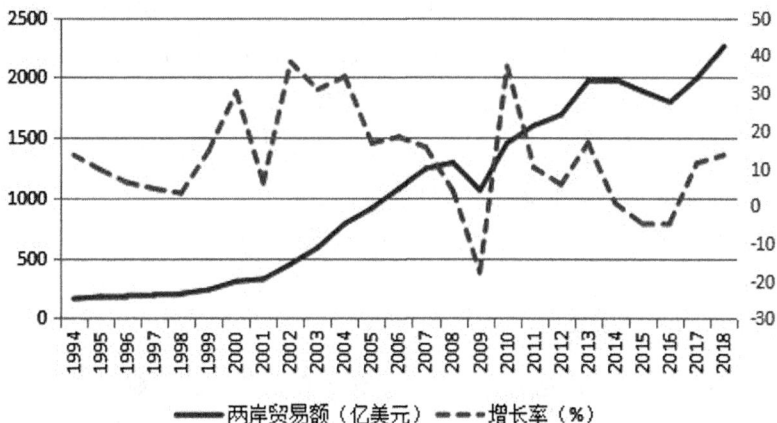

图6.3　近年来两岸进出口贸易额（亿美元）及增长率

数据来源：课题组根据商务部台港澳司公布数据计算并绘制

2.内地与香港经济一体化进程的示范效应。香港与内地于2003年签署并实施CEPA，启动两地经济深入合作与一体化的制度化进程。此后，在CEPA这个总体安排框架之后，通过后续一系列相关"补充协议"的方式，逐步扩大相互间自由贸易的范围和水平，两地经济在贸易投资自由化的推动下加速融合，香港对内地的投资与进出口贸易增速呈加快态势，技术、商品、信息和服务等生产要素跨界自由流动的规模不断扩大，香港与内地之间在制造业、服务业特别是金融业等诸多方面的合作层次不断提升，合作领域不断拓宽，为香港经济的发展增添动力，对大陆与台湾地区之间的经济合作与一体化有很大的示范与参考效应。

3.大陆新一轮改革开放释放的红利。中共十八届三中全会通过了《中共中央关于全面深化改革若干重大问题的决定》，确定了大陆将持续深化改革的重大决策，其中，明确提出要全方位推进区域经济合作，特别是要加快沿边开放步伐，建立开发性金融机构，加快同周边国家和区域基础设施互联互通建设、推进丝绸之路经济带、海上丝绸之路建设，形成全方位开放新格局。仅从国际经济合作来看，大陆近年来加快实施自贸区战略，展示了大陆持续扩大开放，积极参与经济全球化和区域经济一体化决心。截至目前，我们已经和24个国家和地区签署了16个自由贸易协定。具体来看，已与中国签署FTA的国家或地区有格鲁吉亚、韩国、冰岛、秘鲁、新西兰、巴基斯坦、澳大利亚、瑞士、哥斯达黎加、新加坡、智利、东盟等。此外，正在谈判签署自贸区协定的有海合会、中日韩、斯里兰卡、马尔代夫、以色列、挪威，以及与巴基斯坦自贸协定第二阶段谈判、与新加坡自贸协定升级谈判、与新西兰自贸协定升级谈判、与智利自贸协定升级谈判。正在研究签署自贸区有哥伦比亚、摩尔多瓦、斐济、尼泊尔、巴西、加拿大、孟加拉国、毛里求斯、蒙古，以及秘鲁自贸协定升级联合研究、瑞士自贸协定升级联合研究等。中国这些积极对外开放的举措也为台资企业的发展、对推动两岸经济一体化提供重大的机遇。

（二）当前两岸经济一体化的阻力

自2016年5月民进党上台，拒绝承认体现一个中国原则的"九二共识"，导致两岸关系出现僵局，两岸经济合作及经济一体化进程面临冲击。

首先，两岸合作制度化进程中断。2008年以来，两岸两会恢复协商后两岸方达成 23 项协议，使两岸经济合作与交流由过去的间接单向走向直接双向，在众多领域建立起合作平台，使涉及两岸公权力的制度化经济合作取得了重大突破。但自 2016 年 5 月民进党执政后这些平台工作完全停摆，两岸两会领导人的制度化协商中止、两岸经济合作委员会停止运作。两岸达成的 23 项协议存量部分暂时没受影响，不过一旦遇到问题时公权力部门很难介入，相关协议执行效率也不会乐观。

其次，两岸经济政策协商模式转为博弈模式。蔡当局明确宣示："我们要力抗中国的压力，发展与其他国家的关系。我们要摆脱对于中国的过度依赖，形塑一个健康的、正常的经济关系。"其目的在改变两岸经济互补互利、联系日益密切的经济合作模式。蔡当局上台至今没有出台任何一项有助于两岸经贸政策措施，反而抛弃了旨在实现两岸经贸园区对接的台湾地区经济自由示范区，并强化管制、积极推动所谓"两岸协议监督条例"的立法工作，试图用相关法律牵制两岸经济合作和两岸经济一体化，一旦通过，两岸协商所达成协议的权威性必会受损，两岸经济政策协商模式将转为博弈模式。

第三，民进党"远大陆"的政策有碍两岸合作的深化。随着中国特色社会主义进入新时代，两岸经济合作的深化与一体化势必也会融入大陆经济结构的升级的大潮之中。受市场规律的作用，多年的磨合积蓄了抵御风险的能量，使两岸经济合作已有其自身特有的运行规律。在两岸民间经济交流日益深化的前提下，两岸经济合作会进一步加强、扩大，尽管未来的两岸经贸交流、产业合作将更往大陆倾斜，越来越以大陆为主场，但台当局"远大陆"的经济政策也会对两岸经济一体化构成一定的干扰，迟滞两岸经济合作的深化。

第三节　海峡两岸经济一体化路径选择

一、两岸经济一体化路径选择原则

不同区域组织一体化的路径表明，尊重并充分考虑各成员国或地区的多样化特征是设计经济一体化路径时的重要参考。在推进两岸经济一体化过程中，应借鉴这些成功的经验，同时，在推进两岸经济一体化进程中也应有一些基本原则。

（一）坚持体现两岸特色

不同于由主权国家组成的欧盟、北美自由贸易区等传统经济一体化组织，海峡两岸经济一体化是一个主权国家内部具有 WTO 成员资格的经济体之间在消除贸易、投资壁垒和障碍等基础上，实现经济融合的动态过程。此外，对台湾地区来说，大陆的市场是难以替代的，对大陆而言，台湾地区只是它的一个具有发展潜力的出口市场，台湾地区对大陆的依赖程度更深。因此，海峡两岸经济一体化本质上是一个发展中的体量巨大的经济体与一个发达的体量较小的经济体之间的一体化过程。因此，海峡两岸经济一体化在路径选择上，需要遵从"一国两制"并服务于国家的最终统一。

正如美国政治家布热津斯基著所言，大中华的兴起将使台湾地区问题结束冬眠状态，几乎可以肯定，历史和地理将使中国越来越坚持——甚至是充满强烈感情坚持——台湾地区最终必须与大陆重新统一[①]。

海峡两岸经济一体化必须建立在一个中国基础上，建立在有利于推进国家统一的基础上。共同命运、同质、互相依存以及自我管理，这是集体身份认同的四个主要因素。在这四个要素中，"自我约束"是形成集体认同的必要条件，也是核心变量[②]。对大陆而言，如何争取台湾地区民心，落实"两岸一家亲"的理念，是做好台湾地区人民工作的重要指标。其中，推动海峡两岸经济一体化是实现两岸人民最大程度上达成"互惠互利"最直接的方式。

毋庸讳言，推动海峡两岸经济一体化虽然是着眼于经济层面，但其目的是通过两岸的经济交往增进两岸人民福祉的同时增进两岸互信、建立良性互动平台，并将经济交往成果延展到政治层面，为两岸和平统一奠定坚实的经济基础。

此外，随着海峡两岸经济的不断发展和两岸共同利益的不断累积，海峡两岸经济合作在大陆和台湾地区经济发展的作用特别是在推动台湾地区经济发展的作用和地位不断上升时，海峡两岸经济一体化进程才会更加顺畅[③]。

（二）以大陆为主体

经济一体化能否沿着正确的路径推进，核心经济体的推动至关重要。习近平指出："从根本上说，决定两岸关系走向的关键因素是祖国大陆的发展与进步。"就现状而言，大陆无论在"中华经济圈"发展中或是推动东亚经济一体化进程中，其主导作用无可替代。在 1990 年，台湾地区 GDP 的比重一度为大陆

---

① ［美］布热津斯基著，中国大陆国际问题研究所译．大棋局：美国的首要地位及其地缘战略 [M]．上海：上海人民出版社，2010．

② ［美］亚历山大·温特著，秦亚青译．国际政治的社会理论 [M]．上海：上海人民出版社，2008．

③ 唐永红．两岸经济一体化发展的现实意义 [J]．两岸关系，2013（6）：59—60．

GDP 的 40%，2018 年台湾地区 GDP 占大陆比重不到 5%，约为 4.5%，彼时，大陆第一经济大省广东占台湾地区 GDP 的比重只有 10%，今天广东 GDP 是台湾地区的 2.4 倍左右。很长时间以来，台湾地区主要依赖从美国、日本引进资本、技术，和对美、日等西方国家的出口作为产业发展和经济增长的原动力。进入 21 世纪后，随着世界经济格局的变化，中国大陆经济正成为引领国际经济发展最重要的力量之一，在这一背景下，引领两岸经济合作进一步深化是大陆经济发展符合逻辑的延展。二百年来，随着中国经济的主体——大陆——经济的衰退，台湾地区经济一直游走于世界、区域经济的边缘，当前是百年来大陆首次有机会走向国际经济中心，台湾地区也是首次有机会参与这一进程，与大陆一起重新回归世界经济中心。就当前而言，台湾地区持续深化与大陆的经济联系是台湾地区融入区域经济发展、参与有关游戏规则制定、参与危机防范机制建立、参与区域经济结构重构的捷径，有利于中华民族经济的重建和振兴，也是台湾地区在新形势下重振经济的一个至关重要的新选择。

（三）市场机制与制度力量相结合

20 世纪 80 年代初经香港的转口贸易拉开了两岸经贸的序幕，台湾地区企业通过在第三地注册然后赴大陆投资等方式，绕开台湾地区官方的限制，使海峡两岸经济合作逐渐形成规模。这主要源自市场力量的推动，使得台湾地区方面不得不开放对大陆的贸易与投资，尽管开放的程度有限，而且中间随着岛内形势的变化而出现起伏，但总体而言是不断开放的，并逐渐由量变转化为质变。

当然，制度的建设至关重要。但在台当局未完成两岸同属一个中国"答卷"的背景下，制度建设的停滞不可避免，但制度建设的停滞并不意味两岸经济一体化进程的停滞。当前，两岸民间经济合作成为两岸经济合作主导。两岸经济合作至今已近 40 年，有了较深的相互了解和较好的合作基础，面对当前两岸关系的复杂局面，推进两岸经贸发展的主导力量在两岸民间。未来若干年，两岸民间经济合作将在以下三方面着力：在区域层面，推进海峡西岸经济区、中国（福建）自由贸易试验区建设，打造台商投资区、平潭综合实验区、福州新区、昆山深化两岸产业合作试验区等对台合作平台，深化厦门对台合作支点建设。鼓励长三角、珠三角、环渤海等台资企业聚集区发挥优势，支持台资企业转型升级，引导向中西部地区梯度转移；在产业层面，在强化制造业合作的同时关注服务业特别是推动两岸金融合作，支持两岸资本市场开展多层次合作。以民间力量、市场机制作为抓手，一旦时机成熟再续制度建设。

（四）把握时机点寻求突破

纵观不同区域组织的一体化历程，无论是作为渐近一体化典型的欧共体及后来的欧盟，还是北美自由贸易区，其一体化进程都是根据经济发展水平及外部环境的变迁循序渐进，最终实现预定目标。欧盟从 1951 年建立煤钢共同体，到 1957 年欧共体成立，1999 年欧元启动，前后近 50 年的时间。善抓历史机遇，实现跨越性的阶段跃进。

相比之下，海峡两岸经济一体化问题更为复杂，制约因素更多，需要有一个彼此磨合与量变的累积。因此，须遵循经济一体化的基本规律，既不能急于求成，也不能无所作为。

海峡两岸经济的一体化必须以有利于双方经济发展的切合点为抓手，否则难以持续推进。但囿于岛内的政治力量博弈，包括服贸协议在内的 ECFA 后续协议短期内很难有实质性突破。因此，大陆无须过多纠结于台湾地区方面的开放程度，更多关注于进入大陆的台资企业的政策环境及国民待遇。同时，海峡两岸经济一体化的直接成果是两岸之间的贸易、投资等可以用数字和价值衡量，但更主要的是要实现海峡两岸经济的融合，达成能够最大限度体现彼此协调意志并且可弥补市场缺陷的原则、规则、机构和程序的制度安排，而不仅仅是一时在经济上的得失，因此，眼光必须要放长远，从更宽阔的视野、更高的层次推动海峡两岸经济一体化的进程安排及制度建设。

二、两岸经济一体化路径选择

作为世界范围内区域经济一体化的一部分，经济一体化一般规律也是两岸在经济一体化过程中需要遵循的。结合两岸经济和社会发展的现状及所面临的外部环境，借鉴其他区域经济一体化组织在路径上已有的成功范例，我们认为，两岸经济一体化路径可以有以下三种选择：

路径一：两岸公权力机构作为主导方，协调推动力量，统一合作理念，采取循序渐进的形式，从低级到高级推动两岸经济一体化的层次不断提升。具体而言，就是在适当时机重启两岸 ECFA 后续各项协议的谈判，逐步消除两岸经济一体化进程的各种障碍，推动相关行业和产业的融合，不断提升经济合作的层次和水平，直至经济完全一体化。

路径二：市场与民间共同主导推动，公权力机构事后追认。更多发挥市场机制作用，以市场的力量逐步冲破影响两岸经济一体化的各种限制。两岸经济合作至今已 30 余年，有了较深的相互了解和较好的合作基础，面对两岸关系频繁变动、严峻复杂的局面，用好主导两岸经贸发展的市场与民间力量，找准不同阶段性发展目标，只要大陆经济保持发展势头，市场机制发挥作用，以两岸经济一体化为目标的两岸经济合作就仍有很大挥洒空间。

路径三：以大陆为主导实现两岸经济一体化。进一步推进大陆方面全面单方面开放，逐步使两岸人员、资本、信息、货物的流动完全自由，达成两岸双赢，最终实现经济一体化，将台湾地区经济直接包容进大陆经济体系。

在这里需要特别指出：第一，2010 年两岸签署的 ECFA，从内容与实际所取得的成效来看，只能视为一个局部性的自由贸易协定。从理论上看，ECFA 属于特惠协定的性质，也是经济一体化的起步阶段。两岸向自由贸易区、关税同盟、共同市场等目标迈进还有较长的路要走。因此，在适当时机，两岸应尽快启动以关税同盟为目标，逐步用一个声音对外，这对两岸经济发展均为有利，大陆方面也可以在这一进程中协助台湾方面参与区域经济合作与世界经济一体化进程。

第二，必须指出，如果出现"'台独'分裂势力以任何名义、任何方式造成台湾从中国分裂出去的事实，或者发生将会导致台湾从中国分裂出去的重大事变，或者和平统一的可能性完全丧失"的极端情况，依据《反分裂国家法》，国家将会采取"非和平"举措实现两岸政治统一，这时两岸经济一体化就成为一个经济体内部如何实现内部不同区域经济的协调与可持续发展。在这种情形下，主权统一和经济融合将同时实现，以人民币作为单一货币实现两岸货币的统一，并逐步取消两岸之间的关税、统一宏观经济政策，制定共同的产业政策、收入分配政策等等，较快地完成海峡两岸经济的完全融合，实现经济的一体化。

小　结

解决台湾问题，实现国家完全统一是中华民族根本利益所在。从两岸经济一体化路径角度思考，我们认为，在坚持"和平统一、一国两制"方针，推动两岸关系和平发展的前提下，两岸经济一体化是达成国家和平统一的重要抓手，在实现这一目标的道路上，应努力厚植相应基础。

1. 两岸经济一体化能否沿着助力国家和平统一的道路向前，大陆能否成为这一进程的核心力量至关重要。随着世界经济格局的变化，尤其是大陆经济高速成长，使台湾地区既有的经济发展路径面临调整：一是在现行的国际政治框架以及两岸经贸互动日益密切的大环境下，台湾只有通过与大陆的深化经济合作，才能够有效地参与到东亚区域经济一体化的进程之中，从而避免被边缘化；再者，大陆经济正由高速增长阶段迈向高质量发展阶段，转变发展方式、优化经济结构、转换增长动力是大陆新一轮经济发展的特点，两岸的经济合作方式也应顺势做出调整，在高端制造业、生产性服务业、人才创新创业、更高层次的产业链合作等方面，大陆作为主导一方，应主动作为、积极应对。

2. 在两岸关系发展的不同阶段中，市场机制与制度建设的作用有所差异。在两岸没有达成政治互信之前，市场仍将扮演重要角色。但纵观世界范围区域经济一体化的实践，市场力量与制度性安排在一体化进程中均发挥着重要作用，既要重视市场的力量，也要重视各种经济合作的签署等制度性安排。尽管某个特定阶段市场和公权力机构在经济一体化进程中的作用大小有所不同，但经济一体化的全过程，必须实现两者的良性互动，才能实现预期目标。在现阶段，仍要充分发挥市场作用，在互利双赢的基础上推动两岸经济不断融合。另一方面，两岸所签署和实施的相关经济合作条例，其影响已经逐渐深入到各个具体的政策领域，仍要维护。只有市场力量与制度力量的共同推动，才能使两岸经济一体化沿着既定的目标不断推进。

3. 纵观不同区域组织的一体化历程，无论是作为渐近一体化典型的欧共体及后来的欧盟，还是北美自由贸易区，其一体化进程都是根据经济发展水平及外部环境的变迁循序渐进，最终实现预定目标。而一些国家建立的一体化组织，所设定的目标较为宏大和长远，但由于没有结合各自经济发展现状制定切实可行的措施，或者受制于外部环境，一体化进程反而受挫。相比之下，两岸经济一体化问题更为复杂，制约因素更多，更需要有一个彼此磨合与相互适应的过程。因此，必须遵循经济一体化的基本规律。由于两岸在经济上有很强的互补性，有必要强化事前预案研究和沟通，两岸经济的一体化必须以有利于双方经济发展的切合点为抓手。一旦条件成熟，两岸可从更宽阔的视野、更高的层次推动经济一体化的进程安排及制度建设。

第七章 结论与展望

本章将对这一课题的研究做一系统梳理和总结，并依据我们的研究框架，提出进一步拓展研究的思路。在总结方面，概括了我们主要的研究工作和相关结论，使读者能较快了解我们对海峡两岸经济一体化研究所做出的原创性探索和贡献；同时，海峡两岸经济一体化的研究既是一个重大的理论问题，也是一个实践问题，故而我们在研究结论的基础上提出和讨论了相关的政策思考，希望对相关决策提供参考。再者，随着世情国情的变动，海峡两岸经济一体化研究与实践定会不断延展，因而我们还在展望部分简要讨论了基于本课题建立的研究框架下如何进一步深化对该问题理论和实践的研究。

第一节 研究结论

本课题以区域经济一体化基本理论为依据，分析了影响海峡两岸经济一体化的背景与环境、建立了两岸经济一体化的指标体系、测算了两岸经济一体化指数、尝试构建了多学科相融合的经济一体化动力机制理论分析框架、分析测算两岸经济一体化的福利效应和勾勒了两岸经济一体化路线图，主要结论如下：

1. 当前及未来一个时期是海峡两岸共建新的中国经济区的重大历史机遇期。台湾经济因殖民占领、融入西方资本主义经济体系以及两岸政治对立而与大陆经济长期隔绝。大陆的改革开放为中国经济的重振带来了希望，也为彻底改变中国经济发展的内外轨迹和重新搭建两岸经济合作框架、共建新的中国经济区提供了历史性机遇。自20世纪80年代以来两岸及海内外各界从理论到实践都对推动两岸经济一体化做了大量历史性的贡献，特别是2010年签署"两岸经济合作框架协议（ECFA),启动了两岸经济一体化进程,影响重大而深远"①。两岸经济合作持续深化的进程，就是两岸共同打造经济一体化、共同打造命运共同体的过程。台湾地区的生存发展与大陆的发展壮大息息相关，决定两岸关系走向的关键因素是大陆的发展进步。当前大陆经济已经进入高质量发展的新时期，未来若干年大陆会全力落实包括"十三五规划"、"一带一路"倡议、"中国制造2025"、RCEP、人民币国际化等举措，走出一条新的经济增长道路，这是两岸经济一体化进程中的重大机遇，只有从"实现民族复兴，再创中华盛世荣景②"的大势出发，两岸经济一体化才能更上层楼，共建一个新的中国经济区。

2. 两岸经济一体化有鲜明的政治诉求。研究显示，一体化理论的兴起之初就有鲜明的政治诉求，它是西方发达国家反思两次世界大战，寻求和平、获取经济利益、放弃"零和"、找寻双（多）赢方法的理论与实践的过程，欧洲在推进经济一体化进程中实现了各国的和平发展、经济上互惠互利，并最终成立欧洲联盟——经济合作成果外溢至政治、社会领域，表明这一理论在欧洲的实践取得了成功。两岸经济一体化与欧盟经济一体化一样，也有鲜明的政治诉求，但与欧盟所不同的是，两岸经济一体化与作为国家战略层面的"和平统一，一国两制"，作为宪法层面的"台湾是中华人民共和国的神圣领土的一部分"和作为法律层面的《反分裂国家法》一致，是在国家统一进程中的一种从"帕累托改进"到"帕累托最优"的经济制度安排，换言之，"完成统一祖国的大业是包括台湾同胞在内的全中国人民的神圣职责"，而两岸经济一体化是在实现国家统一进程中海峡两岸，特别是台湾人民在避免利益损害、获益更多的最优的制度性安排。

3. 海峡两岸经济一体化程度有了较大幅度的提升，但还有尚待补齐的短板。我们在研究中建立了一套较为完善的测算两岸经济一体化程度的指标体系，并用这一体系测算了当前两岸经济一体化程度。作为同一主权国家内部的两个不同关税区，两岸的经济关系与其他国家或地区之间的经济关系有不同的特征，因此两岸经济一体化的指标体系不能完全照搬其他的区域经济一体化，必须因地制宜，科学、合理地选用指标，而在确定指标后，如何指定各指标的权重也是难点。本课题构建了较为全面、科学、可比且兼顾两岸特色的经济一体化测算体系。我们从贸易一体化、投资一体化、人口流动一体化、金融一体化、发

① 王毅. 巩固深化两岸关系 开创和平发展新局面 [J]. 求是,,2012(08):19—21.

② 习近平: 新华社北京电，2016.11.1。

展差异性、宏观经济联动性、制度一体化七大方面测算了两岸经济一体化水平，并采用两阶段主成分分析法得到两岸经济一体化综合指标。在纵向比较中我们发现，当前两岸经济一体化已有较大进展，但与实现了经济一体化的欧盟相比较，我们也发现，在两岸一体化指标中，除了宏观经济联动性、发展差异性和制度一体化等差距较小外，其余无论在贸易一体化、投资一体化、人口流动一体化、金融一体化方面均有较大的差距。

4.海峡两岸经济一体化为两岸带来了动态、长期性的净福利所得。我们在本课题中分析测算了两岸经济一体化的福利效应。研究显示，海峡两岸经济一体化带来的动态福利效应多为正面评价，其中，从一个较长时期来看，其带来的净福利所得更多。在本课题研究中，我们尝试从经济学的专业角度计算两岸在经济一体化进程中两岸分别获取的实际经济利益。福利效应涵盖贸易效应、经济增长效应、投资效应、技术效应和环境效应，涉及面广，无论是构建研究模型还是导入数据进行计量分析，都是较为复杂的过程。我们在研究中尝试搭建了一个兼顾两岸经济一体化特色的福利效应研究理论框架，并对两岸经济一体化带来净福利所得和净福利损失及其分配情况进行初步的实证探讨，为两岸经济一体化福利效应研究的后续进展提供了理论支撑和实证研究范例。研究显示，总体而言两岸经济一体化已为两岸带来了动态、长期性的净福利所得。

5.两岸经济一体化的动力机制仍是市场主导型模式。我们在研究中探索并构建了多学科理论思想相融合的经济一体化动力机制理论分析框架。这一理论框架结合了经济学、管理学和系统科学的相关理论的主要思想，为两岸经济一体化动力机制研究提供较为科学的理论支撑。我们以动力要素为起点、以市场与制度为切入点，通过与外界环境的相互作用，从动力激发、动力引导、激励约束三个环节探讨国际经济一体化动力机制的一般规律、两岸经济一体化动力机制的运行与演进、演绎和突破以及作用效果等。研究显示，由于两岸关系的特点，两岸经济一体化的动力机制仍是市场主导型模式，两岸分别单独制定的相关制度在动力机制中发挥了重要的制度作用，这是经济一体化的特例，也是一定时期两岸经济一体化特色的体现。

6.两岸经济一体化的三条路径。研究显示，两岸经济一体化有四条基本路径。在同一国家两个单独关税区之间的经济一体化路径，有理论思路可考，无具体先例可循。为搭建理论和现实的桥梁，我们的研究既遵循国际经济一体化发展的一般规律，以市场为导向，以制度为保障，通过市场与制度间的协调互促维持运行及演进考证两岸经济一体化进程；同时又兼顾两岸经济一体化进程的特殊性，力图在我们的研究中找出两岸经济一体化的主流、主要矛盾、主导力量，吸收和运用新的国际经济合作规则，提出在新时代背景下应同时从市场层面和制度层面分阶段、有步骤地逐渐克服阻力，并在此基础上，面对纷繁复杂的形势描绘推动两岸经济一体化从低级形态到高级形态的发展路线图。我们认为，到目前为止，两岸经济一体化路径可以有以下三种选择：路径一，两岸公权力机构作为主导方，协调推动力量，统一合作理念，采取循序渐进的形式，从低级到高级推动两岸经济一体化的层次不断提升；路径二，两岸市场与民间共同主导推动，公权力机构事后追认；路径三，以大陆为主导实现两岸经济一体化。无论如何，探索推动两岸经济一体化走向最优制度性安排、两岸人民多获利少损耗之路是两岸产官学各界共同的责任。

第二节　政策思考

台湾问题是新时代中国面临的最重要也是最棘手的问题之一，是属于国家战略利益层面上的课题，也是中华民族根本利益所在。从两岸经济一体化路径角度思考，我们认为，坚持"和平统一、一国两制"方针，推动两岸经济一体化是推动国家和平统一的重要基础，在实现这一目标的道路上，应有一些基本的政策原则。

1. 坚持依宪治国为诉求的两岸经济一体化。我们知道，一体化理论的兴起是西方发达国家反思两次世界大战，寻求和平获取经济利益、放弃"零和"、寻找双赢的实践，欧洲在推进经济一体化进程中实现了各国的和平发展、经济上互惠互利，并最终成立欧洲联盟，使经济合作成果外溢至政治、社会领域。而两岸经济一体化与之不同的根本点在于，一开始就具有鲜明的政治诉求及法制体系规范，包括作为国家战略层面的"和平统一，一国两制"基础，作为宪法层面的"台湾是中华人民共和国的神圣领土的一部分"和作为法律层面的《反分裂国家法》。换言之，无论如何"完成统一祖国的大业是包括台湾同胞在内的全中国人民的神圣职责"，而两岸经济一体化是在实现国家统一进程中两岸特别是台湾人民能更多获利同时避免利益损害的最优制度性安排。有必要强调，在两岸问题上，任何经济行为都要有政治立场为基础，在新时代下尤为重要。习近平在 2018 年博鳌论坛明确提出"岛内工商界朋友要旗帜鲜明地坚持'九二共识'、反对'台独'，坚定推动两岸关系和平发展"，这是大陆领导人首次对台湾工商界提出的反"独"诉求，表明了两岸经济一体化是服务于国家统一，是全中国经济实现一体化重要战略环节，它既是中国宪法的要求，也是中国宪法的实践，其追求的利益是长远的，造成的影响也将是广泛而深刻的。

2. 坚持以大陆为主体的两岸经济一体化。两岸经济一体化能否沿着助力国家和平统一的道路向前，大陆能否成为这一进程的核心力量至关重要。长久以来，台湾地区的产业链主要依赖美国、日本等西方发达国家，产品的市场也主要在美、日等西方国家，只是生产工厂落脚于大陆。但随着世界经济格局的变化，尤其是大陆经济进入高质量发展阶段，大陆作为主导方有必要引导两岸的经济合作方式做出调整，特别在高端制造业、生产性服务业、人才创新创业、更高层次的产业链合作等方面强化两岸企业的合作。具体而言，真正有深度、高质量的融合应该是基于生产要素层面的合作，只有在资本、人才、技术等要素层面的深度融合，才能进一步共同开拓市场、创立品牌；另外，从大陆经济发展的角度来看，在大陆经济供给侧结构性改革的战略下，高质量的要素融合应该要有利于要素有效流动、优化要素配置，进而提升全要素生产率，提高经济的潜在增长率。只有实现以大陆为主体的两岸经济一体化高质量融合发展为基础的要素层面的两岸经济深度融合，达成"你中有我、我中有你"的合作局面，才能最终实现两岸产业合作的高质量发展。近期看，将惠台政策31条落到实处、鼓励优质台资企业参与"中国制造2025"行动计划、力推技术领先的台资企业参与到国家的重大建设中，是实现将台湾经济进一步融入以大陆为主体的中华民族经济、实现两岸经济一体化的重要路径。

3. 强化补短板实现两岸经济一体化的均衡发展。我们的研究显示，如进行纵向比较，海峡两岸经济一体化无论在贸易、投资还是制度建设方面均取得了重大进展。但如以欧盟为参照系进行比较，则尚处在起步阶段。从单个指标来看，两岸发展差异指标、宏观经济联动性指标和制度一体化指标水平较高，而两岸贸易、投资、金融、人口流动一体化指标则水平较低、不尽人意，有待补齐。概而论之，两岸发展差异性指标水平较高是因为大陆自身较快发展拉近了距离；宏观联动性指标较高的原因是有国际经济方面的因素，即两岸特别是大陆国际化水平的快速提升影响了两岸的宏观联动；制度一体化水平测度结果较高的原因很大程度上是源于两岸共同参加WTO，共同遵守统一的国际经济规范的结果。而贸易、投资、金融、人口流动一体化程度较低的最主要原因是单向障碍过大，即大陆方面进入台湾地区的货品、资金、人员不能走台湾地区向海外开放之门，只能通过专门为大陆辟出的小门进入。

如何补齐特别是在贸易、投资、金融、人口流动一体化方面的短板是今后的工作重点。我们认为除了期待恢复两岸两会的协商外，还可借助已有的交流平台和市场的力量来补齐短板。以推动两岸金融一体化为例，在当前人民币国际化不断推进的背景下，两岸在通汇和货币清算、金融市场开发、金融机构合作以及两岸金融监管合作等方面都取得了较大的进步，两岸金融往来的制度化框架初步形成。但总体而言，两岸金融合作水平远滞后于两岸经贸水平，仍有所谓"单向、不对称"现象，大陆金融机构赴台投资经营的规模远远小于台湾金融机构在大陆的发展。特别是民进党的重新执政冲击了两岸关系和平发展的局面，使两岸金融合作停滞，但同时岛内业界面对加速推进的人民币国际化的挑战与机遇，既有担心也有跃跃欲试深化参与的动机。因为岛内业界若不顺势而行，台湾金融业势必会错失人民币国际化以及"一带一路"建设等带来的红利，使之在新一轮区域经济发展中持续被边缘化。在此大势前，大陆方面如何顺势而为，值得进一步研究。

4. 充分发挥两岸经济一体化动力机制的作用。海峡两岸经济一体化是一种特殊类型的经济一体化，但其经济一体化的内容与形式却与国际区域经济一体化较为接近，其动力机制更多沿袭国际区域经济一体化动力机制发展中的一般规律，即市场起着主导作用，制度起着保障作用，体现市场与制度的互动，通过动力激发、动力引导、动力约束而发挥着动力机制的作用。当前两岸制度性经济合作陷入停滞期，在动力引导环节，除了市场这只"无形手"的力量外，大陆可单方以市场为导向，政策为抓手，为两岸资金、人才、信息、货品的流动提供更为便利的条件，发挥动力引导作用主动引导各方的企业与个人等微观经济主体避开政治障碍，深化合作。此外，在动力激发方面，由于两岸原有的垂直型分工已为水平分工所替代，因而大陆方面可考虑发挥单方面制度力量作用，出台具体举措推动两岸经济合作加快靠近价值链高端，使两岸企业、个人等微观经济主体均进入收益更高、前景更好的新阶段，并通过深化两岸高端产业间优势互补的水平型合作、巩固中低端产业间转型升级必需的垂直型合作，促进研发、销售等高附加值环节的合作，精简制造、加工等低附加值环节的合作，立足两岸市场，协助参与国际竞争，共同开拓国际市场，逐步形成一个覆盖全产业类型的合作模式，从而有助于推进两岸经济一体化进程。

5. 不断扩大两岸经济一体化福利的共享。我们的研究显示，两岸福利效应要通过动态的福利效应、静态的福利效应即贸易效应、投资效应、经济增长效应以及规模经济效应来综合实现的。换言之，要提升两岸经济一体化的总体福利水平要综合施策于上述各方面方能实现。我们的研究还显示，海峡两岸经济一体化是一个平缓、渐进、持续的过程，其带来的福利效应也具有动态性、长期性。我们从贸易效应、投资效应、经济增长效应、规模经济效应等四个方面对海峡两岸经济一体化的动态福利效应进行评估。研究发现海峡两岸经济一体化无论是台商对大陆直接投资的净增长和两岸整体经济规模的扩张，还是两岸贸易往来的持续增长，都给两岸人民带来了净福利所得。但从动态视角看，海峡两岸经济一体化也难以避免地带来一定的负面效应，包括台湾地区对大陆的巨额贸易顺差拉低了大陆实际 GDP、压缩了大陆相关企业市场等。但整体看，分析结果支持对海峡两岸经济一体化带来的动态福利效应做出正面评价，长期看其更多地带来净福利所得。当然，这种净福利溢出效应是与两岸内部的分配制度密切相关的，但无论如何两岸人民或多或少均能从中受益，其中台湾地区人均获利相对更多。因此，如何使台湾地区市场对大陆更为开放，使大陆企业在岛内享有相关岛外企业在岛内经营时的同等待遇，构建更为均衡的两岸经贸关系，既符合 WTO 规范，使两岸实现经济福利最大值，也使两岸人民共享两岸经济一体化带来的净福利所得是未来两岸相关方面的重要工作。

6. 搭建推动两岸经济一体化进程的操作平台。根据两岸经济和社会发展的现状及所面临的内外部条件，借鉴其他区域经济一体化组织的成功案例，我们认为，两岸经济一体化路径可以有不同的选择，可加以引导使之达成两岸人民福祉提升的最优选择。为引导两岸经济一体化推进，建议大陆方面可考虑以己为主启动实现两岸经济一体化的新平台建设。搭建新型推动两岸经济一体化平台可从以下四方面展开：其一，明确提出两岸经济一体化目标和行动纲领。大陆方面可否将推进两岸经济一体化的背景、目标、原则和行动纲领以某种正式形式表述；其二，明确提出推动两岸经济一体化的路线图。两岸经济一体化路线图主要包括市场开放、产业合作等问题，如相关关税问题、服务贸易市场准入问题、贸易投资的便利化问题，以及对两岸产业合作尤其是高端产业链合作的金融、税收等方面的支持与优惠问题；其三，成立相应的机构推动两岸经济一体化进程。当前大陆方面有必要建立一个有利于研究、宣导及推动落实两岸经济一体化的机构或平台，在当前情况下，这一机构或平台易以大陆方面牵头，产官学合作、民间为主、两岸结合、兼容海外侨胞，先务虚、后务实，一旦条件成熟，可从更高的层次推动落实经济一体化的进程安排及制度建设；其四，大陆牵头两岸各界贤达人士共同建立争端调解机制，推动两岸经贸方面具体问题解决。该机制主要为相关的两岸经贸主管机构、专门委员会或仲裁庭等提供具体的咨询意见。

第三节　研究展望

我们给本课题定出的逻辑出发点是推进两岸经济一体化进程的原动力和测度其一体化程度，逻辑终点是两岸经济一体化的路线图。为此，我们从国情世情变化的角度分析了两岸经济一体化的背景，回答了两岸经济一体化的内外原因，建立了测度两岸经济一体化程度的指标体系，测度并比较了两岸经济一体化程度，研究了两岸经济一体化的动力机制，建立了两岸经济一体化对两岸福利效应的分析框架和分析了两岸经济一体化对两岸福利效应的影响，并在上述研究的基础上给出了两岸经济一体化的路线图和相关的政策建议。我们认为，这一课题的研究既可作为深化海峡两岸经济一体化问题研究的理论框架，也可作为相关政策研究的思考框架，因为这一研究成果将涉台经济政策研究时需要考虑的各种理论、经济变量以及各种研究方法做了一个逻辑串联，换言之，这个研究框架可视为一个海峡两岸经济一体化研究的理论框架或涉台经济政策研究的思考框架或模拟平台。

当然，"理论是灰色的，而生活之树是常青的"，由于经济理论本身的局限及影响海峡两岸经济一体化的变数过多，主要矛盾和次要矛盾也非永远不变。但无论如何，这一研究是迈向研究推动海峡两岸经济一体化"可测度或可度量"新的研究框架的第一步。

2016年台湾地区实现政党轮替以来，由于民进党当局对两岸交流设置种种障碍，海峡两岸经济合作的制度化协商中断。尽管海峡两岸经济一体化进程的大趋势不会出现根本改变，进一步提升海峡两岸经济一体化水平却存在一定的变数，需要学术界结合这一新形势加强相关理论与对策研究。具体而言，未来需要在以下几个方面展开进一步研究：

一是深化理论层面的研究。需进一步深化对国际经济大变局、大陆经济崛起对海峡两岸经济一体化深远影响的研究。其中最重要的是推动两岸经济一体化如何服从、服务于实现两个一百年奋斗目标、实现中华民族伟大复兴的中国梦，使推动两岸经济一体化进程成为两岸走向和平统一的最重要的经济动力和基础。

二是持续不断的追踪研究。在本课题研究成果的基础上，结合外部形势的发展变化及世界范围内区域经济一体化的最新变化，进一步优化测度海峡两岸经济一体化的指标体系，对海峡两岸经济一体化现状及发展轨迹进行测度和连续追踪，为相关决策提供系统、连续的理论依据。

三是着力有操作性的务实研究。深化研究海峡两岸经济一体化实践层面问题，探讨新形势下，推进海峡两岸经济制度性合作与一体化发展进程可能面临的障碍与约束，如何突破障碍与约束的路径，需要在更大的范围内集合研究者和相关决策者的经验和智慧拿出更具操作性的举措，以推进海峡两岸经济制度性合作与一体化发展进程。

参考文献

中文参考文献

[1] [阿根廷] 普雷维什著，苏振兴，袁兴昌译 . 外围资本主义：危机与改造 [M]. 北京：商务印书馆，1990.

[2] [荷] 佩克曼斯著，吴弦，陈新译 . 欧洲经济一体化：方法与经济分析 (第二版) [M]. 北京：中国社会科学出版社，2006.

[3] 巴里· 诺顿 . 经济圈——中国大陆、香港、台湾地区的经济和科技 [M]. 北京：新华出版社，1999.

[4] 鲍禄 . "两岸四地" 经济一体化法律模式分析 [J]. 广东社会科学，2013(4).

[5] 毕晓晨 . 海湾区域经济一体化研究——来自国际政治经济学的分析 [J]. 西安：西北大学学位论文，2011.

[6] 蔡洪杰 . 两岸贸易与台湾地区经济增长关系的协整分析 [J]. 西北农林科技大学学报 (社会科学版)，2010，10(3).

[7] 蔡鹏鸿 .TPP 横向议题与下一代贸易规则及其对中国的影响 [J]. 世界经济研究，2013(7).

[8] 蔡世峰，郑振清 . 海峡两岸经济合作对台湾地区经济增长和波动的影响 (1996—2003)——基于广义脉冲响应函数之实证分析 [J]. 台湾地区研究，2016(2).

[9] 曹宏 . 国际区域经济一体化 [M]. 上海：上海外语教育出版社，2006.

[10] 曹亮，董怡 . 区域经济一体化组织形态比较研究——一个交易成本经济学的视角 [J]. 国际经贸探索，2009(1).

[11] 曹亮，蒋洪斌，陈小鸿 .CAFTA 的贸易创造和贸易转移效应研究 [J]. 宏观经济研究，2013(6).

[12] 曹小衡，黄利文 . "一带一路" 视角下深化海峡两岸经济合作的机遇与挑战 [J]. 台湾地区研究，2015(4).

[13] 曹小衡，刘玉人.台湾地区建设人民币"离岸金融中心"探讨 [J].台湾地区研究集刊，2013(4).

[14] 曹小衡，柳晓明.海峡两岸区域间经济合作的前景与路径研究 [J].台湾地区研究，2015(1).

[15] 曹小衡，柳晓明.人民币国际化视角下两岸金融合作探讨 [J].台湾地区研究，2014(2).

[16] 曹小衡，徐永慧.海峡两岸经济一体化的投资效应研究 [J].上海金融，2016(12).

[17] 曹小衡，徐永慧.海峡两岸经济一体化视角下的贸易效应分析 [J].亚太经济，2016(4).

[18] 曹小衡.东亚经济格局变动与海峡两岸经济一体化研究 [M].北京：中国对外贸易出版社，2001.

[19] 曹小衡.海峡两岸经济深度融合对台湾地区经济影响分析 [J].两岸关系，2018(2).

[20] 曹小衡.海峡两岸经济一体化的进展与前景 [J].亚太经济，2008(2).

[21] 曹小衡.海峡两岸经济一体化的选择与定位 [J].台湾地区研究，2001(3).

[22] 曹小衡.后金融危机时期海峡两岸经济走向及合作趋势 [J].两岸关系，2009(11).

[23] 曹小衡.建设新时代海峡两岸经济交流合作平台——2018 年全国两会对台经济政策解读 [J].两岸关系，2018(3).

[24] 曹小衡.两岸经贸关系现状与经济合作机制内涵探讨 [J].两岸关系，2009(1).

[25] 曹小衡.深化海峡两岸经济合作战略研究 [J].台海研究，2013(1).

[26] 曹小衡等.海峡两岸经济一体化测度体系的构建与比较研究 [J].山西财经大学学报，2017(2).

[27] 陈德铭等.经济危机与规则重构 [M].北京：商务出版社，2014.

[28] 陈德泉.区域经济一体化的国际投资效应研究 [J].商业经济与管理，1996(5).

[29] 陈凤英.从美欧构建 TTIP 看全球经贸规则的博弈 [J].欧洲研究，2013(6).

[30] 陈雷，李坤望.区域经济一体化与经济增长收敛性：实证分析 [J].南开经济研究，2005(2).

[31] 陈淑梅，全毅.TPP、RCEP 谈判与亚太经济一体化进程 [J].亚太经济，2013(2).

[32] 陈霜华，查贵勇.CAFTA 框架下投资效应的实证分析 [J].经济问题探索，2008(11).

[33] 陈秀珍.香港与内地经济一体化的经济增长效应的计量研究 [J].开放导报，

2005(5).

[34] 陈岩. 国际一体化经济学 [M]. 北京：商务印书馆，2001.

[35] 陈艳华等. 全球背景下台商投资祖国大陆对海峡两岸经济发展的影响研究 [J]. 地理研究，2016(11).

[36] 陈焰，熊玉珍. 中心外围论及对中国的实证分析 [J]. 国际贸易问题，2005(3).

[37] 陈媛媛，李坤望，王海宁. 自由贸易区下进、出口贸易效应的影响因素 [J]. 世界经济研究，2010(6).

[38] 程艳. 中国区域经济整合：泛一体化视野的分析 [D]. 杭州：浙江大学，2008.

[39] 储新宇. 试论区域一体化合作路径—历史维度的经验分析 [J]. 社会科学战线 2007(1).

[40] 戴淑庚. 海峡西岸和其他台商投资相对集中地区的经济发展——基于海峡两岸经济整合的视角 [M]. 北京：北京大学出版社，2012.

[41] 邓红英. 略论 1972—1989 年的两德合作关系 [J]. 武汉大学学报 (人文科学版)，2009(4).

[42] 邓慧慧，桑百川. FTA 网络化发展中的"轮轴—辐条"模式：福利效应与中国的参与战略 [J]. 财贸经济，2012(7).

[43] 东艳，李国学. 区域经济一体化与跨国公司的区位选择：基于国际生产折衷范式的分析 [J]. 中央财经大学学报，2006(10).

[44] 东艳. 区域经济一体化新模式——"轮轴—辐条"双边主义的理论与实证分析 [J]. 财经研究，2006(9).

[45] 东艳. 全球贸易规则的发展趋势与中国的机遇 [J]. 国际经济合作，2014(1).

[46] 杜贵阳. 斯密定理、产业集聚与区域经济一体化 [J]. 世界经济与政治论坛，2005(1).

[47] 杜群阳，宋玉华. 中国 - 东盟自由贸易区的 FDI 效应 [J]. 国际贸易问题，2004(3).

[48] 法布里斯·拉哈. 欧洲一体化如何运作——分析框架之设想 [J]. 欧洲研究，2003(3).

[49] 冯雷. 海峡两岸经济合作模式研究 [M]. 北京：社会科学文献出版社，2009.

[50] 冯芸，吴冲锋. 经济全球化测度理论 [M]. 上海：上海交通大学出版社，2005.

[51] 高建文. 全球价值链分工与两岸经贸合作途径研究 [J]. 中国评论，2014(5).

[52] 高莎莎. 规模经济视角下的台海两岸机电产品产业内贸易研究 [D]. 北京工业大学，2010.

[53] 宫占奎，陈建国，佟家栋. 区域经济组织研究：欧盟、北美自由贸易区、亚太

经合组织 [M]. 北京：经济科学出版社，2000.

[54] 巩胜利 .21 世纪：美国新战略"三大"规则——TPP、TTIP、PSA 之后的全球贸易新规则新秩序的"破立"格局 [J]. 国际金融，2013(5).

[55] 谷国锋. 区域经济发展的动力系统研究 [M]. 长春：东北师范大学出版社，2008.

[56] 顾国达，陈丽静 .ECFA 对两岸贸易与台湾地区经济增长的影响研究——基于联立方程组模型的模拟分析 [J]. 台湾地区研究集刊，2011(5).

[57] 郭俊麟 . 东南亚区域整合经验——"东协模式"的实践与检讨 [J]. 国际研究季刊（台），2008(1).

[58] 韩峰，隋杨，曹清峰，刘海斌 . 台湾地区对祖国大陆直接投资的技术溢出效应——基于扩展的 CH 模型 [J]. 科技进步与对策，2011(18).

[59] 贺耀敏. 中国经济发展的轨迹 [M]. 北京：中国人民大学出版社，2014.

[60] 胡敏，李非 . 台商投资与两岸贸易关系的变化特征研究 [J]. 经济问题探索，2015(5).

[61] 胡杨 . 亚太区域一体化的路径选择——东亚机制和亚太机制的比较 [J]. 亚太经济，2013(5).

[62] 华晓红，杨立强，郑学党 . 建设中华自由贸易区的经济条件与效应研究 [J]. 理论学刊，2014(2).

[63] 华晓红 . 中华自由贸易区——从假设到实践的可能性 [J]. 亚太经济，2012(1).

[64] 华晓红等 . 台湾地区与主要亚太区域经济体的经贸联系及一体化安排效益 [J]. 云南师范大学学报（哲学社会科学版），2014(4).

[65] 黄金华，秦成逊 . 世界经济一体化最新趋势与特征研究 [J]. 经济问题探索，2012(2).

[66] 黄庆波，赵忠秀 ."两岸四地"贸易关系的依存性、互补性和因果性研究 [J]. 财贸经济，2009(7).

[67] 黄绍臻 . 海峡两岸经济一体化的发展趋势和目标定位 [J]. 福建论坛（人文社会科学版），2005(10).

[68] 黄新飞，翟爱梅，李腾 . 海峡两岸一体化对双边经济增长潜力的影响——基于 ASW 理论框架的实证检验 [J]. 中国经济问题，2012(6).

[69] 黄新飞等 . 海峡两岸一体化对双方经济增长潜力的影响——基于 ASW 理论框架的实证检验 [J]. 中国经济问题，2012(6).

[70] 黄云静 . 全国统一后越南政府消除南北发展差异的措施及其效果 [J]. 南洋问题研究，2010(1).

[71] 黄枝连. 美国 203 年：对美国体系的历史学与未来学的分析 [M]. 香港：中流出版社，1980.

[72] 姬艳洁，董秘刚. 基于巴拉萨模型的中国新西兰 FTA 贸易效应研究 [J]. 亚太经济，2012(6).

[73] 季烨. 两岸投资协议的制度创新与实施前景 [J]. 厦门大学学报 (哲学社会科学版)，2013(3).

[74] 江洋，王义桅. TTIP 的经济与战略效应 [J]. 国际问题研究，2014(6).

[75] 蒋含明，李非. ECFA 对海峡两岸经济的影响效果评估——基于 GTAP 模型的模拟分析 [J]. 国际贸易问题,2012(8).

[76] 匡增杰. 全球区域经济一体化新趋势与中国的 FTA 策略选择 [J]. 东北亚论坛，2013(2).

[77] 郎永峰，尹翔硕. 中国—东盟 FTA 贸易效应实证研究 [J]. 世界经济研究，2009(9).

[78] 李保明，刘震涛. 台商投资的贸易效应实证分析 [J]. 经济科学，2004(3) .

[79] 李保明. 海峡两岸经济关系 20 年：突破与发展历程的实证分析 [M]. 北京：人民出版社，2007.

[80] 李非，曾文利. 海峡两岸经济关系研究 30 年回顾与启示 [J]. 台湾地区研究集刊，2009(1).

[81] 李非，陈茜. 海峡两岸合作实验区开放开发模式探讨 [J]. 台湾地区研究，2011(1).

[82] 李红. 从台湾地区技术密集型产业走势看两岸投资模式升级 [J]. 广西大学学报 (哲学社会科学版)，2000(6).

[83] 李宏香. 朝韩经济合作在朝鲜半岛统一中的作用 [D]. 青岛：青岛大学，2008.

[84] 李鸿阶. 台湾地区百大企业投资祖国大陆情况与两岸合作路径选择 [J]. 台湾地区研究，2013(2).

[85] 李静妤. 建立海峡两岸次区域经济合作区的实证研究 [J]. 时代经贸，2008(3).

[86] 李九领. ECFA 框架下海峡两岸贸易发展现状与展望——两岸电子产品互补关系分析 [J]. 海关与经贸研究,2014(5).

[87] 李俊江，史本叶. 国际贸易学说史 [M]. 北京：光明日报出版社 2011.

[88] 李坤望. 国际经济学 [M]. 北京：高等教育出版社，2005.

[89] 李隆生.1991—2003 台商祖国大陆直接投资对台湾地区经济的影响研究 [J]. 东南学术，2005(4).

[90] 李鹏涛. 论南部非洲地区合作中的 "南共体方式" [J]. 国际论坛，2011(5).

[91] 李秋正，黄文军. 论海峡两岸经济一体化对祖国大陆和台湾地区经济增长的影响 [J]. 现代财经，2011(5).

[92] 李秋正. 海峡两岸经济一体化进程测度与经济效应研究 [D]. 天津：南开大学，2010.

[93] 李文韬. 东盟区域经济一体化战略及其对合作影响 [J]. 南开学报 (哲学社会科学版) 2012(4).

[94] 李伍荣，冯源.《国际服务贸易协定》与《服务贸易总协定》的比较分析 [J]. 财贸经济，2013(12).

[95] 李向阳. 新区域主义与大国战略 [J]. 国际经济评论，2003(4).

[96] 李新. 普京欧亚联盟设想：背景、目标及其可能性 [J]. 现代国际关系，2011(11).

[97] 李玉举. 区域经济一体化研究动态：国外文献综述 [J]. 世界贸易组织动态与研究，2010(5).

[98] 厉力. 北美自由贸易区的原产地规则问题研究 [J]. 上海交通大学学报 (哲学社会科学版)，2011(6).

[99] 连正世，毕玉江，朱钟棣. 台湾地区对祖国大陆投资效应的实证分析 [J]. 亚太经济，2011(2).

[100] 廉晓梅. APEC 区域经济合作模式与发展前景研究 [M]. 北京：中国社会科学出版社，2005.

[101] 梁柱. 海湾合作委员会经济与货币一体化进程及其经济趋同性分析 [J]. 亚太经济，2010(2).

[102] 廖玫，唐春艳. 台湾地区"两岸共同市场"制度构想的经济效应分析 [J]. 价格月刊，2010(6).

[103] 廖少廉，陈雯，赵洪. 东盟区域经济合作研究 [M]. 北京：中国对外经济贸易出版社，2003.

[104] 林德荣，贾衍菊. 新常态下的海峡两岸旅游发展 [J]. 旅游学刊，2015(2).

[105] 林毅夫，易秋霖. 海峡两岸经济发展与经贸合作趋势 [J]. 国际贸易问题，2006(2).

[106] 刘昌明，孙云飞. 国内关于"跨太平洋伙伴关系协议"研究综述——兼论 TPP 研究的结构选择视角 [J]. 理论学刊，2013(9).

[107] 刘澈元等. 两岸共同参与东亚经济一体化的方式与途径 [J]. 亚太经济，2014(2).

[108] 刘澄，王东峰. 区域经济一体化的新制度经济学分析 [J]. 亚太经济，2007(2).

[109] 刘舸，王坤.博弈论与海峡两岸经济合作机制的构建 [J].燕山大学学报 (哲学社会科学版)，2010(2).

[110] 刘舸，张三南. 海峡两岸经济合作机制的概念分析 [J].台湾地区研究，2010(3).

[111] 刘舸.海峡两岸经济合作机制的内涵及其成长规律 [J].安徽师范大学学报 (人文社会科学版)，2011(1).

[112] 刘静波.产业竞合：合作博弈、网络平台与制度条件 [M].上海：上海财经大学出版社，2010.

[113] 刘军梅，顾清.独联体区域货币联盟的实践、前景与对策 [J].俄罗斯中亚东欧市场，2005(10).

[114] 刘李鹏，宗刚.基于自组织的台湾海峡两岸经济系统演化机制研究 [J].现代管理科学，2012(1).

[115] 刘力，宋少华.发展中国家经济一体化新论 [M].北京：中国财政经济出版社，2002.

[116] 刘相平."海峡两岸经济合作机制" 之历史性考察 [J].世界经济与政治论坛，2010(2).

[117] 刘相平.经济全球化与两岸经贸关系 [M].北京：社会科学文献出版社，2005.

[118] 刘雪琴.上海自贸区：海峡两岸经济合作新平台 [J].两岸关系，2014(3).

[119] 刘振涛等.前途——再论海峡两岸经济关系 [M].北京：九州出版社，2012.

[120] 刘震涛，窦勇.祖国大陆对台资新政透露的信号 [J].人民论坛，2013(6).

[121] 刘志雄.东盟对华投资现状及投资效应的实证研究 [J].东南亚纵横，2011(10).

[122] 刘中伟，沈家文.跨太平洋伙伴关系协议 (TPP)：研究前沿与架构 [J].当代亚太，2012(1).

[123] 刘主光.跨国次区域经济合作区与自由贸易区的分析——以 GMS 和 CAFTA 为例 [J].亚太经济，2012(1).

[124] 鲁晓东，李荣林.区域经济一体化、FDI 与国际生产转移：一个自由资本模型 [J].经济学 (季刊)，2009(4).

[125] 马强.世界区域经济一体化发展模式、路径及趋势 [J].宏观经济管理，2007(9).

[126] 马瑞永.经济增长收敛机制：理论分析与实证研究 [D].杭州：浙江大学博士学位论文，2006.

[127] 马勇.欧盟科技一体化研究 [M].上海：华东师范大学出版社，2013.

[128] [美] 布热津斯基著，中国国际问题研究所译.大棋局：美国的首要地位及其

地缘战略 [M]. 上海：上海人民出版社，2010.

[129] 孟庆民，杨开忠 . 以规模经济为主导的区域分工 [J]. 中国软科学，2001(12).

[130] 孟夏 . 中国参与区域经济合作的政治经济分析 [J]. 南开学报 (哲学社会科学版)，2010(4).

[131] 聂元贞 . 区域经济一体化的路径选择理论评介 [J]. 经济学动态，2005(8).

[132] 牛长振，李芳芳 . 德国统一对两岸关系和平发展的启示 [J]. 国际展望，2011(3).

[133] 潘广云 . 独联体框架内的次地区经济一体化 [J]. 欧洲研究，2005(1).

[134] 庞建国 .ECFA 后两岸产业合作展望——政治经济学的分析 [J]. 国家发展展望 (台)，2011(11).

[135] 庞建国 . 论台湾地区经验与祖国大陆模式 [J]. 当代中国大陆研究，2012(2).

[136] 裴长洪 . 后危机时代经济全球化趋势及其新特点、新态势 [J]. 国际经济评论，2010(4).

[137] 裴长洪 . 全球治理视野的新一轮开放尺度：上海自贸区观察 [J]. 改革，2013(12).

[138] 彭莉 . 再论两岸投资关系中的投资待遇问题 [J]. 台湾研究集刊，2015(3).

[139] 邱立成，马如静，唐雪松 . 欧盟区域经济一体化的投资效应研究 [J]. 南开学报 (哲学社会科学版)，2009(1).

[140] 任蓉等 . 海峡两岸经济整合的驱动机制研究 [J]. 北京工业大学学报 (社会科学版)，2010(1).

[141] 任志新 . 略论区域经济一体化带来的经济效应 [J]. 商业时代，2006(18).

[142] 芮明杰等 . 论产业链整合 [M]. 上海：复旦大学出版社，2006.

[143] 邵秀燕 . 区域经济一体化进程中东盟投资效应分析 [J]. 世界经济与政治论坛，2009(5).

[144] 申皓，杨勇 . 浅析非洲经济一体化的贸易创造与贸易转移效应 [J]. 国际贸易问题，2008(4).

[145] 申现杰，肖金成 . 国际区域经济合作新形势与我国"一带一路"合作战略 [J]. 宏观经济研究，2014(11).

[146] 盛九元 . 从 ECFA 到制度性一体化——海峡两岸经济合作的性质、特征及走向 [D]. 上海社会科学院，2011.

[147] 盛九元 . 海峡两岸经济合作的一体化效应分析 [J]. 世界经济研究，2011(9).

[148] 盛九元 . 建立海峡两岸经济合作机制的方式与途径研究 [J]. 世界经济与政治论坛，2009(4).

[149] 盛志鹏. 跨国公司发展与区域一体化的关系探讨 [J]. 商业时代，2008(7).

[150] 石正方，初振宇. 台湾地区参与东亚区域经济合作的现况及未来路径探讨 [J]. 台湾研究集刊，2010(4).

[151] 石正方. 台湾地区经济"四化"问题与海峡两岸经济合作 [J]. 台湾研究集刊，2005(1).

[152] 宋岩，侯铁珊. 关税同盟理论的发展与福利效应评析 [J]. 首都经济贸易大学学报，2005(2).

[153] 苏美祥. 经济一体化视角下海峡两岸经济合作制度化的现状与前景 [J]. 台湾研究，2013(4).

[154] 孙彦红. 欧盟产业政策研究 [M]. 北京：社会科学文献出版社，2012.

[155] 孙嫒. 海峡两岸经济一体化量化指标体系的构建与测度 [D]. 天津：南开大学，2014.

[156] 谈谭. 论 ECFA 的两岸特色及台湾地区经济由祖国大陆走向世界的前景——兼论 ECFA 与 CEPA 的区别 [J]. 世界经济与政治论坛，2012(1).

[157] 汤靖. 区域全面经济伙伴关系：整合困境及其对中国经济福利与产业的影响分析 [J]. 财贸经济，2014(8).

[158] 唐国强，王震宇. 亚太区域经济一体化的演变、路径及展望 [J]. 国际问题研究，2014(1).

[159] 唐宜红，王微微. 区域经济一体化伙伴国的经济发展水平与本国经济增长关系的实证分析 [J]. 亚太经济，2007(3).

[160] 唐永红. ECFA 下海峡两岸经济制度性合作与一体化发展问题探讨 [J]. 台湾研究集刊，2012(5).

[161] 唐永红. WTO 下海峡两岸经济一体化的法律定位、依据与原则 [J]. 台湾研究集刊，2006(4).

[162] 唐永红. 海峡两岸经济一体化发展的现实意义 [J]. 两岸关系，2013(6).

[163] 唐永红. 海峡两岸经济制度性合作与一体化发展研究 [M]. 北京：九州出版社，2010.

[164] 田青. 国际经济一体化理论与实证研究 [M]. 北京：中国经济出版社，2005.

[165] 童振源. 台湾地区经济关键下一步：海峡两岸经济整合的趋势与挑战 [M]. 新北（台）：博硕文化股份有限公司，2014.

[166] 屠新泉，莫慧萍. 服务贸易自由化的新选项：TISA 谈判的现状及其与中国的关系 [J]. 国际贸易，2014(4).

[167] 万建强. 跨国公司一体化与区域经济一体化的相互关系 [J]. 经济纵横，

2001(8).

[168] 汪洪涛.制度经济学：制度及制度变迁性质解释 [M].上海：复旦大学出版社，2009.

[169] 汪立峰，曹小衡.两岸宏观经济政策协调机制探析 [J].亚太经济，2014(4).

[170] 汪立峰.世界经济体系变迁与海峡两岸经济关系发展 [M].天津：南开大学出版社，2014.

[171] 汪威毅.关于建立"两岸共同市场"条件与效应的思考 [J].亚太经济，2005(6).

[172] 汪占熬，陈小倩.中国—东盟自由贸易区投资效应研究 [J].华东经济管理，2013(6).

[173] 汪占熬，钱翀.区域经济融合、投资交流与产业联动——基于两岸深度一体化的实证研究 [J].华东经济管理，2015(11).

[174] 王春婕.北美自由贸易区模式的创新价值探析 [J].山东社会科学，2009(2).

[175] 王鹤亭，曹曦.基于动力分析的两岸持续合作机制建构 [J].世界经济与政治论坛，2012(3).

[176] 王华.海峡两岸经济融合发展的动力来源与推进路径 [J].现代台湾研究，2018(2).

[177] 王家强，韩丽颖.欧洲经济一体化：进展、挑战与政策建议 [J].国际金融，2013(6).

[178] 王建民.关于两岸共同参与区域经济合作与整合问题的探讨 [J].中国评论，2014(5).

[179] 王建民.海峡两岸经济关系与经济合作发展形势评析 [J].北京联合大学学报（人文社会科学版），2010(3).

[180] 王建民.海峡两岸经济制度化合作及合作机制建构的方式与途径 [J].北京联合大学学报（人文社会科学版），2009(4).

[181] 王建廷.区域经济发展动力与动力机制 [M].上海：上海人民出版社，2007.

[182] 王金波.国际贸易投资规则发展趋势与中国的应对 [J].国际问题研究，2014(2).

[183] 王静.ECFA 视角下海峡两岸静态贸易效应实证研究 [D].杭州：浙江工商大学，2011.

[184] 王树春，万青松.试论欧亚联盟的未来前景 [J].俄罗斯研究，2012(2).

[185] 王微微.区域经济一体化的经济增长效应及模式选择研究 [D].北京：对外经济贸易大学，2007.

[186] 王伟等 . 东亚区域金融一体化动因与阻力分析 [J]. 世界经济 ,2013(8).

[187] 王蔚 . 海峡两岸共同市场的规模经济效应分析 [J]. 江苏商论，2006(11).

[188] 王一鸣 . 全面认识中国经济新常态 [J]. 求是，2014(22).

[189] 王玉主，富录筠 . 当前亚太区域合作形势分析 [J]. 亚太经济，2013(4).

[190] 王媛媛 . 当前海峡两岸经济合作及产业竞合关系探析 [J]. 亚太经济，2018(3).

[191] 王媛媛 . 新常态下海峡两岸经济融合发展的动力转换与路径选择 [J]. 福建论坛· 人文社会科学版，2016(9).

[192] 王志民等 . 东亚区域经济合作的政治因素及中国的对策 [M]. 北京：世界知识出版社，2009.

[193] 王志强，戴启秀 . 德国：由主权统一到内部统一 [J]. 德国研究，2004(1).

[194] 王志远等 . 转型国家联盟化发展趋势分析 [J]. 当代经济管理，2012(11).

[195] 王卓 . 区域经济一体化贸易效应理论综述 [J]. 燕山大学学报 (哲学社会科学版)，2009(3).

[196] 王卓 . 区域经济一体化贸易效应研究述评 [J]. 北京工商大学学报 (社会科学版)，2009(4).

[197] 王子昌 . 东亚区域合作的动力与机制 [M]. 北京：中国社会科学出版社，2004 .

[198] 王子龙，谭清美，许箫迪 . 区域经济系统演化的自组织机制研究 [J]. 财贸研究，2005(6).

[199] 韦红，邢来顺 . 国内政治与东盟一体化进程 [J]. 当代亚太，2010(2).

[200] 魏达志 . 东盟经济一体化进程与发展趋向 [J]. 开放导报，2007(2).

[201] 魏路璐 . 东盟和独联体区域一体化中的决策机制之比较 [J]. 辽宁行政学院学报，2009(11).

[202] 吴殿廷 . 区域系统分析方法研究 [M]. 南京：东南大学出版社，2014.

[203] 吴新兴 . 整合理论与两岸关系之研究 [M]. 台湾地区：五南出版有限公司，1995.

[204] 伍华佳 . 中日韩产业分工与合作研究 [M]. 上海：上海人民出版社，2009.

[205] 夏玮 . TTIP：美国推行"新生代"自由贸易协定的新发展 [J]. 世界贸易组织动态与研究，2013(6).

[206] 肖冰，陈瑶 .《跨太平洋伙伴关系协议 (TPP)》挑战 WTO 现象透视 [J]. 南京大学学报 (哲学· 人文社会科学· 社会科学)，2012(5).

[207] 肖冰 . 论《海峡两岸投资保护和促进协议》实施中的个性问题 [J]. 东南大学学报 (哲学社会科学版)，2014(6).

[208] 肖灿夫 . 欧洲经济一体化、区域差距与经济趋同 [J]. 国际贸易问题，2008(11).

[209] 肖光恩等 . 欧美 TTIP 谈判对世界经济的影响与中国对策 [J]. 湖北社会科学，2014(7).

[210] 萧万长 . 一加一大于二：迈向两岸共同市场之路 [M]. 台北：天下远见出版股份有限公司，2005.

[211] 谢桂娟 . 东北亚国家集体身份建构与区域合作——一种区域整体视角的研究 [M]. 北京：社会科学文献出版社，2012.

[212] 谢国娥 . 框架下海峡两岸产业内贸易发展研究 [J]. 国际经贸探索，2011(6).

[213] 徐春祥 . 贸易一体化与东亚区域经济合作 [J]. 东北亚论坛，2009(3).

[214] 徐晞 . 关于加强海峡两岸行业协会交流与合作的探讨 [J]. 国家行政学院学报，2011(2).

[215] 许多 . 论 TTIP 协定谈判对 TPP 协定谈判的影响 [J]. 南京社会科学，2014(11).

[216] 许世铨 . 两岸关系中的台湾地区"国际空间"问题 [J]. 中国评论月刊，2008(9).

[217] 薛荣久，杨凤鸣 . 跨太平洋伙伴关系协定的特点、困境与结局 [J]. 国际贸易，2013(5).

[218] 薛荣久 . 世纪贸易组织概论 [M]. 北京：高等教育出版社，2010.

[219] 严安林 . 两岸关系和平发展制度化的路径选择 [J]. 台湾研究，2012(6).

[220] 杨欢 . 中国—东盟自由贸易区中国进口的贸易效应研究——基于巴拉萨模型 [J]. 对外经贸，2012(9).

[221] 杨勇，张彬 . 南南型区域经济一体化的增长效应——来自非洲的证据及对中国的启示 [J]. 国际贸易问题，2011(11).

[222] 姚树，Chun Kwok Lei，冯根福 . 中国大陆、香港和澳门地区的收入收敛性 [J]. 经济研究，2008(10).

[223] 姚先国，[德] 海因茨·缪尔德斯 . 两德统一中的经济问题 (第二版)[M]. 北京：科学技术文献出版社，1996.

[224] 姚永军等 . 区域经济一体化经验研究述评 [J]. 经济评论，2009(4).

[225] 叶国俊等 . 资金流动、国际金融整合与经济成长：东欧、东亚与拉丁美洲新兴经济体的实证分析 [J]. 经济研究 (台)，2010(2).

[226] 叶舜赞等 . 一国两制模式的区域一体化研究 [M]. 北京：科学出版社，1999.

[227] 伊卡万 . 非洲经济一体化问题研究 [J]. 长春：吉林大学博士学位论文，2010.

[228] 殷存毅 . 海峡两岸经济合作目标愿景及其影响 [J]. 海峡科技与产业，2006(3).

[229] 尹华，吴彬 . 区域经济一体化经济增长收敛性的实证研究 [J]. 财务与金融，

2008(5).

[230] 于丹.中国内地与香港经济一体化的投资效应研究 [D].辽宁大学,2011.

[231] 于津平,张雨.欧洲经济一体化的基础与机制 [M].北京:中国大百科全书出版社,2010.

[232] 于倩,蒋瑞杉.持续履行 ECFA 对海峡两岸经济影响的博弈分析 [J].辽宁行政学院学报,2013(3).

[233] 余克礼.增进一中框架共同认知 巩固深化政治互信基础 [J].台湾地区研究,2012(6).

[234] 余振,沈铭辉,吴莹.非对称依赖与中国参与亚太区域经济一体化路径选择——基于贸易指数实证分析 [J].亚太经济,2010(3).

[235] 余振等.中国—俄罗斯 FTA 的贸易、关税及福利效应——基于 WITS—SMART 的模拟分析 [J].华东经济管理,2014(6).

[236] 俞亚克.东盟与海湾合作委员会区域一体化的比较研究 [J].世界历史,2010(5).

[237] 俞颖.东亚金融一体化与经济增长:基于资本流动视角 [J].求索,2010(11).

[238] 袁奇.当代国际分工格局下中国产业发展战略研究 [M].成都:西南财经大学出版社,2006.

[239] 袁新涛."一带一路"建设的国家战略分析 [J].理论月刊,2014(11).

[240] 袁志刚,余宇新.经济全球化动力机制的演变、趋势与中国应对 [J].学术月刊,2013(5).

[241] 约翰·伊特韦尔,默里·米尔盖特,彼得·纽曼.新帕尔格雷夫经济学大辞典 [M].北京:经济科学出版社,1996.

[242] 詹宏毅.全球经济的非对称依存 [M].北京:中国人民大学出版社,2010.

[243] 张彬,朱润东.经济一体化对不同质国家的经济增长效应分析——对美国与墨西哥的比较研究 [J].世界经济研究,2009(4).

[244] 张彬,张澎.美国在 NAFTA 中的贸易创造与贸易转移:1994-2003[J].世界经济,2005(8).

[245] 张彬等.国际经济一体化福利效应——基于发展中国家视角的比较研究 [M].北京:社会科学文献出版社,2009.

[246] 张彬等.国际区域经济一体化比较研究 [M].北京:人民出版社,2010.

[247] 张传国,李非.台商祖国大陆投资对两岸关系发展的推动效应 [J].台湾研究集刊,2005(2).

[248] 张传国,俞天贵.对台商在祖国大陆投资独资化的思考 [J].世界经济研究,

2005(3).

[249] 张传国.台商投资与两岸贸易互动效应的实证分析 [J].台湾研究集刊，2004(4).

[250] 张冠华.关于新形势下建构海峡两岸经济合作框架的探讨 [J].台湾研究，2008(5).

[251] 张冠华.后 ECFA 时期海峡两岸经济关系发展方式的转变 [J].台湾地区研究，2010(6).

[252] 张冠华.台商祖国大陆投资对两岸贸易影响探析 [J].台湾研究，2003(4).

[253] 张光南等.ECFA 对两岸三地的经济、贸易和产业影响——基于全球贸易分析模型 GTAP 的分析 [J].经济学 (季刊)，2012(3).

[254] 张皞.《国际服务贸易协定》的自由化推进和多边化悬疑 [J].亚太经济，2014(4).

[255] 张宏，蔡彤娟.中国—东盟自由贸易区的投资效应分析 [J].当代亚太，2007(2).

[256] 张厚明.两岸投资与产业合作研究 [M].北京：九州出版社，2014.

[257] 张杰.次区域经济合作研究——以大图们江次区域经济合作为中心 [D].长春：吉林大学，2009.

[258] 张婕，许振燕.CEPA 贸易创造与贸易转移效应的实证分析 [J].亚太经济，2007(1).

[259] 张静静.海峡两岸经济一体化对双方经贸关系的影响研究 [D].南京：南京理工大学，2010.

[260] 张盼盼.TPP 与 TTIP 浪潮下全球贸易规则重塑问题 [J].特区经济，2014(8).

[261] 张茜，杨攻研，刘洪钟.东亚金融一体化现状及挑战——基于细分市场的研究 [J].亚太经济，2012(5).

[262] 张天桂.内地与香港 CEPA 经济效应的实证分析 [J].国际贸易问题，2005(11).

[263] 张亚中.两岸统合论 [M]. 台北：生智文化事业有限公司，2000.

[264] 张永安.区域经济一体化理论与实践 [M]. 上海：格致出版社，2010.

[265] 张玉山.民族共助意识下的朝韩经济交流与合作 [J].贵州师范大学学报 (社会科学版)，2006(4).

[266] 张占斌.中国经济新常态的趋势性特征及政策取向 [J].国家行政学院学报，2015(1).

[267] 章徐俊.微观和宏观两个层次上的一体化——从制度变迁的角度看跨国公司与区域经济一体化组织 [J].经济科学，1998(6).

[268] 赵滨元 . 南南区域一体化的贸易效应与投资效应 [D]. 南开大学，2012.

[269] 赵琛，钟昌元 .ECFA 的实施对两岸经贸发展的影响分析 [J]. 对外经贸，2012(12).

[270] 赵庚新，许洪彬 . 十八届三中全会后海峡两岸经济合作及一体化发展走向 [J]. 海峡科技与产业，2014(1).

[271] 赵积旭 . 南共体经济一体化研究 [D]. 武汉：华中师范大学，2013.

[272] 赵青松，李钦 . 俄白哈关税同盟的投资效应及引资前景分析 [J]. 亚太经济，2014(3).

[273] 赵玉焕，王帅 . 中国—东盟自由贸易区投资效应研究 [J]. 北京理工大学学报 (社会科学版)，2011(4).

[274] 赵玉焕，王帅 . 区域经济一体化直接投资效应研究述评 [J]. 商业时代，2011(10).

[275] 赵玉敏 . 国际投资体系中的准入前国民待遇：从日韩投资国民待遇看国际投资规则的发展趋势 [J]. 国际贸易，2012(3).

[276] 赵媛，诸嘉 . 区域经济一体化的动力机制及组织类型 [J]. 世界地理研究，2007(3).

[277] 周弘等 . 德国马克与经济增长 [M]. 北京：社会科学文献出版社，2012.

[278] 周小兵 . 亚太地区经济结构变迁研究 (1950—2010)[M]. 北京：社会科学文献出版社，2012.

[279] 周燕，佟家栋 . 欧洲主权债务危机与欧盟经济一体化进程深化 [J]. 南开学报 (哲学社会科学版)，2012(5).

[280] 朱磊 . 两岸金融合作新进展与前瞻 [J]. 台湾地区研究，2013(3).

[281] 朱磊 . 台湾地区金融与产业 [M]. 北京：九州出版社，2012.

[282] 朱乃新 . 德国统一后的经济融合问题 [J]. 西欧研究，1991(3).

[283] 庄芮，杨亚琢，王悦媛 .APEC 与 TPP 的路径比较与中国策略分析 [J]. 亚太经济，2014(2).

[284] 庄芮等 . 当前亚太区域经济合作与两岸经贸关系的"双轨路径"分析 [J]. 国际贸易，2017(8).

[285] 庄芮等 . 欧债危机对台湾地区经济及两岸经贸影响分析 [J]. 国际贸易，2013(6).

[286] 庄奕琦，刘冬威 . 经济整合与政治冲突的关联性——以两岸关系为例 [J]. 中国大陆研究 (台)，2012(1).

[287] 左品 . 南方共同市场货币一体化进程与前景分析 [J]. 拉丁美洲研究，2010(2).

英文参考文献

[1] Badr EI Din A. Ibrahim. *Economic Co-operation in the Gulf*[M]. Routledge Press, 2007.

[2] Balassa. *Economic development and integration*[M]. CEMLA, Mexico, 1965.

[3] Balassa Bela. *The theory of economic integration* [M]. London: Allen & Unwin, 1962.

[4] Balassa.*The Theory of Economic Integration*[M]. Richard D.Irwin, INC.Homewood, Illinois, 1961.

[5] Cournot, A..*Recherches sur les principles mathematiques de la theorie des richessesses* [M]. Paris:chez L.Hachette, 1838.

[6] Crane,George T.and Abla Amawi. *The Theoretical Evolution of international Political Economy*[M]. Oxford: Oxford University press,1991.

[7] Curson,Victoria.*The Essentials of Economic Integration*[M].New York:St.Martin's Press,1974.

[8] Duina F. *The social constriction of Free Trade: the European Union, NAFTA and MERCOSUR*[M]. Princeton: Princeton University Press, 2006.

[9] Elhanan Helpman. *Increasing Returns, Imperfect Competition, and the International Economy*[M]. Cambridge, Mass.: MIT Press,1985.

[10] Ernst Haas .*The Uniting of Europe: Political, Social and Economic Forces 1950-1957*[M]. Stanford: Stanford Univ. Press, 1958.

[11] Ernst Haas, *Beyond the Nation State: Functionism and International Organization*[M]. Stanford: Stanford Univ. Press,1964.

[12] Ernst Haas.*The Uniting of Europe*[M]. Stanford: Stanford Univ. Press,1958.

[13] Fujita M, Krugman P, Venables A J. *The Spatial Economy: Cities, Regions and International Trade*[M].Cambridge MA:MIT Press,1999.

[14] Jan Tinbergen. *International Economic Integration*[M]. Amsterdam: Elsevier, 1965.

[15] John Maynard Keynes,*The Economic Consequences of the Peace*[M]. U.S.A.: Harcout Braceand Howe, Inc,1920.

[16] Meade, J.E. *The theory of customs union* [M]. Amsterdam North Holland, 1955.

[17] Muchlup Fritz. *A history of thought on economic integration* [M]. The Macmillan Press Ltd., Columbia University Press, 1977.

[18] North, Douglass C. .*Institutions, Institutional Change, and Economic Performance*

[M]. Cambridge University Press, 1990.

[19] Robert J.Barro,Xavier Sala-i-Martin. *Economic Growth*[M].MIT Press,2003.

[20] Robson,Peter.*The Economics of International Integration*[M].London:George Allen & Unwin Ltd.,1980.

[21] Tinbergen,Jan. *Shaping the world economy: suggestions for an international economic policy*[M].New York: the Twentieth century Fund Press,1962.

[22] Viner, J. *The customs union issue* [M].Carnegie Endowment for International Peace, New York, 1950.

[23] Akiko Terada-Hagiwara,2011. Asian holding of US Treasury securities: Trade integration as a threshold[J]. *Journal of the Japanese & International Economies*, 2011 (25).

[24] Alan M.Rugman,Alain Verbeke.Foreign Direct Investment and NAFTA:A Conceptual Framework[C].in Alan M.Rrugman,ed.,*Foreign Investment and NAFTA*, Columbia: University of South Carolina Press,1994.

[25] Alesina, Alberto, Enrico Spolaore and Romain Wacziarg. Economic Integration and Political Disintegration [J]. *American Economic Review*, 2000(5).

[26] Alvaro Santos Pereira,Joãõ Toar Jalles,Martin A.Andresen.Structural Change and Foreign Direct Investment:Globalization and Regional Economic Integration[J].*Portuguese Economic*, 2012(1).

[27] Amador J, cabral s.Vertical specialization across the world: A relative measure [J]. *The North American journal of economics and finance*,2009 (3).

[28] Anthony J . Venables. Winners and Losers from Regional Integration Agreements [J]. *The Economic Journal*,2003 (4).

[29] Anyarath Kitwiwattanachai,Doug Nelson,Geoffrey Reed.Quantitative impacts of alternative East Asia Free Trade Areas:A Computable General Equilibrium(CGE) assessment[J]. *Journal of Policy Modeling*,2010 (32).

[30] Ashoka Mody, Antu Panini Murshid.Growing Up With Capital Flows[J].*Journal of International Economics*,2005(65).

[31] Avinash K Dixit, Joseph E Stiglitz. Monopolistic competition and optimum production diversity[J].*The American Economic Review*, 1977 (3).

[32] Baldwin, R. E.. On the Measurement of Dynamic Effects of Integration[J]. *Empirica*, 1993(2).

[33] Baldwin, R. The causes of regionalism [J]. *The World Economy*, 1997 (7).

[34] Ballard, C. L. and Cheong, I. The Effects of Economic Integration in the Pacific Rim:

A Computational General Equilibrium Analysis [J]. *Journal of Asian Economics*, 1997 (4).

[35] Bassem Kahouli, Samir Maktouf. The Determinants of FDI and the Impact of the Economic Crisis on the Implementation of RTAs: A Static and Dynamic Gravity Model[J]. *International Business Review*, June 2015 (3).

[36] Bernard, A. & Durlauf, S. Convergence in International Output[J].*Journal of Applied Econometrics*,1995 (10).

[37] Bhagwti,Jagdish. Why Asia must opt for open regionalism on trade [N].*Financial Times*,06-11-03.

[38] Bo Chen,Yuen Pau Woo. Measuring Economic Integration in the Asia-Pacic Region A Principal Components Approach[J].*Asian Economic Papers*, 2010.

[39] Brown, Drusilla K., Kozo Kiyota , Robert M.Stern. Computational Analysis of the Menu of US-Japan Trade Policies[J]. *World Economy*, 2006(6).

[40] Carrere, C..Revisiting the effects of regional trade agreements on trade flows with proper specification of the gravity model[J]. *European Economic Review*, 2006 (2).

[41] Chang-hsien Tsai. Exit, voice and international jurisdictional competition: A Case Study of the Evolution of Taiwan's Regulatory Regime for Outward Investment in Mainland China, 1997-2008[J].*International Law and Commerce*, 2012(2).

[42] Chang, W. Winters, L.A., How regional blocs affect excluded countries: the price effects of MERCOSUR [J].*World Bank Working Paper*, No. 2157, 2002.

[43] Chen Bo,Woo Yuen Pau.Measuring Economic Integration in the Asia-Pacic Region:A Principal Components Approach[J]. *Asian Economic Papers*, 2010 (2).

[44] Cheung Yin-Wong,Yiu Matthew S,Chow Kenneth K. Measuring Econmic Integration:The Case of Asian Economies[R].BIS Papers,No 42,*Regional Financial Integration in Asia:Present and Future.*,2008.

[45] Csilla LakTatos, errie Walmsley.Investment Creation and Diversion Effects of the ASEAN-China Free Trade Agreement[J].*Economic Modelling*, 2012 (29).

[46] David Cheong, Michael G.Plummer.FDI Effects of ASEAN Integration[J]. Published in: *Région Et Développement*,Vol.29, 2009.

[47] Deardorff, Alan V..Determnants of Bilateral Trade: Does Gravity Work in a Neoclassical World[C]. in Jeffrey A. Frankel ed., *The Regionalizaion of the World Economy*, University of Chicago for the NBER,1998.

[48] Dennis Quinn. The Correlates of Changes in International Financial Regulation[J]. *The American Political Science Review*,Sep.,1997 (3).

[49] Dennis Quinn.Capital Account Liberalization and Financial Globalization, 1890–1999: A Synoptic View[J]. *International Journal of Finance and Economics*, 2003 (3).

[50] Dorothee J.Feils,Manzur Rahman. The Impact of Regional Integration on Insider and Outsider FDI[J]. *Management International Review*,2011(51).

[51] Eichengreen,Barry. European Monetary Integration with Benefit of Hindsight [J]. *Journal of Common Market Studies*, 2012 (1).

[52] Enrico Spolaore. What is European Integration Really About? A Political Guide for Economists [J]. *NBER Working Paper*,No. 19122, 2013.

[53] Evans Carolyn L. The Economic Significance of National Border Effects[J]. *American Economic Review*,2003(4).

[54] Fernandez, R.J.Portes: Returns to Regionalism: an analysis of nontraditional Gains from Regional trade agreements[J].*The world bank economic Review*,1998 (2).

[55] Francesca Carrieri,Vihang Errunza,Ked Hogan.Characterizing World Market Integration through Time[J]. *Journal of Financial and Quantitative Analysis* ,2007 (4).

[56] Frankel, Jeffrey and Wei Shangjin: Trade Blocs and Currency Blocs[J]. *NBER Working Paper*, no. 4335, 1993.

[57] Freund C. Different paths to free trade: The gains from regionalism [J]. *The Quarterly Journal of Economics* ,2002 (4).

[58] Fritz Machlup. A History of Thought on Economic Integration [J]. *The MacMillan Press Ltd.,Columbia University Press*,1977.

[59] Giovanni Capannelli, Jong-Wha Lee, Peter A.Petri.Economic Interdependence in Asia: Developing Indicators for Regional Integration and Cooperation[J]. *The Singapore Economic Review*,2010 (1).

[60] Giovanni Federico.How much do we know about market integration in Europe?[J] *Economic History Review*,2012 (2).

[61] Hali J. Edison,Ross Levine,Luca Ricci,Torsten Sløk. International Financial Integration and Economic Growth[J]. NBER *Working Paper* ,No. 9164,2002.

[62] Harald Badinger. Growth Effects of Economic Integration: Evidence from the EU Member States[J]. *Review of World Economics*, 2005 (1).

[63] Hassan, Kabir M. Is SAARC a viable economic block? Evidence from gravity model[J]. *Journal of Asian Economics*, 2001(12).

[64] Hatice Kerra Geldi.Trade effects of regional integration:A panel cointegration analysis[J]. *Economic Modelling*, 2012 (29).

[65] Harold Hotelling.Analysis of a Complex Statistical Variables into Principal Components[J]. *Journal of Educational Psychology*,1933(24).

[66] Helpman, Elhanan and Krugman, Paul R..Market structure and Foreign Trade: Henrekson, M., Torstensson,J., Torstensson, R. Growth effects of European integration [J]. *European Economic Review*, 1997 (8).

[67] Hiroshi Mukunoki, Kentaro Tachi. Multilateralism and Hub-and-Spoke Bilateralism[J]. *Review of International Economics*, 2006 (4).

[68] Iapadre,L..Regional Integration Agreements and the Geography of World Trade: Measurement Problems and Empirical Evidence[C]. De Lombaerde P(Ed.). *Assessment and Measurement of Regional Integration*.London:Routledge, 2006.

[69] Inmaculada Martinez-Zarzoso,Nowak-Lehmann D.Felicitas.,Nicholas Horsewood. Are regional trading agreements beneficial? Static and dynamic panel gravity models[J]. *North American Journal of Economics and Finance*, 2009 (1).

[70] Isidro Soloaga, L.Alan Wintersb.Reginalism in the Nineties: What Effect on Trade[J]. *CEPR Discussion Paper*, NO. 2183,1999.

[71] Isidro Soloaga,L.Alan Wintersb.Regionalism in the nineties: What effects on trade?[J] *North American Journal of Economics and Finance*, 2001 (1).

[72] Iván Arribas,Francisco Pérez,Emili Tortosa-Ausina. Measuring Globalization of International Trade: Theory and Evidence[J]. *World Development*, 2009(1).

[73] Iván Arribas , Francisco Pérez ,Emili Tortosa-Ausina.The dynamics of international trade integration:1967–2004[J]. *Empirical Economics* ,2014 (1).

[74] James E.Anderson,Eric Van Wincoop.Gravity with Gravitas: A Solution to the Border Puzzle[J]. *NBER Working Papers*, No. 8079,2001.

[75] Jeffrey Alexander Frankel, Emesto Stein, Shang-Jin Wei.Continental Trading Blocs: Are they Natural or Super-Natural?[C]in J.Frankel,ed.,*The Regionalization of the World Economy*, University of Chicago Press,1998.

[76] Jeffrey Alexander Frankel, Shang-Jin Wei. Trade Bocs and Currency Blocs[J]. *NBER Working Paper*, No. 4335,1993.

[77] Jinzhao Chen,Thérèse Quang.The impact of international financial integration on economic growth:New evidence on threshold effects [J].*Economic Modelling*, 2014 (42).

[78] Juan A. Marchetti & Martin Roy. The TISA initiative: an overview of market access issues[J]. *Staff Working Paper*,2013.

[79] Karl Pearson.On Lines and Planes of Closest Fit to Systems of Points in Spaces[J].

Philosophical Magazine,1901(11).

[80] Karras, G., Economic integration and convergence: lessons from Asia, Europe and Latin America[J].*Journal of Economic Integration*, 1997 (4).

[81] Kimberly A.Clausing. Trade creation and trade diversion in the Canada-United States Free Trade Agreement[J]. *Canadian journal of Economics*,2001 (3).

[82] Kindleberger.European Integration and the International Corporation[J].*Columbia Journal of World Business*,1966(1).

[83] Kowalczyk. Welfare and Integration [J]. *International Economic Review*,2000,41 (2).

[84] Krugman P. Increasing returns and economic geography[J].*Journal of Political Economy*, 1991 (4).

[85] Kuntara Pukthuanthong, Richard Roll.Global market integration:An alternative measure and its application[J]. *Journal of Financial Economics*,2009 (2).

[86] Liam Brunt, Edmund Cannon. Measuring integration in the English wheat market,1770–1820: New methods, new answers[J]. *Explorations in Economic History*, 2014 (3).

[87] L De Benedictis, C Vicarelli.Trade Potentials in Gravity Panel Data Models[J]. *Journal of Economic Analysis & Policy*, 2004(1).

[88] Lipsey.R.G,The Theory of Customs Unions:a General Survey[J]. *Economic Journal*, 1960(279).

[89] Magnus Blomstro ¨m, Ari Kokko.Regional Integration and Foreign Direct Investment[J]. Part of the NBER's research programme in International Trade and Investment,*Working Paper Series in Economics and Finance,*No.172,1997.

[90] Magnus Blomstro ¨m,Ari Kokko,Steven Globerman.Regional Economic Integration and Foreign Direct Investment:The North American Experience[J].Part of the NBER's research programme in International Trade and Investment,*Working Paper Series in Economics and Finance,*No.269,1998.

[91] Marc J. Melitz & Stephen J. Redding-New Trade Models, New Welfare Implications[J]. *The American Economic Review*,2014(5).

[92] M.Ayhan Kose , Eswar S. Prasad, Marco E. Terrones.How do trade and financial integration affect the relationship between growth and volatility?[J]. *Journal of International Economics* ,2006 (1).

[93] M.Ayhan Kose,Eswar Prasad,Kenneth Rogoff,Shang-Jin Wei. Financial Globalization:A Reappraisal[J].*IMF Working Paper*,WP/06/189,2006b.

[94] M. de Sola Perea,Ch. Van Nieuwenhuyze. Financial Integration and Fragmentation in

the Euro Area[J].*General Information*,2014 (1).

[95] Menzie D.Chinn,Hiro Ito. A New Measure of Financial Openness[J]. *Journal of Comparative Policy Analysis*,2008 (3).

[96] Merale Fetahi-Vehapi, Luljeta Sadiku, Mihail Petkovski.Empirical Analysis of the Effects of Trade Openness on Economic Growth: An Evidence for South East European Countries[J]. *Procedia Economics and Finance*,2015 (19).

[97] Mette Ejrns,Karl Gunnar Persson.Market Integration and Transport Costs in France 1825-1903:A Threshold Error Correction Approach to the Law of One Price[J].*Explorations in Economic History* ,2000(37).

[98] Mordonu.Measuring Trade Diversion-the Case of Russian Exports in the Advent of EU Enlargement[J]. *Working Paper*, United Nations University,2006.

[99] Michael Frenkel,Thomas Trauth. Growth Effects of integration among Unequal Countries [J]. *Global Finance Journal*, 1997 (1).

[100] Michaely Michael.Trade Preferential Agreements in Latin America[J].*WB Policy Research Working Paper*,no. 1583,1996.

[101] Mordechai E.Kreinin,Michael G.Plummer. Effects of Regional Integration on FDI:An Empirical Aapproach[J].*Journal of Asian Economics*, 2008 (19).

[102] Mordonu.Measuring Trade Diversion-the Case of Russian Exports in the Advent of EU Enlargement[J]. *Working Paper*, United Nations University,2006.

[103] Mukunoki,H & Tachi,K. Multilateralism and hub-and-Spoke Bilateralism[J].*Review of International Economics*,2006(4).

[104] Naya,S.F., Michael G.Plummer. Reflections on 30 years of ASEAN[J].*ASEAN Economic Bulletin*, 1997 (2).

[105] Paul Brenton,Francesca Di Mauro,Matthias Lu ¨cke.Economic Integration and FDI:An Empirical Analysis of Foreign Investment in the EU and in Central and Eastern Europe[J].*Empirica* , 1999(26).

[106] Pek Koon Heng. ASEAN Integration in 2030: United States Perspectives [J]. *ADBI Working Paper*,2012,no.367.

[107] Perroni,C.,John Whalley. The New Regionalism:Trade Liberalizationor Insurance ？ [J].*Canadian Journal of Economics*,2000(1).

[108] Pierre Sauvé Towards a plurilateral Trade in Services Agreement (TISA):Challenges and prospects Journal of International Commerce[J].*Economics and Policy*,2014 (1).

[109] Pol Antràs & Arnaud Costinot. Intermediation and Economic Integration [J]. *NBER*

Working Paper,2010,No. 15751.

[110] Richard Baldwin. Global supply chains: Why they emerged, why they matter, and where they are going[J].*CTEI working papers*,2012.

[111] Rivera-Batiz,L.A. & Xie,D. Integration Among Unequals[J].*Regional Science and Urban Economics*,1993(23).

[112] Romain Wacziarg, Karen Horn Welch.Trade Liberalization and Growth: New Evidence[J]. *World Bank Economic Review*, 2008 (2).

[113] Romer, P. M.. Endogenous Technological Change[J]. *Journal of Political Economy*,1990 (5).

[114] Sachs J D, Warner A.Economic Reform and the Process of Global Integration[R]. *Brookings Papers on Economic Activity*,1995.

[115] Scott L.Baier,Jeffrey H. Bergstrand. Economic Determinants of Free Trade Agreements[J]. *Journal of International Economics*, 2004 (1).

[116] Sheng,Yu,Tang,H.C.,&Xu,X..The impact of ACFTA on People's Republic of China-ASEAN trade: Estimates based on an extended gravity model for Component trade[J]. *ADB Working Paper Series on Regional Economic Integration*,No.99,2012.

[117] Soamiely Andriamananjara, Maurice Schiff. Regional cooperation among Microstates[J]. *Reviews of international Economics*, 2001 (1).

[118] Stanley Hoffman. Obstinate or Obsolete? The Fate of the Nation-State and the Case of Western Europe[J].*Daedalus,* 1966(3).

[119] Stefanie Kleimeier, Harald Sander. Regional versus global integration of euro-zone retail banking markets: Understanding the recent evidence from price-based integration measures[J]. *The Quarterly Review of Economics and Finance*,2006 (3).

[120] Tony Cavoli. Exploring Dimensions of Regional Economic Integration in East Asia:More than the Sum of Its Parts? [J]*Journal of Asian Economics*,2012(23).

[121] Torben M.Andersen,Tryggvi Thor Herbertsson. Measuring Globalization[J].*Foreign Policy*,2003 (122).

[122] Tullio Jappelliand, Marco Pagano.Financial Market Integration Under EMU[J]. *CFS Working Paper* No. 2008/33.

[123] Valeriano Martinez-San Roma′n, Marta Bengoa, Blanca Sa′nchez-Robles.Foreign Direct Investment,Trade Integration and the Home Bias:Evidence from the European Union[J]. *Empirical Econmics*,2016(50).

[124] Weir, David R..Markets and Mortality in France,1600–1789[C].Walter J, Schofield

R.Famine,*Disease and the Social Order in Early Modern Society.Cambridge*:Cambridge University Press, 1989.

[125] Winters, L.A., Chang, W. Regional integration and import prices: An empirical investigation [J].*Journal of International Economics*,2000 (2).

[126] Menzie D.Chinn,Hiro Ito.Capital Account Liberalization, Institutions and Financial Development: Cross Country Evidence[J]. *NBER Working Paper*,No. 8967,2002.

后记与致谢

台湾经济脱离祖国大陆母体的根本原因在于大陆百年之积贫积弱，祖国大陆经济的兴衰是牵动台湾地区经济走向的根本。因此两岸经济关系的发展及未来两岸经济的重构一直是本人研究生涯中的重要兴趣点和关注点。

自改革开放以来，大陆经济发生了翻天覆地的变化，综合实力今非昔比。改革开放带来的沧桑巨变，不仅从根本上改变了大陆的面貌，也使脱钩百年的两岸经济关系得以重续，开始重新走向融合、走向一体。

非常幸运的是，作为一名已有30年专职从事台湾经济、两岸经贸关系、两岸经济比较及东亚经济的学者，得以在这个伟大的时代随时近距离观察发生在身边眼前的变化，并加以记录和思考。更感幸运的是，2013年我有了这样一个机会，我和我的研究小组得以对"两岸经济一体化"问题进行了一个较为全面的学术探讨，这得感谢当年国家社科基金重大课题招标中的匿名评委们。

还要感谢的是本课题研究小组的成员，他们是副教授李月博士、副教授柳晓明博士、徐永慧博士和邵帅博士。除了完成这本专著之外，我们还做了一系列工作：完成多份相关研究报告；多次举办专题学术会议和多次入岛调研；围绕研究课题出版了一本论文集和发表了数十篇学术论文。这一系列的研究成果没有他们英气逼人的热情投入是很难呈现的。

再者，要特别感谢参与本课题讨论的具有深厚学养和实践背景的本领域的专家。他们是中国人民大学的黄嘉树教授、清华大学的殷存毅教授、国家商务部国际贸易经济合作研究院的刘雪琴研究员、对外经贸大学的华晓红教授、中国社会科学院台湾研究所的张冠华研究员以及国务院台湾事务办公室的黄文涛局长，他们是我多年的益友良师，感谢他们对本课题关键性的指导与提点，在学术之路上能与他们同行真是幸运。

感谢参与本书出版工作的九州出版社副社长王守兵先生、郝军启编辑，他们的辛勤工作使本书得以顺利出版。

登高望远，当前我们面对的是百年之大变局，在这一历史进程中，风险和机遇同步交织、相互激荡，两岸和平发展关乎两岸每一个中国人的福祉，两岸和平统一关乎中华民族的伟大复兴。在这一新时代，两岸人民需回避风险，牢牢抓住和平发展的机遇期，共同重构新的中华民族经济。

由于经济理论本身的局限及影响海峡两岸经济一体化的变数过多，主要矛盾和次要矛盾也非永远一成不变，我们这一研究只是深化海峡两岸经济一体化研究，将其研究推向"可测度或可度量"新的研究框架的第一步，希望更多的研究者加入进来。

2019年是南开大学百年华诞，我们祝母校校运昌隆，日新月异！

曹小衡　2019年10月17日